스콧 니어링 자서전

The Making of a Radical
A Political Autobiography

Copyright ⓒ 1972 by Scott Nearing
Korean edition published by arrangement with Chelsea Green
Publishing Company through Shin Won Agency Co., Seoul.
Translation Copy ⓒ 2000 by Silcheon Munhak

스콧 니어링 자서전

스콧 니어링 지음 | 김라합 옮김

실천문학사

"

시골생활의 가장 큰 매력은 자연과 접하면서 생계를 위한 노동을 한다는 것이었다. 생계를 위한 노동 네 시간, 지적 활동 네 시간, 좋은 사람들과 친교하며 보내는 시간 네 시간이면 완벽한 하루가 된다. 생계를 위한 노동은 신분상 깨끗한 손과 말끔한 옷, 현실세계에 대한 상아탑적 무관심에 젖어 있는 교사에게서 기생생활의 때를 벗겨준다.

"

어린 시절을 보낸 탄광마을 모리스런에서 (20세 때).

1892년 모리스런에서 할아버지와 함께한 니어링의 형제들
(왼쪽부터 마리, 거이, 도로시, 그리고 스콧).

스물여덟 살의 스콧 니어링.

헬렌이 네 살 때 찍은 가족사진.

리지우드에서 고등학교 다닐 때 찍은 헬렌의 청순한 모습.

예순여덟의 나이에도 왕성한 강연을 펼쳤던 스콧 니어링의 모습.

유기농장에서 감자밭을 가꾸는 이 주름지고 구부정한, 팔꿈치를 누덕누덕 기운 옷을 입은 괴팍한 노인이 금세기 초 버트란트 러셀과 클레런스 데로우에 버금가는 연설과 강연으로 수천 명을 흥분시켰던 명연설가였다는 사실은 상상할 수도 없었을 것이다. 꾸준하고 인내심 있게 수동 톱으로 산더미 같은 나뭇더미와 가지들을 16인치 크기로 잘라 부엌용 난로의 연료로 만드는 조그맣고 깐깐한 노인이 1917년 반전 논문을 발표하여 스파이 혐의로 기소되어 1919년 연방법정에 피고로 섰었다는 사실을 상상하는 것은 더더욱 어려운 일일 것이다.

스콧의 첫번째 부인과 그의 아들 로버트와 존(1916년 톨레도에서).

1906년에 찍은 니어링의 형제들(왼쪽부터 스콧, 마리, 도로시, 거이, 베아트리스, 맥스).

철저한 근본주의자로 생의 후반부를 함께한 니어링 부부.
스콧 니어링은 마흔다섯에 스무 살 연하인 매력적인 여성 헬렌을 만났다.

"모든 계급사회의 밑바탕에는 '네가 일하고 나는 먹는다'는 원칙이 깔려 있다. 이 원칙은 사람들을 결합시키는 대신 뿔뿔이 떼어놓는다. 이 원칙은 협력의 반명제이다."
스콧 니어링은 자본주의에 대한 투쟁과 반자본주의적 생활을 실천으로 옮기기 위해 자립농으로 계급사회에 저항했다.

스콧 니어링과 부인 헬렌을 기리기 위해 설립된 '굿 라이프 센터'.
메인 주의 숲속 니어링 농장에 위치하고 있다.

버몬트 농장에서 사탕단풍 시럽을 만들고 있는 헬렌.

버몬트 농장에서 스콧과 헬렌.

우리는 돈을 벌려고 애쓰는 대신 스스로에게 물었다.
"내년 1년을 그럭저럭 지내는 데 필요한 최소한의 현금이 얼마지?"
우리는 모든 계획과 목표를 고려하여 필요한 현금 액수를 정한 뒤,
그 액수를 벌어들일 수 있을 만큼만 환금작물을 생산했다.
그리고 일단 목표액이 채워지면
다음해 예산을 세울 때까지 생산을 중단했다.

메인 농장에서 톱질을 하고 있는 스콧과 헬렌의 다정한 모습.

니어링 부부는 수많은 사람들로부터 존경을 받았다.
그러나 이 존경은 젊은 시절 스콧의 화려한 활동 때문이 아니었다.
그들을 사로잡은 것은 니어링 부부의 독특한 삶의 방식 때문이었다.
이들을 모범 삼아 수천 명의 젊은이들이 도시를 떠나 농촌으로 돌아갔다.

헬렌은 화려하고 유혹적인 문명생활을 포기하고 니어링과 함께 버몬트 주의 숲속으로 들어가 농사를 지으며 살았다. 극도로 단순하고, 검약하고, 가난한 생활이었다.

버몬트 농장의 손수 지은 돌집 옆에서 플루트를 불고 있는 스콧과 헬렌.

우리가 절벽이라고 알고 있었던 것은 길이 26피트, 높이 9피트짜리 거대한 바위벽이었는데, 이 바위벽은 정확하게 수직으로 서 있는데다 근처에 있는 스트래튼 산을 바라보고 있었다. 말하자면 정남향인 셈이었다.
"바로 이거야!" 우리는 말했다.
"이 바위의 수직면을 거실 뒷벽으로 삼아 돌집을 지읍시다."
우리는 눈에 띄는 돌멩이는 어느 것 하나 놓치지 않고 가져다가 꼼꼼하게 살펴서 담 쌓을 돌은 여기에, 바닥에 깔 돌은 저기에, 굴뚝용 돌은 저 뒤에, 하는 식으로 분류해 쌓아놓을 정도로 돌집 짓는 일을 철저하게 즐겼다. 이렇게 하다 보니 우리의 건축 주재료는 언제나 가까이에 있었고, 언제든 다음 돌건물을 지을 준비가 되어 있었다. 우리는 여러 해에 걸쳐 많은 건물을 지어 모든 목조건물을 돌건물로 바꾸었다. 이렇게 집을 짓는 것이 우리에게는 테니스나 골프를 대신하는 레크레이션이었다.

메인의 농장에서 방문객들과 함께 점심을 먹고 있는 스콧과 헬렌.

메인의 피놉스콧 만이 내다보이는 창가에서 담소를 나누고 있는 스콧과 헬렌.

● 차 례 ●

스콧 니어링의 생애와 사상
완전하고 조화로운 삶을 찾아서 | 김영현 · 27

서문 · 39

제1부 내게 진실로 소중한 것들

어린 시절 나의 스승들 · 45
교사의 길을 선택하다 · 94
경제결정론에 대한 투쟁 · 113
가르치는 자는 생각을 나누지 않으면 안 된다 · 129
소수 독재체제와의 접촉 그리고 충돌 · 167
마침내 총성이 울리다 · 214
'인생역경대학'에 등록을 하며 · 241

제2부 황혼의 마지막 섬광

전망을 모색하기 위해 · 257
커뮤니케이션의 암흑시대 · 295
또다시 울리는 총성 · 324
서구 문명과 결별하다 · 349
뉴잉글랜드의 피난처 · 369

제3부 새벽 여명

여명을 기다리며 · 415
사회주의는 거짓 여명인가 · 448
치열한 싸움 · 475
내 교육의 마지막 학기 · 496

스콧 니어링의 생애와 사상
완전하고 조화로운 삶을 찾아서*

　스콧 니어링은 1883년 미국 펜실베이니아 주에 있는 한 탄광 도시의 부유한 가정에서 태어났다. 그리고 그로부터 꼭 1백 년 뒤인 1983년 메인 주 하버사이드에서 페놉스콧 만을 바라보며 눈을 감았다. 그는 인생의 가장 정점에 이른 자만이 가질 수 있는 지극히 평화로운 죽음을 맞이했다. 철저한 채식주의와 검약이 몸에 밴 그는 백 살이 되자 지상에서의 자신의 임무를 마감하고 스스로 곡기를 끊었던 것이다. 그것은 은둔과 노동, 절제와 겸손, 그리고 무엇보다 삶의 분명한 원칙을 가지고 있는 사람만이 맞이할 수 있는 그런 죽음이었다. 그는 1백 년의 짧지 않은 기간 동안 가장 완전하고 조화로운 삶을 산 사람이었다. 성인이 아니면서 그런 완전한 삶을 산 사람들은 아마 드물 것이다.

　그러나 결코 그의 삶이 순탄했다는 것을 뜻하지는 않는다.

---

* 이 글은 진 헤이(Jean Hay)가 1997년에 발표한 「자유언론을 위한 개인적 희생(The Personal Price of Free Speech)」을 참고로 하여 소설가 김영현이 정리한 것이다.

정확히 말하자면 오히려 그 반대였다. 그가 살았던 1백 년 동안은 여러 면에서 현대사회가 격변을 겪은 시기였다. 젊은 시절 그는 열정적인 사회개혁가였고, 자유주의자이자 진정한 의미에서의 공산주의자였다. 에디슨이 새로운 발명으로 세상을 놀라게 하던 시기에 어린 시절을 보냈는데 중년이 되기도 전에 이미 그 발명품들은 일상생활에서 널리 사용되기 시작했다. 그 시기는 또 혁명과 전쟁의 시대이기도 했다.

1917년 러시아혁명이 일어나자 니어링은 흥분하였으나 두 번의 세계대전을 치르는 동안 죽어가는 수백만의 민간인과 병사들을 보고 절망을 느꼈다. 근본적으로 평화주의자인 그는 전쟁의 광기에 대해 강한 목소리로 비판하였다. 그 때문에 그는 재판정에까지 서지 않을 수 없었다. 일찍이 그는 기회 있을 때마다 중요한 사회·경제·정치적 문제에 대해 분명하게 자기 의견을 피력하곤 했는데 그러한 문제들이 사회 전반에 널리 인식되기 위해서는 한참 시간이 흘러가야 했다. 그러한 과정을 통해 그는 미국에서 가장 위대한 개인적 자유의 수호자, 자본주의로 상징되는 문명 전반에 대한 근본적 비판을 가한 사회철학자이자, 자연주의자, 실천적인 생태론자가 되었다.

일찍부터 그가 가진 관심의 영역과 통찰력은 지금 생각해도 놀라운 것들이 많다.

예를 들자면 스콧 니어링이 1911년 『아동노동문제의 해결책 (The Solution of the Child Labor Problem)』을 출간했을 때만 해도 아동노동문제에 대해 별로 심각하게 생각하지 않았던 시절이었다. 뿐만 아니라 여성들에게 선거권이 부여되지 않았던 1912년에 『여성과 사회진보(Women and Social Progress)』를 출간하여 여성들의 사회참여에 대한 자신의 의견을 밝혔다.

1917년 미국이 1차세계대전에 참전하려 할 때 니어링은 『거대한 광기(The Great Madness)』라는 책을 출간했는데 여기에서 그는 전쟁 기계를 움직이는 역학관계를 상세히 묘사했으며 징집법안을 "비미국적"이며 "헌법정신과 미국의 전통에 명백히 위반되는 법안"이라고 비난했었다. 1923년 니어링이 『석유, 전쟁의 씨앗(Oil and the Germs of War)』을 발간했을 때 대부분의 사람들은 그 둘 사이의 관계를 인식하지 못했지만 그후 60년 지나 발발한 걸프전은 그의 통찰력이 옳았다는 것을 증명해 주었다.

1929년 스콧 니어링은 경제적 사회적 정치적 현실에 대한 책을 많이 저술하였는데 『블랙 아메리카(Black America)』는 미국 내에서 흑인들이 당하는 폭력을 생생히 묘사한 글이었다. 이때까지만 해도 미국에서는 흑인을 니그로 등의 경멸적인 호칭으로 부르던 시기였으며 그러한 폭력사건은 별로 중요하지 않은 기삿거리로 다루어지던 때였다. 또한 1933년 니어링은 『파시즘(Fascism)』을 저술했는데 그는 이 책에서 파시즘을 제약없는 자본주의의 한 형태로 생각했으며 세상에 대한 첫번째 경고라고 말했다.

이러한 선구자적 생각과 단호한 태도 때문에 그는 큰 대가를 치러야 했다. 자신의 생각을 조금도 굽힘이 없이 설파했던 니어링은 두 대학의 교수직에서 쫓겨났다. 순회강연 요청도 끊겨 버렸다. 국가에서도 그를 위험인물로 분류하여 1916년 법무성이 그의 원고를 압수하였는데 이때는 FBI가 창설되기도 전이었다. 뿐만 아니라 그는 1차세계대전에 반대하는 반전운동을 주도했던 행적 때문에 스파이 활동혐의로 기소되기까지 했다.

모든 학문적 강의는 중단되었지만 니어링은 뉴욕 시에서 열린 미국 사회과학학회에서 주최한 랜드 스쿨 반전사회과학학회에 회원으로 참여했으며 「거대한 광기(The Great Madness)」를 포함해서 수편의 반전논문을 학회지에 발표하였다.

같은 때에 니어링은 사회당에 가입했는데 1918년에는 현직 의원 피오렐로 라 가르디아에 맞서서 선거에도 출마하였다. 후보자는 단 두 명뿐이었는데 사회당의 높아가는 인기에 위협을 느낀 민주당과 공화당이 피오렐로 라 가르디아를 연합공천 했기 때문이었다.

그 당시에는 전쟁에 반대하는 말을 하거나 글을 쓰는 사람들은 기소되어 재판을 받는 것이 다반사였다. 신문사들은 탄압을 받았고 사무실이 불시에 수색을 당하고 우편물이 검열되었다. 국외로 추방되는 사람들도 생겼다. 뉴욕 시는 전쟁에 반대하는 시위에 가담했던 사람들을 투옥하였는데 그 수가 너무 많아서 블랙웰 섬의 교도소에 사회당 강령을 마련해야 할 것이라고 《뉴욕 콜》지가 풍자했을 정도였다. 이러한 상황에서 정치유세장은 공공토론과 투쟁에 있어 가장 좋은 장소가 되었다.

후보지명 수락연설에서 니어링은 현 민주당 정부가 스파이 법 등의 법률을 만들어 헌법에서 보장된 권리들을 제한하고 부정하는 것에 반대하여 의회에 진출하겠다고 선언했다. 그때 니어링 자신이 이미 스파이 법을 위반한 혐의로 연방법원에 기소되어 있는 상태였다. 당국이 제출한 유일한 증거는 그가 쓴 논문 「거대한 광기(The Great Madness)」 하나뿐이었다. 출판사와 랜드 스쿨도 그 논문을 출간한 혐의로 함께 기소되었다.

《미국노동연감(1919~20)》에 의하면 한창 전쟁중이던 1917년 4월에서 1918년 11월까지 미국 내에서 언론·출판·집회의 자유와 관련하여 기소된 사람은 모두 4천5백여 명에 이를 것으로 추정된다. 1천5백 명 정도가 유죄 판결을 받아 투옥되었는데, 그 중 9백98명이 스파이 죄였다. 아이러니컬하게도 진짜 간첩 중에서는 스파이 법에 의해 처벌받은 사람은 한 명도 없었다. 대신 미국 정부는 자국 내의 수많은 급진주의자와 평화주의자들을 이 법에 의해 감옥으로 보냈던 것이다.

1918년 11월 선거에서 니어링은 1만4천5백23 대 6천2백14로 가르디아에게 패했다. 그로부터 석 달 후에 스파이 혐의에 대한 재판이 열렸다. 이 재판은 1919년 2월 6일에서 2월 19일까지 열렸는데 니어링은 많은 기자들로 가득 찬 이 재판이야말로 자본주의에 반대하고 사회주의를 옹호하며, 전쟁에 반대하고 평화를 추구하는 자신의 생각을 피력할 수 있는 좋은 기회로 생각했다. 그는 모든 사실을 순순히 시인했으며 「거대한 광기」의 모든 내용이 자기의 생각과 일치함을 인정했다. 최후진술에서 니어링은 열정에 찬 목소리로, 그리고 매우 감동적인 목소리로, 자신의 믿음과 철학에 대해 말했다.

"…… 여러분, 나는 징병 및 등록업무를 방해하고 불복종과 불충성, 반란 및 전쟁의무 이행을 거부했다는 혐의로 재판에 회부되어 여러분 앞에 섰습니다. 하지만 검찰측은 내가 징병업무를 방해했으며, 의무이행의 거부, 불복종, 반란 등의 혐의에 대한 어떠한 구체적인 증거도 제시하지 못하고 있습니다. 검찰측이 증거로 제시한 논문「거대한 광기」는 발간된 지 17~18개월이나 되었고 그 동안 약 1만9천 부가 배포되었지만 실제로 검찰측이 주장하는 일이 발생한 사례는 한 건도 보고되지 않았습니다. 따라서 나에게 적용될 수 있는 법규는 내가 내 의견을 발표했다는 사실, 즉 내가 이 책을 쓴 것과 사회당 강령에 대한 세인트 루이스 선언에서 내가 내 의견을 발표한 것에 대해 적용될 수 있을 뿐입니다. 즉, 나는 책을 쓰고 그 책을 출판사에 보내어 출간되게 한 죄로 기소된 것입니다. 따라서 내가 유죄라면 그것은 내가 내 자신의 의견을 발표한 것이 유죄가 되는 것입니다. 나의 의견 외에는 증거가 될 수 있는 것이 아무것도 없기 때문입니다…….

나는 민주주의가 귀족정치나 독재정치 등의 다른 정부형태보다 훨씬 뛰어난 제도라고 생각합니다. 그리고 토론은 민주주의의 한 수단이라 할 수 있습니다. 민주주의는 사람들이 문제점에 대해 생각하고 그것을 자유롭게 토론하여 결론에 도달하고 그 결론을 자유롭게 발표하게 하는 수단입니다. 토론을 통해서만 합리적인 공공의 의견에 도달할 수 있으며 토론이 제한되는 순간 민주주의는 파괴되는 것입니다. 민주주의를 유지하는 유일한 방법은 모든 시민들에게 그들의 신념을 발표할 수 있는 권리를 부여하는 것입니다. 이 권리는 올바른 신념을 가질 수 있는 권리와 올바르지 못한 신념을 가질 수 있는 권리를 동시에 포함하는 것입니다. 헌법은 시민들이 바른 생각을 할 수 있는 권리만을 보장하는 것은 아니며 자기가 정직하다면 잘못된 생각이라도 할 수 있는 권리까지 보장하고 있는 것입니다.

내가 이 논문에서 발표한 견해는 내 자신의 의견을 정직하게 표현한 것입니다. 나는 이 견해들이 옳다고 믿습니다. 나의 견해가 옳은지 그렇지 않은지는 미래가 밝혀줄 것입니다. 이 나라의 모든 시민은 자신을 표현할 권리를 가지고 있으며 법률이 허용하는 한도에서는 어떤 주제라도 자기가 가지고 있는 의문에 대한 견해를 발표할 수 있습니다. 정부가 개입하여 이러한 권리를 제한한다면 그 순간 민주주의는 더 이상 존재하지 않는 것입니다. 나는 미국의 시민이며 나의 조상들은 2백 년 이상 이 나라에 살아왔습니다. 그러므로 미국 시민으로서 나는 권리와 의무를 가지고 있습니다. 미국 수정헌법에서는 시민들에게 자유로운 언론과 출판의 자유, 즉 내가 가지고 있는 믿음을 말하고, 출판할 수 있는 권리를 보장하고 있습니다. 이러한 권리를 위해 우리의 선조들은 유럽을 떠나 이 땅으로 온 것입니다. 이러한 권리를 위해 많은 사람들이 현재도 싸우고 있습니다.

이러한 법이 무시된다면 이 나라의 번영은 나에게 아무런 의미가 없습니다. 자기의 생각과 의견을 자유롭게 표현할 수 있는 기회가 제공되고 우리 앞에 놓인 문제에 대해 자유롭게 토론할 수 있는 권리가 보장되지 않는다면 지금 이 나라의 풍요는 어떤 의미도 가질 수 없습니다. 지금의 미국은 자유를 원합니다. 그리고 미국 시민으로서 이 자유야말로 그것을 위해 우리가 싸워야 하는 가장 소중한 자산인 것입니다. 이 자유는 법률과 헌법에 의해 보장되는 것입니다. 설사 법률과 헌법이 없다 해도 이 자유는 민주사회의 일원에게 보장된 당연한 권리입니다.

나는 그 논문에서 미국의 자유, 그리고 전세계 모든 사람들의 친교를 위한 나의 희망, 나의 이상과 나의 포부를 표현했습니다. 나는 내가 할 수 있는 일을 다 했으며 나머지는 여러분의 손에 달려 있습니다……."

배심원들이 평결을 내리는 데는 장장 30시간이나 걸렸다. 그 결과「거대한 광기」를 쓴 혐의에 대해서는 무죄판결이 내려졌는데 그것으로 그는 당시에 이와 비슷한 전쟁 관련 혐의로 기소되어 무죄판결을 받은 유일한 급진주의자가 되었다. 하지만 이 책을 출간한 랜드 스쿨은 스파이 법 위반혐의가 인정되었다. 랜드 스쿨은 미국 대법원에 상고했으나 인정되지 않았다. 랜드 스쿨은 3천 달러의 벌금을 물었는데 모두 1달러짜리 지폐로 지불했다.

그후 니어링은 할 수 있는 한 글쓰기를 계속했으며 소규모 좌익그룹에 가입하기도 했다. 그리고 기회가 있을 때마다 강연을 가졌다. 그러나 니어링은 이미 사회로부터 위험분자, 과격분자로 몰려 소외당하고 있었다. 차츰 강연 요청도 끊겼으며 신문에 기고하는 글조차 거절당했다. 그는 직장을 잃었을 뿐만 아니라 가족으로부터도 외면당했다. 안락한 중산층의 가정을 추구했던 그의 첫번째 아내인 넬리 시즈(Nellie Seeds)는 더 이상 니어링과 함께 살기를 원하지 않았다. 결국 그는 별거를 당하고 아이들로부터도 멀어졌다.

가족으로부터도 떨어진 니어링은 얼마되지 않는 연금에 의지하며 메인 주의 한 시골마을에서 살고 있었다. 일반 사회의 시각으로 보자면 실패한 인생의 전형처럼 보여지는 생활이었다. 그때 그의 곁에 인생을 완전히 새롭게 시작할 수 있는 힘을 가져다준 사람이 나타났다. 당시 마흔다섯 살이었던 니어링보다 스무 살이나 연하였던, 매력적인 여성 헬렌 노드(지금은 헬렌 니어링으로 더 잘 알려진)가 바로 그녀였다. 그녀는 그의 인생 후반부를 함께한 최고의 반려자이자 동지가 되었다.

헬렌은 좋은 가정에서 태어나 좋은 교육을 받았는데 특히 음악 분야에 대해서는 뛰어난 재능을 가지고 있었다. 일찍이 인도 철학자 크리슈나무르티의 연인으로 그의 사상과 삶에 도취했던 헬렌은 이 보잘것없는 중년의 사내에게서 평범하면서도 비범한 지혜를 느꼈다. 니어링과의 만남은 그녀에게도 역시 생의 일대 전환점을 이루게 한 사건이었다. 그녀는 화려하고 유혹적인 문명적 생활을 포기하고 대신 니어링과 함께 버몬트 주의 숲속으로 들어가 농사를 지으며 단풍사탕을 만들어 파는 생활을 시작했다. 극도로 단순하고, 검약하고, 가난한 생활의 시작이었다.

1945년 8월 6일 그의 62번째 생일에 헤리 트루만 대통령은 히로시마에 원자폭탄을 투하하라는 명령을 내렸는데 그날 니어링은 트루만 대통령에게 이렇게 편지를 썼다.

"당신의 정부는 더 이상 나의 정부가 아닙니다."

니어링은 부인 헬렌과 함께 처음에는 버몬트에서 그리고 후에는 메인에서 농사를 지으며 자급자족적인 생활을 했고 겨울에 농장이 얼어붙어 농사를 지을 수 없으면 여행을 떠나고 강연을 하고 저술을 하며 지냈다. 스콧과 헬렌은 그들의 시골생활을 『조화로운 삶(Living the Good Life)』에 소개했다. 그들은 또한 『단풍사탕 만드는 법(The Maple Sugar Book)』을 써냈는데 이 책은 그 주제를 다룬 첫번째 책이자 아직도 유일한 책이다. 이 두 권의 책은 1950년과 1954년에 자비로 출판되었는데 베트남전쟁 와중인 1970년에 랜덤 하우스에서 재출간되었다. 이 책들의 내용은 반전운동을 하던 당시의 젊은이들의 욕구에 맞아떨어졌고 니어링 부부는 미국의 우상이 되었는데 이러한 상황은 이 부부에게는 매우 어색한 것이었다.

1970, 80년대가 되자 그의 이름은 차차 사람들 속에 알려져 수많은 사람들이 호숫가 니어링 부부가 손수 지은 돌집과 그들의 생활을 보러 찾아오곤 했다. 그들의 눈에는 스콧 니어링이 가난하지만 아무것도 부러워하지 않는 사람으로, 명석한 몽상가로, 개인적 희생을 개의치 않고 원칙을 지키는 사람으로 비

쳐졌다. 많은 사람들은 그가 숲에서 살게 되기까지는 무언가 특별한 이유가 있을 거라고 짐작은 했지만 그의 '화려한 과거'에 대해서는 아무것도 알 수 없었다. 사실 그의 생애 전반부에 행해졌던 열정적인 사회활동은 이제 거의 잊혀져 가고 있었기 때문에 스콧과 헬렌이 죽은 뒤 세워진 '굿 라이프 센터(Good Life Center)'의 간부들조차 정관을 작성하면서 그의 환경운동이나 정신적, 전원생활적인 면뿐만 아니라 정치적 견해도 빠트리지 않고 정관에 포함시켜야 한다고 다시 한 번 확인을 해야 할 정도였다.

말년에 그는 수많은 사람들로부터 존경을 받았다. 그러나 이 존경은 젊은 시절의 화려한 활동 때문이 아니었다. 새로운 추종자들이 그를 존경하게 된 것은 스콧과 그의 두번째 아내 헬렌이 숲속에서 행한 독특하고 절제된 생활방식 때문이었다. 그것은 일찍이 데이빗 소로우가 월렌 호수가에서 실현했던 생활과 유사한 방식의 삶이었다. 이들을 모범삼아 수천 명의 젊은이들이 도시를 떠나 농촌으로 돌아갔다.

이 젊은이들은 스콧 니어링이 걸어온 과거의 급진적 행적을 알지 못했다. 또한 그들은 유기농장에서 감자밭을 가꾸는 이 주름지고 구부정한, 팔꿈치를 누덕누덕 기운 옷을 입은 괴팍한 노인이 금세기 초 버트란트 러셀과 클레런스 데로우에 버금가는 연설과 강연으로 수천 명을 흥분시켰던 명연설가였다는 사실을 상상할 수도 없었을 것이다. 꾸준하고 인내심 있게 수동톱으로 산더미 같은 나뭇더미와 가지들을 16인치 크기로 잘라 부엌용 난로의 연료로 만드는 조그맣고 깐깐한 노인이 1917년 반전 논문을 발표하여 스파이 혐의로 기소되어 1919년 연방법정에 피고로 섰었다는 사실을 상상하는 것은 더더욱 어려운 일일 것이다.

1983년 8월 24일, 스콧 니어링은 부인 헬렌 니어링이 지켜보는 가운데 평화롭게 눈을 감았다. 그는 자신이 살아온 1백 년의 시간을 통해 우리 모두에게 진정한 자유가 무엇인지, 그리고 진정으로 의미있고 충만한 삶이 어떤 것인지를 실천적으로 보여주었다. 그리고 그의 메시지는 자본주의 소비문화가 극대화되면 될수록, 우리의 삶이 더욱 바빠지고 황폐해질수록, 더욱 강하게 되살아날 것이다.

1911년 그가 써놓은 좌우명에는 다음과 같이 씌어져 있다.

"…… 간소하고 질서있는 생활을 할 것. 미리 계획을 세울 것. 일관성을 유지할 것. 꼭 필요하지 않은 일은 멀리할 것. 되도록 마음이 흐트러지지 않도록 할 것. 그날그날 자연과 사람 사이의 가치있는 만남을 이루어가고, 노동으로 생계를 세울 것. 자료를 모으고 체계를 세울 것. 연구에 온 힘을 쏟고 방향성을 지킬 것. 쓰고 강연하며 가르칠 것. 원초적이고 우주적인 힘에 대한 이해를 넓힐 것. 계속해서 배우고 익혀 점차 통일되고 원만하며, 균형잡힌 인격체를 완성할 것……"

서 문

지금까지 살아오면서 나는 내 주변 사람들이 자신에 관한 이야기를 쓰는 것을 여러 번 보아왔다. 그때마다 사람들은 나에게 살아온 이야기를 써보라고 했다. "당신은 역사의 격변기를 살아오지 않았습니까? 당신 이야기를 한번 써보시지 그래요?"

사실 나는 서구 문명의 전성기라 일컬어도 괜찮을 시기를 살아왔다. 또 전기나 자서전이 내가 살아온 시대를 조명하는 유용한 기록이 된다는 것도 옳은 말이다. 그러나 그런 권유를 받을 때마다 나는 아직 연구해서 정리하고 싶은 흥미로운 주제들이 많이 있다며, 자서전은 좀더 중요한 일들을 다 마친 뒤에나 써볼 생각이라고 둘러대곤 했다. 그리고 마침내 내 나이 여든이 되어서야, 살아온 이야기를 쓰게 되었다.

1963년 8월은 내가 예상했던 것보다 훨씬 빨리 지나갔다. 다른 일을 처리하느라 조금 늑장을 부린 뒤에 겨우 자서전 집필에 매달리게 되었다.

일반적으로 자서전은 살아오면서 얻은 경험과 지식을 자신을 중심으로 그려내는 보고서 같은 것이다. 그러나 자기 이야기에만 국한된다면 그것은 진정한 의미에서 자서전이라 할 수 없을 것이다. 모든 인간은 개인적 차원과 사회적 차원에서, 그리고 전체의 일부로서 느끼고, 사고하고, 행동한다. 나는 이 세 가지 차원 속에서 살고 있기 때문에 내가 쓸 이야기는 이 셋을 동시에 포괄해야 한다. 이런 의미에서 나의 자서전은 한 개인의 기록이라기보다는 그 개인이 살아온 시대의 기록이 되어야 한다.

이것은 내가 오랜 세월 동안 몸으로 부딪혀 온 위험한 싸움에 관한 이야기이다. 내가 이 싸움을 처음 시작한 것은 고등학교 때의 일인데, 그 시절의 나는 세상 물정 모르고 솜털도 채 가시지 않은 애송이였다. 그런 내가 지금은 온갖 풍파를 다 겪은 강인한 노인으로 변해 있다. 그간의 70년이라는 세월 동안 나는 배우고, 가르치고, 내 생각을 미국에서 듣고 공부하고 행동할 뜻이 있는 여타 인간사회의 삶 속으로 전파하기 위해 최선을 다했다.

내가 살아온 이야기에는 또 다른 측면이 있다. 나는 살아오면서 여러 가지를 배웠고, 내 나름의 이념을 형성했으며, 세상을 보는 확고한 관점을 세웠다. 또 앞으로 다가올 세기에 대해 어느 정도의 통찰력을 갖출 수 있었다. 진지한 내용을 담은 자서전이라면 이런 관점이 당연히 포함되어 있어야 한다고 나는 믿는다. 이런 의미에서 내 이야기의 많은 부분은 권력자의 자리인 선교(船橋)가 아니라 돛대 위에 있는 망대(望臺) — 여기에서는 수평선 전체를 한눈에 볼 수 있다 — 에서 전하는 보고인 셈이다.

나는 1883년에 시작한 여정의 마지막 단계에 와 있다. 이 여정은 참으로 다사다난했고, 많은 반대와 논쟁과 갈등을 수반했다. 내가 걸어온 아주 좁은 길에 탈선과 패배는 있었지만 후퇴는 없었다. 여러 가지 사건들이 꼬리에 꼬리를 물고 이어지면서, 사람들의 반대와 추방에 맞서 나는 혼자서라도 앞으로 나아가야 했다.

올리브 슈라이너는 『인생』에 이렇게 썼다. '지적 순수성을 조금이라도 훼손한 채 얻은 선이란 어떤 경우에도 영원한 선이 될 수 없다는 사실을 청년기에 깨닫는 것이 중요하다. 이러한 사고를 지닌 사람은 당대에는 화려한 성공을 거두기 힘들지 몰라도 결코 자신이 외톨이가 되었다는 것 때문에 후회하지는 않을 것이다.'

기질에 따라 사람을 나누자면 안락한 삶을 열망하는 사람들과 끊임없는 결단과 투쟁으로 이어지는 힘겨운 삶 속에서 희열을 느끼는 사람들, 두 부류로 나눌 수 있다.

안락한 삶을 사는 사람은 쾌락을 우선하여 매사를 생각한다.

각각의 세대는 제 몫만큼의 모험가와 활동가들 — 근면하고 끈질기며, 때로는 위험한 행동가들 — 을 만들어낸다. 이들은 안온한 생활에 만족하지 않고 기꺼이 산을 오르거나 도시를 재건하거나 달나라로 간다. 이들은 목표를 이루기 위해 줄곧 힘겨운 노력을 하면서 기쁨을 느낀다. 이들은 새벽에 일어나 끊임없이 활동을 하며 밤에는 도서관이나 실험실에서 시간을 보낸다. 어떤 위험이나 방해물도 이들을 단념시키지는 못한다.

나는 늘 힘겹게 살아가는 사람들과 운명을 같이해 왔다. 나는 인생을 즐기거나 다른 사람의 노동에 의지해 살아가기 위해 태어난 게 아니다. 내가 이 땅에 온 것은 일을 하기 위해, 그것도 있는 힘을 다해 힘닿는 데까지 열심히 일하기 위해서이다. 나는 이상을 발견하고, 그것을 개인생활과 집단생활 속에서 구체화하려는 뜨거운 노력이 몸과 마음을 발달시킨다고 생각한다. 인간 문화의 유구한 흐름에 깊이와 폭을 넓혀온 힘이 지금 문화에 일대 변혁을 일으키고 있다. 이 힘은 장차 인간의 문화를 한 차원 높은 단계에 올려놓을 것이다.

　천 년이 넘는 세월 동안 서양인들은 씨를 뿌리고 농작물을 가꾸며 수확을 준비해 왔다. 현재의 사건들이 바로 그 수확물 — 경쟁과 탐욕과 착취에 기초한, 우리 사회가 낳은 필연적 결과물 — 이다. 이 자서전은 씨뿌리기와 가꾸기와 수확에 관한 내 경험과 거기에서 얻은 결론을 요약한 것이다.

스콧 니어링

제1부

내게 진실로 소중한 것들

어린 시절 나의 스승들

오하이오 주 톨레도 시의 샘 존스 시장이 불혹의 나이를 훨씬 지나, 저명인사 몇 명과 저녁식사를 하기 위해 어느 지방 호텔에 들렀을 때의 일이다. 지금으로부터 1백 년 전인 당시에는 호텔 식당에 들어가기 전에 방명록에 자기 이름을 적는 것이 하나의 관습처럼 되어 있었다. 맨 처음 사인을 한 유명한 목사는 자기 이름 뒤에 'D.D.(신학박사)'라고 적었다. 두번째 사람은 'Ph.D.(철학박사)'라고 썼다. 샘은 자기 차례가 오자, 잠시 머뭇거리다가 이름 뒤에 'L.L.L.'이라고 적어넣었다. 옆에서 지켜보던 신학박사가 말했다.

"잠깐, 샘. 잘못 쓴 것 같은데. 자넨 대학 문턱에도 가본 적이 없잖나?"

그러자 시장이 대답했다.

"천만에 말씀! 난 이래 봬도 인생의 역경이라는 대학을 다닌 몸이오. 우리 대학 교기의 색깔은 시퍼렇게 멍든 색이고, 구호는 '아얏!'이지."

"그럼 'L.L.L.'은 뭔가?"

샘이 말했다.

"그건 배우고, 배우고, 또 배운다(Learning, Learning, Learning)는 뜻이라네."

나는 인생의 기초를 배우는 데 1883년부터 1917년까지 무려 34년이라는 시간이 걸렸다. 내 인생의 처음 삼 분의 일은 다른 사람의 말을 무조건 외우는 간접경험 위주의 유치원과 초등학교 시절이 차지했다. 그 시절엔 외부의 위험으로부터 보호를 받으며 비교적 탈없이 지냈다. 샘 존스의 모교인 '인생역경대학'에 입학하면서부터 나는 비로소 인생이란 것이 무엇인지를 배우기 시작했다. 이 과정을 다 이수하고 나면 나 역시 L.L.L. 학위를 받을 날이 오리라고 기대하고 있다.

나는 음악가는 아니지만, 내 입장을 음악적 비유를 사용해 표현해 보고자 한다. 어린 시절과 청소년기에 나는 내 앞에 주어진 악보를 읽는 연습을 주로 했다. 나는 남들이 내게 원하는 대목을 사람들 귀에 거슬리지 않게 연주했다. 나이가 들면서는 악보를 보지 않고도 사람들 앞에서 음악을 연주할 수 있다는 사실을 조금씩 깨달았다. 1917년, 나 자신의 곡을 작곡하고 연주할 수 있게 되면서, 34년 간의 예비교육과정은 드디어 막을 내렸다. 내가 샘 존스 시장의 동기생으로 새로운 인생에 발을 들여놓은 것도 바로 그때였다.

'인생역경대학'에서 보낸 반세기를 통해 나는 경험과 이성이 선천적 특질들과 결합하여 만들어내는 통찰력이라는 척도를 갖게 되었다. 역경 대학의 과정은 고되고 힘들기는 하지만, 그래도 생산적이고 창조적인 것이었다. 나는 어린 시절 스승들이 일러준 방식을 제쳐놓고, 나 자신의 눈으로 인생과 세상을 읽어나갔다. 내가 L.L.L. 학위를 땄는지 어떤지는 전적으로 독자들의 판단에 맡긴다.

교육이란 평생을 두고 배우는 것이다. 학교가 교육의 시작이자 끝일 수는 없다. 처음에는 주위 사람들의 생활양식과 편견을 곧이곧대로 받아들였다. 어떤 의미에서 나는 그들의 복사판에 가까웠다. 그러나 하나둘 세상에 관해 배워가면서 나름대로 견해를 만들어갔다. 그리고 내 생각을 감히 표현하려고 했던 적도 심심찮게 있었다.

고등학교 1학년 때에 있었던 일이 아직까지도 기억에 생생하다. 가까운 친지들을 초대해 집에서 파티를 열었는데, 대화 도중 누군가가 대니얼 웹스터라는 사람의 이름을 입에 올렸다. 학교에서 웹스터에 관해 배운 터라 안 그래도 내 나름대로 그의 인생에 대해 생각하고 있는 바가 있었다. 그의 이름이 나왔을 때, 나는 잠시 대화가 중단된 틈을 타 마음속에 있는 생각을 털어놓았다. "저는 그 사람이 형편없는 속물인 데다 술고래라고 봐요." 비난의 말들이 나를 향해 빗발처럼 쏟아졌다. 사람들 앞에서 내 나름의 이견을 입 밖으로 내기는 그때가 처음이었다. 나는 그 순간 사회적 비난이 어떤 것인지를 여실히 느꼈다.

그로부터 시간이 흐르면서 나는 그 동안 아무런 의심없이 받아들여온 익숙한 환경으로부터 드디어 머리를 내밀게 되었다. 그리고 가족들과 거리를 갖고 독립하고 나 자신을 주장하고 표현하는 방법을 점차 터득하게 되었다.

내가 태어나 자란 곳은 펜실베이니아 주 티오가 카운티의 가파른 언덕과 좁은 계곡들 사이에 위치한 탄광지대였다. 우리 집은 캐나다솔송나무, 소나무, 그리고 군데군데 활엽수들이 빽빽이 들어찬 처녀림의 한 가장자리에 있었다. 어린 소년의 눈에는 거대한 나무들이 끝도 없이 멀리까지 이어져 있고, 하늘을 찌를 듯 높이 솟은 것처럼 보였다. 숲속에 들어가면 컴컴하고 인기척이 없어 무섭기도 했지만, 길이며 표지 같은 것을 하나둘 알게 되면서부터 서서히 익숙해졌다. 숲은 나의 놀이터였고, 키 큰 나무들은 놀이동무였다.

모리스런은 이렇다 할 만한 사건이 거의 일어나지 않는 작은 시골마을이었다. 이런 시골에서는 하찮은 일마저도 커다랗게 부풀려지기가 일쑤였다. 내가 아주 어렸을 때 폭설이 내린 어느 해 겨울의 일이 기억난다. 당시 나는 깊은 눈 속에서 넘어지면 혼자 힘으로 일어서지 못하고 누군가가 뒤에서 잡아당겨 일으켜 주어야 할 정도로 몸집이 아주 작았다. 그해 적설량은 무려 3피트나 되었다. 눈보라가 몰아치고 난 뒤 며칠 동안, 모리스런 개천을 따라 구불구불 나 있는 철로가 눈에 파묻혀 기차 운행이 두절되었다. 그러던 어느 날 이른 아침 멀리서 우르릉, 굉음이 들려왔다. 우리는 대문으로 뛰어갔다. 기관차 두 대가 계곡을 뚫고 오고 있었는데, 자세히 보니 앞쪽 기관차에 V자 형태의 제설기가 달려 있었다. 우리 가족은 물론이고 마을 사람들 모두가 나와, 기차가 눈을 헤치며 다가오는 모습을 지켜보았다. 그리고 마침내 기관차가 우리 앞을 통과할 때, 사람들은 일제히 고함을 지르며 환호했다. 그해 겨울의 일은 두고두고 사람들 입에 오르내릴 만큼 엄청난 사건이었다.

우리 집 뒷마당에는 높다란 나무 울타리가 처져 있고, 울타리 너머로는 마구간과 외양간, 그리고 가축들이 풀을 뜯는 드넓은 개간지가 있었다. 그곳을 사람들은 그냥 '목장'이라고 했다. 어릴 때 내게는 이 울타리를 넘는 것이 엄격하게 금지되어 있었다. 이웃집 아이들은 그 목장에서 크리켓 놀이를 했다. 나는 얼마나 울타리를 넘어가 아이들 놀이에 끼고 싶었는지 모른다. 크리켓이라고 해봐야 쭈그러뜨린 양철 깡통이었지만 나는 최대한 멀리 크리켓을 차고 달아나, 수비수가 내가 찬 크리켓을 가지고 와 숨은 놀이동무들을 찾으러 다닐 때까지 꼭꼭 숨어 있고 싶었다.

다섯 살인가 여섯 살 때, 할아버지가 사업차 뉴욕에 가면서 나를 데리고 가셨다. 그때 뉴욕의 모습이 어땠는지는 잘 기억나지 않지만, 우리가 묵었던 집은 아직도 기억에 생생하다. 그 집에 사는 사람들은 다 백발이 성성한 노인들이었다. 혹시 우리가 그 집에 묵는 동안 그 노인들 가운데 누가 죽어나가기라도 하면, 사람들이 우리 탓을 하지나 않을까 걱정했던 기억이 난다. 어느 날 저녁 할아버지는 나를 극장에 데리고 가셨다. 연극이 절정에 이르렀을 때, 진짜 살아 있는 말 두 마리가 연기를 내뿜는 소방차를 끌고 무대로 나왔다. 아마도 내가 너무 신이 난 나머지 큰 소리로 떠들어댔던 모양이다. 극장 안내인이 할아버지한테 다가와 "아이 좀 조용히 시키거나 데리고 나가세요" 했으니 말이다.

나는 여섯 남매 중 맏이였다. 내 밑으로는 누이동생 셋 — 메리(미시), 도로시(도페이), 베아트리스(베아) — 과 남동생 둘 — 거이와 맥스 — 이 있었다. 우리는 다들 고만고만한 나이라(여섯 남매가 모두 두 살 아니면 세 살 터울이었다) 잘 어울려 지냈다.

우리집 남매들은 아주 어려서부터 다양한 개성을 드러냈다. 미시는 우리 식구 중에서 예술 쪽으로 재능이 가장 뛰어났다. 바이올린을 연주했는데, 대학 시절에는 연극 배우로도 두각을 나타냈다. 뿐만 아니라 노래도 잘 하고 글도 잘 썼다.

도페이는 온순하고 마음씨가 고우며 수줍음을 잘 탔다. 우리집에서는 도페이가 '아버지의 귀염둥이'로 통했다. 도페이가 다섯 살쯤 되었을 때 어머니는 도페이가 집 뒤에 웅크리고 앉아 두려움에 흐느껴 울고 있는 것을 발견했다. 도페이보다 두 살 아래인 거이가 두 손으로 망치를 든 채 도페이를 딛고 서 있었던 것이다. 어머니는 부리나케 달려가 망치가 내려오는 것을 막았다. 도페이는 위기일발의 순간을 무사히 넘기고 착실한 여고생으로 성장했으며, 그후에는 브린모어 대학에서 열심히 공부했다.

베아는 도페이보다 훨씬 복잡한 아이였다. 억척스럽고 사나운 면과 한없이 순종적인 양면을 타고났다. 베아는 일곱 살 때쯤 사업차 여행중인 할아버지께 농장에 멋진 소식이 있어서 알려드리겠다며 편지를 썼다. 그런데 그 편지 내용이라는 게, 말한 마리가 죽고, 집이 불타 없어졌다는 둥, 여러 가지 재난에 관한 것들이었다. 어머니가 그걸 보고 나무라셨다. "하지만 이건 사실이 아니잖니. 네가 쓴 얘기들 가운데 실제로 일어난 일은 하나도 없잖아." "나도 알아요." 베아가 순순히 인정했다. "하지만 편지를 재미있게 쓰고 싶어요."

우리집에서 허풍 떨기를 좋아하는 사람은 베아만이 아니었다. 어머니의 일기를 보니, 내가 네 살 때 어머니한테 불이 난 걸 보았다고 얘기한 내용이 기록되어 있었다. "무지무지 큰불이 나서 제재소 열네 개랑 제재소 두 개랑 제재소 열한 개랑 집 열네 채랑 집 열한 채가 몽땅 타버렸는데, 불이 계속 활활 타오르면서 무지무지 빨리 번졌어요. 말이나 돼지나 병아리가 누가 잡으려고 하면 빨리 달아나 버리는 것처럼 그렇게 빨리 불이 달렸어요. 그리고 불 속에 커다란 소방수 아저씨가 있었는데, 그 아저씨가 '불길을 잡아, 불길을 잡아!' 그랬어요. 그게 불을 끄는 거잖아요. 그리고 꽃들이 타버렸는데, 소방수 아저씨가 다시 큰불이 날 때까지는 절대로 꽃들이 타버리게 두지 않을 거랬어요."

맥스는 우리 식구 중에서 제일 말수가 적은 아이였다. 아버지 설명에 의하면, 맥스가 말이 없는 이유는 하나밖에 없다고 했다. 막내로 태어나다 보니, 자기는 한 마디 끼어들 틈조차 없을 정도로 집안이 식구들 말소리로 가득 차 있었기 때문에 아예 말하기를 포기하고 조용히 지내기로 하지 않았겠냐는 것이다. 맥스의 관심사는 한결같이 토목 공학이었다. 1917년 전쟁이 발발하자, 맥스는 대학을 그만두고 육군 공병대에 입대했다. 맥스가 처음 맡은 해외 임무는 프랑스의 어떤 작은 도시를 위해 상수도를 건설하는 것이었다. 맥스는 이 일을 하던 중 집으로 편지를 보내 왔다. "이 도시에는 저수조가 하나뿐입니다. 그것도 나폴레옹 시대에 지어진 것인데, 지어진 이후로 한 번도 청소를 한 적이 없다고 합니다." 전쟁이 끝나고 제대한 맥스는 콘크리트 건축 분야의 전문가로 활약했으며 은퇴하기 전에는 뉴욕 철도국 본부의 기술진으로 일했었다.

어렸을 때 나는 거이와 특히 친했다. 거이는 나보다 일곱 살 아래지만 감수성이 예민하고 재능이 많은 아이였다. 거이는 호시 빌이라는 상상 속의 놀이동무와 혼자서 노는 걸 좋아했다. 거이가 만들어낸 가공 인물은 호시말고도 호시의 어머니 아버지와 동생 몇이 더 있었다. 우리는 거이가 만들어낸 이 상상 속의 가족을 이름만 들어도 다 아는 처지였지만 우리까지 가공 인물을 만들어내지는 않았다. 거이는 커서 식물학자가 되었는데, 거이의 전공 분야는 서양호랑가시나무와 버섯이었다. 거이는 식물에 관한 책은 물론이고 시까지 써서 출판했다. 거이는 종묘장 두 개를 설립하고 식물 컨설턴트가 되었으며, 식물 탐사 여행을 이끌었고, 그리스어와 라틴어 공부를 계속하는가 하면 민속 무용도 멋들어지게 추곤 했다. 우리 여섯 남매 중에서 거이가 제일 다재다능했던 것 같다. 다른 동생들과 마찬가지로 거이 역시 정치 문제에 관한 한 지극히 보수적이었다. 정치적 견해의 불일치로 불행하게도 우리는 나이가 들어서는 사이가 멀어졌다.

우리 여섯 남매는 저마다 다른 길을 갔다. 누이동생 셋은 다 유복한 남자들을 만나 결혼했다. 어머니는 누이동생들을 돈 버는 재주라고는 없는 우리 삼 형제와 비교해 '부티 나는 세 자매'라 부르곤 했다. 부모님이 돌아가신 후 우리 여섯 남매는 서로 거의 내왕없이 지냈다.

산골 마을에서 보낸 어린 시절을 돌아보면 많은 사람들이 마음속에 떠오른다. 말들을 보살피고 우리를 말에 태워 마을을 돌아다녔던 호러스 워드, 우리 가족을 위해 음식을 만들고 우리 육 남매 돌보는 일을 도왔던 스코틀랜드 여자 바버러 로슨. 할아버지의 영국인 가정부 클라라 임즈, 친절한 광산 십장 마이크 드리스콜, 이웃에 살던 농부 짐 코프, 나귀를 타고 다니던 벌목반 반장 프랭크 처치, 광업사 회계원 P. F. 오도넬, 광업사 사무실에서 근무하던 작달막한 남자 월 팁튼 등, 많은 사람들이 내 어린 시절을 거쳐갔다. 어떤 이는 내 삶을 잠시 스치고 지나가고, 어떤 이는 더 오래도록 내 삶에 남아 있었다.

이런 이들 중에서 내 어린 시절의 인격 형성에 큰 비중을 차지했던 네 사람을 꼽자면 다음과 같다. 내 어머니 미니 재브리스키 니어링은 나에게 자연과 책을 접하게 해주었다. 친할아버지 윈필드 스콧 니어링은 과학과 기술, 토목 공학, 엄밀한 사유법을 가르쳐주었다. 잊을 수 없는 스승 사이먼 넬슨 패튼은 현명하고 온화하며 근면한 분이었는데, 언제나 한결같은 스승의 본보기이다. 레오 톨스토이의 저작들은 나에게 사회적 책임,

전쟁과 평화, 노동자 계급의 연대 필요성 등을 일깨워주었다.

*

 내 최초의 스승은 어머니였다. 어머니는 열여덟 살에 결혼하여, 뉴욕 시에서 20마일 가량 떨어진 쾌적한 교외(뉴저지 주 버전 카운티 패러머스)에 있던 친정집을 떠나 펜실베이니아 북부의 험하고 가파른 아팔래치 산맥에 위치한 모리스런 탄광·벌목촌으로 왔다. 아버지는 이곳에서 농산물 가게를 운영하고 있었다. 평지인 뉴저지 교외에서 태어나고 자란 어머니가 모리스런 천에 의해 침식된 좁은 골짜기로 옮겨오고 나서 처음 보인 반응은 숨이 막힌다는 것이었다. 어머니는 이렇게 말했다. "꼭 질식할 것 같았어. 온통 음습한 상록수 숲으로 뒤덮인 적막한 산들로 겹겹이 둘러싸여서 그곳에 갇히고 짓눌린 느낌이었다."
 젊고 발랄하고 충동적인 어머니는 곧 새로운 환경에 적응하여 황량한 곳에서의 삶을 시작했다. 땅을 개간해 밭을 일구고, 돌담을 쌓고, 숲 가장자리에 펼쳐져 있는 꽃밭을 흙으로 돋우었다. 어머니는 이 꽃밭에 들꽃과 당신이 직접 기른 묘목을 심었다. 어머니는 또한 채소밭도 만들어 가꾸셨다.
 어머니는 거칠디거친 황무지를 경작하느라 분주한 와중에 우리 여섯 남매를 세상에 내놓으셨다. 어머니는 '어머니'로서의 역할을 퍽 진지하게 수행하셨다. 우리를 위해 꼼꼼히 계획을 세워 먹이고 입히고 가르치셨으며, 목숨이 다하는 날까지 우리 육 남매의 관계가 소원해지지 않도록 신경을 쓰셨다.

젊은이들을 대하는 어머니의 태도는 어머니의 77번째 생일 일 주 전인 1940년 12월 30일에 펜실베이니아 트로이에 사는 손녀 오스먼 스키너에게 보낸 편지에 잘 나타나 있다.

선물에 대한 내 생각을 얘기하고 싶은데, 내 얘기가 귀에 거슬리거나 언짢게 들리지 않았으면 좋겠구나. 나는 우리 가족이라도 네 부모세대에게는 선물을 보내지 않는단다. 네 부모세대는 나보다 가진 게 훨씬 많고, 그들에게 필요치 않은 것을 선물한다는 건 어리석은 일일 수도 있기 때문이다. 책이나 꽃병이나 그 밖에 그들이 좋아할 만한 게 있다면, 그들에게는 그것이 적절한 선물이 되겠지.

하지만 손주들에게는 소액 수표를 보내고 싶구나. 인생을 막 시작하는 아이들이 원하는 곳에 쓸 수 있도록 말이다. 하지만 손주들이 그 돈의 일부를 도로 나에게 보낼 선물을 사는 데 쓴다면 내 계산이 어긋나는 셈이니, 그런 일은 없었으면 한다. 그저 '고마워요, 할머니', 이 한 마디면 나는 충분히 만족스럽고, 어떤 선물을 받는 것보다 기쁘단다. 너희들은 이해가 안 갈지도 모르지만, 노인들이 원하는 건 물질이 아니란다.

세상에 똑같은 사람이 없는 이유를 이해하기란 전혀 어려운 일이 아니다. 원료를 끌어올 출처는 무수히 많은데, 같은 가정의 자녀들이라 해도 똑같은 출처에서 원료를 끌어내는 것은 아니거든. 그래서 같은 부모 밑에서 같은 방식으로 자랐는데도 서로

가 아주 다르단다. 인생에는 연구해 볼만한 흥미로운 대목들이 아주 많지.

　가족에 대해 말하자면, 나는 언제나 자녀들을 내 소유물이 아니라 개별적인 인격체로 여겼다. 칼릴 지브란의 『예언자』에 나오는 이 대목을 들려주고 싶구나.

　　당신의 자녀들은 당신의 소유물이 아닙니다.
　　그들은 생명의 아들이고 딸입니다.
　　그들은 당신을 통하여 왔지만
　　당신에게서 온 것이 아닙니다.
　　또한 당신과 함께 있으나 당신의 것은 아닙니다.
　　그들에게 사랑을 줄 수 있으나 생각을 줄 수는 없습니다.
　　왜냐하면 그들은 자기의 생각이 있으니까요.
　　당신은 그들의 몸을 가둘 수는 있어도 마음을 가둘 수는 없습니다.
　　왜냐하면 그들의 마음은 미래의 집에 거하기 때문입니다.
　　당신으로서는 꿈속에서조차도 방문할 수 없는 그런 곳에 말입니다.
　　당신은 그들처럼 되고자 할 수는 있겠지만 그들을 당신처럼 만들려고는 마십시오.
　　왜냐하면 인생은 과거로 가는 것이 아니며 어제에 머무르지 않기 때문입니다.

　어머니의 주요 관심사 가운데 하나는 우리의 신체적 건강이었다. 당시에는 건강을 도모하기 위한 체육시설이 지금과는 비교가 안 될 정도로 미비했다. 그러나 어머니는 무작정 이웃사람들이 하는 대로 틀에 박힌 식사 대신 과일과 신선한 야채로 이루어진 독특한 식단을 고집하셨다. 모리스런에서는 우리가 직접 가꾼 채소만으로도 충분히 풍성한 식탁을 꾸밀 수 있었다. 자녀들의 정규교육을 위해 필라델피아로 이사한 후, 어머니는 아버지에게 부탁해 정기적으로 독스트리트에 있는 도매시장에서 사과와 시금치를 비롯한 제철 과일과 채소를 대량으로 구입하곤 했다.

어머니는 균형 잡힌 식사가 건강을 보장하는 최상의 방법이라고 믿었다. 세월이 흐르면서 어머니의 믿음이 옳은 것으로 드러났다. 우리는 아이들이 흔히 앓는 질병들을 모르고 자랐을 뿐 아니라, 노년기에 접어들어서까지 모두 최상의 건강을 유지하고 있다. 확실히 우리 집안은 대대로 장수하는 집안이었다. 내가 어릴 때까지만 해도 외가와 친가의 할아버지 할머니 네 분, 증조 할아버지 두 분과 증조 할머니 한 분이 모두 살아 계셨다.

어머니는 자녀들을 낳아서 기르기만 한 것이 아니라, 탄광촌의 학교들이 당신 기대에 못 미쳤기 때문에 교육까지 직접 도맡았다. 요리와 세탁, 청소를 하는 하인 둘에다 우리에게 글을 가르치는 시간제 과외 선생을 두고 있던 터라, 어머니는 우리를 학교에 보내는 대신 우리에게 규칙적으로 책 — 자연에 관한 책에서부터 여행과 모험에 관한 이야기, 역사, 전기, 소설, 시에 이르기까지 — 을 읽어주는 데 많은 시간을 할애했다. 어머니는 늦은 오후부터 초저녁까지 우리에게 책을 읽어주었다. 우리 6남매는 저마다 다음에는 어떤어떤 책을 읽어 달라고 의견을 말하곤 했는데, 서로들 의견이 다를 때는 우선 순위를 정했다. 어머니는 우리에게 책 읽는 걸 들으라고 권하기는 했지만 강요하지는 않았다. 막내 맥스는 엄마가 읽어주는 책 내용을 거의 이해하지 못했지만 빠지지 않고 열심히 귀를 기울였다. 우리는 디킨즈, 발자크, 스콧, 위고 같은 작가들의 작품을 가지고 교양 교육을 받았다. 내 기억으로, 우리들 사이에서 인기를 누린 작품은 『로빈슨 가족』과 『로빈슨 크루소』였다.

열세 살이 되던 1896년 전까지만 해도, 나는 패러머스에서 외할머니 외할아버지와 지낸 두 차례 짧은 기간 동안 교실 하나짜리 학교에 다녔던 것 빼고는 학교라는 데를 다녀본 적이 없었다. 1896년 우리 가족은 자녀들의 고등교육을 위해 짐을 꾸려 필라델피아로 이사했다. 우리는 겨울은 필라델피아의 공립학교에서 보내고 긴 여름 방학 동안에는 모리스런으로 돌아갔다.

필라델피아 노스 스트리트 16가 1427번지에 있던 우리 집은 도로 쪽으로 거실이 자리잡고 있는 널찍한 3층 건물이었다. 부모님은 1층의 이 공간을 그네와 철봉 같은 기구를 설치해 놀이방으로 꾸며주셨다. 우리가 좀더 성장하면서, 이 공간은 토요일 밤이면 춤과 오락을 즐길 수 있는 공간으로 바뀌었다. 니어링 하우스는 동네 아이들의 사교장이 되었다.

어머니는 우리 가족을 '민주적인 가족 사회'라 일컫곤 했다.

언젠가 어머니가 이런 제안을 했던 일이 생각난다. "이 민주적인 가족 사회에서 엄마가 규칙을 만든다고 가정해……" 그 순간 가족구성원들 사이에서 터져나온 저항의 소리에 파묻혀, 어머니의 다음 말은 아예 들리지도 않았다. 아버지는 우리를 '니어링 토론회'라고 했는데, 당신은 '니어링 토론회'의 명예 회원일 뿐이었다. 아버지는 우리의 토론에 거의 끼지 않았지만, 늘 곁에서 관심있게 토론을 지켜보았다.

묵묵히 곁에 있는 아버지의 존재가 안정된 가정생활의 밑거름이기는 했지만 나는 아버지보다는 어머니와 더 가까웠다. 아버지는 우리에게 관심이 많고 사려가 깊으며, 드러내놓고 간섭하기보다는 우리가 필요로 할 때면 언제나 기꺼이 도움이나 조언을 주는 분이었다. 아버지는 동물을 좋아했다. 그래서 우리 집에는 늘 애완동물이 많았다. 우리에게 처음으로 비버라는 망아지를 선물해 주신 분도 아버지였다. 나중에는 반야생 망아지 열다섯 마리가 목초지와 숲을 뛰어다니게 되었다. 망아지들은 여름이나 겨울이나 그렇게 밖에서 지내며 우리들의 좋은 놀이동무가 되어주었다.

언젠가 아버지에게 "넌 말이 너무 많구나" 하고 질책을 당했던 일이 생각나는데, 사실 나는 그런 질책을 당할 만한 아이였다. 내가 고등학교 토론팀 선발대회에 나가 3분 스피치 부문에서 상을 탔을 때, 아버지랑 주고받았던 얘기도 생각난다. 대회 다음날 나는 아버지에게 이렇게 말했다. "어젯밤에 3분 스피치에서 상금 25달러를 받았어요. 1분에 8달러를 번 셈이지요. 아버지도 1분에 8달러씩 버시나요?" "아니." 아버지는 내 건방진 질문에 무뚝뚝하게 대답하더니 이렇게 덧붙였다. "네가 1분에 8달러를 버는 건 일생에 한 번밖에 없는 일이다. 1분당 내 수입은 그보다는 적겠지만 나는 평생을 두고 꾸준히 수입이 생긴단다." 아버지는 그 무렵 이런 말도 했다. "스콧은 태어날 때 눈과 입을 동시에 열더니 줄곧 그것을 닫을 줄 모르는구나."

내가 폭넓은 교육을 받을 수 있었던 것은 어머니의 지칠 줄 모르는 노력 덕분이다. 어머니는 나의 첫 스승으로서 내 삶과 인생관에 각인되어 있다. 어머니는 가족과 함께, 그리고 무엇보다도 가족을 위해 살았다. 어머니가 70대에 삶을 마감했을 때, 나로서는 친한 친구이자 현명한 의논상대를 잃은 셈이었다.

*

친할아버지 윈필드 스콧 니어링(내 이름은 그의 이름을 따서 지어졌다)은 내 인생에 심대한 영향을 미친 두번째 인물이다. 어머니가 나에게 문학과 내가 살아가야 할 세상에 대해 인문적인 지식을 전수했다면, 할아버지는 나를 과학과 기술, 그리고 간단한 토목공학의 세계로 안내한 장본인이었다.

윈필드 스콧 니어링(윈필드 스콧 장군의 이름을 따서 지은 이름이라고 한다)은 모리스런 마을의 탄광 및 벌목 사업의 감독자였다. 작은 키에 호리호리한 체구, 그리고 턱수염이 덥수룩한 할아버지는 급진적인 사고를 지니지는 않았지만, 그렇다고 체제 순응적인 사람은 아니었다. 어느 날 한 감리교 목사와 저녁식사를 하는 자리에서 그 목사가 "식사 전에 기도를 잠깐 드려도 괜찮을까요?" 하고 물었다. 할아버지는 머뭇거리지 않고 바로 대답했다. "물론이오. 기도한다고 무슨 문제가 있겠소."

할아버지는 모리스런에 커다란 통나무집을 짓고 살았다. 집 뒤쪽에는 장작 창고, 마차 차고, 목재를 쌓아놓는 광, 닭장, 온실, 그리고 목재와 금속 가공을 위한 연장들이 비치된 큼지막한 작업장이 여러 채 있었다. 작은 개울을 건너면 할아버지가 괭이질로 시간을 보내던 채소밭이 있고, 집에서 약간 떨어진 곳에 마구간과 외양간도 있었다.

우리 집은 할아버지 집에서 4백 피트 가량 떨어져 있었다. 전화가 들어오기 전인데도 할아버지는 구리선으로 두 집을 이어 '임시 전화'를 연결해 놓았다. 구리선은 어른 주먹 두 개 정도 되는 크기의 송·수화기 상자에 연결되어 있고, 선 끝에는 작은 놋쇠 단추가 달려 있었다. 전화를 걸려면 연필같이 단단한 물체로 놋쇠 버튼을 누르면 된다. 그러면 그 신호가 구리선을 타고 저쪽 집으로 전해지고, 그것을 신호로 서로 통화할 수 있었다.

나는 어렸을 때 우리 마을에 처음으로 진짜 전화기가 들어오는 것을 보았다. 수세식 화장실과 전기, 그리고 자전거가 하나둘씩 마을에 소개된 것도 그 즈음의 일이었다. 그러나 그 전까지는 석유 등잔이 유일한 조명 수단이고, 마차나 썰매가 운송

수단의 전부였다.

할아버지의 소일거리는 크게 세 가지였다. 제도실에서 설계를 하고, 작업장에서 이런저런 물건들을 제작하고, 매일 밤 서재에서 독서를 하며 시간을 보냈다. 서재는 규모가 어마어마했는데, 여행기, 자연과학서, 경제학서, 역사물, 전기물, 동방 종교, 그리고 형이상학 등에 관한 책들을 풍부하게 갖추고 있었다. 할아버지는 정기적으로 뉴욕으로 나가 브렌타노 책방에 들렀는데, 그때마다 몇 상자씩 책을 사왔다. 디킨즈, 새커리, 월터 스콧, 뒤마, 발자크, 빅톨 위고, 셰익스피어 등과 유명한 영미 시인들의 전집은 특히 질 좋은 가죽으로 장정된 귀중본들이었다. 그 당시 우리가 살던 군을 통틀어 할아버지는 가장 많은 장서 보유자로 알려져 있었다.

우리 육 남매는 집 밖으로 책을 가지고 나가는 것만 제외하고는 할아버지 서재에 언제든지 자유롭게 출입할 수 있었다. 우리는 책에 파묻혀 시간 가는 줄 몰랐다. 고등학생이 되었을 때, 나는 서재에서 베르슈왈레의 한 권으로 된 세계사 책을 발견했다. 사오십 권짜리 세계사 책도 따지고 보면 개략만 다루는 것일 텐데, 한 권으로 되었으니 그저 요점만 간추린 것에 지나지 않았다. 그러나 세계와의 접촉이 거의 없던 시골학교 학생에게 그 한 권짜리 세계사 책은 나름대로 폭넓은 조망과 낭만적 열정을 불러일으키기에 충분했다. 나는 그 책을 열심히 읽었고 두툼한 분량의 노트까지 만들었다. 1899년 당시 서툰 필체로 써둔 가로 3인치 세로 5인치짜리 카드를 나는 아직도 보관하고 있다. 그 이후로 세계사에 관한 책은 초보적인 내용이건 어려운 내용이건 언제나 내 마음을 사로잡았다.

우리 남매는 할아버지의 서재에만 파묻혀 지내지는 않았다. 우리는 할아버지를 도와 정원과 작업장 일을 했는데, 말이 '돕는' 것이지 연장 같은 것을 아무 데나 던져놓거나 못 쓰게 만들기 일쑤였다. 친할아버지 윈필드 스콧 니어링이나 외할아버지 피터 G. 재브리스키 두 분 다 건축 기술자였다. 친할아버지는 철로를 건설했고, 외할아버지는 집과 건물들을 건축했다. 두 분 모두 손재주만 가지고 일을 시작했지만, 시간이 흐르면서 머리를 이용해 이론을 배우는 데까지 나아갔다.

1830년대 뉴욕 주의 한 농장에서 자란 친할아버지는 도끼질 솜씨가 남달랐다. 그분은 숲속을 거닐거나 말을 타고 달리는 것을 제일 좋아했다. 할아버지는 나무며 관목들의 이름을 하나하나 다 외우고, 나무들의 성장과 용도를 잘 알고 있었다. 목공 일이라면 언제든 질리지 않을 정도로 열심이었다. 할아버지의 작업장 옆에는 건조가 잘 되도록 일정한 간격으로 쌓아놓은 판자더미가 늘 있었다.

할아버지는 가구며 배, 심지어는 마차와 썰매에 이르기까지 못 만드는 것이 없었다. 집에서 필요한 것이 있으면 무엇이든 당신 손으로 직접 만들었다. 다섯 살인가 여섯 살 때의 일로 기억한다. 할아버지와 함께 배를 만든 적이 있는데, 노가 두 개 달린 진짜 배로 어린 나로서는 처음 해보는 일이었다. 내 일은 할아버지가 만들어놓은 구멍에 구리 못을 끼우는 것이었다. 못을 조심스럽게 집어넣으면, 할아버지가 가벼운 망치로 박아넣었다. 일이 어느 정도 손에 익으면서부터는 망치질을 하는 것도 허용되었다.

할아버지는 독학으로 성공한 분이다. 1829년 뉴욕 주 시러큐스 시 인근의 한 농장에서 태어난 할아버지는 시골학교에 두 해 다닌 적이 있는데, 그가 받은 정규교육은 이것이 전부였다. 어느 해엔가 독립기념일에 폭죽놀이를 할 때였다. 우리는 할아버지에게 어렸을 때 독립기념일 날 무엇을 하고 지냈냐고 물었다. 할아버지의 대답은 간단 명료했다. "감자밭에서 잡초를 뽑았지."

할아버지가 스무 살이 갓 지났을 때, 측량기사단이 농장 근처에 와서 캠프를 친 적이 있었다. 그들은 도끼질에 능한 벌목꾼을 구했는데, 할아버지가 바로 거기에 뽑혔다. 몇 주 뒤 트랜싯 기사가 예기치 않게 병에 걸렸다. 기사단의 수석엔지니어가 할아버지에게 "자넨 도끼질을 잘하던데, 트랜싯(transit, 수평각과 연직각을 정밀하게 측정하기 위한 기계: 옮긴이)을 다뤄본 적이 있나?" 증조부로부터 토지 측량법을 약간 배운 바 있던 할아버지는 그렇게 해서 트랜싯 기사로 승진하였다. 낮에 일하고 밤에는 공부하는 식으로 할아버지는 열심이었고, 그 결과 엔지니어 보조 자리를 따냈다.

이들은 다리를 건설하고 있었는데, 마침 장마철이 되었다. 불어난 물이 작업 현장까지 위협하게 되어, 물이 넘치지 않을까 밤낮 없이 수위를 관찰하지 않으면 안 되었다. 할아버지는 낮시간 동안 수위를 관찰하는 일을 했다. 그런데 첫날 저녁에 수석엔지니어가 밤에도 근무를 할 수 있겠느냐 물었다. 둘쨋날 밤 역시 그는 할아버지에게 물이 불어가는 것을 관찰하라는 임무를 맡겼다. 셋쨋날 밤도 마찬가지였다. 사흘 밤 사흘 낮을 잠 한숨 못 자고 꼬박 뜬눈으로 새운 것이다. "그때 난 계속 걸었단다. 만일 어딘가에 주저앉기라도 하면 그대로 죽은 듯이 잠에 빠져 영영 깨어나지 못했을 거야." 할아버지가 우리에게 한 말이었다.

다리가 다 만들어지고 기사단이 떠나야 할 시간이 되었을 때, 할아버지는 뉴욕 주 엘마이러 시에서 기사를 구한다는 사실을 알고 지원하기로 마음먹었다. 그는 수석엔지니어에게 말했다.

"당신이 추천서를 쓰지 않는다는 건 저도 잘 알고 있습니다. 하지만 예외라는 것도 있을 테고, 만일 이번에 추천서를 몇 줄만이라도 써주신다면, 엘마이러에 가서 자리를 얻는 데 아주 도움이 될 겁니다."

그러자 엔지니어가 말했다.

"아니, 자네라고 예외를 두지는 않겠네. 하지만 내가 직접 엘마이러로 가서 자네 취직을 부탁해 보지."

그는 말을 그대로 실천에 옮겼다.

학교라고는 두 해 다닌 게 전부였던 할아버지가 꾸준한 노력과 독학으로 마침내 중요한 건설공정을 책임지는 어엿한 토목기사가 된 것이다.

할아버지가 맡은 공사 중에는 홍수로 다리와 철로 일부가 떠내려간 비치 천(川) 철도의 복구 작업이 있다. 할아버지는 가까운 시일 안에 다시 홍수가 나지는 않을 것으로 계산하고, 당장 급한 대로 강가에 임시 철로를 부설하고, 나중에 이것을 기반으로 튼튼한 철로를 만들기로 결심했다. 나무를 적당한 크기로 잘라 일정한 간격으로 땅에 묻고, 거기에 세로보를 세우고 침목을 연결해 철로를 깔았다. 여러 사람이 달려든 결과, 임시 철로는 오래 걸리지 않아 이용하기에 무리가 없을 정도로 완성되었다. 이 작업을 점검한 한 기관사는 처음부터 할아버지의 의도에 회의적이었다. 그는 할아버지에게 "침목들이 다 들고 일어설 거요" 하고 말했다. 그러자 할아버지는 "그래도 기차만 달리면 되는 거지 뭘" 하고 대수롭지 않게 받아넘겼다.

철로 건설을 성공적으로 끝낸 것을 인정받아, 할아버지는 모리스런 석탄 광산의 현장감독으로 임명되었다. 남북전쟁으로 인해 석탄의 수요가 급증하였다. 석탄 가격은 하늘 높은 줄 모르고 치솟고, 이익은 날로 불어갔다. 뉴욕 주 코닝 시에 위치한 본사에서는 다음과 같은 급전을 보내왔다. '생산 또 생산, 생산에 박차를 가해 빨리 석탄을 보내주기 바람.' 광산은 전쟁특수로 활기를 띠었다.

모리스런은 석탄회사에서 개발한 마을이었다. 토지와 길, 철로, 광산, 가옥, 학교, 상점 — 이 모두가 다 회사의 소유였다. 당시 펜실베이니아 주의 회사 개발 마을들처럼 모리스런에도 행정조직이 존재하기는 했지만, 실질적인 보스는 우리 할아버지였다. 마을 살림을 꾸리는 데서 최종 결정은 바로 할아버지가 내렸다. 당시 광산회사와 광부들 사이에 갈등이 생길 때 노동자들 편을 든 지역신문으로 《윌리엄스포트 그리트》라는 주간지가 있었는데, 할아버지를 "모리스런의 차르 니어링"이라고 부를 정도였다.

만일 어떤 남자가 자기 아내를 구타하는 일이 생기면, 여자는 경관에게 가는 대신에 할아버지에게 와서 하소연을 한다. 할아버지는 여자의 사정을 듣고, 남편을 불러 남자 쪽 이야기를 듣는다. 그리하여 남자 쪽에 잘못이 있다고 판단하면, 할아버지는 이렇게 판결을 내린다.

"여기서 일을 계속하고 싶다면, 사무실로 가서 벌금 20달러를 내게."

이 돈은 특별기금으로 모아져 일 년에 두 차례씩 마을의 주일학교들에 기부된다. 주일학교에서는 이 돈을 독립기념일 야유회 경비나 성탄절 선물과 크리스마스 트리 구입용으로 사용한다.

할아버지의 결정에 대해서는 한 번도 뒷말이 없었다. 일자리를 잃고 싶지 않다면 벌금을 지불할 수밖에 없었던 것이다. 일자리를 잃게 되면 주민들은 회사측 결정에 따라 열흘 안에 집을 비우게 되어 있다. 결국 할아버지의 결정을 따르지 않는다면, 직장을 잃는 것뿐만 아니라 가족까지도 집 없는 신세가 되는 것이다.

전쟁특수는 1865년으로 막을 내렸다. 석탄과 목재 시장은 붕괴되었고, 가격은 형편없이 떨어졌다. 본사에서는 "생산 또 생산"이라는 지시 대신에 "비용 절감과 인원 감축"이라는 명령을 내렸다. 노동자들은 본사에 대표를 보내 할아버지를 현장감독 직에서 해고하라고 요구했다. 회사 대표인 제너럴 조지 마기가 할아버지에게 급전을 보냈다. "파업위원회가 이곳에 와서 당신을 쫓아내라고 요구하고 있소. 이 자들에게 뭐라고 하는 게 좋겠소?" 할아버지는 바로 답신을 보냈다. "전원 해고라고 말하십시오." 제너럴 마기는 파업위원회에게 돌아가, "미안하오. 니어링 씨가 당신들 전원이 해고되었다고 합니다." 그리고 그는 다음과 같은 말을 덧붙였다. "니어링 씨는 모리스런의 운영을 책임지고 있는 사람이오. 따라서 그의 말을 따를 수밖에 없소. 오늘은 이것밖에 할 말이 없소."

위원회 대표들은 해고되었지만, 파업은 계속되었다. 열흘 기한을 둔 퇴거 공고가 나붙고, 남북전쟁 참전 용사들로 구성된 군대가 마을에 투입되었다. 파업자 가족들은 모두 지붕 없는 화차에 태워져 공용도로에서 3마일 가량 떨어진 지점에 강제로 이송되었다. 마침 한겨울이어서 엄청난 한파가 몰려왔고, 그 와중에 여자아이가 눈더미 속에서 태어나는 사건까지 있었다. 법원은 노동자 가족들이 공용도로를 점거하는 것을 막기 위해 좀더 먼 지역으로 이동할 것을 명령했다.

그리고 치열한 법정 공방이 펼쳐졌다. 회사측은 군내의 이름난 변호사들을 모조리 고용했다. 그러나 조합 지도자들은 얼마 전에 자격증을 취득한 한 무명 변호사를 찾아냈다. 회사측으로서는 허를 찔린 셈이었다. 그 변호사의 이름은 모트 엘리어트였다. 조합에서는 그를 고용했고, 엘리어트는 회사측을 가차없이 몰아붙였다. 결국 재판은 회사측 승리로 막을 내렸는데, 재판이 끝난 뒤 할아버지는 모트 엘리어트를 따로 불러 이렇게 말했다.

"엘리어트, 다음번에 우리한테 문제가 생기면, 당신이 우리 편이 되어주었으면 좋겠소."

그러자 그는 기다렸다는 듯이 말했다.

"니어링 씨, 그건 저도 바라는 바입니다."

엘리어트의 야망은 결국 실현되었다. 그는 스탠더드 오일사의 사무 변호사로 변호사직을 마쳤다.

남북전쟁 이후의 노동쟁의에도 불구하고 모리스런은 여전히 '빌어먹을 노조는 이제 그만'을 슬로건으로 내건 오픈샵(노동조합에 가입하지 않은 노동자도 고용하는 공장 : 옮긴이) 지대로 남아 있었다. 노동자 조직가들이 모리스런을 드나들었다. 이웃 마을에서 나고 자란 걸출한 탄광 노조 지도자 존 미첼이 그 일대에서 막강한 영향력을 행사했지만 모리스런만은 노조에 가입하지 않고 굳건하게 버텼다.

회사의 또 다른 방침은 '나누어서 지배하라'였다. 그렇지 않아도 작은 마을이 갈가리 나뉘었다. 웨일즈계, 아일랜드계, 영국계, 스웨덴계, 폴란드계, 헝가리계가 각자 자기들 구역을 정해 놓고 자신들의 모국어로 의사소통을 하고, 자신들의 교회에 나가는 등 단절된 생활을 하며 서로에게 알게 모르게 적대감을 보였다. 회사는 이런 분열을 조장하고 거기에서 이득을 챙겼다.

할아버지는 40년 동안 모리스런에서 설계하고 건설하고 감독하는 일을 맡아왔다. 1883년 내가 태어났을 때 모리스런의 모든 것은 완전히 할아버지 손아귀에 들어 있었다. 나는 자라면서 마을에서 원하는 대로 일을 골라 할 수 있었다. 내가 처음으로 한 일은 열 살 때 회사 상점에서 주급 25센트를 받고 심부름을 하는 것이었다. 조금 더 나이가 들어서는 그 상점에서 점원과 배달부 노릇을 하고, 읍내 정육점, 대장간에서도 일했으며 길 놓는 일, 철도 건설, 벌목도 하고 측량반에서 조수 노릇도 했다.

어느 날 나는 할아버지와 함께 말을 몰고 제재소 앞을 지나갔다. 아마 그때 내 나이가 열여섯이었을 것이다. 제재소 마당은 통나무와 목재로 가득 차 있었다. 통나무들이 톱질을 거쳐 판자와 각목으로 탈바꿈하고 나면, 판자는 판자더미가 있는 곳으로, 각목은 각목더미가 있는 곳으로 운반되었다. 이런 목재들은 수평 수직으로 기초를 잘 잡아서 쌓아야지, 그렇지 않으면 한쪽으로 기울다가 결국은 무너져 내리고 만다. 판자 두 겹 사이마다 목간이라고 하는 1인치 정도의 좁은 나무막대를 받쳐야 한다. 12피트짜리 판자를 받치는 데에는 세 줄의 목간이 일정한 간격으로 들어간다. 이렇게 해야 새로 톱질된 판자가 바짝 마른다. 목간의 두께가 일정하고 위아래 목간의 위치가 정확하게 일치해야 판자들이 휘지 않고 곧게 마르고, 목간이 불규칙하면 판자가 뒤틀리게 된다.

제재소를 지나갈 때 할아버지는 두께가 다른 목간들이 뒤죽박죽으로 끼워진 목재더미 앞에서 말을 세웠다. 판자들은 엉망이 되어 있었고, 할아버지는 몹시 화가 났다.

"너라면 두께가 똑같은 목간들로 판자를 정확하게 차곡차곡 쌓을 수 있을 것 같으냐?"

나는 할 수 있을 것 같다고 대답했다. 그러자 할아버지가 말했다.

"좋다. 널 고용하마. 목재 야적장을 관리하도록 해라. 네가 이 일을 얼마나 잘 해내는지 보자꾸나."

톱질된 목재를 마당으로 옮겨 쌓는 일을 나보고 책임지라는 말이었다. 제재소가 돌아가고 있을 때는 적어도 여섯 명의 인력이 필요하고, 그 톱질꾼들과 보조를 맞추기 위해서는 두세 명의 운반 조장이 각기 자신들의 운반 작업조와 함께 톱질된 목재를 날라야 했다. 톱질된 목재를 운반하여 쌓는 일이 신속하게 진행되지 않으면 작업이 전반적으로 지연될 수밖에 없었다. 톱질된 목재가 밀려 있는 경우에는 운반과 적재를 맡은 인부들이 그 목재를 다 처리할 때까지 제재소가 일손을 놓고 있어야 했다. 나는 하루에 아홉 시간을 일하는 대가로 1달러 69센트를 받았다. 목재더미가 곧게 마른 후에는 승진하여 제재소 주임이 되었지만, 하루 아홉 시간 노동에 1달러 69센트를 받기는 마찬가지였다. 가족이라고 해서 특혜를 누려서는 안 된다는 게 할아버지의 생각이었다.

다음해 여름 탄광회사는 광산과 마을에 전기를 부설하기로 결정했다. 발전소가 건설되고 전선이 연결되었다. 그때까지만 해도 채굴된 석탄은 화차 한 대에 1톤 가량씩 적재해 운반되었다. 운반 방식도 채굴장부터 수평갱까지는 대여섯 명이 함께 짝을 이루어 손으로 화차를 밀고, 지표면에서 반 마일 가량 깊이에 있는 집합장까지는 노새가 끈 다음, 화차를 끝없이 긴 줄에 매달아 할아버지가 발명해 특허를 낸 특수 기중기를 이용해 광산 밖으로 끌어내는 식이었다. 전기 모터를 이용하면 한 번에 여러 대의 화차를 연결해 끌어당길 수 있고, 이동 속도도 빨라질 것이었다.

본사에서 파견한 가벨스라는 기술자가 전기 장비를 설치하고 있었다. 가벨스는 읍내 호텔에 묵으면서 현지 사람들과 좀처럼 어울리지 않았다. 읍민들은 의심과 분노의 눈길로 이방인을 바라보았다. 가벨스 씨는 유감스럽게도 성격이 냉랭했고, 그 밑에서 일하는 사람들은 그를 애먹였다.

인부들과 마을 사람들은 가벨스에게 짓궂은 장난을 하는 것을 낙으로 삼았다. 사람들은 일을 하러 갈 때 각자 양철 도시락을 가지고 다녔는데, 이 양철 도시락에는 칸막이가 있어서 위 칸에는 차를, 아래칸에는 마른 음식을 넣게 되어 있었다. 어느 날 아침 가벨스가 발전소 한 구석에 도시락을 내려놓고 여기저기 돌아다니며 일을 했다. 그러다가 티타임에 뭘 좀 먹으려고 사무실로 돌아왔으나 도시락은 사라지고 없었다. 그는 투덜거리며 도시락을 찾아보았으나 헛일이었다. 그때 발전소를 책임지고 있는 남자가 말했다.

"가벨스, 바닥은 그렇게 샅샅이 뒤지면서 왜 머리 위는 안 보는 거요?"

그 말을 듣고 가벨스가 고개를 들었다. 천장 꼭대기에 있는 마룻대에 그의 양철 도시락이 거꾸로 매달려 있었다. 누군가가 그의 도시락을 뒤집어 못으로 마룻대에 박아 놓은 것이었다.

한번은 가벨스와 인부들이 묵직한 전선을 탄광의 주 갱도 안으로 집어넣고 있었다. 일 자체가 간단치 않은 데다 가벨스가 인부들의 협력을 끌어내지 못해 일은 더디게 진행되었다. 가벨스는 전기 설비에 관한 것이라면 모르는 게 없었지만 다른 사람들과 함께 일을 해나가는 방법에 대해서는 문외한이었다. 게다가 탄광 안에 전선을 설치하는 일은 광부들의 근무시간이 끝난 야간에 할 수밖에 없는데, 야간 작업을 좋아하는 사람은 없었다.

어느 날 나는 곡식 한 짐을 배달하고 나서 점심을 먹으러 집으로 가다가 길에서 할아버지를 만났다.

"요즘 뭘 하며 지내니?"

할아버지가 내게 불쑥 물었다. 나는 상점에서 마차를 몰고 있다고 대답했다. 그러자 할아버지가 말했다.

"그 가벨스라는 작자가 지금 같은 속도로 일을 계속하다가는 백 년이 지나도 탄광 안에 전기가 들어가지 못할 게다. 네가 오늘 저녁 5시에 가서 그 자의 인부들이랑 같이 일을 하지 않겠니?"

나는 그러겠다고 했다. 그리고 그해 여름 내내 오후 5시부터 새벽 2시까지 일주일에 6일씩 야간 작업을 했다. 그러는 사이 인부들의 태도가 바뀌어 협력이 잘 됐다. 우리는 하나의 팀이 되어 같이 작업을 했다. 내가 가을 학기를 위해 그곳을 떠나기 전에 탄광 안에 전선이 설치되었다.

열여섯의 나이에 나는 할아버지의 분쟁 조정자가 되어 있었다. 나는 나랑 함께 일하는 사람들을 좋아했고 그들과 말썽없이 잘 지냈다. 내가 제재소를 책임지고 있을 때의 일인데, 어느 날 미국으로 갓 이민 온 헝가리인 두 명이 제재소에 들어왔다. 그들은 영어를 못하고 나는 헝가리어를 몰랐다. 이런 상황에서 통용되는 일상적인 방법은 주임이 삽을 들이대고 땅을 가리키며 "이봐, 이거 가지고 가서 빨리 일해" 하고 말하는 것이다. 그러나 나는 맹세코 주변 사람들에게 명령이라는 것을 한 적이 없다. 두 헝가리인이 나타났을 때, 나는 그들에게 삽을 건네주고 그들과 함께 작업 장소로 갔다. 그리고 한 사람에게서 삽을 받아들고 내가 직접 삽질을 해서 일을 어떻게 해야 하는 건지 시범을 보인 다음 도로 삽을 넘겨주고 돌아왔다. 30분쯤 지나서 다시 그곳으로 가 그들이 일하는 모습을 지켜보다가, '일을 이런 식으로 하는 게 좋겠다'는 뜻으로 다시 한 번 시범을 보인 뒤 그들이 일을 마저 하도록 두고 돌아왔다. 나는 모리스런에서 여러 가지 일에 관여했었지만, 단 한 번도 인부들과 말다툼을 한 적이 없었다.

독학으로 엔지니어가 된 할아버지와 함께했던 시간은 곧 훌륭한 스승과 함께한 시간이었다. 그는 자신의 제도실에서 쓰는 도구들에서부터 숲에서 쓰는 도끼, 또는 작업장에서 나무나 금속을 다룰 때 쓰는 연장에 이르기까지 공구를 다루는 솜씨가 뛰어났다. 훌륭한 기술자들이 그렇듯이, 그는 늘 자신의 일에 대해 앞질러 생각하고 있었다. 그는 곤란한 문제들을 미리 예견하여, 실제로 그런 문제가 터질 즈음에는 이미 해결책을 마련해 놓고 있었다. 뿐만 아니라 그는 스스로 터득한 뚜렷한 철학이 있고, 여러 분야에 걸쳐 깊이있는 지식을 지니고 있었으며, 어떤 분야에서든 독창적인 생각을 갖고 있었다. 불 같은 성격에도 불구하고 그는 친절하고 끈기있으며, 기다림이 필요할 때는 기다릴 줄 아는 사람이었다. 이쯤에서 내 할아버지 윈필드 스콧 니어링께 경의를 표하고, 다음 스승 얘기로 넘어가 볼까 한다.

*

내 인생을 결정하는 데 커다란 영향을 미친 세번째 인물은 펜실베이니아 대학 워튼 스쿨의 경제학부 학과장인 사이먼 넬슨 패튼 교수였다. 1901년 필라델피아의 센트럴 공업고등학교를 졸업하면서 나는 4년제 대학의 장학금을 받았다. 나는 우선 펜실베이니아 대학 법학부에 등록했다. 일 년 간 법학 공부를 하고 시험까지 통과한 다음 내가 깨달은 사실은 법대생으로 졸업할 경우 회사의 고문 변호사 자리가 고작이라는 것이었다. 나는 법률 공부를 그만두고 워튼 스쿨의 경영학부로 적을 옮겼다. 경영학부에서의 첫 해는 별로 특기할 만한 점이 없었다. 그러나 이듬해에 나는 전적으로 새로운 경험을 하게 되었다.

워튼 스쿨의 신입생들은 대개 그들보다 크게 나을 게 없는 애송이 강사들로부터 강의를 들었다. 한 번은 이런 일이 있었다. 여느 때처럼 경제학 강사가 미리 준비해 온 강의안을 줄줄 읽고 있는데, 한 학생이 질문이 있다고 손을 든 것이다. 그러자 강사가 볼멘 목소리로 말했다.

"방해하지 말게. 이 클래스를 끝내려면 한 시간에 5천 단어 이상을 읽어야 하니까."

이것은 당시 학생들이 얼마나 형편없는 교육을 받았는지를 보여주는 한 예에 불과하다.

학창 시절을 돌이켜보면, 좋은 성적을 얻는 지름길은 교사가 가르치는 내용을 무조건 따라하는 데 있었다. 학급에서 남보다 뛰어난 성적을 얻기 위해서는 자신의 생각 — 이런 게 있다면 말이다 — 은 접어두고 교사가 제시하거나 교과서에서 강조된 공식을 달달 외우는 게 최선이었다. 그리고 시험지에 한 글자도 틀리지 않게 적어넣기만 하면 되었다.

완벽한 학생이란 곧 완벽한 앵무새였다. 만일 당시에 속기법 같은 것이 있었더라면, 매월 성적표에 A가 줄을 이었을 것이다. 중학교에서건 고등학교에서건 우리는 어떤 진술의 진실성 여부에 대해 거의 문제 제기를 하지 않았다. 그 대신 교사나 교과서가 일러주는 것을 그대로 외우는 게 학생들의 관심사 전부였다. 우리는 수업시간에 꼼꼼히 필기를 하고, 한 글자도 빠지지 않도록 공책을 서로 바꿔 보며 비교하고 고치고 채워넣는 식의 공부를 되풀이했다. 어떤 학생들은 교사가 말하는 것을 완벽하게 옮겨적어 다른 학생들에게 돈을 받고 팔아 한몫 챙기기도 했다. 교사의 수업내용에 변화가 없어, 한 해에 필기한 공책을 다음해에 사용해도 무방한 과목이 적지 않았다.

한창 자라는 아이에게 이런 교육이 미칠 영향을 상상해 보라. 일단 정신적 순응이 습관화되면 그 습관을 뿌리뽑기란 거의 불가능하다. 나는 희생자 세대에 속한 한 사람에 지나지 않았다. 기존 질서가 전부는 아니라는 사실을 우리에게 암시해 준 교사가 과연 몇이나 있었던가? 막연하게나마 변화의 가능성을 귀띔해 준 교사가 있었던가? 우리는 무슨 반역자가 아니었다. 우리는 선구자가 아니었다. 심지어 우리는 열정적이거나 헌신적인 모방자도 아니었다. 우리는 그저 우리 세대의 언어가 녹음되어 있는 디스크에 지나지 않았다. 시험기간이라고 하는 정해진 막간에 우리는 이 언어를 한 단어 한 단어, 한 문장 한 문장씩 재생해내야 했다.

1903년 가을, 나는 '경제학 162' 강좌에 등록했다. 패튼 교수가 강의하는 고급 과정이었다. 강의 첫 시간에 40여 명의 학생들 앞에 선 사람은 큰 키에 구부정한 체구를 하고, 톡 튀어나온 턱에 이마가 훌러덩 벗겨진 사내였다. 왠지 슬픈 인상을 주는 표정을 하고 있었다. 강의 소개가 시작되었다. 패튼 교수는 자신이 없는 사람처럼 몹시 수줍어하며 말을 잘 잇지 못했다. 강의 도중 그의 말 가운데 '자본'이라는 단어가 튀어나왔다. 그러자 한 학생이 "죄송합니다, 교수님. 그런데 여기서 '자본'이라는 게 무슨 의미입니까?" 하고 질문을 던졌다. 패튼 교수가 그 학생 쪽으로 얼굴을 돌렸다. 교수의 표정은 어느새 환하게 밝아져 있었다. 그는 부드러운 미소를 머금고서 몇 가지 예를 들어가며 학생의 질문에 간명하고도 정확한 답변을 했다.

나는 순간 긴장이 되어 나도 모르게 자세를 바로잡았다. 자신이 가르치는 주제에 대해 정통하고, 어떠한 질문 앞에서도 전혀 머뭇거리지 않고 논리적 과정을 거쳐 자기만의 결론을 자신있게 제시할 수 있는 선생이 바로 내 앞에 있는 것이었다. 실제로 그는 학생들의 그런 질문을 오히려 환영하는 것 같았다. 그는 조금 전까지의 수줍음 같은 건 이미 벗어버린 채 마음을 활짝 열고 학생들과 토론을 해나갔다.

지금 이 순간에도 그가 질문에 대답할 때 만면에 친근한 미소를 띠고 눈빛을 반짝이는 모습이 생생하게 떠오른다. 진정한 스승이라 부를 수 있는 사람을 드디어 만난 것이다. 그는 목마른 방랑자가 물을 보고 반가워하듯 학생들의 질문을 환영했다. 마치 이 순간을 위해 오래전부터 준비하고 기다린 사람처럼 성실한 답변으로 학생들의 마음을 크게 움직였다.

나는 사상가를 내 눈으로 보고 있는 것이었다. 패튼 교수는 상인이 상품을 파는 것처럼 사상을 팔았다. 상인은 자기 물건이 팔릴 때 행복하다. 패튼 역시 자신의 사상을 함께 공유할 수 있는 학생을 발견할 때 행복감을 느꼈다. 그의 말을 그대로 빌리자면, "정확하게 관찰하며, 관찰한 것을 명쾌하게 묘사하고,

또 동일한 것을 보고, 동일한 언어를 사용하여 그것을 묘사하는 사람들을 발견하는 것"이 바로 그가 바라던 바였다.

다른 클래스에서는 질문은 수업의 진행을 방해하거나 강사의 말을 막을 뿐이었다. 그러나 여기서는 질문과 답변 ― 사상의 교환 ― 이 날줄과 씨줄이 되어 하나의 강의를 이루어간다. 그는 어떤 질문에도 짜증을 내지 않았다. 또 그 누구도 그를 난처하게 하지 않았다. 그는 많은 사실과 사상들뿐만 아니라 그것들이 어디에 속하고, 어떻게 연관되는지에 대해 잘 알고 있었다.

패튼 교수의 학문적 태도는 그가 좋아하는 스포츠인 농구에 비유하면 쉽게 설명할 수 있다. 수비수들 가운데는 상대편 선수가 달려오는 것을 보고 길을 비켜주는 사람도 있고, 실수를 해 공을 놓치거나, 공을 잡더라도 어디로 던져야 하는지를 모르는 선수도 있다. 패튼 교수는 어려운 질문에 부딪치면 뒤로 물러서는 대신 오히려 적극적으로 달려들어 정확한 답을 내리곤 하였다.

토론은 그가 무엇보다도 좋아하는 행위였다. 지적 활동은 그를 즐겁게 하고 흥분시켰으며, 그는 잔뜩 기대감에 부푼 얼굴을 하고 교실에 들어서곤 했다. 우리 학생들이 이런 분위기를 즐겼던 것도 그리 놀라운 일이 아니었다. 그의 수업에서 받은 지적 훈련은 대학 4년을 통틀어 나에게는 가장 값진 경험으로 남아 있다.

시간이 흐르면서 나는 그의 관심 범위가 상당히 넓다는 것을 알게 되었다. 그는 역사와 사회철학, 사회학, 정치학 등에 정통해 있었다. 이들 분야에 관한 것이라면 그는 무엇이 되었든 묘사, 분석, 분류, 해석을 하고, 적절한 결론을 내릴 준비가 되어 있었다. 그리고 나는 그에게 또 다른 자질이 있다는 것도 알았다. 패튼 교수는 탁상 공론가도, 학자입네 하는 사람도 아니었다. 상아탑 안에 갇혀 고상한 삶을 즐길 수도 있었겠지만, 그는 학생들과 함께 있는 것을 더 좋아했다. 또 서류 작업으로 골머리를 앓아야 하는 행정직도 그의 관심 밖이었다. 그는 학생들을 가르치는 것을 더 선호했다. 그는 학생들을 좋아했고, 우리 역시 그에게 이끌렸다.

패튼 교수는 늘 현재를 넘어서 미래를 내다보았기 때문에 젊은이들에게 특히 인기가 있었다. 그의 상상력은 미래상을 제시하였고, 그의 날카로운 이성은 미래의 세세한 대목까지 꿰뚫어 보았다. 그는 늘 학생들에게 앞으로 다가올 미래에 대한 이야기를 들려주었다. 그에게는 지금 이 순간이라는 한계와 제약을 넘어서 자신을 투영할 수 있는 영원한 청년정신이 있었다. 사이먼 패튼은 결코 늙지 않는 사람이었다.

패튼 교수의 수업은 잠시도 지루한 시간이 없었다. 그는 많은 시간을 할애해 신문과 잡지 등을 뒤져 강의 자료를 조사했고, 그것을 수업시간에 적용해 학생들에게 최신 정보를 제공하였다. 또 교실 안에서건 밖에서건 아무리 바빠도 학생들에게 발언의 기회를 충분히 주었다. 학생이 질문을 하면 패튼 교수는 그 자리에서 답변을 했다. 책과 신문 기사 등 연관된 정보를 늘 참조해 학생들에게 새로운 토론 자료를 제시하는 데 그는 열심이었다.

패튼 교수의 학생들에 대한 배려는 졸업한 뒤에도 끝나지 않았다. 그는 학생들이 사회에 나간 뒤에도 종종 만나 조언을 하거나 일자리를 마련해 주었다. 필요한 인물을 적재적소에 배치해 최선을 다하게 한다는 게 그의 이상이었다.

패튼 교수는 훗날 사회사업에 적극적 관심을 보이며 활발한 활동을 했다. 그의 제자들 중에 뛰어난 학생들 상당수가 사회사업 분야에 진출해 활동하고 있었다. 패튼 교수는 사회의 개선과 조절이 가능하다고 확신했다. 그가 관심을 갖고 있는 계층은 가난하고 배우지 못한 사람들과 부적응자나 범법자들과 같은 사회의 희생자들이었다. 그와 나는 여러 면에서 다른 점이 있지만, 한 가지 점에서만은 의견이 일치했다. 모든 사람에게 기회를 주어야 한다는 것이다. 누군가 한순간의 잘못으로 법의 심판을 받더라도 일정한 죄과를 치른 뒤에는 또 다른 기회를 누릴 수 있어야 한다는 것이다.

예닐곱 살 무렵이었던가, 아직 세상 모르는 코흘리개였을 때, 할아버지와 함께 소나무 줄기들을 실은 썰매가 숲에서 나와 얼음으로 뒤덮인 언덕을 미끄러져 내려가는 모습을 지켜본 적이 있었다. 썰매는 제재소 위쪽에 있는 거대한 통나무더미로 다가갔다. 마트 스완슨이라는 체격 좋은 스웨덴 사람이 우리 쪽으로 다가오더니, 통나무를 운반할 때 사용하는 14피트 반 인치짜리 쇠사슬을 집어 어깨에 둘둘 말아 걸고 천천히 작업장 다른 쪽으로 이동했다.

"마트가 왜 저렇게 느릿느릿 걸어요?"

내가 물었다.

할아버지는 우리 근처에 있는 다른 쇠사슬을 가리켰다. 나는 그 사슬이 있는 데로 가서 그걸 들어올려 보려고 했다. 하지만 내 힘으로는 쇠사슬이 꿈쩍도 하지 않았다. 조금 전까지만 해도 나는 마트 스완슨이 어째서 쇠사슬을 지고 빨리 움직이지 않는지 궁금했었는데, 이제 그 까닭을 알고 그 사람에게 감탄하게 되었다. 또한 나는 할아버지 곁에서 빈둥거리며 구경이나 하고 있는데, 그 사람은 꼭 필요한 일을 하고 있었다. 이건 공평치 않다는 생각이 들었다. 나는 이 세상을 움직이는 사람은 마트 스완슨 같은 희생자들이라는 귀중한 교훈을 잊어본 적이 없다.

십대에 들어서서 나는 기독교의 신학체계를 거부했다. 기독교가 인류의 대다수를 차지하는 '이교도'들을 냉대하기 때문이었다. 나는 자원봉사자로 필라델피아의 한 사회복지관에서 어린아이들을 가르치며 가난한 사람들이 살아가는 모습을 보았다. 한 번은 모리스런에 사는 마이크 봄바르스키라는 친구가 우리 팀과 함께 야구시합을 했다. 마이크는 시합 도중 다른 친구와 싸움이 붙었는데, 마이크가 그 친구를 때려 콧날을 부러뜨렸다. 매를 맞은 친구가 상처가 악화돼 죽는 바람에, 마이크는 19년형을 선고받고 필라델피아의 한 교도소에서 복역했다. 나는 종종 교도소에 면회를 가서 감옥생활의 분위기를 익혔다.

세상에 고통이 있는 한 나는 편안할 수 없으며 감옥에 단 한 사람이라도 갇혀 있는 한 나는 자유로울 수 없다고 한 유진 뎁스의 말에 나는 일찌감치 공감했다. 이런 경험들을 통해 나는 패튼이 그러하듯 불공평한 사회의 희생자들 편에 서게 되었다.

어릴 때 우연히 「울타리와 구급차」라는 시를 읽은 적이 있었다. 사람들이 떨어져서 죽거나 심한 부상을 당하곤 하는 위험한 절벽에 대해 묘사한 시였다. 마음 착한 시민들은 구급차를 구입해 절벽 밑에 두고 희생자들을 돌보기 위해 조금씩 돈을 거두었다. 그렇지만 어떤 이들은 다시는 절벽에서 사람들이 떨어지는 일이 없도록 절벽 둘레에 울타리를 쳐야 한다고 주장했다. 사고가 일어난 뒤에 구급차를 운전하는 사람들이 사회사업가요, 울타리를 쳐야 한다고 주장하는 사람은 급진주의자였다. 오랜 세월 동안 나는 구급차 기금을 기부하는 쪽이었다. 하지만 차츰 울타리를 치는 쪽으로 생각과 행동이 옮겨갔다.

패튼은 생애의 상당 기간을 구급차 운전사로 보냈으나, 경우에 따라서 급진주의자 대열로 선회하기도 했다. 그가 입버릇처럼 하던 두 가지 얘기가 내 뇌리에 지워지지 않고 남아 있다. 하나는 "교사의 자리는 진보의 제일선에 있다"는 말이었다. 나는 어떤 사회체제에서든 교사의 역할이 이 한 마디 말로 요약된다고 생각한다. 또 하나는 그가 1917년 나에게 쓴 편지에 들어 있다. 프로파간다(propaganda)의 압력이 사람들을 편협하고 비뚤어지게 만들던 시절이었지만, 그는 세뇌당하기를 거부했다. 그는 사람들이 좀더 풍요로운 삶을 사는 것을 보고 싶어했다. 이런 목표를 이루기 위해 그는 변화를 환영했다. 사회 전체가 전쟁의 열기와 병적 흥분상태에 빠져 있던 1917년 초여름, 그의 편지는 이런 말로 마무리되었다. '러시아혁명 만세!'

사회사업가로서의 패튼은 희생자들을 염려했고, 급진주의자로서의 패튼은 합법주의와 점진주의가 시급한 사회개혁을 단행하는 데 실패하자 과감한 변화를 환영했다.

사이먼 패튼은 나에게 하나의 길을 제시해 주었다. 나는 그 길을 따르지 않았지만 그 덕분에 여러 길이 있음을 알게 되었고, 내 느낌으로는 내가 내 자신의 길을 발견한 것을 보고 그가 적이 만족했을 것 같다. 어쩌면 그가 제시한 길을 따랐을 때보다 훨씬 만족했을지도 모른다.

패튼 박사의 교단 경력은 전쟁의 불꽃 속에서 막을 내렸다. 그는 1917년 6월에 정년 퇴임을 하기로 되어 있었다. 그런데 4월에 윌슨 대통령이 미국을 유럽 전쟁에 끌어들였다. 윌슨은 1916년 선거에서 '그가 우리를 전쟁의 위험에서 벗어나게 했다'는 슬로건을 내걸어 당선된 인물이었다. 힘있는 권력자들은 참전에 찬성했지만 일반대중은 권력자들의 뜻에 반대했다. 전시 체제를 갖추라는 캠페인이 고조되자, 반전 분자들이 대세를 역전시키고자 미국 전역의 도시들에서 대중집회를 개최했다. 필라델피아에서도 1917년 4월 중순에 이런 대중집회가 예정되어 있었다.

하지만 집회준비가 끝나기도 전에 미국은 전쟁에 발을 들여놓았다. 집회를 위해 이미 악단을 고용하고 연사들을 선정해

놓은 상태였다. 그러나 일단 전쟁이 포고되자, 유력 인사들 가운데는 집회 의장직을 맡으려는 사람이 없었다. 마침내 집회 준비위원회는 패튼 교수에게 의장직을 맡아달라고 했다. 그가 제안을 받아들일까? 패튼은 절대로 불온한 대규모 대중집회의 의장 노릇을 할 사람이 아니었다. 패튼은 대중집회에서는 말할 것도 없고 공개석상에서 연설을 해본 적도 거의 없는 사람이었다. 그럼에도 패튼은 자기 외에 마땅한 사람이 없다고 하자, 마지못해 의장직을 수락했다. 그의 이름이 공표되었다. 집회는 금지되어 끝내 열리지 못했으나, 패튼의 적들은 기회를 놓치지 않고 그의 신용을 깎아내렸다. 펜실베이니아 대학 이사회는 비애국적 운동에 이름을 빌려주었다는 이유로 패튼 박사를 해임했다.

패튼의 강의를 들은 적이 있고 그를 사상가이자 진정한 스승으로 존경했던 내 동생 거이는 다음과 같은 시를 써서 패튼의 면직사건을 기렸다.

진리를 향해 세워진 신성한 제단에서
그대는 성화를 꺼뜨리지 않았으니,
그대의 성화는 해가 갈수록 밝은 빛을 뿜으며 타올라
그대 조국의 청년들에게 등대가 되었도다.
그러나 탐욕과 시기는 무정하게 불꽃을 헤집어
사방으로 흐트러뜨렸으니
방향 잃은 불꽃은 만년의 그대에게 비수가 되어 날아오니 ―

아, 불꽃 가운데서도 가장 강한 불꽃이여!
진실을 말했다는 이유만으로 이처럼 고통스러워야 하는가?

더럽혀진 제단은 싸늘히 식어 쓸쓸하도다
그러나 저들이 자신들의 만행에 취해 흥청거릴 때,
탐욕과 시기는 다시 배반의 눈을 들어
수백, 수천의 불길로 타오른다
그대가 지핀 불꽃에서 다시 살아난 불길은
그대에게 승리의 영광을 되돌려주리라.

나는 1925년에 출판된 패튼과 그 밖의 스승들에 관한 저서 『교육의 선구자들: 사이먼 넬슨 패튼과 여러 스승들』에 패튼을 기리는 글을 써넣었다. 사이먼 패튼은 누구보다 훌륭한 교사였다. 그는 어떤 의미에서 보면 자기 존재의 원칙을 실현하기 위해 가르쳤다고 할 수 있다. 나는 강의실에서 그에게 배운 것 못지 않게 그의 삶 자체에서 많은 것을 배웠다.

*

나의 네번째 스승은 내가 한 번도 만나보지 못한 사람, 톨스토이였다. 나는 그가 남긴 글과 내가 만난 톨스토이주의자들, 그리고 그의 생애와 시대를 다룬 논문과 책들을 통해 그의 사상에 빨려들어갔다.

러시아 귀족 태생인 톨스토이는 자신의 계급에 등을 돌리고, 강력한 국가와 그것 못지 않게 권위를 떨치던 국교에 도전했다. 그는 심지어 탐욕과 경쟁이 판치던 러시아 사회의 도덕적 기반과 소유욕, 계급적 독점, 사회적 특권과 제도의 압력에 정면으로 맞섰다. 인간다운 삶을 향한 자신의 신념을 실천하고자 그는 온갖 구속을 뛰어넘어 저항했다. 그러나 사회의 반응은 냉담하기만 했다. 러시아 사회는 그의 도덕적·사회적 관점을 받아들이지 않았을 뿐만 아니라 그의 신념을 실천에 옮기는 사람들을 범죄자로 낙인찍었다.

19세기 러시아의 절대주의와 폭압적인 학정과 착취에 대한 레오 톨스토이의 저항은 사회에 환멸을 느끼고 절망한 패배감에서 비롯된 것은 결코 아니다. 오히려 그의 삶은 눈부신 성공의 연속이었다. 그는 러시아-터키 전쟁에 참전해 무용을 자랑하기도 했다. 또 장·단편 소설과 우화, 교훈집, 서한문 등으로 젊은 나이에 이미 유럽과 전세계에 필명을 날리기도 했다. 별처럼 많은 러시아의 작가들 사이에서 가장 밝은 빛을 발하는 작가가 바로 그였다. 명성과 부가 절정에 달한 삼십대 초반에 톨스토이는 혁명적 저항과 선동의 길로 들어섰다. 이러한 방향 전환은 자기가 속한 지배계급의 실상에 눈뜨게 되면서 이루어졌다. 낭만적 계급문화라는 것이 겉만 번지르르할 뿐, 실은 아무런 권리도 누리지 못하면서 착취와 억압에 신음하는 러시아 농민, 노동자 대중의 희생 위에 세워진 허상이라는 사실을 알게 된 것이다.

톨스토이는 거의 우연한 기회에 새로운 사회인식을 갖게 되었다. 그는 모스크바 빈민가의 인구조사를 돕기로 자원했다. 그는 그곳에서 접하게 된 지독한 가난에 충격을 받아, 모스크바 귀족 클럽의 동료 회원들에게 빈민들에 대한 동정과 연민을 호소하며 모자를 돌렸다. 그후 톨스토이는 자신이 인구조사차 방문했던 바로 그 빈민가의 판잣집들이 동료 귀족들의 소유이며, 자신의 귀족 친구들이 처참한 빈민가 거주자들의 집세로 살아간다는 사실을 알게 되었다. 이렇게 가만히 앉아서 집세로 수천 루블씩 거둬들이고 있는 집주인들이 빈민들을 돕자는 호소에는 마지못해 겨우 몇 루블 내놓고 마는 것을 보고, 톨스토이는 더 큰 충격을 받았다.

이 경험이 톨스토이의 인생을 바꿔놓는 데 한몫 했다. 세상은 향락과 안락을 위해 세워진 것이라는 달콤한 무의식에 사로잡혀 있던 그에게 상류층의 혜택이란 하류층의 노동에 의한 것이라는 사실과 그들의 비참한 운명에 눈을 뜨게 된 것이다. 톨스토이는 남은 생애 동안 자신이 살고 있는 사회체제에 맞서 싸웠다. 자신이 그 사회체제의 수혜자이면서도 톨스토이는 그 체제를 비난하고, 뜻이 같은 사람들과 연합하여 기존체제를 완전히 갈아엎고 그 자리에 더 나은 사회를 건설하고자 했다.

톨스토이가 수집한 러시아 민담들 가운데 '불을 끄라'는 이야기가 있는데, 이 이야기는 톨스토이 생시의 독자들뿐만 아니라 나에게도 여러 가지 생각을 하게 해주었다. 이야기는 다정한 이웃으로 살아가던 두 농부의 가정을 중심으로 펼쳐진다.

어느 날 닭 한 마리가 이 둘의 집을 가르고 있는 울타리 아래에서 알을 낳은 것이 문제의 발단이었다. 이 달걀의 임자는 누구인가? 닭이 알을 낳은 울타리를 소유한 농부인가, 아니면 닭을 소유한 농부인가? 아니 그보다 먼저 그 닭은 누구의 것인가? 알을 둘러싼 시비는 이웃간의 격렬한 다툼으로 비화하여 마침내는 한 농부가 자기 이웃집에 불을 지르는 사태로까지 발전하였다. 불길은 바람을 타고 불지른 농부의 집까지 덮쳤고, 점점 더 번져나가 마을 전체를 쑥밭으로 만들었다. 톨스토이가 던지고 있는 교훈은 이것이었다. 너무 늦기 전에 불을 꺼야 한다는 것.

레오 톨스토이는 러시아의 소수 독재정치에 대항해 싸웠지만, 그 역시 지주이자 귀족의 일원으로서 소수 독재자 반열에 들어 있었다. 그렇기 때문에 어떤 의미에서 보면 그는 자기 자신과 자신의 지위에 대항해 투쟁하고 있었다. 평생 동안 그는 불가능한 일을 꾀했다. 자신의 가정에서 자기가 전적으로 반대하던 사회체제의 일부인 동료들과 함께 생활하는 동시에 그 사회체계를 뒤엎기 위한 운동을 조직하고 선동하는 일에 몸담고 있었으니 말이다. 그는 82세였던 해의 11월 어느 날 밤, 자포자기하여 집을 떠났다. 그의 막내딸과 의사 한 명이 길을 따라나섰다. 그는 자신의 믿음을 조용히 실천에 옮길 수 있는 곳을 찾고자 했지만, 집을 떠난 지 며칠 만에 어느 외딴 기차역에서 폐렴으로 숨을 거두었다.

톨스토이는 탐색하고 묻고 이의를 제기하고 저항하는 일에 반세기(1860~1910)를 보냈다. 부족한 것 없이 대체로 만족스러운 가정생활과 문필가로서의 눈부신 성공에도 불구하고 그는 끊임없이 이런 질문을 던졌다. 진리란 무엇인가? 내 동료들의 반대편에 있는 진리에 이르려면 어떻게 해야 하나? 어떻게 해야 그 진리를 실천할 수 있나?

톨스토이는 다양한 관점에서 자기 문제에 접근했다. 그가 가장 우선 순위를 둔 것은 고생을 덜고 고통을 예방하는 일이었다. 두번째는 전쟁을 종식시키고 평화를 정착시키는 일이었다. 세번째는 그가 지니고 있는 기본적인 도덕률로, 남에게 해를 끼치지 않고 서로 사랑하는 것이었다. 네번째는 과단성있게 행동하고 지금 당장 불을 끄도록 권유하는 것이었다. 다섯번째는 비폭력 저항이라는 방법론이었다.

톨스토이는 가정 안에서, 그리고 가족과 함께 행복한 삶을 살고자 했으며 자기가 속한 마을과 도시, 국가의 선량한 시민으로서 충실한 삶을 살고자 했다. 그는 올바른 삶을 살기 위해서는 계율을 지켜야 한다고 생각했는데, 그 중에서도 가장 중요한 계율은 남에게 해를 끼치지 않는 것, 즉 '살인하지 말라'였다. 이 첫째 계명을 지키면서 톨스토이는 인간을 죽이는 일만큼은 중지되어야 하며, 노예제는 폐지되어야 하고, 먹기 위해 살생을 하는 것도 불가피한 일은 아니라는 믿음, 또 인간 노예제와 마찬가지로 동물을 노예로 부리는 일도 중단되어야 한다는 믿음을 갖게 되었다. 그는 평화주의자요 채식주의자였다.

톨스토이가 말하는 행복한 삶을 사회적 차원으로 확대시켜

보면, 계급과 신분의 차별이 없어지고 모든 젊은이들에게 동등한 교육의 기회가 주어져야 하며, 꼭 필요한 노동은 분담하고 착취가 중지되어야 하며, 이와 함께 사회적 친교가 대대적으로 이루어져야 한다. 일상생활에서의 행복한 삶은 빵을 얻기 위한 노동과 전문적 혹은 기술적 봉사, 그리고 동료들과의 친교로 이루어져야 한다. 이러한 방법을 통해 톨스토이는 자신의 삶을 단순화하고, 진심 어린 교류를 통해 삶을 풍부하게 만들고자 했다.

그의 글들과 '서로 화해하고 사랑하자'는 그의 절박한 모토는 점점 어두워져 가는 세상에서 나를 이끄는 한 줄기 빛이 되었다. 문명화된 서구 열강의 지도자들이 자기 나라 시민들에게 국경을 침범하고 마을들을 침략하고 도시를 황폐시키고, 파괴와 방화, 살인을 일삼으라고 명령할 때, 나는 나의 조언자요 안내자인 톨스토이에게 더욱 깊이 빠져들었다. 나는 그의 작품을 읽고, 힘 닿는 데까지 그의 생각을 전파했다. 또한 내 삶을 단순화하려고 노력했고, 그렇게 해서 결국은 나도 그처럼 채식주의자, 평화주의자, 사회주의자가 되었다.

존 러스킨의 말은 내가 톨스토이에게서 배운 것을 간단 명료하게 표현하고 있다.

나는 살아 있는 생물은 어떤 것도 쓸데없이 죽이거나 해치지 않고 아름다운 것을 파괴하지 않겠으며, 하찮은 생명까지도 소중히 지키고 가꾸며 지상의 자연스런 아름다움과 자연의 질서를 지키고 보호하기 위해 노력할 것이다.

*

 레오 톨스토이와 사이먼 패튼, 친할아버지와 어머니는 내가 처음 만난 스승이자 나에게 가장 많은 영향을 끼친 스승이었다. 이 네 사람은 결정적인 시기에 내 삶에 발을 들여놓아, 내 생각과 행동을 결정하는 데 중대한 역할을 했다.

 이 밖에도 내 인생관에 강한 영향을 미친 사람들—스승, 작가, 종교 지도자들—이 또 있다. 소크라테스와 그의 이성의 법칙, 부처와 살생하지 말라는 그의 가르침, 노자와 간디의 비폭력 철학, 예수와 그의 사회 봉사 본보기, 공자와 중용, 소로와 소박한 삶, 휘트먼과 자연주의자들, 마르크스와 엥겔스와 레닌의 착취와 혁명에 관한 사상, 빅토르 위고와 인도주의, 벨라미와 공상적 이상주의자들, 올리브 슈라이너와 우화 작자들, 버크의 질서 의식, 로망 롤랑의 장 크리스토프 등.

 나는 평생을 건 탐색을 시작했다. 올리브 슈라이너의 책 『꿈』에 나오는 우화 속의 사냥꾼처럼 나는 사람들이 진리라고 부르는 흰 새의 멋진 이야기를 들은 적이 있다. 사냥꾼은 아주 짧은 순간에 그 새를 얼핏 본 뒤로 그 새의 모습을 더 자세히 보기 위해 끊임없이 노력한다. 사냥꾼은 새를 찾아다니다가 쓸쓸히 죽는다. 그 사냥꾼처럼 나는 인생의 자질구레한 일상사를 제쳐두고, 진리를 찾고 이해하고 가르치고, 진리가 내가 속한 사회의 생활 패턴 속에서 구현되도록 돕는 데 시간과 정력을 바치기로 작정했다. 나는 진리를 추구하고자 애쓰는 많은 사람들 가운데 하나였다. 그리고 오늘날까지 탐색을 계속하고 있다.

교사의 길을 선택하다

스무 살이 되던 1903년경 나는 교직을 택하기로 결정했다. 그것은 쉬운 결정은 아니었다. 내가 관심을 가졌던 직업들은 여러 가지였다. 군인(부모님은 내가 아주 어렸을 때부터 나에게 육군사관학교에 들어가라는 말을 해왔다), 법관(펜실베이니아 주립대 법학부에 한 학년을 다닌 적이 있다), 목사(나는 주일학교 지도교사였고, 필라델피아 침례교회의 그리스도교 공려회(미국에서 시작된 청년운동으로 그리스도교주의를 조장하기 위해 1881년에 결성된 젊은이들 모임 : 옮긴이) 회장을 여러 해 지냈다), 공무원이나 정치인(일찍부터 나는 정치개혁운동에 관심이 있었다) 등이 나를 유혹한 직업들이다.

필라델피아의 센트럴 공업고등학교 시절—1898년 인문계인 센트럴 고등학교 대신 공고를 선택한 이유는 이론과 실천을 겸비한 교육을 받는 게 유용하게 느껴졌기 때문이다—나는 네 명의 뛰어난 스승으로부터 커다란 영향을 받았다. 이 학교 교장인 윌리엄 L. 세이어 씨는 성직에 몸담고 있던 분으로 시대를 훨씬 앞서가는 교육자였다. 그의 아들은 생물학 교사였고, 브래드버리 선생은 화학을, 패트리지 선생은 물리학을, 그리고 지버 선생은 수학을 담당했다. 이들은 나에게 과학적 태도가 어떤 것인지를 심어준 선생들이다.

더없이 훌륭한 이들 스승이 나에게 가르쳐준 것은 편견을 경멸하고, 도그마를 부인하고, 끊임없이 실험을 추구하는 자세였다. 1901년 고등학교를 졸업할 때까지 나는 공부하는 법을 배웠고, 그 어떤 과학 분야에서도 남에게 뒤떨어지지 않을 정도로 탄탄한 학문적 기초를 쌓았다.

군인의 매력은 어린 시절부터 나를 사로잡았다. 거기에는 역사학자들이 많은 전쟁 영웅들에게 영광스러운 역할을 부여했던 것도 작용했을 것이다. 군대에 대한 나의 관심은 1898년에 발발한 미국과 스페인간의 전쟁에서 준비가 전혀 안 된 미합중국 해군이 승전하면서 더욱 커져갔다. 1898년 5월, 미국 정부가 스페인을 상대로 선전포고를 했을 때, 나는 열다섯 살 소년이었다. 몇 주간 소규모 해전과 군사 작전이 벌어진 뒤, 전쟁은 막을 내렸다. 군악대 연주가 흐르는 가운데 대규모 군중들이 폭죽을 터뜨리며 승전한 군대의 귀향을 환영했다.

이 행사에 나도 나름대로 기여한 바가 있다. 1898년 봄 필라델피아를 떠나 고향으로 가기 직전, 할아버지가 우리를 방문해 독립기념일에 사용할 폭죽을 구해달라며 5달러를 주고 간 일이 있다. 나는 불화살과 통형 폭죽, 그리고 빙글빙글 돌면서 별 모양의 불꽃을 터뜨리는 폭죽 따위를 사서 모리스린에 속달로 보냈다. 그런데 예기치 못한 일로 중간에 문제가 생겨 소포가 독립기념일 당일에 도착하지 않았던 것이다. 이것이 전승 행사에서 쓸모있게 사용될 줄이야 누가 알았겠는가.

나는 친구들 여남은 명과 함께 마을 뒤쪽에 있는 언덕으로 갔다. 높다랗게 쌓인 폐탄더미 위로 올라가 우리는 폭죽을 터뜨렸다. 우리 나름의 환영식을 마치고 어깨를 으쓱거리며 마을로 돌아오는 길에 우리는 광산 노조 지도부에 있는 사람과 만났다. 그는 우리에게 뭘 하고 오는 거냐고 물었다. 나는 그때 그가 우리에게 뱉은 조소의 말을 결코 잊을 수 없다.

"뭐라고? 애들 장난 같은 전쟁을 기념했다는 거냐? 부끄러운 줄 좀 알아라. 머지않아 진짜 전쟁이 어떤 건지 두 눈으로 똑똑히 보게 될 거다."

어린 시절 군대에 대한 동경이 또 한 번 표출된 것은 1898년 9월, 고등학교 1학년 때였다. 당시 나는 알렉산더 대제, 율리우스 카이사르, 나폴레옹, 그리고 특히 한니발의 뛰어난 용병술을 찬양하는 글을 쓰고 있었다.

우리 학교 프랑스어 교사는 A. M. 그리용이라는 프랑스인이었다. 그리용 선생은 언제나 학생들을 친근하고 다정하게 대해 인기가 좋았다. 어느 날 수업이 끝난 뒤, 나는 그리용 선생에게 역사시간 과제물로 나폴레옹 보나파르트의 위대한 업적에 관한 보고서를 쓰고 있는 중이라고 말했다. 내 말을 듣자 그리용 선생은 갑자기 걸음을 멈추더니 내 눈을 정면으로 노려보면서, "인간 백정이야!"하고 꾸짖는 투로 말했다. 나는 귀를 의심하지 않을 수 없었다. 나의 영웅을 백정이라 부르다니. 그러나 나폴레옹의 승리와 영광, 그리고 처절한 패배 뒤에는 프랑스 민중의 엄청난 물질적, 인간적 희생이 있었다는 사실을 나는 얼마 가지 않아 알게 되었다.

육사에 진학해 군인의 길을 걸었으면 하는 부모님들의 기대는 어느 해 겨울 얼음처럼 단단한 눈덩이에 눈을 맞는 사건과 함께 물거품이 되고 말았다. 눈덩이는 혈관을 파열시키고 망막에 응혈을 남겼다. 해리 콜드웰 박사의 신속한 치료로 실명은 면했지만, 망막이 심하게 손상되어 오른쪽 눈의 시력이 정상으로 돌아오지 않았다. 아무리 군인이 되고 싶은 열망이 강하다 해도 한쪽 눈만 가지고는 웨스트포인트에 입학할 수 없었다. 이렇게 해서 나는 군인이 되는 신세를 면했다.

두번째 직업으로 엔지니어가 되려고 했던 것은 어떻게 보면 당연한 선택이었다. 친할아버지와 외할아버지 모두 토목기사였고, 작은아버지 역시 같은 일에 종사하고 있었으니 말이다. 모리스런 광산과 산림 지대, 그리고 건설 현장에서 여러 해를 보낸 경험 때문에 나는 건축 일과 야외에서 하는 작업에 자연스럽게 호감을 갖게 되었다.

어머니는 아들이 법조인으로 성공하기를 바랐다. 고등학교 시절 토론회에서 장원을 한 사건이 변호사 쪽 기질을 뒷받침해 주기는 했지만, 대학에서 1년 간 법률 공부를 한 뒤부터는 부정 부패와 싸우는 일에 평생을 바치고 싶은 생각이 싹 사라져 버렸다.

내 인생에 또 다른 방향을 제시한 사람은 바로 필라델피아 그레이스 침례교회의 목사로 있던 러셀 H. 콘웰 박사였다.

1896년 우리 가족이 대처로 이사한 뒤, 나는 이 교회의 주일학교에 들어갔다. 주일학교 교사인 윌리엄 C. 거스는 독실한 침례교도였다. 그는 자기가 맡고 있는 <황금률을 지키는 성경 모임>에 소속된 여남은 명의 아이들 전부를 그레이스 침례교회의 교인이 되도록 설복하는 것을 자신의 인생 목표로 삼은 사람이었다. 시간이 지나면서 나는 예배에 참석하고, 그리스도교 공려회에도 가입하고, 나중에는 주일학교를 맡아 가르치기도 했다. 이 교회 부목사인 펠프스 박사는 나에게 목회자의 길을 걷는 문제를 진지하게 생각해 보라고 권하기까지 했다. 그러나 그 뒤로 벌어진 일련의 사건들이 나를 그레이스 침례교회와 관련된 모든 모임으로부터 멀어지게 하였고, 나아가 기독교 자체에 대한 인연을 끊게 만들었다.

그레이스 침례교회는 콘웰 박사가 창립하여 필라델피아에서 가장 큰 침례교 집단으로 성장시켰다. 그러나 콘웰 박사의 야망은 거기서 그치지 않았다. 그는 "예수님은 말씀으로 우리를 인도하시고, 육신의 병을 고쳐주셨다. 그분의 뜻을 따라 똑같이 하는 것이 오늘 우리의 사명이다"라는 말을 입에 달고 살았다. 결국 그는 템플 대학이라는 교육기관과 사마리아 병원이라는 의료기관을 교회 부속기관으로 설립하기 위한 대대적인 모금운동을 전개했다.

1900년대 초, 펜실베이니아의 정치는 매튜 스탠리 퀘이와 보이스 펜로즈라는 두 명의 상원의원이 좌지우지했다. 이들은 각종 후원정책을 입안하고 배분하는 방식으로 펜실베이니아 주 전체를 장악해 나갔다. 펜실베이니아 주에는 교육사업과 사회봉사사업을 하는 사설 단체들이 상당수 있었는데, 이들 모두 주 당국으로부터 공금의 지원을 애타게 필요로 하는 실정이었다. 퀘이와 펜로즈는 주의회를 설득해 한 단체에 1만 달러, 다른 곳에 2만 5천 달러, 그리고 또 다른 단체에 10만 달러……. 이런 식으로 모든 단체에 공금을 지급하도록 로비를 벌였다. 공금을 받는 단체들에는 지역사회의 '유지'들로 구성된 이사회가 있었다. 결국 이들 단체에 지원금을 보냄으로써 수천 명의 유지들로부터 호감을 얻는 게 그들의 목적이었던 것이다. 러셀 콘웰 박사도 유지에 포함되었다. 템플 대학과 사마리아 병원은 공익사업단체였는데, 운영 자금에 늘 허덕이고 있었다. 퀘이-펜로즈의 정책 덕분에 이들 두 단체는 공금의 혜택을 누릴 수 있었다.

링컨 스테펀스는 그의 저서 『도시의 치부』에 실린 「필라델피아, 부패와의 전쟁」이라는 장에서 악명 높은 제5선거구에서 샘 맬러니의 주도하에 자행된 선거부정에 관해 소상히 언급하고 있다. 맬러니 일당은 투표인 수를 불릴 목적으로 마을 공동묘지의 묘비에서 무작위로 이름을 추가하는 만행을 저질렀다. 정치생명을 연장하기 위해 부정 투표를 마다하지 않은 것이다. 신문에서 이들의 범행을 대서특필한 직후, 제5선거구라는 말은 정치적 부정을 가리키는 용어로 세간에 알려지게 되었다.

워튼 스쿨 3학년에 다니고 있을 때, 필라델피아의 저명인사들이 모여 도시를 좀먹는 정치집단을 축출하는 운동을 벌였다.

그 외중에 제5선거구의 일당들이 우리 학교 정치학 교수인 레오 S. 로 박사를 폭행하는 사건이 생겼다. 그러던 어느 날 로 박사가 나를 불러 말했다. "이번 학기 정치학 과제물로 제5선거구의 실태를 다뤄보는 게 어떻겠나?" 나는 그 자리에서 그의 제안을 받아들였다. 나는 샘 맬러니와 인터뷰를 한 끝에 필라델피아의 정계를 부정으로 물들인 제5선거구에 관한 보고서를 써 제출했다.

정치 개혁에 대한 관심에서 나는 프랭클린 스펜서 에드먼즈 선생의 서기 역할을 자원했다. 에드먼즈는 고등학교에서 역사를 가르치는 교사였는데, 내가 살던 지역구의 시의원 당선을 위해 선거운동을 벌이고 있었다. 나는 회의에 참석해 회의록을 기록하는 등, 그의 '두뇌집단' 일원으로 온갖 궂은 일을 도맡아 했다. 필라델피아의 정치를 현장에서 접할 수 있는 좋은 기회였는데, 나로서는 꽤나 관심이 가는 일이었다. 자유주의 성향을 지닌 에드먼즈 선생은 미국적 삶의 방식을 당연한 것으로 받아들이고, 그것을 뒤엎을 생각은 꿈에도 하지 않았다. 나는 시 차원의 현실정치를 처음으로 접하는 애송이 대학생에 지나지 않았다.

정치적 공방이 열기를 띠면서 개혁운동진영에서는 일군의 목회자들에게 깨끗한 정치를 위한 목회자위원회의 결성을 촉구했다. 러셀 콘웰 박사가 이 제안을 받아들인 것은 나에게 커다란 기쁨이었다.

콘웰 박사가 목회자위원회에 합류하면서, 그의 이름이 신문

지상에 오르내렸다. 그가 실제로 어떤 역할을 했는지는 기억나는 바가 없지만, 주일날 그가 그레이스 침례교회의 강단에 서서 한 말은 아직까지도 뇌리에서 지워지지 않는다. 그는 위원회에서 자기 이름을 빼겠다고 하고, 필라델피아는 미국의 도시들 가운데 가장 깨끗한 정치가 이루어지고 있는 곳이라고 말했다. 한창 피가 끓는 청년개혁가가 받았을 충격이 어떠했을지는 상상이 갈 것이다. 나는 그 길로 걸어나와 다시는 교회 문턱에 발을 들여놓지 않았으며, 그 어떤 종교조직과도 인연을 끊었다.

그 뒤, 내 나름대로 연구하고 조사한 결과 나는 기독교 교회는 필라델피아뿐만 아니라 서구 문명 전체를 통틀어 반동과 부패의 온상이었고, 현재도 그렇다는 사실을 확신하게 되었다. 물론 예외가 없는 것은 아니지만, 그것 역시 권력구조에서 종교조직이 차지하는 반동적 역할을 강조해 줄 뿐이었다. 세속의 거물들과 교계의 거물들이 결탁하여, 민중의 눈을 가리고 착취와 강탈을 일삼을 뿐이었다.

이 사건은 내 청년 시절에 가장 중요한 전환점 가운데 하나였다. 이 일로 목회직은 내가 꿈꾸던 직업에서 배제되었고, 대신 교직이 대안으로 떠올랐다. 교직에 대한 인상이 나에게는 그리 낯선 것만은 아니었다. 십대 중반에 이미 필라델피아 사회복지관에서 아이들을 가르친 적이 있고, 그레이스 침례교회의 주일학교에서 지도교사를 한 적도 있었다.

1903년 워튼 스쿨의 학부생으로 있을 때, 나는 템플 대학의 신학생들에게 사회학을 가르쳤다. 미래의 목회자들에게 앞으로 활동할 사회에 대해 사전 지식을 갖게 하기 위해 신학대학 학장이 특별히 내린 결정이었다. 템플 대학의 신학생들은 사회문제에 관한 한 어린아이 수준을 벗어나지 못했다. 그들의 머리 속에서는 어려운 신학논쟁이 들끓지만, 그들의 발은 땅을 딛고 있지 않았다. 나는 그들과 비슷한 나이의 혈기왕성한 청년이었다. 그러나 인간사회가 존재하고, 개인과 공동체의 삶을 형성하는 데에서 경제학이 중요한 역할을 한다는 사실을 풍문으로만 전해듣고 있는 청년들에게 사회과학의 기초를 가르치는 것은 아주 즐거운 경험이었다.

이러한 교육체험은 나에게 커다란 행복이었다. 나는 학생들의 관심을 불러일으키고, 지식을 전수하고, 그들의 창의력을 자극하는 세 가지 차원으로 교수행위를 바라보았다. 학생들 역시 나의 수업을 좋아하고 거기서 많은 것을 얻는 것 같았다. 워튼 스쿨을 졸업한 뒤, 나는 바로 대학원에 진학해 박사과정에 들어갔다. 경제학을 전공으로 하고, 사회학과 교육학을 부전공으로 선택했다. 이런 과정들이 교직을 나의 천직으로 선택하는데 많은 도움이 되었다.

교직을 선택한 이상, 말과 글로 자신의 생각을 충분히 표현하는 게 무엇보다도 중요했다. 이러한 능력을 갖추려면 모국어를 완벽하게 구사할 줄 알아야 하고, 또 학문을 깊이있게 하려면 적어도 2개 국어 이상의 외국어 실력을 갖추어야 했다. 나는 이미 고등학교에서 그리용 선생에게 배운 프랑스어 기초지식이 탄탄한 데다, 역시 그리용 선생이 프랑스의 스페인어 교과서를 수입해다 프랑스어로 가르치는 스페인어 강의도 들은 바 있었다. 대학 4년 동안 나는 외국어 실력을 갖추기 위해 프랑스어, 스페인어, 독일어 등을 수강했다. 그리고 영문학과 전공 과목을 수강함으로써 모국어 구사력을 강화했다. 쉘링 교수와 웨이건트 교수 밑에서 배울 수 있었던 게 나로서는 더없이 다행스러운 일이었다.

이런 노력에도 불구하고 심각한 문제가 하나 더 있었다. 교실에서 여남은 명을 앉혀놓고 하건 커다란 강당에서 수많은 청중들을 대상으로 하건, 사람들에게 다가가 내가 하고 싶은 말을 하고 그것을 납득시키는 문제였다. 이것을 위해서는 수줍음을 떨치고, 무대 공포증을 극복하고, 자의식을 최소한으로 줄여야 하며, 사람들의 관심을 붙들어 둘 만한 묘사와 분석, 설명, 결론 제시를 할 수 있어야 했다. 또 언제 어디서든 만날 수 있는 질문에 답변하는 자질, 간단 명료하고 합리적인 답변을 할 수 있는 자질도 필요했다.

수줍음과 자의식을 극복하기 위해 나는 템플 대학의 밀러 교수가 가르치는 4년 코스 화술과정에 등록했다. 낮에는 워튼 스쿨에 다니고 야간을 이용하여 이 강의를 들었다. 이렇게 해서 1905년 6월, 나는 경제학과 수사학의 학사학위를 동시에 취득하였다.

이 같은 예비작업은 그후로 10여 년에 걸친 대학 강사생활과 반세기에 달하는 대중강연에서 나에게 커다란 도움이 되었다. 나를 지도한 많은 스승들에게 경의를 표하고, 그들의 유익한 지도와 채찍에 대해 심심한 감사의 말을 전하고 싶다.

*

교사가 되기로 마음먹은 이상, 무엇을 가르칠지를 결정하는 것이 급선무였다. 나의 모교인 워튼 스쿨의 교육과정은 재단 이사진과 학교의 일상적 행정에 책임을 진 실무진의 경제적 사회적 관심사에 따라 엄격히 제한을 받았다. 이들은 기존체제를 솔직하고도 공공연하게 지지했고, 미국적 방식이라는 공인된 원칙을 확고하게 따랐다. 물론 각 개인으로 본다면, 현상에 대한 나름대로의 걱정과 개선 요구사항이 있겠지만, 다들 이데올로기적으로든 직업적으로든 미국적 방식에 깊이 물들어 있어 필요한 경우에는 언제든 자신의 모든 것을 투신할 준비가 되어 있었다.

그 당시 나도 이들과 다르지 않다고 생각했다. 나 역시 미국 기성사회의 일부이자 한 구성원이었다. 나는 미국 사회의 원칙을 신봉하고, 그 가능성에 기대를 걸며 미래에는 좀더 나아질 수 있다고 확신했다. 내가 속한 사회가 당시 내가 생각했던 것처럼 건전하고 합리적이며 친절한 사회였다면, 나는 성실하고 헌신적인 시민이 되었을 것이다. 나는 기질상 반항아나 선천적인 반골은 아니다. 무조건적으로 체제에 맞서는 '반체제 인사'와는 거리가 멀었다. 나는 법의 지배를 신봉했고, 그 법을 준수하고 바람직한 관습을 지키는 것을 당연한 책무로 알고 있었다. 친구들 중에는 나를 '보수적인 급진주의자'라 부르는 이도 있다.

무엇을 가르칠 것인가? 사회철학이나 사회윤리·도덕, 또는 사회사나 사회학 일반, 경제학, 정치학, 그리고 사회의 다양한 분야를 다루는 고급 학문 등이 가능한 대상으로 떠올랐다.

역사학은 비록 잘 가르칠 자신은 없지만, 늘 관심의 대상이었다. 인간과 그들이 살아온 과거에 대한 지식은 그 나름의 특별한 매력이 있었다. 그러나 역사학이란 이미 형성되고, 응결되고, 결정화된 과거의 사실이었다. 그에 반해 현재 진행되고 있는 인간의 행동—미래에 역사가 될 것이다—은 유동적이어서 잘 훈련된 사람들의 손과 마음에 의해 새롭게 형성되고 방향을 잡아나간다. 만일 경제학자인 사이먼 패튼 교수와 만나지 못하고, 경제학이 실천적 학문이라는 느낌을 받지 못했더라면, 나는 역사를 전공했을 것이다. 내가 경제학을 가르치기로 선택한 데에는 그것이 공공의 삶에서 중요한 역할을 한다는 점이 결정적으로 작용했다.

1906년 워튼 스쿨에서 신입생들을 상대로 경제학을 가르치고 있을 때, 패튼 교수가 나를 자기 방으로 부르더니 내 강의에 대해 이것저것 물어보았다. "자네가 중요하다고 여기는 것을 집중적으로 가르치게." 패튼 교수는 나에게 이렇게 조언했다. "하지만 소득의 분배문제를 다루는 것도 괜찮을 걸세. 이 나라에서는 민감한 주제이기는 하지만 말이야. 아무튼 끊임없이 사실에 기반을 두고 연구하는 태도를 잊지 말도록."

제1부 내게 진실로 소중한 것들 105

그의 조언은 나의 호기심을 자극했다. 그래! 바로 이거나! 분배문제를 파고들어야 한다. 노동과 자본의 갈등, 부자와 빈자, 매년 높아만 가는 생활비 문제, 고소득과 저임금 사이의 모순.

생산량이 충분하다고 가정할 경우(서구 경제가 생산증대만큼은 확실하게 이루어놓았다), 누구에게 어떤 비율로 생산의 성과가 돌아가야 하는가? 토지 사용료, 자본에 대한 이자, 위험수당, 노동에 대한 임금, 경영에 대한 보수를 지불해야 하는 것은 당연한데, 과연 어떤 비율로 생산성과가 분배되어야 하는 것일까? 분배문제를 놓고 자산 소유권과 전문·비전문 노동 사이의 사투가 진행되고 있었다. 사실상 그것은 불로소득으로 살아가는 사람들과 생계를 위해 노동을 하는 사람들 간의 싸움이었다. 20세기 초까지만 해도 생산은 안정되게 자리를 잡았으나, 분배는 아직 전쟁터였다.

나는 1902년 신입생으로 워튼 스쿨에 입학한 후로 줄곧 달려들어 볼 만한 연구과제를 찾고 있었다. 당시는 링컨 스테펀스, 레이 스태너드 베이커, 이다 타벨, 업튼 싱클레어를 비롯한 '부정 적발자들'의 시대였다. 또한 산업노동조합이 동업조합에 도전장을 내밀고, 사회주의자들이 득세하고 있던 시기이기도 했다. 나는 분배의 진상을 밝히고 가능하다면 문제를 해결하는 일에 기여하기로 결심했다.

워튼 스쿨을 졸업하던 1905년에 나는 내 인생에 심대한 영향을 미친 몇 가지 경험을 하게 되었다. 그 첫번째는 펜실베이니아 주 아동노동 규제위원회의 의장인 조지 우드워드를 만나고,

그 위원회의 서기로 있던 헬렌 마롯의 보조역으로 임명된 일이다. 훗날 나는 마롯을 대신해 서기로 취임했다. 이 위원회는 광산, 제재소, 공장 등의 열악한 작업환경 속에서 장시간 노동에 시달리는 수많은 어린이들의 노동조건을 개선하기 위해 자발적으로 모인 개인 및 단체들의 조직이었다.

아동학대금지협회의 서기인 벤저민 C. 마쉬도 이 운동에 동참했다. 나는 벤과 함께 여러 해를 비공식적 차원에서 같이 일했는데, 그를 통해 아동노동과 빈민생활의 여러 양상들을 생생히 목격할 수 있었다.

당시 아동노동이 집중적으로 행해지던 현장은 석탄광산이었다. 채굴된 석탄은 쇄탄기에 들어가 잘게 부서지고, 외지로 수송되기 전에 잡석을 골라내는 과정을 거친다. 새카만 석탄 중에는 잿빛 점판암 부스러기들이 많이 섞여 있었다. 이 잡석 고르는 일을 아이들이 맡았다. 이들을 '쇄탄 보이'라고 하는데, 이들은 시간당 보통 11센트 정도에 고용되었다.

유리공장에서는 자잘한 물건들을 나르고 붙잡고 있는 일을 아이들이 했다. 기계조립공장에서는 볼트와 너트 등 부품들을 분류하는 일을 맡았다. 직물공장에서는 원자재를 나르고 바닥을 청소하는 일이 아이들 몫이었다. 아이들은 열세 살부터 일을 할 수 있었다. 위원회의 요구는 주간작업은 열네 살로, 야간작업은 열여섯 살로 최소 연령을 상향 조정하자는 것이었다.

당시 펜실베이니아 주 브리스틀 시에서 조지프 그런디라는 인물이 큰 섬유공장을 경영하고 있었는데, 나중에 펜실베이니아 주 제조인연합의 의장으로 선출되기도 했다. 이 사람 역시 자기 공장에 아이들을 고용하고 있었고, 공화당에서 상당한 영향력을 발휘했기 때문에 법 제정에 반대하는 자들 중에서 중심적인 위치를 차지했다. 그런디와 여타 제조업체 경영진들은 마치 기업활동이 하늘의 가호를 받고 있어 번영을 위해서라면 국가도 함부로 방해해서는 안 되는 양 행세했다. 아동노동규제법률은 물론이고 심지어 감찰행위조차도 이들은 체제를 위협하는 행위라고 보았다. 이들 보수주의자들이 펜실베이니아의 경제와 정치 분야에서 막강한 영향력을 지니고 있는 터여서 아동노동규제법의 통과와 시행은 그리 만만한 일이 아니었다.

나는 아동노동규제위원회의 대표 자격으로 어린 노동자들과 그들의 부모, 그리고 고용주들을 자주 만났다. 또 존 C. 딜레이니가 책임자로 있는 펜실베이니아 주의 공장 감찰부와 워튼 스쿨 사회학부의 새뮤얼 맥퀸 린지 교수가 이끄는 (뒤에는 오웬 R. 러브조이가 그 자리를 맡았다) 국립아동노동위원회, 그리고 필라델피아의 언론사들, 그 중에서도 특히 《필라델피아 프레스》의 편집인 톨코트 윌리엄즈와 자주 접촉했다. 당시 세간의 관심을 모으던 이 문제에 관계된 사람들과 조직을 무수히 만나고 다녔던 것이다.

이러한 유명인사들과 매일 접촉하면서 나는 내가 속한 사회의 체제에 대해 새로운 시각을 갖게 되었다. 지금까지는 주로 독서와 연구를 통해 기성사회에 대한 정보를 얻었다. 그러나 이제는 사람들을 직접 만나 생생한 정보를 얻게 된 것이다.

당시의 상황에 대해 내가 터득한 사실을 한마디로 표현하자면, 내 오랜 친구인 샐리 클레그혼이 지은 유명한 4행시로 대신할 수 있을 것이다.

'공장 바로 옆에 골프장이 있어, 일하는 아이들은 놀고 지내는 사람들을 볼 수 있다.'

필라델피아 윤리협회의 집행위원장인 S. 번즈 웨스턴이 주도하는 오찬모임을 통해 필라델피아와 펜실베이니아 주의 여러 인사들과도 사귀었다. 번즈 웨스턴은 활력이 넘치는 활동가였다. 로커스트 거리에 있는 그의 사무실 옆에는 요리용 스토브와 식품저장실, 그리고 주방기구들을 갖춘 작은 식당이 있었다. 이 식당에서 일 주일에 한 번씩 가정부가 와서 초대손님들에게 간단한 음식을 만들어 제공했다. (일인당 25센트를 점심값으로 지불했다.)

번즈 웨스턴의 모임에 고정으로 참석하는 멤버는 철학자 헨리 레프먼, 변호사 롤런드 모리스, 상인 찰스 W. 어빈, 직업적 사회주의 운동가 프레드 화이트사이드, 그리고 나였다. 좌석은 열다섯 개가 준비되어 있지만, 평균 열두 명 정도가 매주 모였다. 번즈 웨스턴은 늘 참석했고, 뒤에서 모임이 잘 되도록 신경을 썼다. 우리는 현안문제에서부터 사회철학, 심지어는 신학까지 화제로 다루었으며, 서로의 생각을 주고받는 데 아무런 제재나 장벽이 없었다.

나의 사고에 영향을 준 세번째 사건도 바로 이 모임에서 비롯하였다. 어느 날 프레드 화이트사이드가 필라델피아에서 20

마일 가량 떨어진 볼티모어와 오하이오 간 철도가 지나가는 델라웨어 주 하비에 땅을 한 곳 임대했다고 말했다. 토지 측량에 대해 내가 약간 경험이 있다는 것을 알고, 그는 다음 주말에 자기와 함께 가 새로 얻은 땅을 설계하는 일을 도와주지 않겠느냐고 부탁했다.

프레드의 땅은 반 에이커 정도 되었는데, 단일세(한 종류의 재화에만 과세하는 제도: 옮긴이)를 주장하는 사람들이 새로 개발한 마을인 아덴이란 곳에 위치해 있었다. 아덴 개발의 주역은 예술가인 윌 프라이스와 조각가이자 냉철한 무정부주의자인 프랭크 스티븐스였다. 이들은 헨리 조지(1839~1897. 미국의 경제학자로 토지에만 과세하는 단일 과세론자: 옮긴이)의 추종자들로 지가 상승이 공적인 목적에 유용되면, '단일세'만 가지고도 정부에서 필요로 하는 재원을 충당하고도 남는다는 것을 실천적으로 증명해 보이고자 했다. 아덴의 토지는 법정 신탁관리인에 의해 운용되고, 원예와 수공예를 하기에 충분한 크기로 개인들에게 임대되었다. 마을에는 커다란 공용지가 있었는데, 주민들에게 필요한 운동시설이나 극장, 여인숙, 공구점 등이 거기에 들어서 있었다. 나중에는 주민들을 위한 사교클럽까지 생겼다.

처음 그곳을 방문했을 때 나는 공용지에서 나오는 폐수가 흘러 들어가는 저지대 구석의 땅 한 뙈기만 빼고 공용지에 면해 있는 모든 땅뙈기가 다 임대되어 있다는 사실을 알게 되었다. 그 반 에이커의 땅은 도저히 사람이 살 수 있을 성싶은 땅이 아니었다. 임대료는 1년에 13달러였다. 나는 즉석에서 그 땅을 임차해, 그후 10년 동안 여름철과 주말을 아덴에서 보냈다.

아덴의 착실한 시민이자 거주자로서 나는 내 반 에이커의 땅을 뒤덮고 있는 잡초와 가시나무, 덤불들을 뽑아내고 작지만 살기 좋은 여름 별장을 손수 지었다. 문짝과 창문까지 직접 만들어 달고, 밭을 일구고, 토요일마다 서는 읍내 장에 내가 가꾼 농작물을 내다 팔고, 마을회관에서 연극공연을 할 때는 샤일록이나 카시우스나 로미오 역을 맡아 참여하고, '아덴의 행복과 안녕'을 논의하는 읍민회에 빠짐없이 참석했다.

아덴은 단일 과세론자들에 의해 단일세 홍보를 위한 시범 케이스로 개발되었지만, 1905년 내가 아덴에 갔을 때는 단일세운동은 쇠퇴하고 사회주의 운동이 급속히 고조되고 있었다. 아덴이 살기도 좋고 윌밍턴이나 체스터, 필라델피아 등지 — 모두 반경 20마일 이내에 있다 — 로 통근하기도 좋은 곳이라 생각한 사회주의 신입자들이 곧 아덴을 개발한 단일세 주창자들을 수적으로 앞질렀다. 새로 이주해 온 사회주의자들은 아덴 읍민회를 자신들의 이론을 설파할 수 있는 이상적 공개토론장으로 보았다. 그 결과 읍민회는 매회 고참 단일세 주창자들과 신참 사회주의자들 사이의 설전 마당이 되었다. 그러나 1백60십 에이커 되는 이 거주지가 온통 새 입주자들로 채워짐에 따라, 결국은 사회주의자들이 단일세 주창자들을 투표수로 이겼다.

읍민회와 더불어 가정토론회는 아덴의 사회생활에서 빼놓을 수 없는 부분이었다. 열정적이고 박식한 사회주의 지지자들에 의해 다양한 관점이 자연스럽게 제시되고 논의된다는 점에서

제1부 내게 진실로 소중한 것들 111

읍민회와 가정토론회는 나에게 개방적인 교육의 기회를 제공해 주었다.

아덴에서 제기된 문제와 논의들은 처음에는 윌밍턴의 신문들에, 그리고 나중에는 필라델피아 신문들에 게재되었다. 이런 보도 탓에 아덴에는 방문객들의 발길이 끊이지 않았는데, 특히 주말에는 야구경기나 연극공연이 열려 아덴을 찾는 방문객의 수가 평소보다 훨씬 많았다. 시카고 가축 사육장에서 식용고기를 마련하는 과정을 다룬 업튼 싱클레어의 책『정글』이 1908년에 출판되었다. 아덴을 방문한 싱클레어는 아덴의 생활과 분위기가 마음에 든다며 내 땅 바로 옆의 땅을 세내, 거기에다 커다란 천막을 쳤다. 그렇지 않아도 세인들의 관심의 대상이었던 싱클레어 덕분에 아덴은 더욱 언론의 조명을 받게 되었다.

펜실베이니아의 아동노동규제위원회와 번즈 웨스턴 오찬 모임, 아덴의 읍민회와 가정토론회는 나에게 개방적인 학교 밖 교육의 기회를 제공해 주었을 뿐 아니라, 내가 1905년부터 1915년까지 10년 간 출강한 워튼 스쿨과 성인 하계대학, 스워트모어 대학, 필라델피아 사회사업학교의 강의에 도움이 되는 귀중한 자료를 제공해 주었다. 강의를 처음 시작할 무렵 나는 스물두 살의 신출내기 선생에 미혼이었다. 그런데 교단에서 10년을 보내고 난 뒤의 나는 서른둘의 기혼자로 부양할 가족이 있었으며, 분배의 경제학이라는 내가 선택한 연구과제에 관해 가르치고 강연하고 글을 쓰고 있었다.

경제결정론에 대한 투쟁

 안락한 생활을 보장하는 직업들을 마다하고 교사라는 가난한 직업을 선택한 나는 당장 생계문제에 맞닥뜨리게 되었다. 그런데도 사람들은 교사라면 의당 평균 이상의 생활 수준은 유지하겠거니 했다.

 졸업 후 1년 뒤, 나는 모교의 경제학부에 조강사(助講師)로 임명되었다. 보수는 연봉 8백 달러였는데, 9월부터 이듬해 6월까지 열 달 동안 나누어 다달이 지급되었다. 쥐꼬리만한 강사 월급을 보충하려면, 남는 시간에 과외 강사를 하거나 연구 용역, 논문이나 교과서 집필, 신문 잡지에 원고 기고, 또 대중강연 등에 기대야 했다. 나는 결국 이 모든 일을 다 할 수밖에 없었다. 전문적인 강연자들 — 얼 반즈, 찰스 조블린, 에드워드 하워드 그릭스, 존 코퍼 포위스 등 — 은 모두 평균 수준 이상의 생활을 누렸다. 이들은 문학, 예술, 철학, 심리학 등에 관한 주제를 다루었다. 정치에 관한 이야기는 가볍게 건너뛰고, 경제학처럼 딱딱한 주제는 피하는 게 일반적이었다. 이들의 청중은 대개 중산층이었다. 이와 반대로 경제학이나 정치학, 계급투쟁 같은 주제를 다루는 연사들은 강사료로 기껏해야 동전 몇 푼

정도밖에 낼 수 없는 하층계급을 상대로 강연을 해야 했다.

일반적으로 공개강좌, 성인 하계대학, 공개토론회 등은 연사들의 강연료가 미리 정해져 있다. 윌리엄 제닝스 브라이언 같은 유명강사는 강연료를 스스로 결정한다. 브라이언이 좋아하는 강연료 협정방식은 자신이 2백50달러를 받고, 강연회 주관단체에 따로 2백50달러가 돌아가게 하는 것이었다. 그렇게 하고도 남는 돈이 있다면 자신과 주관단체가 반씩 나누어 가졌다. 그 정도 강연료는 당시로서는 대단히 큰돈이었다. 내 기억으로, 뉴욕 시의 노동자 전당(Labor Temple) 시절 초기에는 윌 듀란트 같은 연사들이 집회에서 한 차례 연설하는 데 25달러를 받으면 기뻐하고, 심지어 15달러나 10달러도 마다하지 않았다.

내가 요구하는 강연료는 일정치 않았다. 아동노동규제위원회를 위해 강연할 때는 위원회나 주최측으로부터 여행경비만 받았다. 정식 강연회에 연사로 나서는 경우에는 많든 적든 후원조직의 프로그램에서 최고액을 받는 연사의 강연료에 준해서 달라고 요구했다. 그렇기 때문에 나는 어떤 경우에는 거금을 받지만 어떤 경우에는 거의 혹은 한 푼도 못 받았으며, 심지어는 내 돈을 들여 강연을 하러 가는 경우도 있었다.

봉급으로 가족과 함께 생계를 꾸려가는 강사들은 빈민층에 가깝거나 그보다 못한 생활을 했다. 그 시절 철강왕 가운데 한 사람이었던 앤드류 카네기는 은퇴한 대학교수들을 위한 연금 기금을 마련하기로 했다. 퇴직 교수들에게 최소한의 노년의 생활비를 보조하자는 취지에서였다. 그러나 이 연금제도는 비합리적 보수체계라는 당면문제를 해결하는 데에는 도움이 되지 못했다.

우리 젊은 강사들은 이 문제를 논의했다. 우리 가운데 일부는 품위는 품위대로 지켜야 하면서도 가난으로 내몰릴 수밖에 없는 현실에 염증을 느껴, 가르치는 직업을 그만두려고 했다. 시간강사에서 조교수로, 또 전임교수로 이어지는 승진의 사다리를 올라가게 될 사람은 소수였다. 그렇게 버티다가 정년퇴직을 하면 카네기 연금수혜자가 될 것이다. 우리가 과연 그 백만장자의 하사금을 받아들여야 하는가? 아니면 연금을 받지 않고 부업으로 생계를 꾸려가야 하나? 그것도 아니면 대학강사들의 노동조합을 조직하여 최소한의 수입 보장을 요구해야 하는가? 내가 워튼 스쿨에서 강의를 시작하던 1906년에만 해도 교원노조의 설립 가능성이란 백일몽에 지나지 않았다.

우리는 금전상의 문제는 말할 것도 없고 윤리상의 문제에까지 봉착해 있었다. 직업윤리의 기준을 확립하고 그것을 실천할 경우 어떤 사태가 발생할 것인가, 하는 문제였다. 예컨대 우리가 알고 있는 진실을 강의실 안에서나 캠퍼스 밖에서 그대로 발설할 것인가 말 것인가? 학생이나 마을 주민들이 직선적인 질문을 해올 때, 슬쩍 비켜가야 하나 아니면 우리의 지식과 능력을 총동원해 솔직하게 답변해야 하나? 교사의 자리는 진보의 제일선이라고 한 사이먼 패튼의 말이 과연 옳은가? 우리가 편안한 노년생활을 보장받기 원하고 정년퇴직 때까지 교수라는 직업을 유지해야 그것이 보장된다면, 카네기 연금은 고분고분

말 잘 듣고 바른 말은 삼가면서 승진의 길을 걷다가 마침내 연금수혜자가 되는 교수들에게 지급되는 뇌물이 아닐까?

나는 이 문제를 무척 심각하게 받아들였다. 나는 진리를 있는 그대로, 아니 적어도 내가 알고 있는 대로 가르치고 실천하는 것이 나의 사명이라고 생각했다. 가령 카네기 연금이 교수들을 피츠버그의 오픈샵 정책에 동조하게 만들기 위해 피츠버그측에서 내놓는 뇌물인데 나는 내가 진리라고 믿고 있는 것을 가르치고 싶다면, 나와 내 가족의 앞날을 보장해 주고 카네기나 다른 백만장자들의 유혹으로부터 나를 지킬 수 있을 만한 탄탄한 경제적 기반을 마련해야 한다고 보았다.

이 같은 경제문제에 중압감을 느껴, 나는 세 가지 원칙을 세웠다.

첫째, 지출을 최소한으로 줄일 것.

둘째, 학교 밖의 수입원을 늘일 것.

셋째, 수입의 일부를 노후생활을 위해 적립할 것.

이 세 가지 원칙 중에서 가장 지키기 힘든 것은 사치와 낭비가 미덕인 풍요로운 사회에서 소박하고 검소한 생활을 유지하려고 애쓰는 일이었다. 첫번째 단계는 없어서는 안 되는 생활필수품 외의 옷가지와 가재도구, 가구 같은 사유재산은 출세주의자에게나 가치가 있을까 대부분 아무런 본질적 가치도 없는 신분의 상징일 뿐이라는 사실을 인식하는 것이었다.

나야 출세주의자가 될 의향도 없었고 출세주의자인 적도 없었으니, 갖고 싶은 것은 물론 꼭 필요한 것까지 최소한으로 줄이는 게 당연했다. 가능한 한 내가 먹을 것은 직접 재배해서 만들어 먹고, 빨래, 집짓기, 수선·수리도 손수 하고, 병을 치료하는 데 많은 비용이 드는 것을 피하기 위해 최상의 건강을 유지하고, 집세·이자·세금 같은 고정비용을 늘리지 않고, 이자를 물어야 하는 돈이나 물건은 절대 꾸거나 빌리지 않으며, 반드시 현금을 사용하고, 적어도 1년 간의 실직은 견뎌낼 수 있는 예비비를 적립해 두고, 언제 닥칠지 모르는 위급한 상황에 대비해야 하는 것이다.

진정한 경제학자로서 이러한 기본원칙을 따르다 보면, 최소한의 에너지와 돈을 지출하면서도 최대한의 만족을 얻게 되고, 분배문제를 계속 연구하여 개인경제와 가정경제의 효율성을 확립하고 유지하는 데 도움이 될 것 같았다. 나는 저소득 대학강사의 행복한 삶을 위한 이 세칙들을 가정과 사회에서 실천하는 일에 착수했다.

말할 필요도 없이, 이 일을 시작함과 동시에 나는 가정에서나 사회에서나 곤경에 빠지고 말았다. 가족과 친구, 친지들은 내 황금률에 따라 생활하지 않았다. 그들은 대개 인간의 행복은 자신이 소유할 수 있는 재화와 편의시설, 사유재산의 총량과 직결되어 있다고 주장했다. 그러면 나는 어느 모로 보나 가진 것이 많을수록 행복은 줄어든다고 대꾸했다. 나는 이런 견해를 개진함으로써 그들의 일상생활과 행동양식, 기득권, 안락한 생활을 꿈꾸는 미래상에 이의를 제기했다.

어느새 나는 입센이 말하는 '사회의 적'이 되어가고 있었다.

내가 만약 나의 도덕률을 실천하고 다음 세대에서도 그것을 따르라고 권하는 데 성공한다면, 나는 기성사회를 교란하거나 심지어는 기성사회의 붕괴를 부추기는 불순분자가 될 판이었다. 그렇지만 내 입장에서 볼 때, 그 원칙들은 단지 좀더 공정하고 온정있고 소박한 생활방식으로 가는 길을 열어줄 뿐이다.

나는 내 도덕률을 실천하기 시작하면서, 독립적으로 내 연구과제를 수행하는 데 도움이 되도록 학교 밖 활동에 손을 댔다. 노후생계비 문제와 진부하고 비굴한 교수들에게 연금을 지급하겠다는 카네기의 부도덕한 제안에 대해서는, 오랜 시간을 두고 당당하게 내 자신의 힘으로 노후에 대비할 수 있는 묘안을 생각해냈다.

내가 가장 활발하게 돈을 벌 수 있는 시기는 아마도 마흔 살 이전까지일 것이다. 할말을 다 한다는 이유로 나에게 사회의 칼날이 떨어질 공산이 큰데, 그럴 경우 마흔 살 이후에는 수입이 현저하게 줄 것이다. 이런 식으로 계산을 맞춰보니 나에게 맞는 노후보장책은, 스물다섯 살부터 마흔다섯 살까지 보험료를 납입하고, 마흔다섯 살부터 예순다섯 살까지는 적립금을 내지 않고, 예순다섯 살부터 죽는 날까지 연금을 수령하는 식이 되어야 한다는 결론이 나왔다. 내가 스물다섯에서 예순다섯 사이에 죽을 경우, 보험금은 가족에게 보상금으로 제공하면 될 것이다. 나는 이 안을 가지고 몇몇 보험회사를 찾아다녔다. 보험회사에서 내 제안을 받아들였다. 그후로 이 '이중조건 양로보험'은 인기있는 보험상품으로 자리잡았다.

지난 세월을 돌이켜보건대, 내 계획이 잘 진행되어 왔다고 말할 수 있다. 꼭 필요한 것들은 충족되었고, 뜻밖의 긴급한 상황이 발생했을 때도 그럭저럭 돈은 융통되었다. 나는 최근 20년 동안 양로보험에서 나오는 보장금으로 수수하게 생활해 왔다. 그리고 그 동안 대부분의 시간과 정력을 교육활동에 바칠 수 있었다. 내 말이나 행동이 어떤 결과를 야기할지에 특별히 관심을 두거나 염려할 필요없이, 강연이나 집필활동을 통해 지역사회 및 더 넓은 사회에서 내 원칙들을 실천할 수 있었다.

당시 내 직계가족(나의 첫 아내 넬리 시즈와 어린 두 아들 존과 밥)은 생필품이 부족해 고통을 겪는 일은 없었으나 나의 별난 특성을 견뎌야 했다. 레이스가 달린 그릇받침이나 화려하게 세공된 유리 식기들이 슬그머니 식탁에 오르는 데 이의를 제기하다가, 나는 나무그릇과 나무수저 한 벌을 장만했다. 그리고 그 뒤로 죽 이 단순 소박한 식기만을 이용해 채식을 해왔다. 지금 내가 사용하고 있는 그릇들은 하나에 20센트짜리로, 30년이 넘은 것들이다. 우리 집에 찾아오는 손님들도 모두 나와 똑같이 간소한 밥상을 받는다.

한번은 여동생 메리네 집을 방문했는데, 당시 메리는 보스턴의 고급주택가에 살고 있었다. 내가 백베이에 있는 메리의 집에 도착하자, 메리가 공연히 미안한 투로 인사를 했다.

"오빠가 편하게 있다 갔으면 해서 나름대로 애를 썼어요. 오빠 식사습관을 알기 때문에 내가 늘 다니는 시내 상점에 가서 작은 나무그릇을 하나 달라고 했죠. 그랬더니 자단나무로 만든

예쁜 그릇 하나를 80달러짜리라며 보여주더군요. 그래서 소박한 걸 좋아하는 오빠가 쓰기에는 좀 비싼 것 같다고 말하니까 크기는 같은데 값은 60달러밖에 안 한다며 은그릇을 보여주는 거예요. 아무래도 오빠는 내가 쓰던 오래된 사기그릇에다 식사를 해야 할 것 같아요."

메리는 자신이 못마땅하게 생각하는 것을 묘하게 빙 둘러서 표현하는 법을 알고 있었다. 다른 동생들 같았으면 좀더 노골적으로 나를 비웃었을 텐데 말이다.

나는 경제적으로 전혀 부족한 게 없고, 대부분의 편의시설과 당시로서는 사치품이라고 할 만한 것들까지 많이 갖추고 살던 집안에서 태어났다. 그러나 나는 학창시절에 이미 부의 위험을 알게 되었다. 가진 것이 많은 사람들은 육신의 욕망에 따르다가 타락하고, 가난하고 힘없는 사람들을 착취하여 자기 배를 불린다는 사실을.

*

급진주의자이면서 부유한 삶을 누리는 사람들이 있다. 레이먼드 로빈스, 링컨 스테펀스, E. A. 필렌, J. G. 펠프스 스토크스, 에이머스 핀처트, 조지프 펠스 등이 바로 그런 사람들이다. 이들은 모두 가난을 토대로 세워진 사회에서 풍족하게 산다는 문제를 안고 있고, 그들 또한 그러한 모순을 뼈저리게 인식하고 있다. 극도로 검소한 삶을 사는 펠스를 제외하고는 다들 이상과 현실의 괴리에 괴로워하면서 풍요로운 삶을 즐겼다. 그러나 이들은 한시도 가난한 자들을 잊은 적이 없고, 가난을 구제하고 방지하기 위해서는 구세군과 같은 접근법을 넘어서야 한다고 믿고 있었다.

1920년대 나는 부의 유혹에 빠질 뻔한 경험이 있다. 뉴욕의 재력가인 해리어트 G. 플래그라는 이가 나에게 유산을 남기고 싶다는 유언장을 작성한 것이다. 나는 그녀의 제안을 정중히 거절했다. 그러자 그녀는 오스왈드 개리슨 빌라드와 로저 볼드윈, 그리고 나 세 사람에게 유산을 남긴다고 유언장을 고쳤다. 로저와 나는 이번에도 고사했다. 풍족한 삶에 익숙한 오스왈드 빌라드는 제안을 받아들였다. 그녀가 남긴 유산은 약 십만 달러 가량 되었다.

1차세계대전 직후 독일이 인플레이션으로 신음하던 때, 이와 비슷한 경험을 또 한 차례 한 적이 있다. 밀워키 태생의 사회주의자이자 조각가인 루이스 메이어와 나는 독일의 한 도시에서 발행한 공채를 약간 사두었다. 전후 독일의 재건사업이 성공적으로 진행되자, 8백 달러를 주고 구입한 이 공채가 약 6만 달러까지 올라갔다. 나는 이 상황을 놓고 고민에 고민을 거듭했다. 전쟁으로 인한 비정상적인 이득, 독일 국민의 노동을 착취한 데서 비롯한 결과인 것이다. 나는 결국 공채 증서를 난로 속에 던져 버렸다. 부의 위험으로부터 다시 한 번 벗어났던 것이다.

1930년대와 1940년대를 나는 버몬트 주에서 살았다. 윈홀 마을에 2천2백 달러를 주고 구입한 약간 넓은 임야와 2천5백 달러를 주고 산 적당한 규모의 농장, 이 두 군데였다. 버몬트를 떠나 다른 곳으로 옮기고자 했을 때는 한국전쟁이 한창 진행중이었다. 전쟁특수로 인해 임야의 땅값이 최소 2만 5천 달러로 치솟았다. 전쟁이 가져다준 결과였다. 나는 알프스 산악지대에 위치한 오스트리아와 스위스의 마을에서 선별적인 벌목으로 소득을 올리고 있는 자연보호정책에 주목하고 있었다. 이 일을 염두에 두고 나는 7백 에이커에 달하는 임야를 윈홀 마을에 공유지로 양도했다. 버몬트 주 법에 의하면, 공유림의 나무를 베는 일은 산림청의 사전허가와 감독을 거쳐야 했다. 마구잡이식 벌목은 허용되지 않았다. 기증한 임야의 3분의 1에 해당하는 규모로 일차 벌목이 행해진 결과, 5천 달러 어치 정도의 장작과 목재가 나왔다. 당시 측정한 삼림의 규모는 장작으로 따져 2백50만 피트에 달했다.

버몬트 주의 집터에는 그 동안 살면서 하나둘씩 지은 돌집이 무려 아홉 채나 들어섰다. 그것을 팔아야 할 시기가 되었을 때, 나는 아내에게 이렇게 말했다.

"여기서 거의 20년이나 살면서 그런 대로 즐거운 시간을 보냈소. 그러니 모든 걸 훌훌 털어버리고 가방 두어 개에 짐을 꾸려 훌쩍 떠나는 게 어떻겠소? 다른 데서 살 곳을 찾아봅시다."

그러나 아내로서는 내 말대로 하기가 다소 벅찼다. 그래서 우리는 어떤 젊은 부부에게 시가의 절반 가격으로 집을 팔았다. 그로부터 14년 뒤, 그 부부는 건물과 농장의 일부를 9만 달러에 팔았다. 스키장 개발붐이 일면서 부동산 가격이 천정부지로 치솟은 것이다. 나는 다시 한 번 아슬아슬하게 부의 덫으로부터 벗어났다.

그후로 나는 미국 경제의 팽창과 불안한 인플레이션을 관심있게 지켜보았다. 부동산 가격의 폭등으로 하룻밤 사이에 떼돈을 버는 투기꾼들이 속출했다. 또한 뉴욕 증시(지구상 가장 거대한 도박장이라 할 수 있다)에서 주가가 널뛰기를 하는 데 따라 밑바닥에서 일약 최상층으로 도약하는 일이 심심찮게 벌어졌다(또는 부자가 하루아침에 밑바닥 신세가 되는 경우도 종종 있다). 살아오면서 나는 도박에는 한 번도 끼어든 적이 없다. 독일 공채를 구입한 경우를 제외하고는 주식이나 채권, 저당권에도 손을 대지 않았고, 어떠한 형태든 불로소득은 가능한 한 피하려고 최선을 다해 왔다.

지난 50년 간 살면서 겪은 숱한 경제적 부침을 되돌아볼 때, 부의 유혹을 거절한 것만큼 현명한 처사는 없었다고 자신있게 말할 수 있을 것 같다. 나의 이런 태도에 대해 주변에서 친구들이 수도 없이 문제를 제기했다.

"하지만 그 돈을 가지고 좋은 일을 많이 할 수 있지 않겠나?"
"자네의 지원을 필요로 하는 일들이 세상에 어디 하나둘이겠는가?"

그들의 주장은 이런 식이었다. 나는 갈런드 기금의 관리인으로 몇 년 동안 일하면서 이들 주장의 타당성 여부를 직접 확인할 수 있었다.

찰스 갈런드는 약 백만 달러 가까운 유산을 물려받았다. 그는 이 돈을 자신을 위해 쓰는 대신 좌익운동기금으로 사용하도록 신탁위원회에 기증하였다. 나는 그 위원회의 기금 관리인으로 한 십여 년 간 일했다. 우리는 정기적으로 점심식사를 같이 하면서(점심값은 각자 계산했다), 좋은 일에 기금을 사용하는 문제를 놓고 씨름했다. 그 일은 생각처럼 간단하지 않았다. 갈런드가 받은 유산의 일부는 뉴욕 제일국민은행의 주식이었는데, 이것이 문제를 더욱 복잡하게 만들었다. 1920년대 제일국민은행의 주가는 하루가 다르게 치솟았던 것이다. 백만 달러를 다 사용하고 났는데도 나중에 보니 백만 달러 이상이 더 남아 있었다.

갈런드 기금에서 일한 경험은 개인 차원의 자선행위가 얼마나 헛된 행위이며, 더 심하게 말한다면 죄악에 가까운 행위인지를 깨닫게 해준 아주 좋은 기회였다. 만일 누군가 배고픔에 시달린다면, 푸짐한 식사 한 끼로 그를 만족시킬 수도 있을 것이다. 그러나 그 같은 행위는 일시적인 미봉책이지, 가난이란 문제를 해결하는 방안과는 거리가 멀다. 또 수혜자는 기생적 생활습관을 얻어 재차, 삼차 구걸의 손을 벌리게 되어 있다. 구걸이 제도화되고, 빈곤에 익숙해지는 악습을 낳는 것이다.

개인 차원의 자선은 아무리 좋은 의도에서 나온 것이라 해도 경제적 불공정에 대한 해답이 될 수 없다. 눈앞에 닥친 긴급한 상황을 극복하는 데 도움이 될지는 몰라도 무조건적인 재정 보조는 수혜자를 그것에 길들게 만들어 결국은 자생 의지를 꺾는 부정적 효과를 가져올 뿐이다. 갈런드 기금은 급진적 단체들에게 '자생력'을 부여할 목적으로 설립되었다. 그러나 기금 보조는 그 단체들을 영원한 구걸꾼으로 만드는 결과를 가져왔을 뿐이다.

갈런드 기금에서 10년 간 일하고 물러날 때, 나는 기금 신탁위원회에 심각한 질문을 던졌다. 우리가 그 동안 수백만 달러를 뿌렸으나, 좋은 일보다는 나쁜 일을 더 많이 한 것 아닙니까? 내 생각에는 해악이 우세한 것 같았다. 국제구호활동에 다년간 종사했던 윌리엄 풀브라이트 상원의원도 자신의 저서 『권력의 오만』에서 이와 유사한 결론에 이른다. 두 국가간의 원조는 "받는 측과 주는 측 모두의 품위를 떨어뜨리는 일종의 자선행위"라고 그는 말한다.

내 인생의 그 어느 때보다도 지금 나는 부가 타락했다고 확신하고 있다. 덧붙여 말하자면, 부유한 나라는 부유한 개인과 마찬가지로 재물 때문에 부패하기가 쉽다. 한 사람은 부유하고 다른 한 사람은 가난하다면, 그 두 사람 다 불평등 때문에 타락한다. 가난한 나라가 이토록 많은 세상에서 한 나라가 부유할 경우, 부패의 정도는 훨씬 심각하다.

인류 전체가 풍족하고 안락해진다면 모든 인간이 타락할 것이라는 결론이 나오는 것일까? 나는 '그렇다'고 대답하고 싶다. 확실하게 지속되는 안락보다 더 인간을 타락하게 만드는 것은 없다. 부를 피하지 않고 되레 그것을 추구했더라면 나는 분명 안이한 삶에 말려들었을 것이다. 가르치는 사명은 사회의 소용돌이 속으로 빨려들어가 버리고, 나는 존 러스킨의 금광업자 같은 종말을 맞았을 것이다. 캘리포니아에서 금을 가지고 돌아가는 금광업자는 육로로 여행을 하면 강도를 만날까 두려워, 바다를 통해 동부로 가기로 마음먹는다. 그의 배가 해안에서 벌어졌을 때 폭풍이 인다. 금광업자는 가지고 있던 금을 띠를 이용해 허리에 두른다. 배가 가라앉는다. 금광업자는 묵직한 허리띠를 찬 채 배에서 뛰어내린다. 러스킨은 묻는다. "금덩이의 무게에 눌려 바다 밑으로 가라앉고 있으니, 그가 금을 소유한 것인가 아니면 금이 그를 소유한 것인가?"

나는 경제결정론과의 싸움을 내가 그것을 처음 시작할 당시보다 더 현명하고 가난한 상태에서 끝냈다. 그러나 나의 경제 대차대조표를 보면, 빚은 한 푼도 없고 지출 총액은 매우 적으며 소액의 현금이 잔액으로 남아 있다. 1920년대와 30년대에 《연합신문》에서 일한 경력이 있어, 거기에서 다달이 나오는 최저 사회보장금과 이미 불입한 양로보험에서 나오는 얼마간의 연금, 그리고 누이동생 메리가 남겨 놓은 신탁금에서 나오는 약간의 돈이 내 경제대차대조표에 흑자를 유지해 주고 있다. 보스턴에 살던 메리 메이슨이라는 친구가 내 앞으로 남겨준 신탁금 덕분에, 나는 해마다 일정액을 그 친구와 내가 가치 있다고 여기는 일들에 배분하고 있다. 나는 50여 년 전에 교수직을 잃었지만, 교직에 있는 동안 개인의 자본독점과 국경을 뛰어넘는 약탈행위 위에 건설된 사회에서 기대할 수 있는 만큼의 탄탄한 경제적 토대를 마련해 둔 탓에 계속 교육활동을 할 수 있었다.

페티그루 상원의원은 그 시절의 미국적 삶을 적절히 묘사한 2행시를 입에 달고 살았다.

달러와 다임! 달러와 다임!
돈이 없다는 것은 범죄 중에서도 가장 큰 범죄.
원하는 것을 움켜쥐고 가능한 모든 것을 차지하는 것,
이것이 인간의 처음이자 마지막 본분이라네.

탐욕으로 가득한 경쟁사회에서 개인의 경제적 생존을 위해 애써본 오랜 경험에서 얻은 결론은 다음과 같다.

첫째, 보통 수준의 지성을 갖춘 뻔뻔한 사람이 여물통에 두 발을 들여놓고 구정물로 배를 불려, 과식으로 인한 소화불량의 고통을 겪다가 심장마비로 제 명을 다 못 살고 죽기란 쉬운 일이다. 이런 꼴을 당하려면 소수의 독재자들에게 겸손히 절을 하고 정기적으로 그들의 큼직한 발에 입을 맞추기만 하면 된다. 둘째, 급진주의자가 직장에 붙어 있기란 힘든 일이다. 지출을 적게 유지해야만 생존이 가능하다. 풍요로운 사회에서 지출을 적게 유지한다는 것은, 구매자의 입장으로든 판매자의 입장으로든 좀처럼 시장을 드나드는 일이 없이 많은 부분을 자급자족하면서 검소하게 생활해야 한다는 뜻이다. 셋째, 이러한 삶은 권력에 미친 미국의 소수 독재정치에게 성실성과 두뇌를 파는 것을 피할 수 있는 가치있는 대안이다. 넷째, 이러한 토대 위에서 신중함을 잃지 않는다면 돈에 얽매이지 않고 올바른 삶을 영위하는 것이 가능하다. 나섯번째 결론을 내리자면, 안정과 안락, 편리, 그리고 육신의 욕구 충족은 다 소수 독재정치가 자신의 희생자들을 잡는 데 이용하는 미끼라는 것이다. 풍요로운 사회에서 이러한 요소들은 창조적인 삶과 인간으로서의 도리를 이행하는 데 가장 만만치 않은 걸림돌로 작용한다.

살아야 한다는 것을 기정사실로 인정한다면, 우리는 질문을 멈추어서는 안 된다. 어디에서, 어떻게, 무엇으로, 무엇을 위해 살 것인가? 삶의 수단이나 목표가 비열하고 저급하다면, 그 인생은 살 만한 가치가 없으며 자존심을 유지할 수도 없다. 지식을 습득하고 이용하는 데에도 올바른 동기가 밑바탕이 되어야 하며, 그 지식을 말과 행동에 적용하고 생계수단으로 삼아야 한다. 이 마지막 명제는 부처가 말한 팔정도(八正道) 가운데 하나이다.

"바른 생활이란 다른 모든 생물들에게 해가 되지 않고 오히려 도움이 되는 옳은 일에 종사하는 것이다."

가르치는 자는 생각을 나누지 않으면 안 된다

　진보한 사회란 여러 가지 의사소통 채널을 제공하는 사회를 의미한다. 그 중에서 내가 선택한 것은 대학 강단에서 사회과학을 가르치는 것이었다. 나는 예전에도 가끔 초등학교나 고등학교에서 아이들을 가르쳐본 적이 있다. 삶의 방향이 확정되기 이전인 어린 시절에 교육이 얼마나 중요한 역할을 하는지에 대해서는 재론의 여지가 없을 것이다. 그러나 이런저런 점들을 다 고려하고도 나는 나의 선택에 의문을 갖지 않았다. 사회과학을 가르치기로 선택한 이상, 십대 후반과 이십대 초반의 젊은 남녀 학생들을 대상으로 하는 쪽에 아무래도 마음이 더 쏠린 게 사실이다.

　필라델피아 템플 신학교에서 처음으로 강단에 섰던 일에 대해서는 앞에서 언급했다. 그러나 본격적인 교직생활은 1906년, 아직 학부생이던 시절, 워튼 스쿨에서 기초경제학 과목의 조강사로 임명되면서부터였다.

　워튼 스쿨은 경영학 분야에서 선구자적인 학교였다. 설립자 조셉 워튼은 교과과정 중에 관세보호 과목을 의무적으로 넣는다는 조건으로 자신의 개인재산을 출연해 이 학교를 만들었다.

환갑이 지난 워튼 씨의 첫인상은 큰 키에 다부진 체격을 하고, 까만색 정장이 잘 어울리는 다소 엄숙한 분위기를 띤 노인이었다. 독실한 퀘이커 교도답게 그는 시계줄이나 넥타이 핀, 반지, 보석 같은 장신구를 일절 몸에 걸치지 않았다. 베들레헴 철강의 현역 대표인 그는 정부의 역할은 기업의 원활한 활동을 보장하는 것이라고 학생들에게 자주 이야기했다.

퀘이커 교도로서 그는 평화 신봉자였지만, 한편으로는 대규모 무기 산업을 주도하는 굴지의 기업가 중 한 사람이었다. 그에게는 워튼 바커라는 조카가 있는데, 이 사람은 워튼 가의 이단아로 민중당 대통령 후보로 선거에 뛰어들기도 했다. 당시 '민중주의자'란 반세기 뒤의 공산주의자들과 마찬가지로 '좌익 성향'을 지닌 사람들이었다. 필라델피아에서 열린 한 퀘이커 교도 모임에서 조셉 워튼이 평화를 주창하는 연설을 했다는 이야기를 워튼 바커로부터 들은 적이 있다. 모임이 끝난 뒤, 워튼 바커는 조셉에게 감동적인 연설이었다고 말하고 이렇게 토를 달았다. "그런데 숙부님, 평화 옹호론과 스컬킬에 있는 무기공장이 어떻게 양립할 수 있는 겁니까?" 느닷없는 질문에 얼굴이 벌겋게 달아오른 무기제조업자가 대답했다. "이보게, 자기와 상관없는 일에는 관여하지 않는 게 상책이네." 이 일화는 배우 기질이 다분한 워튼 바커로부터 직접 전해 들은 이야기를 옮긴 것이다.

기초경제학은 워튼 스쿨에서는 필수과목이었다. 경제학부 학과장인 패튼 교수는 기초경제학 과목을 워튼 스쿨의 학과 전반에 대한 입문교양과정으로 여기고, 수업내용과 방식에 적극적인 관심을 보였다. 그의 이러한 관심은 내가 더욱 효과적인 교수법을 개발하는 데 중요한 동기가 되었다.

대학 3학년 시절, 나는 워튼 스쿨 협의회를 창립하는 데 참여한 적이 있다. 이것은 학생들이 만든 자치조직으로, 학생들의 이익을 대변하고, 그들에게(당시에는 널리 인식이 되지 않던) 대학의 경영학교육 원칙을 충분히 이해시키는 것을 목적으로 하고 있었다. 이 협의회는 전국의 고등학교를 돌며 우수한 학생을 워튼 스쿨에 유치하기 위한 캠페인도 벌였다. 내 친구였던 조 벡이 의장이었고, 나는 간사 일을 맡았다. 활발한 활동 덕분에 우수한 학생들의 워튼 스쿨 입학률은 가파른 상승곡선을 그렸다. 워튼 협의회를 꾸려나가면서 조 벡과 나는 제임스 T. 영 학장 및 대학 행정기구와 긴밀한 접촉을 가졌다. 나중에 강사가 되면서 워튼 협의회 일에서 물러났지만, 나는 그만두고 나서도 학생 등록이나 명부 작성 같은 행정적 업무를 계속 도와주었다.

당시 기초경제학 교재는 헨리 R. 시거 교수의 책을 사용했는데, 패튼 교수는 그의 이론적 견해에 불만을 가지고 있어 워튼 스쿨의 신입생들을 위한 새로운 교재의 필요성을 느끼고 있었다. 나는 동료 강사인 프랭크 D. 와트슨과 함께 패튼 교수의 지도를 받아 새 교재의 집필에 착수했다. 이 책은 1908년 맥밀런 출판사에서 『경제학』이라는 이름으로 발간되어 여러 해 동안 워튼 스쿨의 교재로 사용되었다.

우리가 시도한 또 다른 혁신은 경제현실을 다룬 도시들의 목록을 작성한 것이다. 우리는 이 도서목록을 매년 갱신했다. 학생들은 매달 이 책들 가운데 한 권을 읽고 과제물을 제출해야 했다.

일반강좌는 매주 한 번씩 열렸고, 강의 마지막에는 배운 내용을 토론하고 확인하는 간단한 테스트가 두 번 있었다. 나는 일반강좌를 맡았고, 테스트를 전담하는 강사가 다섯 명 더 있었다. 나중에 전임강사로 승진했을 때는 일 주일에 한 번 워튼 스쿨 전체 신입생을 대상으로 강의하기도 했다.

우리는 자료를 수집하고 정리하는 방식을 개선하여 새로운 자료들을 소개하고, 학생들의 작업을 기록하는 등 '경제학 161' 강좌에 열정을 바쳤다. 이런 노력이 결실을 맺어 이삼 년이 지나자 '161 강좌'는 수강생 5백여 명에 테스트 담당 강사만 11명이나 되는, 대학 내에서 규모가 가장 큰 클래스로 발전했다. 많은 학생들을 모아놓고 우리들의 생각을 전달할 수 있는 아주 좋은 기회를 얻게 된 것이다.

좋은 교사가 되려면 무엇보다 자신의 생각을 효과적으로 솔직하게 전달할 수 있어야 한다. 교사는 관계되는 사실들을 끌어들여 논리적인 결론을 낼 줄 알아야 한다. 교실 안에서건 밖에서건 사람들이 묻는 질문에 사실에 입각해 철저하고도 솔직하게 대답할 수 있어야 한다. 이런 활동을 보장하는 것을 "학문의 자유"라 한다. 양심있는 교사라면 이 같은 의무를 한시도 게을리할 수 없을 것이다.

당시 나는 학교 안과 학교 밖에서의 활동에 전혀 차이를 두지 않았다. 대학의 학사업무와 바깥세상의 활동은 모두 동시대적 과정의 일부였다. 나는 이 둘을 적절한 관계로 통합하여 대학 내의 일을 현실 세계의 일부로 끌어들이고, 바깥 세상의 사건들을 학생들에게 끊임없이 환기시키려고 노력했다. 과거와 현재를 연결시키고, 역사 감각, 방향 감각, 목적 의식, 그리고 가능하면 올바른 삶에 대한 인식을 불어넣으려고 애를 썼다.

워튼 스쿨의 신입생을 대상으로 경제학을 가르치는 일을 맡은 사람으로서, 나는 강의내용을 사실에 근거해 충실하게 가져가려고 노력을 기울였다. 내 강의는 학생들을 경제학에 입문시키는 기능을 해야 했다. 또 그들의 관심을 유발하고 지속시켜 그 다음 과정으로 넘어갈 수 있도록 하며, 대학을 졸업한 뒤 각 분야에서 적극적인 역할을 하도록 준비시켜야 한다. 수업시간에는 날카로운 질문이 제기되었고, 테스트를 통해 논점을 유감없이 토론했다. '161 강좌'는 각자의 의견을 자유롭게 제시하고 논쟁을 통해 새로운 생각을 형성해 나가는 진정한 의미의 토론장이 되었다.

일반강좌 시간에는 교과과정을 따라야 하기에 분배문제에 대해 말한 시간이 충분치 않았다. 그러나 강의가 없는 시간에는 분배문제에 관한 사실들을 확보하는 데 많은 시간을 바쳤다. 많은 사람들과 접촉해 보았지만, 이론은 많은데 정작 필요한 세세한 데이터들—집세, 이자, 임금, 품삯, 배분되지 않은 잉여금 등등—에 관한 실제 자료들은 거의 없었다. 나는 스스로 이런 자료들을 찾아야겠다고 마음을 먹었다.

아덴 등지에 흩어져 있는 헨리 조지의 추종자들은 입만 열면 땅값에 관한 이야기를 했다. 나는 단일세 주창자들에게 자료를 요구했다. 그러나 그들이 제시한 것은 일반적인 사항들뿐이었다. 나는 임금과 소득에 관한 자료를 얻기 위해 사회주의자들을 찾아갔다. 그러나 그들은 반세기 전에 출간된 『공산당 선언』의 구절들만 들려주었다. 이번에는 사회사업가들을 만나 보았다. 그들 역시 눈앞의 일에만 정신이 팔려, 고작 얻어낸 것이 「1908년 피츠버그 조사서」나 「1913년 프랭크 월쉬 산업위원회 보고서」 같은 일반적인 내용이 전부였다.

아무래도 내가 직접 나서서 자료를 만드는 수밖에 없을 것 같았다. 나는 분배문제의 전영역—그 이론과 실제를 고루 습득하기로 결심했다. 임금과 소득, 재산 가치 등에 관한 사실들을 분석하고 분류하고 결론을 이끌어내기로 했다. 작업을 효율적으로 하기 위해 자료분류법을 만들었는데, 처음에는 알파벳 순서로 카드를 작성했다. 나중에는 알파벳에서 듀이 도서분류법으로 점차 체계화했다.

나는 각종 정보를 취합한 다음, 그것을 '경제학 161 강좌'에서 풀어내거나 잡지 기고나 저서 집필에 활용하였다. 몇 년 간을 패튼 교수의 충고—"우선 사실에 충실하라"—에 충실히 따랐던 것이다. 그리고 1911년에서 15년 사이에 여섯 권의 저서—『아동노동문제의 해결책』, 『미국의 임금체계』, 『임금노동자 가족의 생계』, 『소득』, 『생활비의 절감』, 『부와 빈곤』—를 출간했다.

또 이런 여러 가지 문제들을 뭉뚱그려 『무연탄』이라는 한 권의 책에 종합하기도 했다. 이 일을 위해 나는 펜실베이니아 북동쪽에 있는 무연탄 생산업체를 집중조명했는데, 이 회사는 필라델피아 본사로부터 경영과 재정의 통제를 받았다. 무연탄 생산을 둘러싸고 야기된 각종 문제들은 대중의 관심을 사고 있었고, 전국의 수백 만 가정에서는 이미 석탄가의 상승을 피부로 느끼고 있었다. 무연탄 산업은 천연자원에 대한 사기업의 독점을 보여주는 전형적인 예였고, 임금, 가격, 투자, 소득 등의 여러 면들을 종합적으로 안고 있어 분배문제가 어떻게 표출되는지를 여실히 드러내는 좋은 실례였다. 마침 때맞춰 발표된 프랭크 월쉬의 야심에 찬 「산업위원회 보고서」는, 당시 내가 매달리던 문제 — 사기업 중심의 자본주의가 반윤리적이고 반사회적인 분배구조를 낳는다 — 를 조명하는 데 유용한 자료와 증거를 제시했다.

가까운 친구들 중에는 나에게 이런 골치 아픈 사안들에 빠지지 말고, 그냥 내 일에만 신경을 쓰라고 충고하는 이들도 있었다. 역사학부의 윌리엄 E. 링글바크 교수는 이렇게 말했다. "자중자애하게. 자넨 지금 계란으로 바위를 치는 격이야. 학생들 가르치는 일에나 전념하고 월급이나 꼬박꼬박 챙기도록 하게. 기회가 오면 승진도 하고, 인세 수입이나 관리하고 말일세. 말 많은 문제들은 아예 거론할 생각도 말고, 정치가들한테 맡겨."

현실적으로 보면 더없이 타당한 충고였다. 그러나 이것은 내가 그 동안 지켜온 세 가지 기본원칙 — 진실을 배우고, 그것을 가르치고, 사회에서 진실을 구현하는 데 일조한다 — 을 거스르는 것이었다. 내가 속한 사회에 착취와 부패가 존재한다면, 나는 그것에 대항해 목소리를 높여야 한다. 결국 나는 링글바크의 충고를 거절하고, 더 나은 세상을 만들기 위해 노력하는 동지들과 뜻을 같이했다.

워튼 스쿨 교수진 가운데 나와 뜻을 함께한 여덟 명의 동지들은 공통의 관심사를 논의하기 위해 때때로 모임을 가졌다. 직위는 저마다 달랐지만, 세계와 지역문제에 관한 우리의 관심은 서로 비슷했다. 우리들 중 최연장자는 지리학자이자 정교수인 J. 러셀 스미스였다. 그리고 가장 나이가 어린 친구는 시인이자 예전에 나한테 배운 바 있던 기초경제학 강사 렉스포드 G. 터그웰이었는데, 그는 나중에 도시계획사업에 참여했고, 프랭클린 D. 루스벨트의 참모로 활약하다가 푸에르토리코 지사를 지냈다. 우리 모임은 학생들과 대학뿐만 아니라 크게는 사회 전반에 기여해야 한다는 신념에서 결성되었다.

1881년 6월 30일, 하버드 대학의 웬들 필립스는 '공화국에서의 학자'라는 강연에서 "대학교육을 받은 인재들이 동시대인의 중요한 사회적 문제를 환기하고 교육하는 역할을 게을리한다는 것은 곧 사회인으로서의 임무를 방기하는 것과 같다는 것을 명심해야 한다"고 촉구했다. 그리고 최근에 위스콘신 대학의 E. A. 밴 하이스 교수는, 교사란 탐구하고 가르치고 공동체 내에서 일정한 역할을 해야 한다는 책임과 의무를 지닌다고 갈파했다. "우리 학교의 교수진은 다음과 같은 세 가지 활동, 즉 자신이 가르치는 내용을 충분히 이해하고, 그것을 학생들에게 전수하고, 마지막으로 사회의 구조와 기능에 진리를 행사하는 일에 전념해야 한다." 우리 여덟 명의 동지들은 이 충고를 받아들여 보다 나은 사회의 건설을 위해 실천에 옮기기로 뜻을 모았다.

실천과정은 단순했다. 우리는 학사업무를 정기적으로 잘해냈다. 명부 작성과 학적부 기록 같은 행정업무를 충실히 해낸 결과 경제학부는 워튼 스쿨에서 중추적 위치를 차지하게 되었다. 우리는 일상적인 학내 활동을 수행하는 동시에 여가시간을 이용하여 사회봉사도 게을리하지 않았다.

우리는 저마다 관심 분야가 달랐다. 러셀 스미스는 자연보호에 관심이 있었고, 클라이드 킹은 필라델피아를 중심으로 지방자치문제에 매달렸다. 워드 피어슨은 지역경제와 정치에 막대한 영향력을 지닌 '펜실베이니아 철도사'를 집중적으로 파헤쳤다. 나는 아동노동문제를 과제로 삼았다.

내가 맡은 분야는 아주 민감한 영역이었다. 펜실베이니아의 기업가들은 공장과 광산에 많은 어린이를 고용하고 있었다. 공화당이 다수를 점하는 주에서 영향력있는 공화당원이었던 조셉 그런디가 아동노동금지법에 저항하는 우두머리 역할을 하고 있었다. 게다가 사립인 펜실베이니아 대학은 주의회로부터 상당한 정부지원금을 보조받고 있었다.

주의회가 열리고 아동노동을 다루는 법안이 상정되었을 때, 내가 속한 아동노동금지위원회에서는 법안의 통과를 위해 압력을 가하기 시작했다. 위원회 서기로 일하던 나는 각종 대중집회에서 아동노동의 폐지를 주장하는 연사로 참석했고, 그 연설 내용을 신문에 알리기 위해 갖은 노력을 다했다.

어느 날 워튼 스쿨의 제임스 T. 영 학장이 나를 사무실로 불렀다. "니어링 선생, 내가 당신이라면 대중들을 상대로 아동노동에 관해 연설하는 일은 삼갈 것이오." 그의 말투는 얼음장처럼 싸늘했다. 나는 즉시 동료들에게 이 일을 알렸다. 그들은 나더러 학교 일에 신경을 더 기울여 만에 하나 꼬투리를 잡히는 일이 없도록 주의해야 한다고 입을 모았다. 나는 학교업무에 차질이 없도록 하는 한편, 아동노동문제를 대중에게 전파하는 활동에도 박차를 가해야 했다.

그 다음 보름 동안 나는 학교 일에 전념했다. 그리고 주로 쉽게 다녀올 수 있는 가까운 지역을 골라 아동노동문제에 관한 강연을 열 차례 정도 다녔다. 그 강연회에서 말한 내용들은 똑같은 것을 반복하는 게 아니라 필라델피아와 펜실베이니아 주에서 자행되는 아동노동문제들의 모든 양상을 다 다루는 폭넓은 것이었다. 아동노동금지위원회 본부에서는 내 강연 초고를 주내 유력 일간지에 보냈다.

우리 여덟 명은 조만간 우리에게 폭풍우가 몰아칠 것이라는 사실을 예감하고 있었다. 다만 그 시기가 언제일지는 아무도 몰랐다.

우리와 대학 당국간의 갈등은 이것 외에도 여러 차례 있었는데, 그때마다 개혁을 표방하는 일간지인 《필라델피아 노스 아메리칸》지에 기사가 실려 일반인들에게 알려지게 되었다. 이 신문의 편집인 E. A. 반 발켄버그는 우리 주위에 만연해 있는 부패와 비효율성을 공격하는 기사를 싣고 있었다. 후일 대학 당국과 일전을 불사해야 할 시점이 되었을 때, 《필라델피아 노스 아메리칸》지는 우리편이 되어주었다. 우리 여덟 명 모두 반 발켄버그 씨와 잘 아는 사이였고, 따라서 우리의 목적과 행동을 그에게 지속적으로 알린 게 주효했던 것이다.

당시 인근대학의 인사 이동으로 우리들 가운데 몇 명은 활동무대를 넓힐 수 있는 기회를 갖게 되었다. 스워트모어 대학의 로버트 브룩스 교수가 특별과제를 연구하기 위해 일 년 간 휴가를 얻었는데, 그로 인해 우리 동료 중 세 명이 그의 클래스를 대신 맡게 된 것이다.

당시 위튼 스쿨은 거의 대부분 남학생들뿐이었는데, 그에 반해 스워트모어는 남녀공학이었다. 퀘이커 교도인 조셉 스웨인 학장은 교수와 학생들에게 말할 때 꼭 '귀하'나 '당신'이라는 경어를 사용했다. 캠퍼스 분위기는 격식을 따지지 않고 친근했으며, 학생들도 열심히 공부하는 모습이 보기 좋았다. 1908~1909년도는 작은 대학에서 가르친 이 유쾌한 경험으로 인해 나에게는 오래도록 기억에 남는 해였다.

브룩스 교수가 프로젝트를 마무리하느라 휴가를 한 해 더 연장하는 바람에 우리는 이듬해에도 스워트모어에서 가르쳤다. 삼년차가 되었을 때, 스웨인 학장이 나를 학장실로 불렀다. 그는 먼저 그 동안 나의 노고에 감사한다는 말을 하고, 다음 학기

예산 부족으로 급료를 지불할 수 없기 때문에 나와의 계약을 연장할 수 없어 유감이라고 했다. 그의 말이 끝나기를 기다려 내가 말했다. "돈 문제는 걱정하지 마십시오. 펜실베이니아 대학에서 받는 봉급으로 충분히 생활할 수 있습니다. 저는 다만 학생들과 해온 프로젝트를 매듭지을 겸 한 학기 더 가르쳤으면 합니다." 펜실베이니아 대학의 문제가 점점 심각해짐에 따라 스웨인 학장이 예산문제를 내세워 나를 떨궈내려는 게 아닌가 싶었다. 그러나 내가 무보수에다 여행경비까지 내 돈으로 지불하겠다고 하자 그로서도 다른 도리가 없었던 모양이다. 결국 나는 내 뜻대로 한 학기 더 가르치고 난 뒤 스워트모어 대학을 그만두었다.

뉴욕 주 셔토쿼 시에 있는 성인들을 위한 하계대학에서 강의를 해달라고 제안해 왔다. 종교단체의 부속시설로 건립된 이 학교는 시카고 대학의 조지 빈센트 학장이 운영하고 있었는데, 남부와 중서부의 교사들 사이에 인기가 높았다. 뉴욕 센트럴 철로가 지나가는 셔토쿼 호숫가에 자리잡은 이 도시는 교통이 편해 여름 휴양지로 널리 알려져 있었다. 매년 여름이면 수천 명의 피서객들이 이곳에 와 음악회에 참석하고 강의도 들었다. 여기서 듣는 강의는 학점이 공식적으로 인정되었다.

교육학과 교육심리학 강사인 얼 반즈는 여러 해 전부터 셔토쿼 하계대학에서 강의를 하고 있었다. 반즈의 가족은 펜실베이니아 대학 부근인 웨스트 필라델피아에 살았는데, 나는 그의 집에 종종 들러 서로의 생각을 교환하곤 했었다. 1912년 그가 소개해 준 덕분에 셔토쿼 하계대학의 퍼시 보인튼과 아더 베스터 학장이 나에게 사회학 강의를 맡아달라고 요청해 왔다. 그 뒤로 5년 간 나는 매년 여름 6주 동안 셔토쿼 하계대학의 강사진으로 참여했다. 수강생들은 대부분 하계대학 학점을 이수해야 하는 현직 교사들이었다. 필라델피아와 북동부 고등학교를 갓 졸업한 위튼 스쿨의 제자들과는 성격이 전혀 달랐다. 그들과 함께한 경험은 나에게는 자극적이고 얻은 게 상당히 많았던 시간이었다.

1912년에서 1915년까지 필라델피아 사회사업학교에서 무보수로 강의한 적도 있다. 1900년경 에드워드 토머스 디바인(사이먼 패튼 교수의 제자들 가운데 한 명이다)이 동료들과 함께 뉴욕 시에 사회사업학교를 세웠다. 그로부터 10여 년 뒤 메리 리치먼드와 필라델피아의 사회사업가들이 그와 비슷한 필라델피아 사회사업학교를 건립하였다. 이 두 학교는 대도시 빈민가와 변두리 등지에서 빠른 속도로 늘어가고 있는 생활보호대상자와 심신장애자, 범법자들을 지원하는 사회사업가들을 훈련시키는 것을 목표로 삼았다. 전국적으로 유명한 사회사업 이론가인 사이먼 패튼 교수와 나는 당시 필라델피아에 거주하고 있었다. 그 당시 나는 빈곤과 아동노동, 임금, 소득 등에 관한 연구와 집필활동을 하고 있었는데, 내가 필라델피아 사회사업학교의 교수진으로 참여한 것은 어떻게 보면 당연한 귀결이라 할 수 있었다.

제대로 된 교육이 이루어지기 위해서는 학생들과 긴밀한 관계를 맺는 것이 중요하지만, 매년 수백 명의 학생들을 상대로 가르쳐야 하는 입장에서는 그들과 개인적 관계를 맺고 유지하기가 쉽지 않았다. 그러나 나는 가능한 한 학생들과 가까이 지내려고 노력했다. 밤이면 학생들이 떼를 지어 집으로 찾아와 식사도 같이하고 모임도 가졌다. 할 일이 밀려 정신없이 바쁘기는 했지만, 그들과의 접촉은 시간낭비가 아닌 아주 중요한 일로 느껴졌다.

당시에는 교사들이 대중강연을 할 기회가 아주 많았다. 빈곤이나 실업, 아동노동, 진보주의 교육, 여성 참정권, 신생기업을 위한 세금감면책, 트러스트 운동, 파업과 직장폐쇄, 공무원 부패 등과 같은 사회문제를 다루는 강연회에는 매번 수많은 청중들이 몰려왔다. 강연회의 형태도 여러 가지였다. 대학의 공개강좌나 이동식 여름학교, 정기적인 토론회에서부터 농장, 노동조합, 여성단체, 시민단체, 교회, 그리고 문학 및 과학 협회 등에서 주최하는 강연회 등 이루 헤아릴 수 없이 많았다.

당시는 폭로의 시대만은 아니었다. 그 시기는 우리 사회의 중요한 전환기이기도 했다. 미국 사회는 농촌에서 도시로, 농업에서 산업 및 금융으로, 사기업에서 법인기업으로, 지역주의와 고립에서 중앙주의와 국제적 상호의존으로 빠르게 옮아가는 중이었다. 수백만 미국 시민들은 이런 문제들을 심각하게 고민하고 있었다. 그리고 당시만 해도 주의를 딴 데로 돌릴 만한 라디오나 텔레비전 같은 매체가 없었기에 사람들은 사회문제를 토론하는 강연회장을 앞다투어 찾았다.

또 활발하게 활동하는 혁신계 신문들도 있었다. 사회변혁과 사회갈등에 관한 소식은 대중들 사이에서 빠르게 전파되어 갔다. 연사들은 일단 사람들의 주목을 받고나면 새로운 주제로 전국의 청중들을 대상으로 인기를 누렸다.

펜실베이니아 아동노동금지위원회 서기였던 나는 각지를 돌아다니며, 경제·정치·사회 문제들과 윤리·도덕에 관한 강연을 했다. 학교 일로부터 해방되는 주말이나 휴일, 또는 방학 중에는 멀리 시카고, 세인트루이스, 리치먼드까지 출장강연을 나가곤 했는데, 시간이 하루밖에 없을 경우는 한 차례, 또 일요일이 끼면 두 차례 정도씩 강연을 했다.

많은 이슈들이 논쟁적 성격을 띤 것들이기에 동일한 연단에서 찬반 양측의 토론이 벌어지는 것이 예사였다. 브룩클린 아카데미에서 열린 토론회는 아직까지도 기억에 남아 있다. 연사들은 사회주의자 모리스 힐퀴트와 카톨릭 사제, 사회사업가, 그리고 나였는데, 미리부터 널리 광고를 한 덕분에 많은 청중들이 강연회장에 모였다. 강연 주제는 '미국에 사회주의가 보급되어야 하는가?'였고, 각 연사들에게는 똑같은 시간이 배정되어 각자의 입장을 마음껏 펼칠 수 있었다.

다음에 나오는 글은 《뉴욕 콜》지에 실린 강연회 기사이다.

토론회 시작 30분 전, 강연회장은 이미 청중들로 발 디딜 틈 없이 꽉 찼고, 자리 부족으로 발길을 돌린 사람들도 상당히 많았다. 학구적인 주제의 토론회에 이처럼 비상한 관심이 쏠린 것도 전대미문의 일이다. 화려한 연사들의 경력이 많은 청중을 불러모은 요인일 수도 있을 것이다. 또는 최근 보수적인 이사회의 신경을 거슬리게 했다는 이유로 대학에서 해임당한 강사가 토론자 중 한 명이라는 점이 이처럼 많은 군중을 모이게 했을 수도 있다. 또 사회주의에 대한 대중의 관심이 그만큼 높아 라파예트 거리에 그 많은 사람들이 모였을지도 모르는 일이다.

……보수적인 도시 브룩클린에서 이처럼 열띤 토론회가 벌어졌다는 사실에 청중들도 매우 흥분한 듯 보였다. 이들은 연사의 이름이 호명될 때 박수의 강도로 자신들의 편파성을 드러냈다. 니어링의 이름이 불렸을 때는 장내에 박수가 일었다. 힐퀴트 때도 비슷했다. 데이븐포트 때는 조금 더 요란한 박수가 나왔다. 그러나 벨포드 신부의 이름이 언급되자, 흥분한 대중의 환호성에 지붕이 거의 들썩거릴 정도였다.

많은 교회에서 교구민들에게 이 토론회에 참석해 그들의 투사를 성원하라고 한 것은 주지의 사실이다. 그렇기 때문에 토론회가 끝날 무렵 벨포드가 사회당의 '이방인들'에 관해 실언을 했을 때 군중들이 비웃듯 웃어대며 힐퀴트의 날카로운 공격에 환호를 보냈다는 사실이 더욱 큰 의미를 지닌다.

어느 모로 보나 이 토론회는 그 동안 뉴욕에서 사회주의를 주제로 열렸던 토론회들 가운데서 가장 주목할 만한 토론회였다고 해도 과언이 아닐 것이다 …….

이런 방식의 토론회는 주최측을 민감한 주제의 어느 한쪽을 편들지 않게 하고도 진행할 수 있다는 장점이 있었다. 1910년 전까지만 해도 청중들 앞에서 자본주의를 옹호하는 변호사나 대학교수를 찾기는 어렵지 않았다. 그러나 1910년 이후에는 대중을 상대로 한 난상토론회에서 자본가들 편을 드는 연사를 구하기가 쉽지 않았다. 이런 토론회에서 나는 악마의 대변인 역할을 마다하지 않았다.

자본주의를 옹호한 이론가들 가운데 가장 날카로웠던 연사는 컬럼비아 대학 경제학과 과장인 E. R. A. 셀리그먼 교수였다. 그와는 1921년 1월 23일 뉴욕 렉싱턴 극장에서 예술인 조합의 후원으로 개최된 토론회에서 마주쳤다. 그날의 주제는 '미국의 노동자들에게 자본주의가 사회주의보다 더 많은 것을 제공하는가?'라는 것이었다. 행사는 평화로운 일요일 오후에 열렸다. 입장권은 일찌감치 매진되었고, 극장 주변의 뒷골목에서는 비싼 값으로 암표가 팔리기까지 했다.

컬럼비아 시에서 셀리그만 교수가 차지하는 위상은 그 자체로 사람들의 존경심을 불러일으키기 충분했다. 연단에 나선 그의 모습만 보아도 그가 자본주의에 대해 어떤 입장인지를 알 수 있었다. 그는 세련된 무대 매너에, 말솜씨도 유창하고 품위가 있었다. 멋지게 난 턱수염은 사람의 눈길을 끌었고, 옷차림은 흠잡을 데 하나없이 완벽했다. 그는 현상유지를 옹호하는 이론가의 완벽한 실례였다. 나의 강연에 대한 반론 첫머리에서 그는 내 말을 인정하고 들어갔다.

"당신의 자본주의 비판은 대체적으로 사실이오. 다소 과장된

제1부 내게 진실로 소중한 것들 145

부분이 있기는 하지만, 큰 줄기로 본다면 옳다고 할 수 있소. 인간은 모두 개인이건 집단이건 허물과 약점을 지니고 있소. 이건 사회체제에도 똑같이 적용될 수 있을 거요. 그러나 당신 말을 인정한다 하더라도 두 가지 점만큼은 잊지 말아야 할 것이오. 첫째, 자본주의는 오늘날 우리가 이용하고 있는 과학과 기술의 비약적인 발전을 가져왔다는 사실이오. 자본주의는 과거 인류의 생활 수준을 높여왔소. 그것은 또한 오늘날에도 각 개인과 사회의 각 분야에서 생활 수준의 향상을 가능케 하고 있소. 미래에도 마찬가지일 것이오. 사회의 변화는 천천히 이루어지는 법이오. 인내를 배우시오, 젊은 연사 양반, 인내를! 내가 하고 싶은 말은 이것이오."

셀리그먼 교수의 말은 계속 이어졌다. "게다가 자본주의를 대체할 수 있는 게 과연 있다고 보시오? 나는 그것이 지닌 결함에도 불구하고 자본주의야말로 우리가 생각할 수 있는 최상의 체제라고 강력히 주장하는 바이오. 역사적으로 말해, 특히 서구 문명사에 비추어볼 때, 자본주의는 인류가 만들어낸 가장 훌륭한 체제라고 말이오." 당시에 이 같은 주장을 반박하기란 쉬운 일이 아니었다.

한 번은 자본주의, 사회주의, 공산주의의 상대적 장점에 대한 삼자 토론회에서 그와 만난 적도 있다. 뉴욕 시 메카 템플에는 셀리그먼 교수와 영국 노동당의 페너 브록웨이, 그리고 나, 이 세 사람간의 논전을 경청하기 위해 수천의 인파가 몰려들었다. 이곳은 뉴욕 주 하원의원 해밀턴 피쉬와 위스콘신 주의원

토마스 W. 레스코히어와 내가 토론을 벌였던 곳이기도 하다.

1936년 11월, 나는 도로시 톰슨, 로렌스 데니스 등과 '방송미국읍민회(해당 지역에서 일정한 자격이 있는 읍민으로 구성되어 효과적으로 읍 행정을 수행하려는 읍민회를 본따 만든 방송프로그램 : 옮긴이)'라는 프로그램에 출연해 '여론과 읍민회'라는 주제로 토론을 벌였다. 정치교육연맹과 NBC 방송이 후원한 이 프로그램은 공적인 문제들을 다루는 전국민 대상의 토론회로 매주 목요일 저녁 뉴욕 시청에서 제작되었다. 이 프로는 과거 뉴잉글랜드의 읍민회를 현대적 감각으로 재생한 것인데, 방송을 통해 쟁점이 되는 문제들에 관해 여론을 환기하고 해결하는 데 커다란 몫을 해냈다.

클레런스 대로우와도 여러 차례 논쟁을 벌였다. 억울한 사람들의 대변인으로 유명한 시카고 출신의 이 변호사는 나보다 나이가 한참 많은 사람이었는데, 주름살이 깊게 패인 얼굴에 신중하면서도 자신감 넘치는 매너, 날카로운 재치와 뛰어난 화술을 지닌 신사였다. 그에 비해 나는 이상주의적 성향이 짙고 열정에 찬 젊은이였고, 항상 확고한 사실적 데이터와 단순한 추론에 의지하는 면을 지녔다. 대로우 대 니어링의 토론회는 전국을 돌아가며 열렸는데, 가는 곳마다 많은 청중을 모았고 사람들로부터 엄청난 인기를 누렸다. 그가 가장 좋아하는 토론 주제는 '인생이란 살 만한 가치가 있는가?' 하는 것이었다. 그리고 '민주주의가 이 세상의 사회악을 치유할 수 있는가?'도 나와 함께 토론하면서 자주 택한 주제였다. 여기서 그가 부정적 입장을 대변했음은 더 이상 말하지 않아도 알 것이다.
 민주주의 토론에서 대로우가 즐겨 사용하는 수사의 실례는 다음과 같다.

 모든 사람들에게 참정권을 부여한다고 해서 이상적인 국가라 할 수 있을까요? 보통사람이란 어리석은 백성에 지나지 않는다는 사실은 다들 인정할 것입니다. 민주주의 이론에서는 이렇게 말하고 있습니다. 하나가 아무것도 아닐 때, 거기다 열을 곱해 봤자 결과는 똑같이 아무것도 아닌 게 된다고. 하지만 백만 번을 곱하면 그 아무것도 아닌 것이 갑자기 엄청난 위력을 발휘하게 됩니다! 우습지요? 열 명을 모아봤자 바보들밖에 안 되는데, 만일 백만 명이 (다시 말해 백만 명의 바보들이) 투표장에 가 투표를 한다면, 그때는 아주 엄청난 지혜를 발휘하게 된다는 얘깁니다! 다수는 결코 옳을 수 없다고 갈파한 입센의 말은 어쩌면 사실에 가까운 이야기일 것입니다. 다수가 진실을 파악할 무렵이면 그 진실은 어느새 오류가 되고 맙니다. 왜냐하면, 우리는 이미 그 진실에서 훨씬 더 앞으로 나아가 있기 때문이지요.
 입센의 말대로 15년 혹은 20년을 견디는 진실이란 없기 때문입니다. 모든 진실은 상대적입니다. 조건이나 상황에 따라 진실 여부가 달라진다는 말입니다. 그런데 다수가 진실을 발견하는 데는 15년 혹은 20년이 걸립니다. 그때쯤 되면 그 진실은 이미 진실이 아니지요.
 정치적 민주주의라는 것을 한번 살펴봅시다. 우리는 보호무역이냐 자유무역이냐, 은화냐 금화냐, 단일세냐 이중세냐, 하는 중요한 문제를 놓고 투표를 할 것입니다. 그리고 찬성자의 수를 세겠지요. 안 그렇습니까? 이쪽 열 표, 저쪽 아홉 표, 하는 식으로요! 그렇다면 이쪽이 옳겠군요. 이쪽이 저쪽보다 한 표 더 많으니까요. 오래전에 뉴잉글랜드의 철학자 소로가 말하기를, 우리는 투표자들의 수를 셀 게 아니라 그들의 무게를 달아야 할 것이라고 했습니다. 투표자의 수를 세나 무게를 재나 결과는 마찬가지일 것이라고요.

평범한 보통 사람들이 대체 뭘 알겠습니까? 나는 관직을 바란 적이 없고, 앞으로도 관직에 몸담을 생각은 없습니다. 그렇기 때문에 내가 생각하는 것을 얘기할 수 있습니다. …… 나는 내 친구 니어링의 열의가 끝까지 꺾이지 않기를, 대중의 보편적 지성에 대한 그의 신념과 기대가 계속 유지되기를 바랄 따름입니다. 마약 치고 그것만큼 훌륭한 마약도 없으니까요!

그로부터 몇 년 뒤인 1945년에 내가 『민주주의만으로는 충분치 않다』라는 책을 쓰면서 이 책 속표지에 소로의 다음과 같은 말을 인용한 사실을 클래런스가 알았다면, 그는 낄낄거리고 웃었을 것이다.

'절대군주정에서 제한군주정으로, 제한군주정에서 민주주의로의 진보는 진정한 개인 존중을 향한 진보이다……. 우리가 알고 있는 것처럼 민주주의가 과연 정치체제의 진보가 도달할 수 있는 종착역인가? 인간의 권리를 인정하고 실현하는 방향으

로 민주주의에서 한 발 더 나아가는 것은 불가능한 일인가?'

내가 쓴 이 책의 서문은 이렇게 마무리된다.

'민주주의라는 말이 무슨 주문이라도 되는 양 "민주주의, 민주주의"를 되뇌이는 것은 무의미한 일이다. 현재의 위급한 상황에서 자신을 보호하기 위해 민주주의적 방식에 의존하는 사람들은 사회 세력들의 특성과 경향을 파악하고 그들을 제어할 수 있어야 한다. 그들은 민주주의의 가능성과 한계를 사회적 위기에서 제기되는 절박한 요구들과 연관시켜야 한다. 그들은 말이란 단지 상징에 지나지 않으며, 삶과 자유, 행복은 경제적·사회적 관계의 변화와 밀접한 관계가 있다는 사실을 이해해야 한다. 그들은 생존에 대한 희망을 민주주의적 방식에 걸기에 앞서, 민주주의적 방식이 사회 재건이라는 어려운 과제에 적합한지부터 확인해야 한다.'

어느 금요일 저녁 클레런스 대로우와 나는 버펄로에서 강연을 하기로 예정되어 있었다. 어떤 영리한 여성 후원자가 널찍한 강당에서 집회를 마련한 것이다. 클레런스는 시카고에서 버펄로로 가고, 나는 뉴욕에서 갔다. 내가 버펄로에 도착해 보니, 강연 주제가 '사형제도'로 발표되어 있고, 대로우는 반대 입장에서, 나는 찬성 입장에서 강연을 하라는 것이었다. 나는 강연회 진행자에게 "나도 사형에 반대하는 입장이기 때문에 이런 강연은 할 수 없다"고 했다. 그러자 그 여자가 말했다. "유감이로군요. 당신이 강연 주제에 대해 미리 소식을 들은 줄 알았거든요. 하지만 어쩌겠어요. 두 분 다 여기까지 오셨고, 주제는 이미 발표해 놓은 상태고, 입장권은 매진되었는데요. 게다가 강연료가 5백 달러나 되잖아요?" "하지만 이 문제에 대한 내 견해가 대로우와 같은데, 나더러 대체 무슨 얘길 하라는 겁니까?" 나는 항의했다. 그러자 여자가 하는 말이 걸작이었다. "무슨 얘기가 됐건 그냥 하세요. 청중들은 대로우 씨의 얘기만 들으러 온 게 아니라 니어링 씨의 얘기도 들으러 왔으니까요." 그 여자는 음악회를 마련하고도 초청 연주자들에게 "아무 곡이나 연주하라"고 할 사람이었다. 나는 그 여자에게 잘 있으라고 인사한 뒤 가방을 집어들고 뉴욕 중앙역으로 갔다. 그리고 내 돈을 들여 다음 기차를 잡아타고 뉴욕으로 돌아왔다.

그 즈음에 나는 '소비에트 체제가 서구에서 수용될 수 있는가?'라는 주제를 놓고 뉴욕 시에서 버트란트 러셀과 토론을 벌이기도 했다. 그 토론회는 폭넓은 관심을 끌었고, 토론 내용은 나중에 팜플렛 형태로 출간되었다. 이 문제에서 나는 긍정적 입장을 취했고, 러셀은 부정적 입장을 대변했다. 그로부터 50년이 지난 지금에 와서 볼 때, 버트란트 러셀이 내 입장으로 선회한 게 아닌가 싶다.

내가 벌인 가장 극적인 논전은 국제연맹 규약이 선포된 직후 뉴욕 시 센추리 극장에서 열린 토론회였다. 토론회 주제는 '국제연맹이 노동자에게 이익을 주는가?'였다. 하버드 대학 미국사 교수인 앨버트 부시늘 하트는 긍정적 입장을 대변했고, 나는 부정적 입장을 취했다.

하트 교수는 전쟁의 참상을 열거하고, 앞으로 다가올 전쟁은 그보다 더욱 참혹하리라는 경고와 함께 국제연맹이 평화의 대안이 된다고 강조했다. "국제연맹은 모든 사람을 위한 최선의 해답입니다. 노동자와 자본가 모두에게 말입니다. 그리고 중요한 것은 국제연맹 이외에는 다른 대안이 없다는 사실입니다." 그는 이렇게 결론을 내렸다.

내 차례가 되었다. "대안은 있습니다." 나는 이 말로 강연을 시작했다. "한 나라의 정부란 국민의 동의로부터 정당한 권력을 도출해내는 기관입니다. 어떠한 형태의 정부라도 만일 이러한 과정을 무시한다면, 그런 정부를 바꾸거나 폐지하는 것은 곧 국민의 권리입니다. 우리의 안전과 행복을 보장하는 새로운 정부를 구성하고 권한을 행사하는 것이 바로 국민의 당연한 권리인 것이지요." 나는 잠시 말을 쉬었다가 다시 이었다. "대안은 있습니다. 그것은 바로 혁명입니다."

하트 교수는 자리에서 일어서며 소리를 질렀다. "혁명! 혁명이라니! 만일 내가 뉴욕까지 와서 이 따위 얘기나 들을 줄 알았다면 보스턴에서 한 발짝도 떠나지 않았을 것이오!" 그는 분노로 거의 제정신이 아니었다.

"저의 토론자는 '혁명'이라는 말만 듣고 흥분하고 있습니다." 나는 차분히 말을 이어갔다. "저분이 왜 그럴까요? 미국도 1776년에 혁명을 겪지 않았던가요? 아시다시피 하트 씨는 미국사를 가르치시는 분입니다. 방금 전 제가 한 말이 독립선언문에 나와 있다는 것을 굳이 저분에게 밝힐 필요가 있을까요?"

또 이런 경우도 있었다. 나는 뉴욕 시 파크 애브뉴의 존 헤인즈 홈즈가 담임목사로 있는 커뮤니티 교회에 연사로 초대되었다. 강연 주제는 사전에 편지로 정해진 상태였다. 실제로 교회에 도착했을 때, 내 호주머니 안에는 그가 보낸 편지가 들어 있었다. 연단에 서자 장내를 가득 메운 청중이 눈에 들어왔다. 홈즈는 청중에게 나를 소개한 다음, 나에게 요청한 주제와 전혀 상관없는 주제에 관해 이야기를 시작했다. 나는 그의 편지를 갖고 있는 터라 그 자리에서 이의를 제기할 수도 있었다. 무슨 착오가 있었던 것일까? 그는 내가 알고 있는 '국제연맹'에 관한 내용이 아니라 '영국의 총파업'이라는 주제를 언급했다. 청중들 역시 그렇게 알고 온 것 같았다. 그의 말을 막고 문제를 삼아야 할지 아니면 사정이 이렇게 된 이상 그냥 따라야 할지, 잠시 고민에 빠졌다. 다행히 최근에 영국에 다녀온 일이 있어 그곳 사정에 대해 어느 정도 아는 바가 있었다. 나는 편지를 더 이상 문제삼지 않기로 하고, 영국의 총파업에 관한 이야기를 시작했다.

홈즈와는 1922년 2월 12일 뉴욕 시 렉싱턴 오페라 하우스에서 열린 토론회에서도 만난 적이 있다. '교회는 급진적일 수 있는가?'라는 주제였는데, 그는 긍정적 입장을 취한 반면, 나는 부정적 입장을 택했다. 그날의 행사장은 주다 L. 매그네스라는 랍비였다.

홈즈는 재미있는 일화로 강연을 시작했는데, 의도와는 달리 그 일화는 그의 입장을 전혀 대변해 주지 못했다.

그의 교인 중 하나가 자신이 죽고 난 뒤 유산 처분 문제를 상의하기 위해 변호사를 찾아갔다. 그녀는 변호사에게 "내가 죽으면 재산 일부를 진보적인 학교에 기증하고 싶어요"라고 했다. "진보적인 학교라고요? 알겠습니다. 그렇게 처리하지요." "그 다음, 진보적인 신문에도 얼마 정도 기부했으면 해요." "진보적 신문이요? 그렇게 하지요." "그리고 고아들을 위한 진보적 단체에도 일부 나눠주세요." "예, 알겠습니다. 또 있습니까?" "예, 마지막으로 진보적인 교회에 돈을 좀 보냈으면 해요." "진보적 교회라고요? 그런 교회는 이 세상에 없습니다."

전쟁이 끝난 직후인 1918년, 나는 당시 시카고 대학에 재직하던 폴 더글라스와 전국을 돌며 다섯 차례 토론을 벌였다. 켄터키 주 루이스빌에서 첫번째 토론이 있었고, 중서부의 다른 도시들에서 네 차례 더 토론이 이어졌는데, 토론의 주제는 매번 같았다. 그 주제란 바로 전쟁이었다.

루이스빌에서의 토론회는 대단히 성공적이었다. 다음 토론 장소로 이동하면서 나는 자료를 재검토하여 강연 내용을 완전히 새롭게 구성했다. 강연을 진행하면서 보니, 폴이 갈수록 안절부절못하는 것이었다. 처음 토론회 때와는 전혀 다른 주장을 반박해야 하는 입장이 되었기 때문이다. 그날 밤 토론회가 끝나고 나서 폴이 내게 말했다. "이런 불한당 같으니라고! 자네가 루이스빌에서 한 얘기를 듣고서, 앞으로 남은 토론회에서도 똑같은 논지에 반론을 펴면 되겠거니 생각했네. 그런데 오늘밤 뜬금없이 전혀 다른 얘기를 꺼내 나를 당황하게 만들다니, 다음 토론회에서도 계속 이렇게 치사한 수법을 쓸 텐가?"

나는 나머지 세 차례 토론회에서도 매번 전혀 새로운 강연 내용을 선보여, 폴로 하여금 그때그때마다 자신의 생각과 자료를 재편성하도록 만들었다. 물론 청중들은 무슨 일이 일어나고 있는지 전혀 모르는 입장이니, 토론회가 매번 똑같은 내용으로 채워졌어도 크게 만족했을 것이다. 그러나 똑같은 말을 반복했다면 나로서는 몹시 시시하고 지루했을 것이다. 뿐만 아니라 폴 더글라스도 토론회라는 것을 너무 쉽게 생각했을 것이다.

1908년부터 오늘날까지 나는 수없이 많은 강연을 해왔다. 1915년에서 35년까지 20년 동안은 한 주에 평균 8~10회 가량 하기도 했는데, 이것을 전부 합하면 일 년에 4백여 회가 훨씬 넘었다. 1935년 이후에는 강연 기회가 줄었다. (1908년에) 딱 한 차례의 예외를 제외하고는 미리 써간 원고를 읽은 적이 한 번도 없고, 늘 간단한 메모를 기초로 자유롭게 이야기를 풀어 나갔다. 또 동일한 주제를 다룬 적이 종종 있었지만, 한 번도 같은 강연을 되풀이한 적은 없고, 가능하면 늘 새로운 화제를 제공하고자 노력했다.

강연자로 활동하던 초기에는 이름을 날리는 연사들의 방식을 따라 적절한 일화로 얘기에 양념을 치면 되겠거니 생각했다. 그 시절 《에브리바디즈(Everybody's)》와 《코스모폴리탄》이라는 잡지의 저명한 필자들 가운데 한 사람이었던 윌리엄 하드는 젊은 강연자인 나에게 이렇게 말했다. "좋은 얘깃거리로 강연을 시작하기만 하면 된다네. 주제와 관련된 재미있는 예화를 두세 가지 들려주고 극적인 제스처로 얘기를 마무리하란 말일세. 그렇게만 하면 사람들은 다음에도 자네 강연을 들으러 올 걸세." 그후 나는 윌리엄 제닝스 브라이언이 스워트모어 대학에서 행한 시덥잖은 강연을 들었다. 그는 교육에 대해 얘기하고 있었는데(보아하니 교육에 대해 아는 것이라고는 없는 사람이었다), 어찌나 거드름을 피우며 잘난 체를 하던지 나는 도중에 집으로 돌아와 내 야회복을 남한테 줘버리고, 그후로 야회복은 사지도 입지도 않았다. 또한 나이가 들어 보이게 하려고 기른 코밑수염도 싹 밀어버렸다.

1917년 전쟁이 시작되고부터 나는 일부러 강연에 유머나 가벼운 얘기는 넣지 않았다. '청중을 즐겁게 하는 잘 나가는 강사'이기를 그만둔 것이다. 나는 연단에 올라가 가능한 한 명쾌하게 강연 내용을 전달하고, 꼭 해야 할 말은 무슨 일이 있어도 했다. 더 이상 청중이나 주최측의 환심을 사려고 애쓰지 않았다. 그리고 매번 강연에 앞서 내 자신에게 말했다. '이게 내가 연단에 서는 마지막 기회가 될지 모르지만……' 그런 다음 연단으로 나가 시시껄렁한 얘기는 빼고 꼭 해야 할 말만 했다. 그럴 경우 그 연단에서 처음 한 강연이 마지막 강연이 되는 일이 비일비재했다. 한 예로, 뉴욕 시의 쿠퍼 유니온에서 전쟁과 혁명에 관한 도발적인 강연을 한 일이 있었다. 쿠퍼 유니온측은 그후로 두 번 다시 나에게 강연을 요청하지 않았다.

나는 수첩에다 '강연'이라는 제목 아래 발췌문 세 개를 적어 가지고 다니며, 강연 전에 그것을 읽으며 내 자신을 겸허하게 되돌아본다.

하나는 슈리 라마크리슈나의 글을 옮겨 적은 것이다.

'인간은 지식이 일천한 동안은 가르치고 설교하러 돌아다니지만, 완벽한 지식을 습득했을 때는 자신의 지식을 쓸데없이 과시하지 않는다.'

또 하나는 로망 롤랑의 『파리의 장 크리스토프』에서 뽑은 글이다. '연단에 서서 말을 하다 보면 십중팔구는 생각을 왜곡하게 되어 있다. 연사가 특별히 신경을 쓰지 않을 경우, 표정과 말투, 태도, 생각을 표현하는 방식 등을 꾸미기 시작해 차츰 정신적 사기행위로 옮아갈 위험이 있다. 강연이란 따분한 희극과 점잖은 현학 사이를 어슬렁거리는 일이다……. 그것은 몇백 명의 침묵하는 군중 — 실제로는 아무에게도 맞지 않으면서 모든 사람에게 치수가 맞는다고 하는 기성복 — 앞에서 외치는 독백이다.'

세번째 발췌문을 제공한 사람은 그 자신이 강연자였던 소로이다. '설교자들과 강연자들은 허수아비들을 상대한다. 그들 자신이 허수아비인 탓이다……. 청중은 예언자의 말을 듣고 싶어 하지 않는다. 그들이 원하는 것은 어떤 자극이나 가르침이 아니라 재미이다……. 그들이 원하는 것은 진실과 독립성, 인격을 제외한 인간의 모든 것이다.'

강연을 하려고 청중 앞에 설 때, 내가 자주 떠올리는 얘기가 또 하나 있다. 어떤 영국인 주교가 사제복을 입고 예배를 집전했다. 그는 언제나 설교를 시작하기 전에 모자를 벗어 모자 안을 들여다보았다. 마침내 동료 성직자 한 사람이 그에게 왜 그런 이상한 행동을 하냐고 물었다. 그러자 주교가 모자를 벗어 그 사람에게 보여주었는데, 모자 안에는 성서의 한 구절이 굵직한 글씨로 적혀 있었다. '하느님이 나귀의 입을 여시니, 나귀가 말을 하였도다.'

나는 여러 해 동안 소수의 청중 또는 수천 명의 청중들 앞에서 여러 차례 강연을 해왔다. 그 중에서 가장 규모가 큰 것은 1918년 1차대전이 끝난 직후 뉴욕 시 매디슨 스퀘어 가든에서 열린 군중집회일 것이다. 이 집회는 당시 한창 기세를 떨치던 독일혁명을 지지하고 축하하기 위해 사회당이 개최한 것이다.

당시 뉴욕 시는 유럽 전선에서 돌아온 군인들로 북적거렸다. 이들은 대체로 반사회주의 성향을 지니고 있었다. 가든 집회의 공고가 나가자, 이들 군인들이 집회에 침투해 난장판을 만들 것이라는 소문이 돌았다. 집회가 있는 날 밤, 가든 경기장 주변은 군중들로 북새통을 이루었다. 기마경찰을 포함해 경찰 전원이 출동한 것 같았다. 집회를 주선한 사회주의자들은 소동이 있을 것을 염려해 군복 입은 남자들의 입장을 막았다.

집회의 의장은 랜드 스쿨 사회과학부 학장인 앨저넌 리였고, 나는 연사들 중 한 명으로 참석했다. 일찌감치 도착한 나는 연단에서 청중들이 꾸역꾸역 밀려드는 모습을 바라보고 있었다. 8시가 되기 훨씬 전에 이미 1만3천여 개의 좌석이 다 채워졌다. 8시가 지나자 경기장 안이 술렁거리기 시작했다. 빨간 완장을 두른 안내원들이 각 통로마다 배치되어 질서를 잡고 있었다.

개회시간이 지났지만, 앨저넌 리가 도착하지 않아 집회를 시작하지 못하고 있었다. 평소 지각을 잘하던 그는 그날도 늦게 도착했는데, 가든 주변에 군인들이 떼지어 있고, 집회장은 이미 만원이 되어서 문이란 문은 경찰에 의해 다 폐쇄되었기 때문에 입장하지 못하고 있었던 것이다. 마침내 집회 준비위원장이 내가 앉아 있는 쪽으로 다가왔다. 나는 다른 연사인 아모스 핀처트와 함께 앉아 있었다. "너무 늦어지는데. 당신이 의장을 대신할 수 있겠소?" 청중의 분위기는 심상치 않았다. 나는 할 수 있는 일이라면 무엇이든 하겠다고 하고 개회를 선언하기 위해 자리에서 일어섰다.

강단 위에 올라서자 청중들의 모습이 한눈에 들어왔다. 대부분 젊은이들로 남녀 비율이 정확히 반반이었다. 독일혁명을 축하하는 자리였기에 많은 이들이 붉은 블라우스와 셔츠를 입고 있었다. 눈이 어지러울 정도로 현란하다는 느낌이 들었다.

그때만 해도 확성기가 사용되지 않던 시절이었다. 연사들은 육성만으로 모든 것을 해나가야 했는데, 나로서는 예전에 익힌 발성법과 웅변술이 진가를 발휘할 때가 온 것이다.

집회는 순조롭게 시작되었다. 연사들은 모두 경험이 풍부하고 말주변이 좋은 사람들이어서 간략하고도 분명하게 하고 싶은 이야기를 했다. 청중들의 반응도 아주 좋았다. 시간이 흐르면서 청중들이 자리에서 일어나 환호하는 횟수도 늘어났다. 그러나 조금 지나자 군중들 사이에서 군복 입은 군인들의 모습이 보이기 시작했다. 아마도 레인코트로 위장한 채 숨어든 것 같았다. 그들이 어떻게 입장했는지는 지금도 의문으로 남아 있다.

아무튼 몇 명씩 떼를 지어 가든 주변을 배회하는 군인들의 숫자는 시간이 지나면서 계속 늘어만 갔다.

군인들은 마치 신호를 받아 움직이는 사람들처럼 청중들 가운데서 붉은 셔츠 입은 사람들을 끌어내기 시작했다. 끌어내려는 측과 저항하는 측 사이에 난투가 벌어졌다. 그 주변의 사람들이 자리에서 일어서는 소동이 있었다. 그때마다 통로에 배치된 훈련된 안내원들이 투입되어 질서를 잡았다. 이 같은 소동은 반 시간 넘게 되풀이 되었는데, 그럼에도 집회는 계속 진행되었다. 그런데 잠시 뒤, 연단 뒤쪽으로 군인들이 여럿 몰려들었다. 연단을 점거해 집회를 중지시키려는 의도가 분명했다. 이 음모는 연단 주위를 경호하던 경찰분대에 의해 저지되었다.

두 시간의 집회 동안 나는 "질서를 지켜주십시오", "자리에 앉아주세요", "연사의 말을 경청해 주세요", "앉으십시오"라는 말을 백 번은 넘게 했을 것이다. 우리는 청중들의 놀라운 자제력과 빨간 완장을 두른 안내원들의 신속한 대처, 그리고 경찰들 덕분에 난동을 가까스로 피할 수 있었다.

집회가 끝난 뒤에도 군인들의 욕설과 비난은 계속되었다. 여기저기서 참석자들과 군인들의 주먹다짐이 벌어졌지만, 다행히 커다란 불상사는 일어나지 않았다.

이처럼 난동 일보직전까지 간 집회를 주관해 보기는 처음이었다. 두 시간 가까운 집회가 끝났을 때, 나는 마치 2주일은 중노동을 하고 난 사람처럼 온몸이 땀으로 흠뻑 젖어 있었다.

매디슨 스퀘어 가든 집회는 불미스러운 사고에도 불구하고 기억에 남을 만한 성공적인 집회였다는 평을 받았다. 엄청나게 넓은 집회장이 열광적인 군중들로 차고 넘쳤다. 경찰 테러반과 자경단 폭력배들이 A. 미첼 파머 검찰총장의 비호 아래 공공연하게 '빨갱이 습격'을 자행하고 대중집회를 대대적으로 진압하는 상황에서 그렇게 많은 군중을 끌어모아 몇 시간 동안 붙잡아두었다는 사실 자체가 승리를 말해 주었다. 우리는 전후 독일에서의 혁명을 기념하기 위해 모였다. 당시로서는 독일의 혁명운동이 중유럽 전역으로 확산될 것 같은 분위기였다. 볼셰비즘에 관한 모든 의사표현을 막거나 억누르려는 귀향 군인들의 집요한 노력에도 불구하고 집회는 열렸다. 독일의 혁명을 환영하는 이 뉴욕 집회가 성공리에 개최됨으로써 이후 미국의 다른 지역들에서 같은 성격의 집회가 잇따랐다.

꼭 규모가 큰 집회라야만 최상의 집회가 되는 것은 아니다. 내가 늘 기대하는 자리는 참석자 수가 25명 혹은 그 이하인 모임이다. 그런 모임에서는 청중들과 얼굴을 맞대고 토론을 하는 게 가능하다. 대규모 군중집회는 그 순간에는 흥이 나지만, 교육효과를 기대할 수 있는 건 소규모 모임에서다. 그렇지만 아무리 훌륭한 강연이라 해도 학교에서 학생들과 꾸준히 접촉하는 것 이상의 교육효과를 내지는 못한다. 학교에서는 부자연스러운 일회성 강연 대신 한 가지 주제를 시간을 두고 깊이있게 다룰 수 있기 때문이다.

신문과 잡지에 기고하고, 팜플렛이나 책을 집필하는 것도 상당히 효과적인 의사전달 수단이었다. 20세기 초에는 프리랜서 작가라 해도 자신의 생각을 출판할 기회가 꽤 많았다. 신문에서는 뉴스 칼럼과 매거진 섹션, 그리고 사설 등의 난을 이용해 논쟁을 불러일으킬 만한 문제들을 소개했다. 《코스모폴리탄》, 《에브리바디즈》, 《맥클뤼어즈》 같은 잡지에서는 자극적인 글을 원했다. 노동자 신문과 사회주의 신문은 불평등과 부정, 부패, 착취에 대해 격렬한 공세를 취했다. 국내문제와 국제문제에 관한 뉴스와 견해를 제공하는 팜플렛은 수만 부씩 인쇄되어 개혁론자와 혁신운동진영에 유포되었다. 출판사들은 원고를 확보하려고 경쟁을 벌였다. 그 시절만큼 인쇄물이 호황을 누린 적도 별로 없었을 것이다.

분배문제에 관해 많은 시간과 노력을 들여 연구한 경험으로 나는 사회·경제적인 현안에 대해 폭넓은 시각을 갖게 되었다. 이런 주제는 항상 수요가 있었다. 《에브리바디즈》지는 매호 표지에 50에서 100단어 정도의 글을 적당한 장식으로 포장해 소개했다. 엘버트 허바드가 출간한 《로이크로프트》지의 방식을 차용한 아이디어였다. 나는 매달 이 잡지에 투고했는데, 그 중 대부분이 게재되었다.

당시 《래디스 홈 저널》지 편집장인 에드워드 복으로부터 나를 만나고 싶으니 잡지사로 방문해 달라는 연락이 왔다. 그는 진보적인 교육을 구체적으로 다루는 연재기사를 기획하고 있었다. 최신정보를 입수할 필요가 있다는 생각에서 에드워드 복은 나에게 전국에 있는 대표적인 실험학교를 탐방하는 게 어떻겠느냐고 제안했다. 여행경비 일체를 포함해 기사 한 꼭지당 5

백 달러를 지급하겠다는 조건도 내걸었다. 그는 내가 쓴 원고들 가운데 네 꼭지를 게재했다. 당시 워튼 스쿨에서 내가 받은 연봉은 1천5백 달러 정도였다.

나는 랜드 스쿨 구내서점과 《내셔널 립소》(세인트루이스에서 발간되는 사회주의 월간지), 그리고 사회당 등을 통해서 전체 32면짜리 팜플렛을 배포했는데, 부당 10센트에 팔린 이 잡지는 전국의 독자들로부터 사랑을 받았다. 커다란 판형으로 인쇄된 이 책자는 정보제공과 여론형성의 중요한 매체로 자리잡았다.

1917년 미국이 전쟁에 휘말리기 전, 나는 맥밀런 출판사를 통해 이미 여섯 권의 저서를 출간했다. 다른 출판사들도 내가 투고한 원고를 받아들이거나 특별한 주제에 관한 원고들을 청탁했다.

저술작업은 강연보다 더 보람이 있는 일이었다. 원고료 수입이 강연료에 비해 더 많다는 점만 두고 하는 말은 아니다. 강연은 한 번 하고 나면 끝이지만, 인쇄물은 개인이 소장하건 공공도서관에 비치되건 언제든지 다시 읽을 수 있다는 장점이 있기 때문이다. 강연이 출판보다 직접적이고 자연스러운 점은 분명히 있다. 그러나 인쇄물이 갖는 지속성과 재생 가능성은 강연에서는 도저히 기대하기 힘든 미덕일 것이다.

말로 전하는 메시지에 대한 인쇄물의 장점은 교과서에 실릴 때 증폭된다. 교과서는 오랜 기간에 걸쳐 수백만의 청소년에게 직접적인 영향을 미칠 수 있다. 물론 교과서로 채택되려면, 공장 소유주나 기업체 사장 같은, 이른바 사회 지노층인사들로 구성된 교육위원회의 승인을 거쳐야 한다. 그러나 일단 이런 보수적 검열을 통과하기만 하면 교과서가 자라나는 세대에 미치는 영향은 엄청나다고 할 수 있다.

J. 러셀 스미스의 지리 교과서와 폴 구드의 정치·경제 지도는 많은 학생들에게 사랑받고, 저자들 자신에게도 안정된 수입을 제공했다. 나는 교과서를 집필하기로 마음먹었다. 우선 고등학교용 경제학 교과서부터 손대기로 하고, 필라델피아의 한 고등학교에서 경제학 교사를 하는 헨리 리드 버치와 함께 작업에 들어갔다. 이 책은 1912년 『경제학 기초 : 미국적 특수 상황에 맞추어』라는 제목으로 맥밀런 출판사에서 발행되었다. 발행된 지 얼마 지나지 않아 이 책은 고등학교용 경제학 교과서 시장의 75퍼센트를 차지하는 기록을 세웠다. 당시 맥밀런 출판사에서 한 해 동안 받은 인세수입이 대학에서 받는 연봉을 훨씬 웃돌았으니 그때의 정황이 어떠했을지 대충 짐작이 갈 것이다.

이 책의 성공에 힘입어 나는 시골 초등학교 아이들을 위한 윤리 교과서 집필에 들어갔다. 아이오와 주 클러린더 시의 교육감인 제시 필드가 나와 함께한 공저자였다. 나는 또 도시 학생들을 위한 윤리 교과서도 계약했다. 첫번째 책 『공동체 윤리』는 1916년에 집필하여 출간되었고, 두번째 책은 1차대전이 발발하면서 계획으로만 끝나고 말았다.

일반대중에게 의사를 전달할 수 있는 통로로는 정치도 꼽을 수 있는데, 정치는 특히 자유주의 사상을 전파하는 데 유용한 채널이었다. 정치의 영향력은 20세기의 영국이나 프랑스에서 두드러지게 나타난다. 또 미국에서도 시어도어 루스벨트, 우드로우 윌슨, 기퍼드 핀처트, 로버트 라폴레트 같은 사람들이 의사전달 수단으로 정치를 잘 활용했다.

그간 정치판에 몇 차례 기웃거린 경험으로 미루어볼 때, 미국에서 혁신적 정치이념이 살아남기란 낙타가 바늘구멍에 들어가는 것처럼 어려운 일이다. 미국의 급진주의자들에게 정치는 더 이상 의사전달통로 역할을 하지 못한다. 선거철이 되어 일부 혁신계 후보들이 연단의 한귀퉁이를 차지하는 경우가 고작이 아닐까 싶다.

나는 예전 같으면 상상도 못했을 새로운 의사전달장치들이 속속 등장하는 것을 보게 되었다. 전화, 확성기, 라디오, 영화, 화보 잡지 등은 많은 대중들에게 다가갈 수 있는 쉽고도 값싼 수단을 제공한다. 이런 발명품들은 선을 보일 때마다 대중에게 필요한 정보를 제공함으로써 '민주주의를 일보 전진'하게 하는 수단으로 환영받았다. 그리고 새로운 의사전달통로가 효율적이라 판명되면, 독점자본가들이 먼저 그것을 장악해, 대중의 귀와 관심을 사로잡고 그들을 세뇌하는 도구로 사용하고 있다.

여론을 형성하는 일은 많은 시간을 필요로 하며, 원하는 결과가 꼭 보장되지 않는 불확실한 작업이다. 금세기 초에 발견된 새로운 기술들은 여론의 조작을 비누 제조만큼이나 손쉽게 하는 결과를 가져왔다. 대중의 사고를 세뇌하는 작업은 과학적 차원이 되어버렸다. 이런 것을 가능케 하는 기술들은 미국의 소수 권력층이 가장 정성 들여 지키고 애지중지하는 재산목록에 올라 있다.

대중매체만큼 중요하지는 않더라도 내가 대단히 큰 관심을 기울이는 의사소통수단이 있었다. 그건 바로 학교였다. 나는 학교 강단을 의사소통의 최우선 통로로 선택했고, 그와 동시에 내 견해를 대중들에게 전달하기 위해 다른 분야에도 관심을 쏟았다. 경제학 분야와 의사소통기술 영역에서 필요한 것을 갖추고 경험을 쌓다 보니, 어느새 나는 가장 효과적인 의사소통수단들을 모조리 소유하거나 지배하는 권력층과 정면으로 맞서는 입장이 되어 있었다. 나는 단단히 무장을 하고 진격할 채비를 갖추었다. 앞길에서 나를 기다리고 있는 것은 과연 무엇일까?

소수 독재체제와의 접촉 그리고 충돌

 나는 미국의 소수 권력층에 속하는 집안에서 인생을 시작했다. 물론 우리 집안이야 군소 권력층에 지나지 않았지만 그래도 권력층인 것만은 분명했다. 모리스턴은 주민들이 선택한 사람이 아니라 스스로 군림하는 몇 명에 의해 지배된다는 점에서 소수 독재정치의 축소판이었다. 그 소수 가운데 한 사람인 감독자, 내 할아버지는 회사의 이름으로 결정을 내리고, 사람들을 마음대로 고용하고 해고할 수 있는 권한을 통해 자신의 결정을 실행하는 등 독재정치의 특성과 힘을 그대로 대변했다. 나는 그 모리스턴의 독재자를 위한 분쟁조정자로 성장했다.

 물론 당시 나는 미국의 소수 독재자들에 의해 건설되고 있는 거대한 권력조직은 말할 것도 없고, 내가 맡은 역할에 대해서도 명확하게 알고 있지 못했다. 훗날 미국 대통령이 된 우드로 윌슨은 『새로운 자유』를 집필하던 1912년에 이미 모든 상황을 마음속으로 간파하고 있었다. '미국 민주주의라는 틀 위에 눈에 보이지 않는 제국이 건설되었다. 최근에 이곳을 지배하고 있는 사람은 일반대중이 아니다.'

 자유주의적인 《뉴욕 이브닝 포스트》의 우편 배급판이 우리의 사고를 위한 일용할 양식을 제공하는 가정 분위기에서 자란 나는 자유주의와 민주주의에 열중했을 뿐, 미국 소수 독재정치라는 게 존재하는지조차 알지 못했다. 그리하여 나는 서서히, 그리고 조금은 고통스럽게 그것에 대해 알아나갔다. 나는 소문과 독서, 또 '인생역경대학'에서의 어지러운 경험을 통해 새로운 지식을 습득했다.

뉴욕 주 로체스터 시의 한 렌즈 세공사가 나에게 "이성적인 사람들은 로체스터 시에서는 일해서 먹고살 수가 없다"고 말한 적이 있는데, 그 말을 듣자 나는 그 사람의 다음 이야기가 궁금해졌다. 이스트먼 코닥에서 근무했던 그 렌즈 세공사가 한 말은 20년 간 숙련노동자로 일한 자신의 경험에서 우러나온 것이었다. 그는 말했다. "결혼하기 전에는 살기가 괜찮았지. 결혼 뒤에도 내가 버는 걸로 우리 두 사람이 그럭저럭 먹고살 만했어. 그런데 아이가 하나 태어나자 생활이 좀 빡빡해지더란 말이야. 거기에다 둘째가 생기고, 다음에는 아내까지 병을 얻었지 뭔가. 이렇게 한 번씩 일이 생길 때마다 저축을 까먹든가 빚을 내는 수밖에 없었어. 내가 벌이가 괜찮은 안정된 직업을 가지고 있고 봉급도 올랐지만, 목구멍에 풀칠하기도 힘들 지경이야. 10년 전에 기회가 있어서, 렌즈 깎는 일을 그만두고 부동산 투기에 손을 댔지. 뉴스에 날 만큼 크게 성공은 못했지만 그런대로 일이 잘 되고 있어. 지금은 시내에 집이 있고 호숫가에 여름 별장도 있어. 차가 두 대에 은행예금도 좀 있고, 아내랑 아이들 데리고 여행도 자주 다니지." 그러더니 그는 이렇게 결론을 내렸다. "이성적인 사람들은 로체스터 시에서는 일해서 먹고살 수가 없어."

그의 말은 세계에서 가장 부유하고 번영한 나라의 분배문제를 단적으로 드러내 주었다. 또한 빈민층과 부유층, 악취 나는 빈민가와 풍요로운 주택가간의 역력한 모순에 대한 경제적 근거를 제공해 주었다. 또한 일을 하는데도 가난한 사람들과 재산이 많아 거기에서 나오는 불로소득으로 일하지 않고 사는 사람들간의 끊임없는 계급갈등을 설명해 주었다.

나는 『임금노동자 가족의 생계』라는 책을 집필하면서 미국 제조업계의 현행 임금, 즉 아내와 세 자녀가 딸린 임금노동자의 '총수입'을 다루었다. 노동자는 자신의 총수입, 즉 임금이나 봉급의 총액에 대해 세금을 내는 반면 사업가는 자신의 순수익에 대해서만 세금을 낸다. 거대기업이 미국 사회를 마음대로 주무르는 한 이런 언어도단의 차별은 계속될 것이다.

1915년 그 당시 유명한 전도사인 빌리 선데이가 그리스도의 복음을 전하고 영혼을 구원하기 위해 필라델피아에서 전도회를 가졌다. 나는 그가 우애의 도시 필라델피아에서 무엇을 보고 느껴야 할지를 제안하는 편지 한 통을 그에게 보냈다. 2월 2일자 《노스 아메리칸》지는 나의 편지와 그의 답신을 동시에 실었다. 나의 편지는 다음과 같았다.

전례없이 추운 이 겨울, 당신은 고통과 번민에 시달리는 가난한 사람들을 위해 하느님의 말씀을 전하려고 왔습니다. 그러나

제1부 내게 진실로 소중한 것들 169

그간 당신의 설교는 주로 기성 교회에 대한 비난에 초점이 맞추어져 있었습니다. 무슨 이유에서인가요? 교회만 비난하면 문제가 다 해결됩니까? 오늘날 그리스도의 이상을 가로막는 가장 끔찍한 범죄는 오히려 이윤 추구만을 목적으로 하는 산업 시스템에서 찾을 수 있지 않을까요? 형편없는 임금에 쪼들리는 가난한 사람들이 정신적 도덕적으로 완전하더라도 여전히 굴욕적인 빈곤의 상태를 못 벗어나게 만드는 시스템 말입니다.

당신은 필라델피아의 구원에 관심이 있다고 말했습니다. 주위를 둘러보시기 바랍니다. 그리고 이 도시에서 구원이란 게 과연 무엇을 의미하는지 스스로에게 물어보십시오. 도시는 실업과 빈곤으로 신음하고 있습니다. 많은 사람들이 말 그대로 굶기를 밥 먹듯이 하고 있습니다. 수천 명의 어린이들이 공장과 상점에서 땀을 흘리고 있습니다. 30만이 훨씬 넘는 노동자들은 사고가 끊이지 않는 현실에서도 변변한 보호법 하나 없이 일을 하고 있습니다. 이에 반해 광산지대를 연결하는 철도회사는 엄청난 이익을 챙기고 있습니다. 비싼 요금으로 재미를 톡톡히 보고 있는 트랙션사는 미국 시민들의 호주머니에서 돈을 긁어모으고 있습니다. 해리스버그에 틀어박힌 공장주들은 개정 노동법의 통과를 막기 위해 갖은 수단을 다 쓰고 있습니다. 또 가공할 힘을 지닌 자본은 인간의 영혼까지 소유하려 하고 있습니다.

당신의 집회에 참석한 사람들이 바로 그들입니다. 빈곤과 아동노동, 착취를 딛고 서서 안락하고 호사스런 생활을 즐기는 유복한 시민들 말입니다. 그들은 당신에게 많은 헌금을 바치고, 당신을 기쁘게 하고자 집으로 초대하기도 할 겁니다. …… 고용주들이란 지상의 불의에 눈감고 천상의 축복에만 신경 쓰도록 하는 사람은 누구나 환영하게 되어 있습니다. 당신의 그 유창한 설교를 저임금과 과도한 노동, 실업과 독점과 특권 등 가난한 자의 피와 땀을 빨아 자신의 살을 찌우는 그 모든 세력들을 공격하는 방향으로 돌리십시오.

필라델피아를 떠나기 전에 이런 진실들에 대해 말씀을 해주실 수 있겠습니까? 연단에서 이런 설교를 할 수 있겠습니까? 가난에 찌든 자들과 저임금과 착취로 신음하는 민중들의 이익을 옹호할 수 있겠습니까? …… 이 지상에 착취와 부정이 존재하는 한 하느님의 나라는 결코 이루어질 수 없을 것입니다.

빌리 선데이는 신문기자와의 인터뷰에서 나의 제안에 따르지 않겠다고 잘라 말했다. "내가 이곳에 온 목적은 복음을 전파하기 위한 것이오. 본인도 사회 상황에 대해서는 잘 알고 있소. 하지만 자본가와 노동자가 모두 하느님을 믿고 우리를 죄악으로부터 구원하신 분으로 예수님을 받아들인다면 이런 문제들은 저절로 해결될 것입니다. 내가 온 이유도 바로 이것입니다. 예수가 우리를 위해 피를 흘리신 이유를 전하는 것이지요."

미국적 방식이란 '생명과 자유와 행복의 추구'에 기반을 둔 게 아니라 임금을 삭감하고 이윤을 극대화하려는 기업가의 결단에 바탕을 둔 것이다. 미국적 방식이란 가난한 자는 현재대로 놓아두고 부자는 더 부유하게 하는 데 목적이 있는 것이다. 이런 정책을 추진하는 사람은 과연 누구인가? 바로 '상류층 인사'들이다. 쇼의 흥행권을 쥐고 자신의 이익을 위해 그것을 운영하는 자들이다. 1910년경 링컨 스테펀스가 필라델피아에서 한 강연이 생각난다. 유럽 봉건제 아래에서 '상류층'이란 지주와 성직자, 그리고 가신들이었다. 그러나 자본주의하의 미국에서는 은행가, 기업가, 상인, 그리고 그들의 가신들이 바로 '상류층 인사'에 속한다.

대학 학장들 역시 현상유지에 자신의 이익이 달려 있는 '상류층 인사'일 것이다. 1922년 3월 14일, 매사추세츠 주 워체스터 시의 클라크 대학에서 있었던 일은 이 점을 잘 보여주고 있다. 클라크 대학의 한 학생 단체에서 '여론의 형성'이라는 주제에 관해 비공식적 강연을 해달라는 요청이 들어왔다. 나는 시간에 맞춰 강연장으로 갔다. 강당은 학생들과 시민들로 만원을 이루었다. 학생대표가 나와 함께 연단에 앉아 강연회를 주재했다. 나는 한 30분 정도 미국의 여론을 형성하는 각종 매개체들—인쇄물, 영화, 학교 등—에 관해 언급하고, 대학사회에서 여론의 형성과정에 관한 이야기로 넘어가는 중이었다.

내 강연의 요지는 대학의 행정방식에 관한 것이었다. 이사회는 소유권과 권력, 특권을 대변하고, 학장은 일차적으로 행정가이지 학자인 경우는 드물며, (대학의 주체라 할 수 있는) 교수진과 학생은 발언권과 결정권이 거의 없다는 사실을 지적하려는 게 나의 의도였다.

바로 그때, 강당 뒤쪽에서 작은 소동이 일어났다. 강연 시작 몇 분 전부터 야회복을 잘 차려 입은 신사가 와서 뒤에 서 있었는데, 그가 갑자기 옆에 있던 학생 두 명의 팔을 잡고 중앙통로로 쿵쿵거리며 걸어오고 있는 것이었다. 나는 말을 잠시 멈추고, 고개를 돌려 학생대표에게 물었다. "저 사람이 누군가?" 그러자 학생이 대답했다. "애트우드 학장입니다."

포로가 된 두 학생과 그 남자는 연단 바로 앞까지 와서는 뒤로 돌아서 청중들에게 화난 목소리로 소리쳤다. "강연은 끝났습니다." 그리고 그는 대표를 돌아보며 말했다. "집회를 끝내게."

학생대표는 어찌할 줄 몰라 머뭇거렸다. 청중들 가운데 시민 한 사람이 일어섰다. "헛걸음이나 하려고 여기까지 온 건 아니오. 난 강연을 들으러 왔소. 왜 중간에 끝내는 거요?" 애트우드 학장이 퉁명스럽게 말했다. "방금 전에도 말했듯이 강연회는 끝났습니다. 수위는 어딨나? 전기를 내려요. 모두 강당에서 나가 주세요!"

전깃불이 나가고 청중들은 흥분한 표정으로 밖으로 나갔다. 우리는 결국 학생회관에 모여 그날 밤 강연회를 단출한 분위기에서 마칠 수 있었다. 학생들 가운데 하나가 분을 못 참겠다는 듯 소리를 질렀다. "생각해 보세요! 선생님께서 대학에서 학장들의 역할에 대해 말하자마자 학장이 무대에 나타나 자기가 맡은 연기를 했잖아요. 혹시 선생님이 학장한테 그러라고 시키기라도 하셨나요?"

학생들이 자기들과 함께 그 지역 신문사를 찾아가자고 재촉하는 바람에, 나는 학생 두 명을 대동하고 신문사로 갔다. 가서 보니, 신문사 편집자는 이미 소식을 들어서 알고 있었다. 그는 큰 걸음으로 방 안을 오락가락하며 손을 비비고 있었다. "이런 기회가 올 줄이야!" 그가 소리쳤다. "나는 애트우드의 비리를 폭로하려고 몇 년 동안 기회를 기다려 왔소. 그런데 오늘밤 드디어 그 자가 나한테 기회를 준 거요. 내일 아침 우리 신문 1면을 보면 알게 될 거요."

내가 알기로, 워체스터는 철저하게 현지 기업가들의 이해에 따라 움직이는 공업도시였다. 그래서 편집자에게 말했다. "이번 사건을 당신 뜻대로 다룰 수 있습니까? 당신이 쓴 기사를 빼라 말아라 할 사람이 없습니까?" "한 사람 있기는 있지요." 편집자가 대답했다. "신문사 사주요. 하지만 사주는 틀림없이 침대에서 뒹굴다가 오전 11시가 넘어서야 나올 겁니다. 그러니 그 전에 일을 해치우면 그만이지요."

나는 뉴욕행 기차를 타야 할 시간이 되어, 신문사에서 나와 기차역으로 갔다. 그리고 다음날 뒷이야기를 들었다. 신문사 사주가 한밤중에 일어나 사무실로 나가, '소등' 사건에 관한 기사를 친히 검열했다. 다음날 아침 신문 1면에서 그 사건에 관한 기사는 찾아볼 수 없었다. 대신 속지 한귀퉁이에 한 대학 관리자가 떠들썩한 집회를 종료시킨 것으로 그 사건을 묘사한 단신이 실렸다.

윌리스 W. 애트우드 학장의 행동은 전형적인 대학행정가의 그것이었다. 신문사 사주의 행동은 워체스터 지배층의 일원으로서는 나무랄 데 없는 처신이었다. 두 사람 다 매사추세츠 주 워체스터에서 여론이 형성되는 과정을 생생하게 보여주는 예였다.

이 사건은 클라크보다는 오히려 타지역에서 더 많이 사람들 입에 오르내렸다. 1922년 4월 6일자 《워싱턴 헤럴드》에는 '클라크의 니어링 박사'라는 제목의 사설이 실렸다.

스콧 니어링 박사가 최근 클라크 대학에서 겪은 일은 미국 전역의 자유주의적 대학 서클들에게 충격으로 받아들여지고 있다. 니어링 박사는 기득권층에 의해 자행되는 신문, 종교계, 대학의 통제에 관해 한창 강연을 진행하고 있었다. 그런데 미국 최초로 대학원과정을 위해 설립된 교육기관인 이 대학의 학장이 별안간 강연장으로 들어와 불을 끄고……

애트우드 학장의 행동은 무례하고 유치했다. 그것은 미국의 고등교육을 방해하는 행동이었다. 미국 대학들은 학문에 깊이 전념할 수 없다는 유럽인들의 주장을 뒷받침하는 행동이었던 것이다.

니어링 박사가 무슨 말을 했건 하지 않았건, 그건 별로 중요하지 않다. …… 우리는 클라크 대학에 동정을 금할 수 없다. 이 대학이 사실—그것이 황금이든 진흙이든—을 캐낸다는 사명을 저버린 것으로 보이기 때문이다. 그들이 혹시 다윈을 비추는 불을 끄고, 토머스 제퍼슨을 교수형에 처하고, 아이작 뉴튼 경을 화형시킨 것은 아닌지 의심하지 않을 수 없다.

그로부터 거의 40년 뒤에도 내 고향 펜실베이니아는 여전히 그곳 학교의 교수진에서 급진주의자들을 색출해내느라 혈안이 되어 있었다. 1961년 6월 14일자 《피츠버그 포스트 가제트》는 피츠버그 대학 에드워드 H. 리치필드 총장의 말을 인용했다. 리치필드 총장은 다음과 같은 말로 이사회를 안심시켰다.

올 한 해 동안 우리는 가치의 다양성과 다원론적 제도들과 그것들을 보호하기 위한 입헌체제를 필요로 하는 사회를 전복시키려는 사람들이 우리 교수진에 접근하지 못하도록 하는 데 만전을 기했습니다……. 주법은 매년 한 차례씩 본인이 이 대학의 교수진과 경영진을 점검하여, 혹시라도 불순분자로 알려진 사람이 우리 가운데 있는지 여부를 주 정부에 알릴 것을 요구하고 있습니다. 그 어느 때보다도 빈틈없이 자체 정밀조사를 실시한 결과, 우리가 아는 한 우리 대학에는 그런 사람이 없다고 자신 있게 말하는 바입니다.

*

1913년 전국 아동노동금지위원회 대표자회의에 참석하기 위해 뉴욕으로 갔다. 나는 이 기회를 이용해, 자유주의적 독립 신문업자인 친구 벤 휩쉬에게 들렀다. 우리는 국내외의 정치 '기상도'에 대해 이야기를 나누었다. 벤은 예전부터 유럽에 연고가 있었고, 나는 개인적인 일이나 내가 속해 있는 단체의 업무상 유럽과 접촉을 하고 있었다. 벤이 말했다. "유럽 전역은 물론이고 멀리 북아프리카까지 폭풍주의보가 내려진 상태라네. 유럽의 사회주의 지도자들은 위험을 예리하게 감지하고 있지. 2년 전 발칸반도에서 국지전이 있은 후로 유럽사회주의자들은 계속 반전시위와 연대회의를 개최하고 있어. 군비확장 경쟁은 10여 년 동안 점점 노골적으로 표면화되고, 발칸 반도에서 또다시 무력충돌이나 심지어 전면전이 일어난다 해도 나는 놀라지 않을 걸세."

벤은 얘기를 이어갔다. "만약 전쟁이 일어난다면, 미국이 개입하지 않기는 힘들 걸세. 이 나라에 강한 반전 정서가 있다는 건 물론 나도 알고 있어. 하지만 우드로우 윌슨이 지난해 대선 유세에서 지적했듯이, 미국 국민은 이 나라가 추진하고 있는 대외정책에 대해 갈수록 할말이 없어지고 있어. 평화를 얘기하는 사람은 극소수에 지나지 않지. 이 나라 사람들 대다수는 멀리 유럽에서 벌어지는 전쟁에 미국이 끌려 들어갈 거라고는 꿈조차 꾸지 않고 있어."

"미국 대기업들은 걱정이 이만저만이 아니라네." 벤의 얘기는 계속되었다. "올해 경기침체를 예고하는 조짐이 하나둘이 아니거든. 1892년의 공황 이후로 벌써 대여섯 차례 소규모 경기침체를 겪지 않았나. 공황을 겪은 게 꼭 20년 전이었어. 더 거슬러 올라가면 1873년에 심각한 불경기가 있었으니, 그것도 꼭 20년 상관 아닌가. 그런데 올해가 1913년이니, 1893년부터 따지자면 정확하게 20년째라네. 유럽에서 1급 전쟁이 일어나 미국의 제강공장과 군수품공장에 주문이 폭주하지 않는다면, 당장 경기곡선이 크게 곤두박질칠 게 뻔하지."

벤은 나를 비롯한 '워튼 스쿨 8인방'이 교수진의 학교 밖 활동권을 확보하기 위해 전개하고 있는 싸움에 관해 물으며 화제를 개인적인 문제로 돌렸다. "내 얘기 잘 듣게나." 벤이 말했다. "자네랑 자네 동료들에게 앞으로 큰 고통이 따를 걸세. 유럽에서 전쟁이 터지면, 여기도 무사하지 않을 거야. 전쟁이라는 열병은 전염성이 강한 질병이거든. 유럽에서 전쟁의 열기가 거세지면, 여기에 있는 우리도 그 열기를 피할 수 없을 거야. 그 열병의 영향을 받을 사람이 누구이겠나? 현 상태를 폭로함으로써 자신을 노출시켜온 사람들이라네. 나야 워튼 스쿨 8인방 가운데 사회당원이나 유진 V. 뎁스의 친구가 있다고는 생각하지 않지만, 그런 건 중요하지 않아. 자네가 강연이나 글을 통해 공개적인 발언을 하는 것은 자네 목을 내놓는 것이나 마찬가지고, 그렇다면 자네 목으로 여지없이 도끼날이 떨어질 걸세. 단두대가 쓸모있는 체제 유지 수단이라는 건 자네나 나나 잘 알고 있잖나. 조심하게! 말썽을 피하고 싶거든 너무 늦기 전에 재벌들의 우산 속으로 들어가게나."

나는 언짢은 마음으로 벤의 사무실을 나왔다. 앞날은 과연 어떻게 될 것인가? 과거 레오 톨스토이는 경고와 위협을 무시하고, 계속 러시아 짜르와 그 형제들 — 막강한 러시아 군대의 지도자들과 그리스 정교회의 중심 인물들 — 의 권위에 도전했다. 나는 아직 젊고 경험도 일천하지만 진실을 보지 않았던가? 어디가 됐든 진실이 이끄는 곳으로 따라가야 하지 않을까?

*

그 다음 2년은 퍽 순조롭게 지나갔다. 이 기간 동안 나는 스무 차례 넘게 교외 강연활동을 다녔다.

1915년 6월 초순경, 나는 예년과 다름없이 워튼 스쿨의 학기를 마치고, 여름을 나기 위해 델라웨어 주 아덴으로 향했다. 6월 16일, 아침 9시가 조금 지났을 때, 필라델피아에 있는 내 비서 앨리스 E. 로셰로부터 전화가 왔다. 에드거 F. 스미스 학무담당 부총장에게서 편지가 왔는데, 다음 학기 재임용계약을 할 수 없다는 내용이라는 것이다.

앨리스는 전화로 편지를 읽어주었다. "친애하는 니어링 씨, 당신의 경제학과 조교수 임용기한(1914~1915년)이 만료됨에 따라, 펜실베이니아 대학 이사회로부터 재임용 불가 소식을 전하라는 지시를 받고 이렇게 연락드리는 바입니다. 행운을 빌며, 에드거 F. 스미스 드림."

한마디로 말해, 나는 사전예고는 물론 문책사유도, 심사도, 재심청구권도 없이 9년 동안 일해 온 직장에서 해고당한 것이었다.

학사업무는 대개 철저한 예의를 바탕으로 수행된다. 인사이동 사항은 매해 연초, 정확하게 말해 4월경에 결정되어 당사자에게 고지된다. 학교측에서는 어떠한 이유에서든 교수진의 일원을 해임하게 되면, 당사자가 다른 학교에 일자리를 알아볼 수 있도록 4월까지 본인에게 통보한다. 그런데 내 경우, 대학 당국은 학위수여식이 끝나 교수진과 학생들이 방학을 해 흩어지기를 기다리고, 내가 다음해 일자리를 구할 기회가 없어지기를 기다렸다가 해임을 알리는 짤막한 통지를 보내온 것이다. 해임사유는 물론 유감의 말 한마디, 통상적인 인사치레 한마디 없이 말이다. 펜실베이니아 대학 당국의 이런 처사는 당하는 교수 입장에서 보면 부당하기 짝이 없고, 조직사회의 구성원 입장에서 보면 비열하고 악의에 찬 행위였다. 이는 관대하게 말하면 예의범절 침해요, 심하게 말하면 외교관계 파기였다.

대학에서 해임당한 것이 충격은 충격이었지만, 전혀 뜻밖의 일은 아니었다. 우리 워튼 스쿨 8인방 구성원들은 해임 가능성을 염두에 두고, 그것에 대비해 왔다. 나는 이 문제를 대학 당국자와 의논하기까지 했었다. 1915년 늦봄 나는 필라델피아에서 가장 중요한 금융기관 축에 드는 지러드 신탁은행 사장 에핑검 B. 모리스의 사무실에 들렀다. 모리스 씨는 대학 이사회의 한 사람이기도 했다. 우리 얘기는 그즈음 신문에서 한창 논의되고 있던 쟁점인 대학교수들의 신상문제로 옮아갔다. "우리 대학에서는 교수진을 잘라내는 일이 없을 겁니다." 모리스 씨는 이렇게 역설하며 호쾌하게 덧붙였다. "우리는 당신 같은 젊은 교수들이 하고 싶은 일을 마음껏 할 수 있도록 기회를 줄 것입니다."

6월 16일 나는 비서에게 전화로 해고소식을 듣고서 곧장 필라델피아로 갔다. 우리는 펜실베이니아의 신문들과 전국의 유수 신문들, 신문사연합, 다른 대학에 있는 동료들, 미국의 영향력있는 인물들의 주소가 적힌 편지봉투를 1천5백 장 가지고 있었다. 우리는 이번 사건을 알리는 간략한 글을 등사판으로 인쇄하고 이 자료를 편지 봉투에 넣어, 그날 오후 5시경 우편으로 보냈다. 우리 '젊은 친구들'은 절대로 그냥 앉아서 당하지만은 않기로 작정했다.

처음부터 이번 사건은 전국적인 뉴스거리가 되었다. 신문에 사건이 대대적으로 보도되었고, 여론은 전반적으로 우리에게 유리하게 형성되었다. 필라델피아의 일간지 《노스 아메리칸》은 자기네 최고 기자인 에이나 바포드를 우리 사건에 투입했다. 6월 19일자 이 신문에는 다음과 같은 기사가 실렸다.

펜실베이니아 대학 이사회의 스콧 니어링 교수 약식 해임에 강력히 반대하는 전문들이 어제 브럼보 주지사에게 발송되었다. 전문들은 펜실베이니아 대학 이사회가 정부로부터 대학 보조금을 받는 대가로 아동노동문제에 대한 의회표결을 유리하게 이끌기 위해 니어링 박사를 해임한 게 아니라는 사실을 확실하게 밝힐 때까지, 이 대학을 위한 1백만 달러 정부보조금 지급안에 서명하지 말기를 브럼보 주지사에게 권하고 있다.

니어링 박사는 여러 해 동안 아동노동 착취에 반대하는 강연과 집필활동을 해왔다. 브럼보 주지사의 아동노농법에 반대해 펜실베이니아 아동 착취자들의 싸움을 이끌고 있는 조지프 R. 그런디의 고향 브리스틀의 한 신문은 얼마 전 니어링 박사와 자기 교회에서 니어링 박사의 아동노동반대 강연을 허용한 한 목회자를 싸잡아 신랄하게 공격할 기회를 잡았다. 그런디의 논설위원은 힘없는 어린이들의 착취를 반대하는 니어링 박사의 교회 강연을 신성모독이라고 비난하고, 대학 이사회에 그렇게 위험한 교수는 제거하라고 요구했다.

한편 《뉴욕 월드》의 논조는 빈정대는 투였다.

적어도 이 나라의 명문대학 한 곳이나마 보세스 매트 퀘이와 보이즈 펜로즈의 교육이념에 따라 행동하고 있다니, 대단히 고무적인 일이 아닐 수 없다. 이 대학만은 학문의 자유라는 그릇된 개념에 오염되거나, 정직한 견해에 문호를 개방하고자 하는 이성과 양심의 몰지각한 충동에 오도되지 않았다. 펜실베이니아 대학 이사회는 현상유지라는 정의의 수호자를 자임하고 나선 사람들로서, 그들의 사정권 안에 들어오는 범죄자 혹은 진보적인 사상가는 여지없이 그들이 부과하는 형벌을 받게 된다. 스콧 니어링 박사가 자중자애하는 사람이라면, 그는 이사회의 견해와 그들이 대변하는 이해관계를 파악하고 강의실에서나 사회에서나 비굴하게 그들의 견해와 이해관계에 따르는 것을 자신의 첫째 임무로 삼았을 것이다. 그는 불성실한 피고용자였고, 따라서 재단측은 영혼을 팔지 말아야겠다는 쪽으로 자극을 받을지도 모르는 다른 교육자들에게 경고하는 뜻으로 그의 이름을 그 대학 블랙리스트에 올렸다.

《시카고 헤럴드》는 다음과 같이 언급했다.

니어링의 용서할 수 없는 죄는 임금에 관한 강연이다. 그는 노동을 하면 생활을 유지하는 데 부족함이 없는 보수를 마땅히 받아야 한다고 믿고 있다. 이러한 생각은 몹시 해롭다. 니어링 교수의 적들이 정확히 이해하고 있듯이, 이보다 더 위험한 생각은 있을 수 없다. 그러나 불행하게도 이렇게 위험한 견해가 들불처럼 번져가고 있다.

《뉴욕 이브닝 포스트》는 이렇게 썼다.

급진적인 견해를 지녔다는 이유로 교수들을 박해하는 데 따르는 피할 수 없는 결과가 있다. 그것은 무척이나 중요하고, 또 명명백백하지만 파문 정책에 찬성하는 사람들은 이 명백한 결과를 완전히 간과하는 것 같다. 급진적인 교수들에게 그들의 견해를 마음놓고 표현할 수 있게 허용하지 않는 한, 보수적인 교수들의 발언이 대중에게 무게를 지닐 수는 없다. 현재로서는 우리나라의 모든 대학에서 반대 견해를 표현할 수 있는 자유가 보장되어야만, 거칠고 조잡한 세제안이나 입법안에 반대하는 대학

교수들의 견해를 인용할 수 있다. 펜실베이니아 대학은 니어링을 억누를 수 없다. 그러나 만의 하나 그것이 가능하다면, 이 대학의 권력자들 내부에서 이 대학이 옹호하고자 하는 바로 그 제도와 원칙에 대한 완강한 반대의 물결이 일게 될 것이다.

6월 20일자 《필라델피아 퍼블릭 레저》는 1면 머리기사의 표제를 "니어링 사건 국민적 쟁점으로 떠오르다. 전국의 대학들, 이 사건이 '언론의 자유'에 미친 영향 논의. 로우와 위트머, 탈락자 돕고자 발벗고 나서다. 고명한 교수들, 대학이 진통을 겪을까 염려하다"로 뽑았다. 기사의 내용은 이랬다.

펜실베이니아 대학 워튼 스쿨의 경제학 조교수에서 해임된 스콧 니어링 박사 사건은 더 이상 그 지역만의 관심사가 아니다. 국내 모든 지역에서 교육과 '자유언론'의 중심인물들이 펜실베이니아 대학 이사회가 사전통고나 사유설명도 없이 교수진의 일원을 약식 해임한 데 대해 심한 분노를 표현하고 있다. 비난과 함께 이런 조치를 취한 이유를 묻는 문의가 전국의 다른 도시들로부터 이 도시로 쏟아지고 있다······.

이 대학의 간판급 교수들 몇 명이 이사회를 신랄하게 비난했다. 이는 자신들이 모욕을 당했다고 느끼는 이 대학 교수진의 전면적인 반란을 예고하는 전조로 해석된다. 이번 해임사건은 모든 교육자들에게 불안감을 야기하는 불행한 결과를 낳았다. 한 교수는 "하다못해 하인 노릇을 하던 사람도 해고를 당할 때는 사전통보를 받는다"고 분개했다. 이 대학 교수진의 한 사람은 가을학기 첫 교수 회의는 '따뜻한 분위기'에서 열릴 것이라며, 40명 가량 되는 워튼 스쿨 교수진이 모두 참석할 것이라고 내다보았다. 지금은 여름방학이라 교수들 대부분이 학교를 떠나 있다. 학생들과 다른 교수들 사이에서는 이사회가 학생시위를 염려해 방학을 할 때까지 고의로 해임통보를 보류했다는 견해가 지배적이다.

내가 해임된 다음날 아침 패튼 교수는 이례적으로 대학 구내식당에 아침을 먹으러 갔다가 거기에서 심리학과 학과장인 라이트너 위트머 교수를 만났다. 위트머 교수가 물었다.

"내가 조간신문에서 읽은 게 사실입니까? 니어링이 어제 해고된 게 맞아요?"

패튼 교수는 그렇다고 고개를 끄덕였다.

그러자 위트머 교수가 벌컥 소리를 질렀다.

"나는 니어링한테는 관심 없습니다. 니어링이랑 나는 거의 모든 일에 대해 의견이 엇갈렸으니까요. 하지만 이건 내 문제입니다. 그들이 니어링에게 그런 짓을 할 수 있다면, 우리 누구한테라도 똑같은 짓을 할 수 있단 말입니다. 이제 싸움에 나설 때가 된 겁니다."

위트머 교수 말이 옳았다. 그는 내 문제를 상관할 사람이 아니었다. 더군다나 위트머 교수와 나는 교수식당에서 논쟁을 벌인 적이 한두 번이 아니었다. 위트머는 보수적이고 대단한 친영파(親英派)인 데다 연합전선을 노골적으로 지지하는 사람이었다. 반면 나는 반전과 평화를 강력하게 옹호했다. 그러나 내 해임문제는 위트머 교수 말대로 나 개인의 문제가 아니었다. 내 사건은 학문의 자유와 상식 차원의 예의범절에 대해 전반적인 의문을 불러일으켰다. 자존심이 있는 교수라면 이렇게 전횡을 일삼는 재단이 운영하는 교육기관에서 아무런 저항도 없이 계속 가르칠 수는 없는 노릇이었다. 적어도 워튼 스쿨의 한 교수는 교수들이 고급 하인으로 전락한 것은 아닌지에 의문을 품었다.

위트머 교수는 휴가 계획을 취소하고 여름을 책상 앞에서 보냈다. 그러느라 눈에 띄게 지쳐 가던 그는 마침내 책을 한 권 써냈고, 이 책을 B. W. 휩쉬가 출판했다. 책 제목은 『니어링 사건 : 이사회의 행위가 몰고 온 펜실베이니아 대학의 학문의 자유 위축』이었다. 이것은 일반적인 의미의 책이라기보다는 증거 모음집이었다. 위트머는 교수로서의 나의 능력을 평가하려 들지도 않고, 이사회가 나를 해임한 이유를 설명하려 애쓰지도 않았다.

그는 네 가지를 지적했다. 첫째는, 내가 교수진의 의사와 경제학부 행정간부의 결정에 반해, 그리고 문책사유도, 공식, 비공식 심사도 없이, 대학이 여름방학에 들어간 후에 약식으로 해임된 워튼 스쿨 조교수라는 점이었다. 위트머 교수는 이런 해임 과정이 모두 부당했음을 인정했다.

그의 두번째 요지는 가설에 입각해 있었다. 이 대학 어느 학과 교수에게 이런 일이 일어났을진대, 다른 학과의 다른 교수들에게 똑같은 일이 일어나지 않을 까닭이 있겠는가, 하는 것이었다. 세번째는, 두번째 지적에 대한 답변이 긍정이라면, 대학이 다른 개인 기업들과 마찬가지로 경영진이 고용과 해고를 마음대로 할 수 있는 회사가 아니고 무엇이겠는가, 하는 것이었다. 그리고 네번째로, 만약 펜실베이니아 대학이 몇 명의 이사회에 의해 경영되는 개인 기업이라면, 학문의 자유라는 말은 공허하고 부적절하지 않느냐는 것이었다.

위트머 교수는 나를 한 개인으로 다루지 않았다. 패튼 교수에게 말했듯이 위트머는 나나 내가 개진한 견해에는 별 관심이 없었다. 그는 대학교수들 전체의 위상에 관심을 두었다. 자기 자신을 비롯한 대학교수들이 과연 학문의 자유—이것은 그 시절의 모든 교수들이 대학 헌장에 입각해 정당하게 누리고 있던 권리이다—라는 원칙을 인정하지도 받아들이지도 않는 사람들이 운영하는 교육기관에 남아 있을 수 있는지를 알고 싶어 했다.

위트머 교수는 이렇게 썼다.

펜실베이니아 대학의 교수는 이사회의 피고용자이며, 교수들의 견해와 발언은 이사회의 견해와 발언에 일치해야 한다는 인식을 뿌리내리기 위한 시도가 행해지고 있다. 수입의 원천이 어디이든지 간에, 봉급을 받는 모든 사람들이 무엇을 가르치고 무엇을 가르치지 말아야 할지를 결정할 권리가 지출을 관리하는 사람들에게 있단 말인가? …… 특권층의 특정 대표자들이 연구와 강의내용을 통제하기 위한 운동을 전개하기로 결정했다는 견해가 심각하게 제기되고 있다.

위튼 스쿨 학생들과 학내 다른 학부 학생들이 사실확인을 위해 편지를 보내왔다. 학생들은 나에 대한 지지의사를 밝히고 자신들이 어떻게 대처해야 하는지 물어왔다. 이사회의 결정을 번복시키기 위한 대학 교수진의 강력한 움직임을 이끈 사람이 영문학과 과장 펠릭스 E. 셸링 교수라는 사실은 의미심장했다. 셸링 교수는 이사회의 처사에 대해 이렇게 말했다. "신사들은 그런 짓은 하지 않습니다!" 위트머와 마찬가지로 셸링도 보수적이고 친영 성향이 강하며 연합군에 적극 찬성하는 사람이었다. 위트머와 마찬가지로 셸링도 이 사건에 연루된 개인은 개의치 않고 학문의 자유라는 이상적인 원칙을 지지했으며, 이사회의 해임결정 철회를 촉구하는 교수 진영을 진두지휘했다. 학교측이 나를 해임하기로 결정하기 며칠 전에 거행된 학위수여식에서 셸링 교수는 연설을 했다. 연설주제는 학문의 자유였다. 이런 상황에서 그가 학문의 자유를 옹호한 것은 교수들이 이사회의 처사에 심한 불만을 품고 있다는, 대학 당국자들을 향한 일종의 경고였다.

위튼 스쿨 교수진은 복직투쟁을 위해 굳게 단결했다. 이들이 취한 첫번째 조치는 연봉의 절반에 해당하는 금액을 나를 위해 ― 내가 모든 시간을 복직투쟁에 바칠 수 있도록 ― 기부하기로 한 것이었다. 그런 다음 그들은 언론에 대고 발언했다.

워튼 스쿨의 딘 맥크리는 《노스 아메리칸》지와 인터뷰를 할 때, 이렇게 말했다.

스콧 니어링은 훌륭한 선생이며, 학생, 동료 교수들과의 인간관계에도 좋은 영향을 주는 사람입니다. 또한 학사행정업무에도 도움이 많이 되는 유능한 사람입니다.

패튼 박사는 다음과 같이 말했다고 한다.

니어링 박사를 잃는 것은 우리 대학이 가장 유능한 인력 하나를 잃는 것입니다. 그는 뛰어난 능력의 소유자요 최상의 인기를 누리는 교수이자, 내가 보기에 우리 대학에서 가장 큰 도덕적 힘을 발휘했던 사람입니다. 그는 우리 대학에서 규모가 가장 큰 강좌를 맡았습니다. 수강생이 4백 명이나 되는 강의였지요. 어느 누구도 니어링처럼 잘 해내지 못했을 겁니다. 그 강좌는 내가 15년 동안 가르치고, 지난 10년 동안 감독해 왔습니다. 그래서 4백 명을 가르치는 게 쉬운 일이 아니라는 걸 알고 있습니다. 그런데 니어링 박사는 그걸 잘 해냈어요. 니어링 이전에 그 강의를 맡았던 사람이 몇 명 있었지만 그들은 제대로 가르치지 못했습니다.

클라이드 L. 킹 교수는 말했다.

우리나라 어느 대학의 교수진을 보아도, 신생으로서나 학생으로서나 스콧 니어링보다 순수한 동기와 높은 이상을 지닌 사람은 없습니다. 그는 학생들과의 개인적인 접촉을 통해 학생들에게 늘 좋은 영향을 끼쳤습니다. 그의 영향은 학생들의 향후 인생 내내 효과를 발휘하는 힘을 지니고 있습니다. 선생으로서 그는 펜실베이니아 대학의 가장 귀중한 자산 가운데 하나이고, 오래전부터 그래왔습니다. 그를 잃는 것은 워튼 스쿨로서는 돌이킬 수 없는 손실입니다.

워튼 스쿨 정치학과 교수인 리오 S. 로우 박사는 이렇게 말했다.

니어링 교수의 약식 해임은 우리 대학으로부터 이 대학의 가장 헌신적인 아들이자 유능한 선생을 빼앗는 행위입니다……. 대학의 행정업무를 위탁받은 사람들이 학교에 도움을 주기는커녕 교육기관이라는 미명(美名)을 손상시키는 행위를 하다니, 가슴이 아플 따름입니다.

심리학 연구소 소장인 라이트너 위트머 박사는 다음과 같은 공식 성명을 발표했다.

한 교육기관의 이사회가 교수진의 견해를 통제하려고 하는 것은 사회 전체를 대신해 자신들이 행정 책임을 맡고 있는 교육기관의 부패와 분열을 조장하는 첫걸음이다……. 나는 니어링 교수를 변호하지 않는다. 그의 정직과 용기, 사회적 정의감을 존경하지만, 그의 경제관에 전적으로 동의하지는 않으며 그가 대중 앞에서 자신의 견해를 밝히는 데 사용하는 방법에 찬성하지도 않는다. 그럼에도 불구하고 나는 교수진의 한 사람으로서 견해와 방법의 차이를 문제삼고 싶지 않다. 그리고 기회가 닿는다면, 니어링 교수보다 훨씬 나랑 견해가 다른 사람을 임용하라고 권할 것이다.

워튼 스쿨 학생인 재크 M. 슈웹은 한 신문사에 다음과 같은 편지를 보냈다.

우리들 가운데 다수는 그의 경제 이론에 동의하지 않습니다. 하지만 그가 대학교수 본연의 모습을 보여주는 몇 안 되는 사람이라는 사실을 인정하지 않는 학생은 없습니다. 그는 학생들에게 생각을 하게 만듭니다. 이런 일을 할 수 있는 교수는 천금만 한 가치가 있다고 봅니다.

《뉴욕 타임스》는 '필라델피아의 순교자'라는 제목의 사설에서 전혀 다른 견해를 피력했다. 이 사설은 학생위원회에 소속된 1천5백 명의 학생이 서명한 탄원서를 헐뜯었다. "1914년 축구부 주장, 1914년 육상부 주장, 그리고 대학간 육상경기 선수권자 같은 내로라하는 인물들이 포함된 학생위원회" 운운하며 다소 비아냥거리는 투로 이 글은 서두를 떼고 있다.

경직된 인상을 주는 이들 운동선수들은 "우리는 이사회가 사사로운 이익을 추구하기보다는 공적인 신뢰를 쌓아가는 게 더 중요하다고 생각한다"며 학문의 자유에 관해 목소리를 높이고 있다. 이들 청년 학도들의 목표는 펜실베이니아 대학을 학생과 외부인들의 손에 의해 조종되는 우스꽝스러운 난장판으로 바꾸려는 데 있으며, 이사회를 공적으로 매도하는 게 그들이 의도하는 바이다.

《뉴욕 타임스》는 한참 조소를 늘어놓은 뒤 다음과 같은 내용으로 이야기를 마무리했다.

솔직히 말해, 일부 교수들이 시시껄렁한 얘기를 지나치게 떠들어대고 있다고 생각한다. 그들의 마구잡이식 강연은 그들이 속한 학교의 졸업생들을 짜증나게 하며 대학 당국자들의 신경을 거스르고 있다. 이사회는 해임사유를 밝힐 필요가 없다……. 해임당한 사람이 상당히 유능한 교육자일지도 모르지만 — 니어링 박사가 그런 사람이라는 것을 우리는 알고 있다 — 독특한 말버릇이나 저급한 청중들을 히죽거리게 만드는 재능을 지니고 있는지도 모르는데, 그렇다면 그런 사람이 대학의 영예가 될 수는 없지 않겠는가……. 공정한 사람들이라면, 이사회의 니어링 박사 재임용 거부가 '학교를 위한 최선의 길'이었다는 조지 위튼 페퍼 씨의 진술을 받아들이는 데 만족할 것이다.

컬럼비아 대학 법학과 교수인 새뮤얼 매퀸 린제이는 《퍼블릭 레저》에 발표한 성명서에서 다음과 같이 말했다.

이것은 펜실베이니아 대학 이사회의 월권행위이다. 교원의 자질에 대해 평가를 내리는 것은 다양한 교수단의 고유업무로, 이사회는 이 일에 관여할 권리가 없다. 여기에 학장과 교수진이 재임용을 추천한 사람, 그들이 평균을 훨씬 웃도는 능력과 성실성을 지니고 있으며 교수법에서나 학교에 대한 기여도 면에서나 누구에게도 뒤지지 않는다고 평가한 사람이 있다. 이사회가 학기가 끝나는 시점에서 사전예고도 없이 사실상 그를 해임한 것은 합법성 여부가 의문스럽기조차 하다. 그러나 합법성 문제를 떠나, 이는 이례적이고 부당한 처사이다.

무능력이나 사회의 도덕관을 침해하는 언행으로 인해 공정하게 문책을 당하는 경우에는 이사회가 개입하는 것이 어느 정도 정당화된다. 그러나 이번 사건은 누가 뭐래도 사회구성원 일부의 정치적 취향에 맞지 않는 견해를 피력했다는 이유로 교수를 문책한 극악한 경우이다. 이런 상황에서 이사회가 재정 지원은 말할 것도 없고 사회의 존경과 신뢰를 얻고자 한다면, 의식적으로 그 교수를 보호했어야 한다.

이사회의 관심이나 취향에 맞추기 위해 그때그때 자신의 견해를 바꾸는 사람들로 구성된 대학이라면, 사회는 결코 대학의 진가를 인정하지 않을 것이다. 자신이 알고 있는 진실에 대해 말하기를 두려워하는 교육기관이라면, 차라리 없는 편이 나을 것이다. 나는 펜실베이니아 대학이 적어도 10년 동안은 이번 사건에서 입은 타격을 회복하지 못하리라고 본다. 이번 사건의 충격은 이 나라 전체에 영향을 미칠 것이다.

*

이런저런 얘기가 끊이지 않고 돌게 되는 중요한 원인 가운데 하나는 모호함이다. 만일 이사회가 니어링은 어찌어찌해서 해임되었다고 솔직하게 밝혔더라면 뒷말이 없었을 것이다. 그러나 그들은 적을 이롭게 하는 행동을 하고 말았다. 기자들이 끈질기게 물고 늘어졌지만, 그들은 침묵했다. 이사회의 무반응은 소문과 추측을 더욱 무성하게 하여 결국 이 문제가 모든 사람들의 입에 오르내리게 되었다.

기자들은 이사회가 6월 15일에 취한 조치의 배경을 파고들었다. 《노스 아메리칸》의 보도에 따르면, "이사회에서 니어링 박사를 반대한 두 사람, 조지 워튼 페퍼와 J. 레버링 존스는 니어링의 해임이 '학교를 위한 최선의 길'이었다고 설명했다." 이 신문사의 기자가 페퍼 씨에게 질문했다. "하지만 이사회측의 해명이 없다 보니, 사람들은 나름대로 결론을 끌어내게 됩니다. 이사회가 대학 보조금 1백만 달러를 받는 대가로 아동노동문제에 관한 의회 표결을 유리하게 이끌기 위해 니어링 박사를 해임했다는 추측을 주지사에게 제기한 사람들의 경우처럼 말입니다."

"그건 말도 안 됩니다."

페퍼 씨가 주장했다.

"니어링 박사가 이유가 있어서 해고되었다면, 이사회측이 그 이유를 밝히는 건 쉬운 일 아닙니까?"

"니어링 박사를 해임한 건 우리로서는 최선의 판단이었습니다."

페퍼 씨가 대답했다.

"내가 내 비서가 마음에 들지 않거나 비서가 한 일이 만족스럽지 않다고 한다면, 어떤 사람들은 비서를 불러다 앉혀놓고 그 문제에 대해 얘기해 보는 게 좋겠다고 할 것입니다. 그런가 하면 어떤 사람들은 이유를 듣고 말 것도 없이 비서를 해고하는 편이 현명하다고 생각할 것입니다. 모든 것이 경우에 따라 다르겠지만, 어느 쪽이든 해고사유를 말하는 것이 현명하겠지요. 그러나 어쨌든 간에 내 비서를 해고하는 일은 내 권한에 속한다고 생각합니다."

"하지만 대학 지원을 위해 비용을 부담하는 국민 대중은 당신과 같은 처지에 있지 않습니다. 그들은 대학 이사회를 해고할 수 없으니까요."

"그야 당연하지요. 우리는 자기재생산 구조로 운영되는 집단이니까요."

페퍼 씨가 대답했다.

《노스 아메리칸》은 저명한 회사 고문변호사이자 펜실베이니아 대학 이사 가운데 한 사람인 J. 레버링 존스 역시 니어링 박사 해임사유에 대해 밝히기를 거부했다고 전했다.

"우리는 대중에게 해명할 의무를 느끼지 않습니다. 대중들이 이번 일과 무슨 관계가 있단 말입니까?" 존스 씨는 반문했다.

"당신이 해리스버그에 가서 1백만 달러를 요구할 때는, 그곳 대중들의 알 권리를 인정했다고 생각하는데요."

인터뷰를 담당한 기자가 과감하게 말했다.

"우리는 행동으로 말합니다. 구구절절 설명할 필요는 느끼지 않습니다."

존스 씨는 물러서지 않았다.

몇 달 뒤인 10월 11일, 마침내 대학 이사회는 내가 '대중들에게 오해를 샀기' 때문에 해임되었다고 발표했다. 물론 이것은 터무니없는 얘기였다. 나는 강의를 하든 글을 쓰든 명쾌하고 노골적으로 내 생각을 밝히기 때문에, 사람들이 오해할 여지란 없었다. 이사회측이 언론에 밝힌 얘기를 들어보자. "그가 대학과 관계를 맺었던 기간 동안, 그의 노력은 실로 성실하고 진지했습니다만, 유감스럽게도 끊임없이 오해를 불러일으켰습니다. 그 때문에 이사회는 그를 정교수로 승진시킬 수 없다고 생각합니다. 그런 문제만 아니었다면 그가 벌써 정교수 자리에 올랐을 것입니다." 그러고 나서 이사회는 교수들이 "적절한 기회에 적절한 예의를 갖추고 적절한 주의를 기울여" 하기만 한다면, 교수들의 발언의 자유에 찬성한다고 선언했다.

지금까지도 나는 내가 무슨 이유로 펜실베이니아 대학에서 해고되었는지 확실히 알지 못하고 있다. 소문에 의하면, 펜실베이니아 주의원 한 사람이 술에 만취한 상태에서 "비밀을 털어놓았다"고 한다. 해고 결정이 내려질 당시, 펜실베이니아 주의회는 대학교에 1백만 달러의 기금을 지원하는 내용의 법안을 상정하고 있었다는 것이다. 그런데 유력한 기업인 한 명과 공화당의 고위층 인사가 대학 당국이 기금을 지원받으려면 먼저 나를 교수진에서 해임하라는 조건을 내걸었다고 한다. 결국 이사회의 갑작스러운 결정도 이런 과정에서 나온 것이었다. 또 이사회가 자신들의 결정을 사람들에게 떳떳하게 밝히지 못한 이유도 여기에 있었다. 이 이야기는 문서로 남아 있지는 않지만, 저간의 진행과정을 돌이켜보면 충분히 수긍할 만했다.

이사회가 무슨 이유에서 나를 해고했든, 이 사건은 나뿐만 아니라 대학 당국에도 심각한 영향을 끼쳤다. 일처리 방식으로 인해 대학 당국은 욕을 먹고 혹평에 시달렸다. 또한 이사회가 자신들의 관점에 발을 맞추지 않는 교수들에 대해 대대적인 숙청을 준비하고 있다고 믿을 만한 충분한 이유가 있었다. 우리 워튼 스쿨 8인방은 시련을 피할 수 없을 게 분명했다. 그렇지만 내 해임건으로 언론이 떠들썩해진 덕분에 우리 그룹의 나머지 일곱 명은 자리를 보전했다. 셋째, 셸링 교수가 학위수여식 연설에서 경고하고 위트머 교수가 '니어링 사건'에서 언급했듯이 연구 및 강의내용을 통제하기 위한 조치가 예상되었으나, 이는 현실화되지 못했다.

《그레이터 필라델피아》라는 잡지 1965년 11월호에 실린 루스 브래닝 몰리의 기사 '급진주의자들'은 다음과 같이 강조하고 있다.

82세의 노선배가 조교수직에서 쫓겨났다는 이유 하나만으로 대학 사회에 이처럼 엄청난 변화를 몰고온 사건은 많지 않을 것이다. 여기서 말한 변화란 교수들의 자유로운 발언권, 이사회의 무력화, 교과과정의 대폭적인 수정, 동창회의 전면적 재편, 그리고 교수들에 대해 아무런 영향력을 행사하지 못하는 대학 출판부의 위상 격하 등이 포함된다.

《데일리 펜실베이니안》이라는 학생신문의 1963년 4월 9일자 판에는 다음과 같은 사설이 실렸다.

학문의 자유란 다른 것들과 마찬가지로 힘들게 얻은 원칙이다. 이것을 지지하는 사람들은 학문의 자유를 침해하려는 자들에 대해 늘 경계를 게을리 해서는 안 된다. 구속받지 않는 분위기에서 지식을 보급하는 것은 우리의 교육체제에 절대적으로 필요한 사항이다. 그러나 편협한 교육관을 가진 자들은 교육을 지시·명령의 차원으로 격하시키고, 자기들과 뜻이 다른 견해를 "국가의 안녕"이라는 다소 모호한 개념을 빌어 억누르고 있다. 한 교수 개인의 정치적 신념이 학생들에게 전문지식을 전달하는 교수로서의 능력을 손상시킨다고 말할 사람은 없을 것이다.

그러나 다른 분야와 달리 사회과학이라는 영역에서는 교수가 자신이 선호하는 이론을 '사실'로 위장해 가르칠 경우 대학의 강좌 하나가 특정 사상을 주입하는 수업이 될 수 있다는 주장이 있다. 하지만 정치이념들은 대학 총장의 집무실이 아닌 이념시장에서의 자유로운 경쟁을 통해 옥석이 가려져야 하며, 이것이 바로 민주적 과정의 원리이다. 불행히도 학문의 자유에 대한 미국의 태도는 민주적 과정을 따를 만큼 성숙하지 않았다.

이 날짜 《데일리 펜실베이니안》 1면의 오른쪽 상단 발행인란에는 작은 글씨로 '스콧 니어링을 기억하라'고 인쇄된 글이 작은 박스 안에 들어 있었다.

인문과학연구소의 전직 소장이자 현재 펜실베이니아 대학 사회학 명예 교수인 크로포드 박사는 한 대담에서 대담진행자에게 이렇게 말했다. "당신은 펜실베이니아 대학에서 일어난 언론의 자유에 관한 유명한 사건의 파급효과를 강조하는 데 중점을 두고 있군요. 아마도 젊은 세대들 가운데 상당수는 그 대단한 논쟁이 우리에게 상대적인 학문의 자유를 보장하는 데 얼마나 결정적인 요소로 작용했는지 실감하지 못할 겁니다."

내가 해임당한 지 51년째 되는 1965년 6월, 나는 메인 주 바하버에서 열린 한 평화집회에 참석했는데, 펜실베이니아 대학 동양학과의 더크 보드 교수가 이 집회의 연사였다. 집회가 끝난 뒤 그가 나에게 와서 말했다. "아직도 대학가에서는 선생님을 지금 우리가 누리고 있는 학문의 자유를 보장해 주신 분으로 기억하고 있습니다. 이사회가 무슨 의도로 선생님을 해임했든간에, 그 사건이 야기한 뜨거운 열기는 대학측에 다시는 그런 일을 일으키지 말라는 따끔한 경고로서 효력을 발휘했지요."

하지만 1915년 당시에는 대학 이사회가 굳건하게 서 있었다. 가을이 되자 학생단체와 교수진이 캠퍼스에 모여들기 시작하고, 항의집회가 조직되고, 나를 위해 후속조치를 취하기 위한 프로그램이 논의되었다. 그러나 시간이 지나면서 니어링 사건은 '낡은 모자'가 되었고, 사람들은 전쟁과 그 밖의 당면문제들로 관심을 돌렸다. 위튼 스쿨 학생단체도 펜실베이니아 대학 학생단체도 단호한 조치를 취하지 못했다. 그렇게 해서 나는 영원히 축출당했다.

나는 이 문제에 개인적인 감정은 없다. 정말로 유감스러운 것은 내가 선택한 분야에서 학생들과 접촉할 수 있는 기회를 빼앗겼다는 점이다. 나는 증오나 앙심을 품고 있지도 않으며 분하지도 않다. 나는 이 사건을 지난 반세기 동안 개개인의 역사에 큰 그림자를 드리워온 냉전의 일부로 보고 있다.

*

해임건으로 한창 시끄러운 와중인데도 오하이오 주 톨레도 대학의 A. 먼로 스토우 총장이 나를 정치학 교수 겸 문리대 학장으로 초빙하였다. 그간 위튼 스쿨의 동료들은 나를 다른 대학에 취직시키려고 백방으로 노력했다. 위스콘신 대학과 컬럼비아 대학에 말을 넣어보았지만 반응이 없었다. 나의 해임이 학계에 엄청난 반향을 불러일으키고, 펜실베이니아 대학을 상대로 학문의 자유를 지키기 위한 우리의 투쟁을 지지하는 편지들이 셀 수 없이 많이 답지했지만, 미국의 대학들은 어디서도 나를 데려가려 하지 않았다.

여기에는 몇 가지 그럴 만한 이유들이 있었다. 우선 가장 중요한 것으로는 미국 전체에 불어닥친 전쟁의 열기를 들 수 있다. 학계의 보수주의자들과 미국 사회의 소수 독재체제를 지지하는 자들은 전쟁을 십분 이용하여 미국의 호전적 정책에 반대할 소지가 있는 급진주의자와 자유주의자들을 학교에서 몰아내는 중이었다. 두번째로 내가 오래전부터 소수 독재를 반대하고 그 체제의 윤리, 원칙, 그리고 그것에 의한 만행들을 강력하게 비난한 문제인물이라는 이유도 있었다. 재계건 학계건 나처럼 잠재적인, 또 악착 같은 말썽꾼을 부려 괜히 골치 아픈 일을 사서 하지는 않으려 할 것이다. 그리하여 나는 1915년 12월, 가족과 함께 짐을 꾸려 오하이오 주 톨레도 대학으로 새 생활을 찾아 떠났다.

펜실베이니아 대학과 톨레도 대학만큼 분위기나 생활 면에서 극과 극인 경우도 드물 것이다. 스워트모어 대학과 펜실베이니아 대학에 재직하면서 나는 규모가 큰 대학과 작은 대학의 생활을 경험할 기회가 있었다. 둘 다 나름대로 장점이 있지만, 그래도 지방의 작은 단과대학에는 대도시의 종합대학에서 찾아보기 힘든 친근감과 끌림이 있었다.

교직에서 해임된 뒤, 미국의 대학과 학교들은 점점 더 거대한 공장이 되어갔다. 학생과 교수들 모두 개성을 상실하고, 서로의 이름조차 모르는 채 지냈다. 이런 현상은 2차대전 이후로 더욱 가속화되었다. 대규모 종합대학들은 연구기관이라는 본연의 임무를 망각하고, 호전적 국가를 위한 총알받이들만 배출해냈다. 군국주의적 대세에 휩쓸려 대학이 국가의 시녀가 된 것이다. 요즘 청년들이 강하게 비판적 자세를 취하고 있는 것도 전혀 이상한 일은 아니다.

큰 대학이라고 해서 교육의 질이 반드시 더 나은 것은 아니다. 언젠가 나는 「대학과 노동」이라는 논문을 쓴 적이 있다. 1870년부터 1910년까지 40년 간 전국 유명대학의 요람을 조사해 교직원 분포에 초점을 맞추었다. 초기에는 80퍼센트가 교수급이고, 그 이하가 20퍼센트를 차지했다. 그러나 40년 뒤에는 대학원생이나 고급과정 학생들을 가르치는 교수, 부교수, 조교수 등이 20퍼센트에 불과하고, 나머지 80퍼센트는 강사, 조강사, 시간강사 등이 차지했다. 일반적으로 경험이 적은 교사진들이 학생들 교육을 담당하게 된 것이다.

펜실베이니아 대학은 교직원이 7백 명이나 되고, 전국에서 모인 학생들이 수천 명에 달했다. 이 대학은 사립대로 이사회에서 대학정책을 결정하고, 교직원을 선정하고, 이사직을 승계할 후임자를 선발했다. 이사회는 전체 24명으로 구성되고, 이사들 전부 자기 분야에서 두각을 나타내는 인물들이었다. 여기에는 필라델피아 지역사회 원로들의 입장을 옹호하는 인사들과 필라델피아와 펜실베이니아 기업가들의 이익을 대변하는 인물들이 포함되었다. 이사회는 온통 자산가들과 그들의 하수인들로 구성되어 있었다. 근로자나 그들의 이익을 대변하는 사람은 단 한 명도 없었다. 이사들 가운데 다섯 명은 변호사이고, 은행가와 의사가 각각 네 명, 공장주가 세 명 있었다. 그리고 판사, 출판사 사장, 건축가, 광산업자, 증기선 선주, 상인, 철도회사 간부가 각각 한 명씩 있었다.

이들은 일 년에 한 번 교직원들을 위한 가든 파티를 열었다. 파티는 보통 교외에 있는 그들 저택에서 열렸는데, 이사들은 일렬로 죽 늘어서서 교직원들의 인사를 받았다. 이런 절차가 끝난 뒤에는 먹고 마시며 아는 사람들과 이야기를 나누었다. 그리고 이사회와 교직원의 접촉은 그 다음해가 되어서야 다시 이루어졌다.

톨레도 대학은 규모는 작지만 시립대이고, 작지 않은 이 공업도시가 필요로 하는 것을 채워주고 있었다. 톨레도 대학의 이사들은 시장과 이 도시 이익단체 — 상공회의소, 센트럴 노동조합, 전문직 단체 — 의 대표들이 임명했다. 이사들은 모두 청장년의 평범한 시민들로, 학교에 직접 찾아올 만큼 시민의식을 지니고 있으며 자신들의 사무실이나 집에서 교직원들과 만나는 걸 항상 즐거워했다. 그들은 개방적이고 진취적이었다. 이사회는 한 명만 빼고 모두 나를 임용하는 데 찬성했다.

내가 톨레도에 들어간 직후, 그러니까 1915~1916년 겨울에

센트럴 노조의 적극적인 후원으로 사회적인 문제들을 제기하고 논의하기 위한 '톨레도 공공포럼'이 조직되었다. 변호사이자 이 대학 이사인 앨버트 밀러가 의장으로 지명되었다. 나는 서기였다. 이후 1년 6개월 동안 우리는 포럼 일을 함께했다. 우리의 관계는 더 이상 친밀할 수는 없을 정도였다.

다른 이사들도 성심껏 도움을 주었다. 이사들 가운데 외과의사인 존 S. 파일 박사는 나를 톨레도 대학으로 초빙하는 일에 주역을 담당했던 사람이다. 파일 박사는 오랜 사회주의자로, 톨레도 진보운동계의 대부 격이었다. 그는 톨레도 대학을 자기 자식이라 불렀다. 대학 재정이 교직원 봉급을 주기에도 모자라게 빈약하던 시절, 파일 박사는 사재를 털어 교직원들 봉급을 댈 정도로 헌신적이었다. 파일 박사는 의사라는 자신의 직업에 버금가게 대학을 진정으로 사랑했다.

톨레도 대학은 내가 학장을 맡고 있는 문과대학을 수용하기 위해 새 건물을 짓고 있었다. 내가 이끄는 사회학과는 학과 교육과정뿐 아니라 학과본부까지 설계할 수 있었다. 우리는 사회학연구실을 학과본부로 삼기로 결정했다. 연구실은 볕이 잘 드는 널찍한 방으로, 책장과 칠판과 튼튼한 8인용 나무탁자 아홉 개를 갖추고 있었다. 탁자 아홉 개를 네모나게, 혹은 둥그렇게 모두 잇대어 놓으면 50명 정도는 수용할 수 있었다. 사회학 강의는 규모가 크지 않기 때문에, 이런 식으로 탁자를 배치하면 다른 강의실에서는 생각하기 힘든 친밀감을 느낄 수 있었다. 보통 강의실에서는 첫 줄에 앉는 학생들 외에는 앞사람의 머리와 어깨에 가려, 선생의 얼굴을 온전히 볼 수 없었다.

1916년 나는 톨레도에 갔을 때 진보적인 사회과학자로 환영 받았다. 그해에는 잠시도 한가한 시간이 없었다. 신경 써야 할 학교문제가 한둘이 아니었다. 학교 규모가 커지면서 다양한 문제들이 불거져 나왔다. 학생들은 활기차고, 매사에 관심과 열의가 대단했다. 톨레도 공공포럼은 대단한 성공을 거두었다. 공개토론회가 있을 때마다 수천 명이 참석했고, 전국의 저명인사들이 활기차고 적극적인 청중들 앞에서 연설하는 것을 기쁘게 여겼다.

내가 톨레도에 가서 처음으로 대중 앞에 모습을 드러낸 것은 사회문제에 대한 진보적인 입장으로 존경을 받는 자유주의 성직자 앨런 스톡데일의 교회에서 열린 포럼에서였다. 포럼에는 의식있는 청중들이 많이 몰려들었다. 스톡데일 씨는 내가 톨레도에 온 것과, 하고 싶은 말이 있는 사람들에게 항상 열려 있다는 그 교회 강단에 서게 된 것을 환영했다. 그러면서 스톡데일 씨는 자기 교회 강단은 전할 메시지가 있는 사람 누구에게나 항상 열려 있다고 설명했다. 이것이 스톡데일 씨가 1916년에 보인 태도였다.

그런데 그로부터 1년 뒤, 미국이 전쟁에 개입한 직후, 스톡데일 씨는 1917년 4월 29일 일요일 아침 예배 설교 시간에 내가 얼마 전 톨레도 공공포럼에서 평화를 주제로 행한 강연을 언급했다. 그는 말했다. "스콧 니어링은 입을 다물고 다시는 열지 말아야 합니다. 그는 자기처럼 교육의 혜택을 누리지 못한 사람들을 잘못된 길로 이끌거나 속여서는 안 됩니다. 이 나라에 평화나 전쟁을 놓고 찬반 토론을 벌이는 게 허용되던 시절이 있었습니다. 그러나 나라가 전쟁으로 내몰린 지금은 불충을 설파하거나 다른 견해를 얘기할 시간이 없습니다. 그런 짓을 하는 사람들은 반역죄인입니다. 매국노란 말입니다."

다음주 일요일 아침, 우리는 스톡데일 씨의 교회에 들어가는 사람들에게 내가 '자유로운 발언의 권리와 의무'라는 제목으로 쓴 인쇄물을 배포했다. 이로써 나와 제일 조합 교회의 관계는 끝장났다.

나는 전쟁 준비 캠페인이 절정에 이르고 있을 때 톨레도에 도착했다. 그러나 전쟁은 15개월 전에 이미 포고된 상태였다. 그 사이 윌슨 대통령은 1916년 11월 대통령 선거에서 '그가 우리를 전쟁의 위험에서 벗어나게 했다'는 슬로건으로 재선되었다. 그후 '나는 내 아들을 군인이 되라고 키운 게 아니야'라는 인기가요는 '양키들이 가고 있으니, 전쟁은 곧 끝나리'라는 새로운 인기가요로 바뀌었다.

전쟁의 압력 속에서 포럼은 톨레도 주민교회로 대체되어 이 교회가 토론장 역할을 했는데, 주민교회는 메모리얼 홀에 있던 집회장에서 쫓겨나고 말았다. 톨레도의 자유주의자와 급진주의자들은 새로운 상황에 순응해야 했다. 그 과정에서 몇 사람은 옥고를 치렀다. 강제징집을 당한 사람도 많았다. 어떤 사람은 우드로우 윌슨이 꿈꾸는 부르주아 민주주의로부터 세상을 지키려는 헛된 노력을 하다가 이국 땅에서 죽어갔다. 대다수의 톨레도 시민들은 전쟁으로 야기된 활황에 기뻐했다. 전쟁 전에는 그렇게 많은 지폐를 만져본 적이 없는 사람들이었다. 톨레도의 뿌리깊은 자유주의와 급진주의는 급격히 무기력해졌다.

*

1917년 마침내 운명의 날이 나에게 찾아왔다. 예년과 다름없이 셔토쿼 하계대학의 개강준비를 하고 있을 때였다. 톨레도 포럼의 의장으로 있는 알 밀러가 자기 사무실에서 나를 보자고 했다. 그는 나를 반갑게 맞이하며 말을 꺼냈다.

"당신도 알겠지만, 나는 톨레도 상공회의소의 변호사를 맡고 있습니다. 다시 말해 나는 그들의 법적 대변인이고, 그들은 나의 고객인 셈이지요. 그 사람들이 다음번 톨레도 대학 이사회에서 당신과의 재계약을 중지한다는 결정을 통과시키려 하고 있습니다. 제가 그 일을 맡았지요." 그는 여기까지 말하고 입을 다물었다.

"아, 충분히 알겠습니다." 나는 차분한 목소리로 말했다. "전쟁 열기가 몰고온 징후들 가운데 하나인 셈이군요. 어느 전쟁에서든 최초의 희생자는 진실을 말하는 사람들이니 말입니다."

알이 서둘러 내 말을 막았다.

"이 일에 개인적 감정 같은 건 전혀 없다는 걸 당신도 이해해 주리라 믿습니다. 당신과는 포럼에서나 다른 일들에서 한번도 의견차이 없이 잘 지내오지 않았습니까?"

"맞는 말입니다." 내가 말했다. "그간 우리가 힘을 합해 노력한 게 톨레도 시의 발전에 어느 정도 기여했다고 생각하고 있습니다."

"그렇지요. 당신과 함께 보낸 시간이 나에게는 큰 즐거움이었습니다." 알이 말을 이었다. "지금 이 순간부터 어쩔 수 없이 우리 사이는 갈라질 수밖에 없군요. 하지만 전쟁 때문에 갈라서더라도 친구로 남아 있으면 하는 게 내 바람입니다. 이번 일에 개인적 감정은 조금도 없다는 걸 기억해 주기 바랍니다." 그는 조금 전의 말을 되풀이했다. "나는 당신 입장을 존중하고, 앞으로 잘되길 바랍니다. 내가 해야 할 일은 다른 데 있는 것 같군요." 우리는 악수를 나누었다. 그 이후로 그와는 다시 만나지 못했다.

대학 이사회는 예정대로 열렸다. 나를 쫓아내기 위한 안건이 발의되고, 절대 다수로 통과되었다. 표결 결과가 이렇게 나온 것은 이사들 가운데 벤 존슨이 아무런 이유없이 불참했기 때문에 가능했다. 그는 병이 든 것도 아니고 도시를 떠나 있는 것도 아니었다. 단지 일부러 그 모임에 빠졌던 것이다. 센트럴 노조원들은 마지막까지 내 편이 되어 주었다.

이사회가 끝나고 며칠 동안 나를 해고하는 쪽에 찬성표를 던진 톨레도 대학 이사들은 나를 찾아와 변명을 늘어놓았다. "이번 일에 개인적 감정 따윈 전혀 없소." 모두들 알 밀러의 말을 되풀이했다. "우린 당신이 톨레도에 온 것을 대단히 기쁘게 생각하고 있소. 우리를 위해 많은 일을 한 걸 충분히 알고 있소.

당신도 이곳 생활에서 뭔가 얻은 게 있기를 바라오. 앞으로 기회가 있으면 다시 한 번 같이 일하고 싶소. 전쟁 때문에 이렇게 되기는 했지만, 시절이 나아지면 다시 만납시다."

이 과정에서 나는 중요한 교훈 하나를 배웠다. "이번 일에 개인적 감정은 전혀 없다." 알 밀러의 이 말은 사실이었다. 우리 사이는 더할 나위 없이 좋았다. 비인간적인 거대한 힘—전쟁 열기와 전쟁 그 자체—이 인간적 관계를 뒷전으로 물러앉게 한 것이다. 한 사람이 총탄에 맞거나 포탄에 갈기갈기 찢어진다면, 그때 작용한 힘은 개인과 상관없는 기계적 또는 화학적인 것이다. 엔지니어링을 경험해 본 나로서는 불이나 홍수, 지진 또는 전쟁 같은 것을 있는 그대로, 다시 말해 기계적 문제와 동일한 무정하고 비인간적인 힘으로 간주한다. 이런 입장에 보면, 처음에 나를 뒤흔들고 마지막에는 나의 학문적 경력을 산산이 부숴버린 외적 충격들은 변덕스런 날씨처럼 인간의 힘으로는 어쩔 수 없는 것이었다.

1916년부터 1918년까지 파란만장했던 2년 동안에 내가 체득한 교훈은 나에게 세상 보는 눈을 갖게 해주었다. 인간관계에도 소중하게 간직되어야 하는 관계가 있는가 하면, 어떤 관계는 잊혀지고 만다. 사회적인 힘에도 아이들이 연을 날릴 때 불어오는 강풍처럼 전혀 비인간적인 힘이 있다. 연을 잃어버렸다고 바람을 욕하기는 쉬우나, 그래 봐야 소용없는 일이다. 바람이나 전쟁에 인간적인 면이라고는 없다.

나는 톨레도 사람들에게 감사하며, 나를 지켜주기 위해 집단적으로 저항했던 톨레도 대학 학생들에게 감사한다. 우리의 짧은 만남은 생산적이고 가치있는 것이었다. 나는 알 밀러와 그의 결정을 지지하고 나중에 "개인적인 감정은 전혀 없다"고 말해 준 다른 이사들에게 영원히 감사한다. 나는 이번 교훈을 마음 깊이 받아들여, 내가 선택한 교사라는 직업이 한 조각 한 조각씩 잘려나갈 때마다 이 말을 몇 번이고 되뇌었다. 사실 한 개인의 삶을 송두리째 뒤집어놓는 불가항력적인 힘을 설명하는 데 이보다 더 어울리는 말이 어디 있겠는가?

*

워튼 스쿨 조강사로 처음 교직에 발을 들여놓았던 1906년, 나는 평생을 교직에 헌신하기로 하였다. 그러나 11년 뒤, 나는 워튼 스쿨과 톨레도 대학에서 퇴출당했다. 새로운 자리를 구할 기회도 거의 주어지지 않았다. 아니 기회가 주어졌다고 해도 다시 강단에 서는 것은 불가능해 보였다. 전쟁과 그 여파는 나를 자격은 있지만, 어디서도 원하지 않고, 그 결과 채용되지 않는 거대한 실업자 군단 속으로 몰아넣었다. 빈센트 반 고흐도 1880년 나와 비슷한 상황에 처한 적이 있다. 동생 테오에게 보낸 편지에 그는 이렇게 적었다.

'내가 여러 해 전부터 일자리를 못 구하는 이유는 딱 한 가지, 내가 일자리를 쥐고 있는 자들과 다른 생각을 한다는 것뿐이다. 그들은 자기와 같은 생각을 하는 사람들에게만 일자리를

준다.'

당시 나는 마흔이 채 안 된 나이였다. 지금이라도 늦지 않았으니 전향을 하라는 것이었다. 나의 오류를 인정하고, 과거의 잘못에 대해 용서를 구하고, 자유공채(제1차세계대전중 공모했던 전시공채 : 옮긴이)를 사고, 연합군으로 유럽 전쟁에 참전할 수도 있었다. 또는 일부 동지들이 하나둘씩 그랬듯이 워싱턴 정부에 참여해 그들이 원하는 방식으로 사회를 개선하는 데 동참할 수도 있었다.

당시 시카고에 일이 있어 가는 길에 여러 해 동안 알고 지내오던 예전 사회주의자를 만났다. 그는 자기 입장에 대해 솔직하게 털어놓았다.

"나는 성인이 된 뒤부터 지금까지 늘 반항아에다 급진주의자, 사회주의자였고, 사회로부터 버림받은 자였소 안정된 직장도 없고, 일정한 수입도 없었지. 하지만 이제는 완전히 바뀌었소. 180도 바뀌어 우익으로 전향한 거지. 다른 사람들과 마찬가지로 당연히 가야 할 길을 가고 있는 거요. 나는 지금 미국 대통령을 선두로 한 영향력있는 운동세력의 일부로 활동하고 있소 정말이지 이제까지와는 정 딴판인 셈이지. 괜히 불평불만만 늘어놓던 예전의 내가 아니란 거요. 당신도 잘 생각해 보시오. 지금이라도 늦지 않았으니."

맞는 말이었다. 아직도 늦지는 않았다. 나 역시 전향해 안정된 삶을 누릴 수도 있을 것이다.

그 즈음, 전쟁의 열기가 한창 달아올랐을 때, 나는 예전부터

제1부 내게 진실로 소중한 것들 211

잘 알고 지내던 목사를 만난 적이 있다. 그는 전시준비기간과 심지어 전쟁이 시작된 뒤에도 반전사상을 주위에 전한 인물이었다. 그의 집에 들르자 그가 나를 서재로 데려가더니 문을 닫고 비로소 말을 꺼냈다.

"당신을 만나니 반갑소. 안 그래도 할 말이 있었는데. 그 동안 내가 어떤 입장을 취해 왔는지는 당신도 잘 알 거요. 난 그리스도의 충실한 목자로 자비와 사랑을 가르쳤소. 여러 해 동안 신약에 기록된 예수님 말씀을 반복해 왔고, 신도들에게 그 분을 따르라고 해왔소. 그러나 오늘날 이 나라는 전쟁에 휘말려 있소. 이른바 '평화론자'들에게 어떤 일이 닥쳤는지는 말 안 해도 잘 알겠지요. 내가 계속 평화를 주장한다면 마을에서 쫓겨나고 말 것이오. 집도 절도 없는 신세로 말이오. 난 사랑하는 아내와 자식 다섯이 있소. 가족을 돌보는 게 내가 할 일 같소." 그는 부끄러움을 감추려는 듯 손가락 끝을 모은 채 눈을 감았다. "신약 성경은 저기다 처박아놓았소. (그가 선반의 한 귀퉁이를 가리켰다.) 전쟁이 끝나기 전에는 다시는 꺼내지 않을 것이오. 당분간은 피비린내 나는 구약에서 설교거리를 찾을 생각이오."

대서양 연안에서 태평양 연안까지, 캐나다에서 멕시코 국경까지, (당시 나는 바쁜 와중에도 집회에 빠지지 않기 위해 상당히 많은 지역을 돌아다녔다.) 어디를 가든 상황은 이와 크게 다르지 않았다. 미국의 자유주의자와 급진주의자들은 전쟁의 압력에 짓눌려 몸을 굽히고, 순응하고, 그럴듯한 변명을 둘러대며, 마침내는 항복했다. 그렇다면 다음은 내 차례인가?

앞날에 대해 막연한 추측만 할 수 있었던 1916년 6월 16일 이전에도 나는 똑같은 선택의 기로에 선 적이 있었다. 워튼 스쿨의 한 원로 교수가 나를 따로 부르더니 이렇게 말했다. "당신은 이 학교에 많은 기여를 했소. 당신처럼 유능한 선생을 잃는 게 아쉽기는 하지만, 앞으로 상황이 점점 어려워질 게 뻔하니, 당신도 미리미리 대비를 하는 게 좋을 거요. 워싱턴 노동부에서 경제학자를 구한다고 하더군. 우리 대학에서 선생의 연봉은 1천5백 달러밖에 안 되는데, 노동부에서는 5천 달러를 준다 하오. 그리고 매년 인상도 될 거고. 마음이 있으면, 윌슨 대통령이 당신을 그 자리에 임명할 거요. 어떻게 생각하시오?"

나는 이렇게 말했다. "신경 써주셔서 고맙긴 하지만, 생각 없습니다. 제 직장은 이곳입니다. 저는 여기 있겠습니다. 가르치는 일이 제 천직이지요."

그런데 동일한 문제가 지금 다시 내 앞에 던져진 것이다. 문제를 제기하고, 진리를 찾는 일을 그만두어야 하는가? 톨스토이라면 지금 같은 상황에서 어떻게 했을까? 패튼 교수라면 어떤 선택을 했을까? 나의 자존심과 지조가 허락하는 대답은 오로지 하나였다. 네 자리에 남아 진리가 이끄는 길을 가라.

마침내 총성이 울리다

대서양 너머에서 이런저런 스산한 소문과 위험을 알리는 경보가 사방으로 퍼져나가던 1914년 봄과 초여름에는 그쪽 사정을 예의 주시하던 미국인들조차 특별히 이상한 낌새를 눈치채지 못하고 있었다. 그 정도의 위협과 경고는 지난 10여 년 간 늘 들어왔던 것이 아니었던가?

1914년 6월 초순, 나는 아덴으로 이주했다. 가족들을 위해 정성 들여 밭을 가꾸고, 7월과 8월은 셔토쿼 하계대학에서 보냈다. 하계대학 프로그램은 예년에 비해 훨씬 다양하고 풍부했다. 강좌에 중점이 두어진 것은 예년과 다름없었지만, 음악회와 같은 오락 프로그램에 많은 시간이 배정되었다. 유럽의 숨가쁜 정세는 뉴욕 주 서부에 위치한 이곳에서는 먼 나라 이야기일 뿐이었다.

셔토쿼 하계대학은 교수들을 위한 여름 호텔을 운영했다. 가족을 동반하지 않은 교직원들은 이 호텔에 머물면서 숙식을 해결했다. 식당에 커다란 원탁이 있었는데, 심리학자며 음악가, 역사학자, 경제학자를 비롯해 이곳을 찾은 많은 유명인사들이 한데 어울려 식사를 했다. 1914년 7월 31일, 평소처럼 사람들이 모여 점심식사를 하는 중이었다. 갑자기 한 사람이 신문을 흔들며 식당 안으로 뛰어 들어오더니 자리에 앉자마자 숨가쁘게 소리를 질렀다. "유럽에서 전쟁이 터졌답니다!" 모두들 어리둥절한 표정으로 입을 열지 못했다. 찬물을 끼얹은 듯 장내가 조용하더니, 이윽고 여기저기서 말들이 튀어나왔다. "설마! 뭔가 잘못 안 거겠지." "신문들이 또 장난을 치는구만. 제목을 이렇게 뽑으면 장사는 잘되겠지. 하지만 다음 판에서는 바뀔 거야." "유럽의 강대국들끼리 전쟁을 한다? 터무니없는 소리! 발칸반도에서 소규모 전투는 있겠지만, 전면전은 말도 안 돼!" "유럽인들은 평화를 원해. 평화를 유지하기 위해서는 힘의 균형이 지켜져야 하지. 전쟁 같은 건 할 수 없을 거야." "전쟁은 생각할 수도 없어. 유럽은 개화된 나라들이 아닌가." "만일 진짜로 전면전이 일어났다면, 6주 안에 온 유럽이 파산하고 말걸."

셔토쿼에 모인 학자들은 학계에서도 이름난 사람들이라 세상 돌아가는 일이라면 나름대로 할말이 많았다. 이들은 유럽의 전면전 소식을 하나같이 사실로 받아들이지 않았다. 오보이거나 조작이라고들 생각하는 분위기였다. 유럽에서의 마지막 전쟁은 1815년에 끝났는데, 그후 조심스러운 힘의 균형이 이루어져 전면전은 생각할 수도 없었고 있을 수도 없었다. 게다가 유럽인들 역시 전쟁을 원하지 않았다. 유럽의 각 나라에서는 수십만 명이 모인 반전집회가 수시로 열렸다. 국민 대다수가 바라지 않는 전쟁이 어떻게 일어날 수 있겠는가?

미국의 사회주의자들은 1912년 대통령 선거에서 사회당 후

보인 유진 V. 뎁스에게 1백만에 가까운 지지표를 던졌는데, 이들은 유럽의 강대국들 사이에 경쟁적으로 벌어지는 군비 확장과 이전투구식 세력 다툼이 지속되는 한 전쟁은 필연적인 결과라고 예견했다. 그러나 내가 학부와 대학원 시절에 공부한 펜실베이니아 대학 역사학부의 동료들은 서구 문명의 진보는 1793년에서 1815년 사이 전유럽을 초토화시킨 그런 전쟁을 다시는 용납하지 않을 거라는 점에 동의했다. 사회과학 분야의 이름 있는 학자들 역시 이와 비슷한 견해들을 가지고 있었다.

조지 커크패트릭이라는 한 미국의 사회주의자는 『무엇을 위한 전쟁인가?』라는 저서를 발표했다. 그는 이 책에서 영국과 독일, 그리고 기타 자본가들의 상품 판매를 위한 시장 확보와 원자재 쟁탈전은 경제적 경쟁관계를 넘어서 전쟁의 차원으로 발전하고 있다고 주장했다.

영국의 한 일간지는 "매년 1조 파운드의 가치를 창출하는 시장을 놓고 그 어떤 나라가 전쟁을 마다하겠는가?"라고 문제를 제기했다. 커크패트릭이 지적했듯이 당시 주요한 자본주의 국가들은 상품과 용역의 과잉 생산과 인구 폭발이라는 문제에 직면하고 있었다. 전쟁은 잉여상품과 용역을 소진하고 젊은 생명들을 파괴함으로써 잉여노동의 공급을 줄이고 새로운 시장 확보를 보장하는 더없이 좋은 수단이었다. 전쟁만큼 수지가 맞는 장사도 없었다.

나중에 가서야 영국의 《맨체스터 가디언》이라는 잡지에서 다음과 같은 반성의 뜻이 담긴 기사를 실었다. '상인들은 말한다. 오, 구매자들이여, 우리는 그 동안 재미를 못 봤습니다. 다시 거래를 트는 게 어떨까요? 그러나 아무도 대답하지 않았다. 이상한 일이 아니었다. 바로 그들이 사람들을 전부 죽였기에.'

1914년 전쟁이 터지기 전만 해도 독일은 유럽 국가들 중 영국의 가장 커다란 구매자였고, 영국은 독일의 가장 커다란 고객이었다. 그런데 이 두 나라가 서로 호전적인 집단의 우두머리가 되어 시장과 세력 확보를 위한 다툼에 휘말린 것이었다.

유럽의 전쟁은 미국 산업에 엄청난 호기로 다가왔다. 공황의 조짐까지 보였던 미국 경제는 유럽의 갈등에 따른 전쟁특수에 대한 기대로 곧 활기를 띠기 시작했다. 공황의 두려움은 사라졌고, 경기는 활성화되었다. 제조업자, 운수업자, 은행가들은 밀려드는 주문에 즐거운 비명을 질렀다.

그러나 이것은 단지 시작에 불과할 뿐이었다. 전쟁의 열기는 그 어떤 것보다 전염성이 강했다. 만일 유럽이 전쟁에 휩싸인다면, 미국이라고 안전할 리 없었다. 직접 참전하지는 않는다 해도 있을 수 있는 모든 비상사태에 대비해 만반의 준비를 하지 않으면 안 되었다. 1915년과 그 이듬해 전국을 소용돌이로 몰고간 전시 대비 캠페인은 이런 사정에서 시작된 것이다.

전쟁이 발발한 처음 2년 간, 미국인들은 놀랍게도 반전성향과 고립주의적 자세를 보였다. 아일랜드계 미국인들은 원래부터 반영 감정이 드셌기에 미국이 영국 편을 들어 참전하는 것에 반대했다. 독일계 미국인들 역시 친독 성향을 보여, 미국이 연합군 편에 서는 것을 반대했다. 광활한 미시시피 계곡 인근

주민들이 보인 반응은 이 같은 민족주의적 색채보다 훨씬 의미심장했다. 이들은 "캔사스는 사방 어디를 둘러봐도 바다라고는 없다. 그런데 우리가 왜 '바다 건너 저편' 일을 신경 써야 하는가?"라며 들고 일어났다. 심지어는 우드로우 윌슨 대통령조차 1916년 11월, "그가 우리를 전쟁의 위험에서 벗어나게 했다"는 슬로건으로 대통령 재선에 승리할 정도였다. 1917년 1월, 뉴욕시 월도프 아스토리아에서 한 연설에서 그는 "우리나라에서 결코 용납해서는 안 될 게 하나 있다면 그것은 바로 군국주의라는 체제일 것입니다"라고 목청을 높이기까지 했다.

그런 그가 3개월 뒤인 1917년 4월 "전세계의 민주주의 구현을 위해서"라는 명목으로 미국인들을 전쟁터로 몰아넣었다. 그 몇 달 사이에 과연 무슨 일이 벌어졌던가? 우선 전쟁이 답보상태에 빠져 있었다. 양측 다 뾰족한 수가 없었던 것이다. 굳이 우열을 가리자면, 독일이 우세했다. 그러나 미국의 재벌들은 영국과 연합군 배후에서 더욱 더 굳게 단결했다. 윌슨 대통령은 노골적으로 독일에 반대하는 입장을 내세우지는 않았지만, 일관되게 친영국 성향을 보였다. 용의주도하게 작성된 선전문들은 독일군과 그들의 황제를 무자비와 전제정치의 상징으로 만드는 반면, 영국군과 그들의 독일계 왕가는 자유와 민주주의의 상징으로 미화했다.

궁지에 다다른 전쟁의 향배가 미국이 어느 쪽을 선택하느냐에 달려있다는 사실이 명확해지면서 대규모 선전전이 시작되었다. 퍼레이드와 밴드, 그리고 광적인 연설과 환호하는 군중들의 모습이 아직도 기억에 남아 있다. 또 사회 전반을 무겁게 짓누르던 불안과 공포, 그리고 적대감도 기억난다. 전쟁의 열기가 불러온 완강한 저항과 시위, 군중들, 구타, 연행, 린치 등도 잊을 수 없다. 실제로 나는 살아오면서 1917~1918년 사이의 전쟁기간만큼 미국 정부와 국민의 궁합이 잘 맞는 경우를 보지 못했다. 물론 반대의 목소리도 있었다. 역사의 변증법을 감안하면 당연히 있을 수 있는 일이다. 그러나 미국은 이 기간 중에 하나로 똘똘 뭉쳐, 전쟁을 계획하고 준비하고 마침내 이기는 능력을 입증함으로써 세계 최강대국에 입문하는 시험을 통과했다.

빅토리아 여왕의 즉위 60주년 기념제가 있었던 1897년 당시의 미국은 어떤 기준으로 평가한다 해도 국력이 2등 내지 3등 정도밖에 되지 않았다. 그로부터 20년 뒤, 워싱턴은 연합군 내에서 결정적인 역할을 수행함으로써 강대국이라는 타이틀을 획득했다. 유럽의 강대국들은 치명적인 타격을 입었다. 윌슨 대통령과 그가 정치적 입장을 대변하고 있는 미국의 소수 독재 체제는 우연이었든 의도적이었든, 또는 그도 저도 아니라면 직감에 의해서였든, 세상사의 오래된 법칙을 실현했던 것이다. 여러 마리 개들이 뼈다귀 하나를 놓고 싸울 때, 영리한 개는 다른 놈들이 지쳐 스스로 나가떨어질 때까지 기다렸다가 그것을 자기 손에 넣는 법이다. 윌슨과 워싱턴은 기다렸다가 그 뼈를 낚아챈 것이다.

전쟁 초기만 해도 나는 중립이었다. 사람들이 나에게 어느 편을 선택하겠느냐고 물으면, 나는 평화를 선택하겠다고 대답했다. 조지 커크패트릭처럼 나는 왜 전쟁을 하느냐고 되물었다. 어느 나라가 이기든, 피해를 입고 고통받는 쪽은 양국의 민중들이다. 실제로 전쟁에서 이기는 쪽은 군수품 제조업자들이고, 지는 쪽은 민중들이었다. 민중들은 전장에서는 죽음과 고통으로, 후방에서는 걱정과 사별로 대가를 치렀다. 어느 쪽에서도 묘수를 내지 못해 지지부진하던 전쟁은 서구 문명의 심장을 갈가리 찢어놓고 있었다. 어느 쪽이 이기든, 문명화한 사람들은 자신들이 육체적으로나 사회적으로나 정신적으로나 합리적인 호혜원칙에 입각하여 일을 처리할 능력이 없음을 입증하고 있었다.

이 세상 어느 부모가 소중히 키운 자식을 다른 나라의 전쟁터에서 죽게 만들고 싶겠는가? 이들 부모의 입장을 생각한다면 반전감정은 논리 이전의 것이었다. 또 영국의 지배에 저항하는 아일랜드계 미국인이나 애국심을 지닌 독일계 미국인들의 반전감정 역시 당연한 것이다. 그뿐만이 아니었다. 세계산업노동자회의(the Industrial Workers of the World), 사회당, 그리고 제국주의 전쟁에 반대하는 광부들과 봉제공장 노동자조직 같은 '혁명적' 노조들도 전쟁에 반대했다. 1840년대에 창립된 유서 깊은 몇몇 평화단체들과 1916년에 출범한 평화와 자유를 위한 국제여성연맹도 반전대열에 동참했다. 만일 이런 다양한 평화 옹호 세력들이 최소한의 평화원칙에 동의해 하나의 깃발 아래 움직였다면, 세계 평화를 유지하는 데 중요한 요인으로 작용했을 것이다. 이들 세력을 통합하려는 노력은 마침내 시카고회의를 이끌어냈는데, 여기에서 평화와 민주를 위한 민중회의의 출범이 합의되었다. 나는 이 단체의 의장으로 선출되었다.

그해 여름, 나는 셔토쿼에서 여느 해와 다름없이 사회과학 정규수업을 맡았고, 대강당에서 나에게 할당된 강연회도 예정대로 치렀다. 하계대학 학장인 퍼시 보인튼과 교무주임 아서 베스터는 점잖은 사람들이고 나에게는 무척 우호적이었다. 그러나 전쟁의 열기로 인한 심상치 않은 분위기에서 내가 그해 하계대학 강의를 테러당하지 않고 마친다면 다행이며, 설혹 그해 여름을 무사히 넘긴다 해도 이듬해에 내가 다시 하계대학 강단에 설 일은 없을 것이라는 사실을 그들이나 나나 뻔히 알고 있었다.

내가 셔토쿼에서 강의를 하고 있을 때, 연방정부에서 톨레도 글렌우드 가에 있는 나의 집을 수색하는 사건이 벌어졌다. 당시 집에는 비서 그레이스 몰밖에 없었다. 평소 대담하고 침착한 성격을 지닌 그녀가 사태를 직감하고 기관원들이 봐서 좋을 게 없을 만한 문서들을 안전한 곳에 숨겨두었다. 집에는 서류와 노트들로 가득 찬 철제 서류함이 있었고, 책상 위에는 뜯지 않은 편지들이 있었다. 기관원들은 집안을 샅샅이 뒤져 필요한 것들을 모두 가져갔다. 그날 이후로 나는 사적인 기록이나 편지 따위를 남겨두지 않는 습관이 생겼다. 전쟁중인 국가에 눈엣가시 같은 존재로 지내는 입장에서는 가급적 문서들을 덜 지니는 게 유리하다는 것을 터득한 것이다.

1916년 가을, 나는 전시준비체제를 비판하는 강연을 몇 차례 하면서 이런 말을 했다.

"미국인은 지금 '준비하라'는 명령을 받고 있습니다. 저는 묻습니다. 그게 평화를 위한 준비입니까, 아니면 전쟁을 위한 준비입니까?"

당시 대통령이었던 윌슨은 전국을 돌면서 다음과 같은 말을 하고 다녔다. 만일 자기와 뜻을 달리하는 사람이 있다면, 공개 장소를 빌려 대중들 앞에서 떳떳하게 자기 생각을 밝혀야 한다고. 그는 심지어 이런 말까지 했다.

"우리 미국인들이 그 무엇보다 소중히 생각하는 것이 하나 있다면, 그건 모든 국민이 자신의 신념을 그 어떤 방해도 받지 않고 자유롭게 밝힐 권리를 가지고 있다는 것입니다. …… 본인은 우리들 주변에 불평을 하거나 불만을 말하는 사람이 너무 없다면 그것도 큰 문제라고 생각합니다. …… 만일 우리가 반대하고 저항하고 선동하고 기존의 잘못된 것을 끌어내리고 새로 건설하는 것을 망각하고 있다면, 그것은 곧 우리 자신의 뿌리를 망각하는 일일 겁니다. 사태를 바로잡을 필요가 있는 경우에는 혁명까지도 마다하지 않아야 한다고 본인은 생각합니다."

평화와 민주를 위한 민중회의는 윌슨이 다녀간 도시들에서 대강당을 빌려 강연회를 개최했다. 미국이 참전하던 해, 민중회의의 회원수는 80만 명을 돌파했다. 그 중 일부는 개인회원이었고, 나머지는 단체나 조직 차원에서 가입한 회원들이었다.

민중회의의 정책에 동감하는 지역노조나 전국 차원의 노조원들로, 이들은 규정된 회비를 납부했다. 우리 조직은 뉴욕, 시카고, 클리블랜드, 피츠버그, 샌프란시스코 같은 대도시에서 확고한 발판을 마련했다. 또 짧은 기간이나마 랍비인 주더 매그니스와 모리스 힐퀴트 같은 명망가들이 참여하면서 전국적인 반전운동의 중심으로 알려지기도 했다.

뉴욕 시에서는 반전단체들이 모여 채권을 발행하여 시민들의 돈을 모았다. 이들은 이 돈으로 7 이스트 15번가에 건물을 구입하여 랜드 사회과학학교를 세웠다. 이 학교의 교장은 앨저넌 리였고, 교무담당은 버타 메일 리였다. 두 사람 다 적극적인 사회주의자였다. 이 학교에서는 강연회와 토론회를 후원하고, 각종 강좌와 클래스를 운영했으며, 도서관과 서점을 개설했다. 또 '전세계 민주주의의 구현을 위한' 전쟁의 와중에서 자행된 사회주의자들에 대한 대대적인 숙청으로 교직을 잃은 많은 교사들을 강사로 채용했다. 1913년 초부터 나는 랜드 스쿨에서 종종 강연회를 가졌고, 1917년에는 이 학교의 정식 교사진으로 일하게 되었다.

랜드 스쿨에서 내가 맡은 임무는 매주 토요일 오후, 6백 석 정도 규모의 대강당에서 시사연구 클래스를 꾸리는 일이었다. 당시는 요즘처럼 토요일이 완전 휴무가 아니라 반공일이었다. 은행은 토요일 정오에 폐점하고, 많은 회사들도 정오나 오후 한시에 근무를 끝냈다. 사람들은 공장이나 사무실에서 근무를 마치고 집으로 가는 길에 아무 데서나 간단히 점심을 때우고 랜드 스쿨에 들러 책방 구경을 하다가 시사연구 강좌에 참석했다. 수강료는 고작 25센트밖에 안 되었다. 강좌는 1시 15분에 정확히 시작해 2시 30분에 끝났는데, 정규수업이 끝나고도 늦은 시간까지 토론이 이어지곤 했다. 이 강좌 외에 나는 경제학과 사회학 강의도 했다. 전쟁 열기가 한창 극에 달했을 때에는 레오 톨스토이의 전쟁과 평화 사상에 관한 강좌를 매일 저녁 열었다. 이 강좌 역시 시사연구반과 마찬가지로 랜드 스쿨의 대강당을 연일 가득 메웠다.

미국 사회당은 이 기간중 반전운동의 중요한 구심체가 되었다. 사회당 기관지들인 《뉴욕 콜》, 《내셔널 립소》, 《이성에의 호소》는 반전 프로파간다의 주요 매체였다. 1917년 세인트루이스 총회에서 채택된 반전결정은 사회당의 반전활동의 이론적 배경이 되었다. 러시아, 독일, 프랑스 등 유럽 여러 나라의 사회당처럼 미국 사회당 역시 전쟁을 경쟁적인 자본주의적 제국주의의 피할 수 없는 양상이라고 보았다.

사회당은 1912년 대통령 선거전에서 유진 V. 뎁스 후보에게 무려 백만에 가까운 표를 몰아준 이후로 반전평화운동의 정치적 공세에 강력한 힘을 싣기 시작했다. 1918년 나는 뉴욕 시 로우어 이스트 사이드 제14하원의원 선거구에서 피오렐로 라 가르디아에 맞서는 사회당 후보로 입후보했다. 우리의 선거운동 전략은 반전과 반제국주의에 기반을 두었다. 내가 사회당에 입당한 것은 1917년인데, 그해부터 1922년까지 나는 전국 각지를 돌며 강연회를 열고, 기관지에 원고를 쓰고, 랜드 스쿨에서 강의를 하는 등 많은 시간을 사회주의 활동에 바쳤다.

사회당은 주간, 월간 단위로 자체 기관지를 발행해 이념을 대중들에게 선전했다. 또 전국적으로 산재한 지방조직에서는 강당을 소유 또는 임대해 강연회를 개최하고, 정기적으로 회합을 가졌으며, 공직에 후보를 지명하고, 정치 캠페인을 벌이고, 인쇄물을 배포하는 등 각종 활동을 벌였다. 잭 카프가 운영하는 랜드 스쿨 서점은 반전선동에서 두드러진 역할을 했고, 책과 팜플렛의 광고와 판매, 토론회 주관, 인쇄물 출판과 배포 등을 성공적으로 수행했다.

대형 판형의 32쪽짜리 팜플렛(정가 10센트)이 수십 종 발행되어, 지방의 사회당 서점들과 대리점을 통해 전국으로 팔려나갔다. 나는 랜드 스쿨에서 발행하는 이 팜플렛용 원고를 여러 번 썼다. 그 중에서 『군국주의의 위협』이라는 팜플렛은 전쟁 기구를 제복 입은 장사꾼들의 수익단체로, 전쟁 대비체제와 전쟁 수행을 기업 이윤의 원천으로 분석했다. (전쟁이 끝난 뒤, 윌슨 대통령도 "이번 전쟁은 물론 경제전이었다"고 밝혔다.) 또 『석유와 전쟁의 씨앗』이라는 팜플렛에서는 원료와 시장, 투자 기회를 확보하려는 국제 분쟁에서 석유와 기타 대기업의 이윤이 차지하는 역할에 대해 설명했다.

워싱턴 정부는 스파이 법을 의회에 통과시키려 함으로써 사회당과 세계산업노동자회의(IWW), 민중회의의 격렬한 반대에 부딪쳤다. 이론적으로 이 법은 외국 정부에 고용된 스파이들을 검거하기 위해 제정되었다. 그러나 실제로는 미국의 전쟁 정책에 반대하는 사람들을 기소하고 감옥에 넣기 위한 것이었다. 이 법에 걸려 IWW와 사회당의 지도자들은 20년, 30년, 40년의 중형을 선고받고 투옥되었다.

스파이 법에 의해 희생당한 무고한 사람들의 이야기는 셀 수 없이 많다. 시카고 출신의 두 청년 칼 해슬러와 하이 시몬스는 징병에 반대했다는 이유로 리븐워스 감옥에 수감되었다. 이들은 감옥 안에서 죄수들을 규합하여 스트라이크를 일으켰다. 그 결과 차가운 독방 신세를 져야 했다.

윌슨 정부가 목표로 삼은 인물은 《밀워키 리더》의 편집인이자 오랜 사회주의자인 빅터 버거였다. (그는 사회주의자로서는 최초로 하원의원이 된 인물이다.) 이 음모를 성사시키기 위해서는 버거가 미국 청년들에게 징병을 거부하도록 유도했음을 입증할 필요가 있었다. 이 음모의 열쇠는 일리노이 대학의 젊은 선생이었던 칼 해슬러에게 쥐어져 있었다. 그는 빅터 버거와 친한 사이였고, 버거가 발행하는 신문사 기자로 일한 적도 있었다.

버거의 재판은 시카고 연방법원에서 케니소우 M. 랜디스 판사의 주재하에 열렸는데, 리븐워스 교도소에 수감중이던 칼이 검찰측 증인으로 나왔다. 당시 칼은 호리호리한 체격에 연한 갈색 머리를 한 청년이었다. 키는 중키였고, 몸무게는 약 150파운드 정도였다. 증인의 이름이 호명되자, 정리가 수갑을 찬 그를 법정으로 데려왔다. 사건기록을 보던 랜디스 판사가 고개를 들더니 유순하게 생긴 이 청년을 보고 놀란 투로 물었다.

"수갑은 왜 채웠소?"

"존경하는 재판장님, 이 증인은 위험인물입니다. 이럴 수밖에 없었습니다." 정리가 대답했다.

"수갑을 풀어주시오. 이 법정 안에서는 기회를 줘보겠소." 판사의 말에 정리가 수갑을 풀었다.

증인석에 선 해슬러에게 던져진 질문 중 인상에 남는 것은 그의 집에 붉은 깃발을 간직하고 있느냐는 것이었다. 증인은 대답했다. "물론입니다. 미국에서 좀 배운 사람치고 자기 집에 적기가 없는 사람이 어디 있겠습니까?" 그의 예전 상사인 빅터 버거에 대해 어떻게 생각하느냐 묻자 그가 대답했다. "마음씨 착하고 나이 든 골수 보수주의자이지요." 그날의 스타는 단연 검찰측 증인인 칼이었다.

시애틀에 사는 무정부주의자, 루이즈 올리비로라는 멋진 여성이 1917년 9월, IWW 사무실에 대한 무단수색과정에서 검찰측이 압수해 간 인쇄물을 돌려받으려고 법무부를 찾아갔다. 연방수사관이 그녀에게 등사판으로 찍은, 징병 반대를 촉구하는 전단을 보여주며, 이것을 IWW에서 발행했는지와 집필자가 누구인지를 물었다. 루이즈는 자신이 썼다고 말했다. "2천 장을 뿌린 중에 다섯 명 정도가 개인과 정부, 또 개인과 전쟁의 관계에 대해 생각할 기회를 얻었다면, 나로서는 대성공을 거두었다고 생각하고 싶군요."

연방관리들의 긴급회의가 소집되었다. 그들은 루이즈를 위험인물이라 판단했고, 그녀는 곧바로 체포되었다. 재판과정에서 루이즈는 변호사도 없이 스스로를 변호했는데, 콜로라도 주 캐넌 시티에서 10년 형을 살아야 한다는 판결을 받았다. 모범적인 수형태도와 전쟁의 종결로 그녀는 1920년 3월에 석방되었다.

IWW 회원인 랠프 채플린은 전위적인 시를 쓰는 시인인데, 자신의 사상을 표현했다는 이유로 연방교도소에서 20년 징역형을 받았다. 그의 사고가 기존 사회질서에 위협적이라고 여겨졌기 때문이다. 그는 노랫말과 시를 쓰고, 강연을 하고, 합리적이고 인도적인 사회체제를 지향하는 《연대》라는 신문을 편집했다. 랠프의 「죽은 자를 슬퍼 말라」라는 시는 당시 많은 사람들이 좋아하던 감동적인 작품이다.

> 싸늘한 흙 속에 누워 있는 죽은 자를 애도하지 말라
> 인간은 모두 한 번은 죽는 법
> 시신에 먼지가 켜켜이 쌓여가더라도
> 부드러운 대지가 따뜻한 손길로 그를 덮어주리니
>
> 저들에게 붙잡힌 동지의 운명을 슬퍼하지 말라
> 비록 강철로 만들어진 관에 산 채로 매장되어
> 무덤 속에 갇혀 있다 하더라도
> 그들은 불굴의 의지를 잃지 않으리니
>
> 대신 냉담하기 짝이 없는 대중들을 애도하라

세상의 커다란 불안과 잘못 앞에서도
감히 입을 열어 말할 엄두를 내지 못하는
굴종의 사슬에 묶인 겁에 질린 대중들을 애도하라

전쟁과 징병, 그리고 스파이 법에 정면으로 반대한 잡지들 가운데 컬럼비아 대학 철학교수 맥스 이스트먼과 작가 플로이드 델이 편집인인 《대중》이라는 잡지가 특히 유명했다. 이 잡지 편집인들과 그 동료들은 연방 당국에 의해 뉴욕 시 재판정에 서게 되었다.

원래 이 재판은 반전운동가들의 간담을 서늘케 할 목적으로 꾸며진 것이었다. 그러나 《대중》지의 편집인들은 법정 분위기를 희극화함으로써 당국의 의도를 무산시켰다. 맥스 이스트먼의 엉뚱한 유머와 아트 영의 철저하게 무관심한 태도는 정부측 공세에 김을 빼는 결과를 가져왔다. 아트 영은 재판 도중 의자에 기대 꾸벅꾸벅 조는 자신의 모습을 만화로 그렸다. 만화 제목은 이러했다.

"목숨이 걸린 재판을 받는 아트 영."

정치적으로 본다면, 반전활동에 관한 재판 중 가장 주목할 만한 것은 유진 V. 뎁스의 경우였다. 철도노동자 출신이자 조직가이며 미국 사회당 대통령 후보에 출마한 경력도 있는 뎁스는 오하이오 주 캔턴 시에서 한 반전강연이 문제가 되어 기소되었다. 그는 유죄 판결을 받고 조지아 주 애틀랜타 시 연방교도소에 수감되었는데, 그곳 죄수들에게 커다란 영향을 미쳤다.

나는 이 재판을 다룬 팜플렛을 집필해 랜드 스쿨에서 출간했는데, 이 책자는 당시 사회주의자 서클에 널리 배포되었다.

전쟁 초기 우리는 전쟁의 본질과 목적을 분석하고 규명해야 할 필요를 느꼈다. 이번 전쟁은 영국의 소수 독재체제와 독일의 소수 독재체제가 대립하는 가운데 워싱턴 정부는 영국 편을 들어 게임에 참가한 것이라는 게 우리의 결론이었다. 랜드 스쿨에서는 이런 입장을 다룬 나의 팜플렛을 『거대한 광기』라는 제목으로 발간했다. 이 제목은 언젠가 윌슨 대통령 자신이 한 말, 즉 "우리 사회의 모든 분야에 광기가 스며들고 있다"는 말에서 암시를 얻어 붙인 것이다. 이 팜플렛의 부제는 '미국 금권정치의 승리'였다. 이 책은 제국주의 전쟁은 국가들 간의 생존경쟁의 논리적 귀결이라는 사회주의적 입장에 충실히 따른 것이었다.

윌슨 정부는 『거대한 광기』를 쓰고 출판한 이유로 나와 랜드 스쿨을 기소하기로 결정했다. 정부측 기소는 1918년 연방대배심에 의해 통과되었다. 우리의 기소 이유는 네 가지였다. ① 군 내부에서 항명과 폭동을 모의한 점 ② 징병 방해를 모의한 점 ③ 항명과 폭동을 시도한 점 ④ 징병을 방해한 점. (이 중 모의 부분은 배심원단에 보내지기 전에 줄리어스 M. 메이어 판사에 의해 기각되었다.)

시카고 출신의 사회주의 지도자인 세이무어 스테드먼이 곧바로 변호인단을 선정했다. 존 블럭과 I. M. 색킨은 랜드 스쿨의 입장을 대변했다. 나는 시민자유조합의 월터 넬리스를 법률

자문으로 삼아 내가 직접 증인석에 서서 나를 변호하기로 했다. 우리는 재판과정에서 모든 것을 인정하기로 미리 말을 맞추었다. 《대중》지 편집인들 역시 스스로를 변호했다. 우리는 이번 재판을 미국인들에게 사회주의와 평화의 메시지를 전할 연단으로 삼을 생각이었던 것이다.

재판은 1919년 2월 6일부터 19일까지 계속되었다. 재판정은 뉴욕 시 폴리 스퀘어에 있는 예전 우체국 건물 3층이었다. 정부측에서는 내가 쓴 팜플렛이 미군의 모병 활동을 방해했다는 점을 주로 공격했다. 나는 팜플렛을 썼다는 것을 인정했고, 기소장의 모든 내용을 다 받아들였다.

정부측 입장을 대변하는 연방검사 얼 B. 반즈는 내가 전쟁에 반대하는지 물었다. 나는 이렇게 대답했다.

"당연히 나는 전쟁에 반대합니다. 이번 전쟁의 본질은 국제적 투기꾼들이 벌이는 밥그릇 싸움에 지나지 않습니다. 수백만의 인명과 수억 달러의 손실이 희생되는 값비싼 싸움이지요. 대기업가들의 이익을 위해 죽이느냐 죽이느냐 식의 이런 싸움에 인명과 재화를 소모하는 대신 우리는 미국과 유럽 등지에 계획된 사회주의 사회를 건설하는 게 훨씬 건설적인 대안이라 생각합니다."

연방정부는 『거대한 광기』를 유죄의 증거로 내세웠다. 그러나 이것은 오히려 나에게 그 책자의 한 구절 한 구절을 한 마디도 빼놓지 않고 매일 검토할 수 있는 기회를 주었다. 나의 변호인이 "니어링 씨, 이 책의 몇 쪽에 이런 이야기가 있는데, 그게 무슨 의미입니까?" 하고 물으면, 나는 그에 대해 소상히 설명했다. 반자본주의, 친사회주의, 반전, 친평화 등의 갖가지 이념들을 법정 안에서 충분히 설명하면, 그것은 곧바로 신문에 활자화되어 전국적으로 퍼져나갔다.

배심원단은 기업인들과 전문직 종사자들로 구성되었다. 노동자 출신은 한 명도 없었다. 우리는 기업인들 중에서도 나름대로 성공을 거둔 잘 알려진 사람들을 일부러 골랐다. 지금 한창 성장하는 기업인들보다는 어느 정도 목표에 도달한 사람들이 더 안정적이라고 판단했기 때문이다. 30명의 후보들 가운데 최종적으로 선정된 배심원단에는 공기업 간부, 다이아몬드 중개상, 화학제품회사 간부, 건축회사 사장, 수입업자, 철강 도급업자, 세일즈맨이 각각 한 명씩 포함되고, 정년퇴직한 기업인이 다섯 명 있었다.

연방검사 반즈는 내 말꼬리를 붙들고 늘어져 어떻게 해서든 나를 함정에 빠뜨리려고 했다. 증언 도중 그는 증거 우선주의의 원칙으로 비추어볼 때 도저히 용납될 수 없는 질문을 던지기도 하였다. 우리측 변호사인 세이무어 스테드먼은 이의를 제기했지만, 나는 그가 나서기 전에 그 질문에 당당히 답변했다. 스테드먼이 재판장에게 "존경하는 재판장님, 증인이 이런 질문에 답변하지 못하도록 해주십시오"라고 부탁했다. 그러자 메이어 판사는 "저 사람은 변호인측 증인이오. 당신이 통제할 수 없는 걸 본 판사가 어떻게 할 수 있겠소?" 하고 말했다. 이번에는 지방검사가 역시 '부적절한' 질문을 던졌다. "존경하는 재판장님, 이의 있습니다." 스테드먼이 말을 막고 나섰다. 그러자 반즈가 나에게 물었다. "이 질문에 대답하지 않겠습니까?" 내가 말했다. "천만에요. 당신들이 묻는 그 어떤 질문에도 다 대답할 용의가 있습니다."

그 재판은 우리의 신념을 전국민에게 알릴 더없이 좋은 교육의 장이었다. 만약 신문 지면을 사서 그 일을 하려 했다면, 비용만 족히 수백만 달러가 들고, 그만큼 많은 사람들에게 다가가지도 못했을 것이다. 배심원들은 비록 일정한 한계는 있었지만 그래도 우리의 입장을 들을 준비가 충분히 되어 있었다. 법정은 뭐라도 하나 배우고 싶어하는 방청객들로 연일 가득 찼다. 전국의 신문들은 재판 소식을 매일같이 속보로 내보냈다.

재판이 막바지에 이르고 판사가 사건 요지를 배심원들에게 진술한 뒤, 배심원단은 평결을 내리기 위해 법정에서 나갔다. 평결이 내려지기까지는 30시간이나 걸렸다. 만일 유죄 판결이 내려지면, 나는 5년 내지 10년형을 받을 것이다. IWW 회원들 가운데는 40년형을 받은 사람도 있었지만, 정부측 입장은 승소하는 것만 중요했지, 내가 몇 년 형을 받느냐에는 신경 쓰지 않았다. 그들의 일차적 의도는 반전운동을 억누르고 뿌리뽑는 데 있었다.

한밤중이 되어서야 마침내 배심원의 의견이 모아졌다는 소식이 들려왔다. 법정은 다시 방청객들로 가득 찼다. 만약의 사태를 대비해 경비병들이 법정 주위에 배치되었다. 배심원 의장이 평결문을 읽었다.

팸플릿 집필에 대한 스콧 니어링, 무죄. 팸플릿 출판과 배포에 대한 랜드 스쿨, 유죄.

메이어 판사는 랜드 스쿨에 3천 달러의 벌금형을 선고했다. 이 돈은 나중에 일인당 1달러씩 모금해 해결했다. 이 소송은 대법원에 상고되었는데, 여기서도 역시 이 특이한 판결을 그대로 통과시켰다. 랜드 스쿨은 팸플릿을 배포한 이유로 '유죄'였고, 정작 그것을 집필한 나는 '무죄'였다.

나에게 이 재판의 정점은 평결이 내려진 뒤에 있었다. 어머니에게 판결 내용을 전화로 알리려고 법원 복도를 따라 서둘러 가는데 무장을 하고 제복을 입은 한 법원 정리가 나를 불러세웠다. 재판이 진행되는 동안 법정 안에서 늘 보았던 경비병 가운데 한 사람이라는 것을 알아볼 수 있었다. 그는 아일랜드 사투리가 물씬 밴 어투로 말했다. "죄송합니다, 선생님. 이런 말씀을 드리는 게 주제넘은 짓일지 모르지만, 선생님이 아니었다면, 저 같은 사람은 아직도 암흑 속을 헤매고 있었을 겁니다."

아르투로 조바니티는 1919년 《해방자》 4월 호에서 이 재판에 대해 다소 냉소적인 어조의 방청기를 발표했다.

니어링은 재판석 앞에 선 피고가 아니었다. 그는 또 학자들 앞에서 새로운 이단 학설을 옹호하는 사상가도, 성난 군중들에게 열변을 토하는 흔히 보는 선동가도 아니었다. 그는 다만 사회의 아픈 곳을 진단하고 환자들에게 그 결과를 알려주는 진정한 과학적 탐구자일 뿐이었다. 실제로 나는 이날 법정에 모인 방청객들이 병원 대기실에서 진찰 차례를 기다리는 환자들 같다는 인상을 받았다. 이들은 소문난 명의가 내릴 처방을 기다렸고, 그것이 얼마나 간단하면서도 잘 듣는지 모두들 알고 있는 눈치였다……

니어링은 자신의 재판에 대해서는 별로 신경을 쓰지 않는 듯이 보였다. 그는 모든 질문에 주저없이, 어떤 면에서는 공격적으로 보일 만큼 솔직하게 답변했다. 질문의 내용이 날카롭고 짓궂을수록 그의 대답도 직설적이고 분명했다. 그는 탱크처럼 저돌적으로 자기 앞을 가로막는 철조망을 뚫고 나갔다. 반대심문이라는 함정과 지뢰에도 개의치 않고, 교묘한 조작과 날조도 두려워하지 않은 채 전속력으로 헤쳐나갔다. 그 기세가 너무도 거침없어 변호사 스테드먼이 여러 번 끼어들어 말을 막아야 할 정도였다. 한 번은 자신의 의뢰인이 심문의 한계를 넘지 않도록 주의를 주라고 판사에게 부탁까지 했다……

그는 자신이 쓴 모든 내용을 다 인정했다. 한마디도 철회하지 않고 변명하거나 꾸며대려고 하지 않았다. 비타협적인 반전사상을 강조하고, 이 지구상에서 모든 전쟁의 근원인 인간의 착취행위가 근절될 때까지 싸우겠다는 의지를 분명히 표명했다.

그의 진술이 끝났을 때, 사람들은 다들 그가 할말을 다했으며, 처음부터 재판에 이기는 것보다는 자신의 입장을 전하는 데 목적이 있다는 것을 알았다. 30시간에 걸친 배심원 심의 끝에 그가 무죄로 판결난 것은 그에게는 별로 중요한 일이 아니었다. 배심원들 역시 다른 선택의 여지가 없었다. 평결을 심의하는 순간 그들은 어떤 기분이었을까? 긴 수업을 받고 난 학생들 같은 기분은 아니었을까? 그들은 아마도 자신들이 평결문을 쓰는 것이 아니라 2주일 전만 해도 까맣게 모르고 있던 문제에 대해 시험 답안지를 작성하는 기분이었을 것이다. 그리고 그들은 토론의 여지가 남아 있는 학문적 문제에 대해 일반 학생들이 할 수 있는 수준의 답안을 만들어낸 것이다. 그들은 교수의 개인적 견해에 완전히 동의한 셈이다.

하지만 니어링이 무죄냐 유죄냐 하는 것은 전혀 문제가 되지 않는다. 니어링 자신도 이것을 중요치 않게 여겼으며, 다른 사람들도 마찬가지였다. 이 문제는 애초에 문제가 되지 않는 것이었다. 개인적으로 나는 그가 무죄 판결 받은 것을 유감으로 생각한다. 이런 사람한테 리븐워스 교도소 내에 구성된 혁명의회에서 20여 년 간 복무할 기회를 주지 않는다면 그 누구에게 주겠다는 말인가?

모리스 힐퀴트는 1919년에 출간된 『스콧 니어링과 미국 사회당 재판』의 서문에서 다음과 같이 썼다.

스콧 니어링의 공판기록은 사회주의 철학을 명쾌하게 제시한 점뿐만 아니라 미국 정치재판의 진상이 어떤 것인지를 보여준다는 점에서 상당한 가치가 있다. 유명한 사회주의자이자 학자이며 저술가인 니어링은 중죄를 범했다는 이유로 기소되어 뉴욕 시 지방법정에 서게 되었다. 그는 여러 날에 걸쳐 자신의 유죄 또는 무죄 여부를 판단할 '선량한' 열두 명의 배심원들과 미국의 국법을 대변하여 직권을 행사하는 판사에게 자신의 입장을 진술했다.

니어링은 스스로를 변호하였지만, 자기 일신을 위한 변호는 하지 않았다. 그의 개인적 행위나 동기, 또 개인적 관심사나 운명 따위의 문제에 대해서는 거의 언급한 바가 없다. 이런 것들은 이 재판에서 부수적인 의미만을 지닐 뿐이었다. 스콧 니어링이 행한 진술은 보다 넓고 중요한 문제에 관한 것이었다. 그는 노동 현실의 열악함과 고통에 대해 언급하고, 압제자들의 조직적 범죄를 폭로했다. 그는 그 누구도 이의를 제기할 수 없는 사실들과 정연한 논리를 구사하여 유럽의 몰락과 전세계적 불행을 초래한 각국의 지배계급을 맹렬히 규탄했다. 또 그는 억압받는 다수 민중의 꿈과 희망에 대해 웅변하고, 인류를 오랜 압제와 학살로부터 구원하기 위한 투쟁에 민중들이 떨쳐 일어설 것이라는 점을 분명히 밝혔다.

힐퀴트는 이런 지적도 했다. "단 한 명의 적국 스파이도 이른바 스파이 법에 의해 기소된 바가 없다. 이 법은 표면상으로는 전시 미국에서 독일 스파이들의 활동을 색출하기 위해 제정되었지만, 실제로는 급진주의자와 평화주의자들을 검거하는 데 사용되었으며, 기소된 사건만 해도 약 1천여 건이 넘었다."

반전활동에 대한 연방정부의 기소와 많은 이들의 관심을 불러일으킨 재판, 그리고 민중회의 의장과 미국 사회당 당원이란 신분, 또 랜드 사회과학스쿨의 교수라는 위치 등으로 나는 미국 사회의 위험인물로 찍히게 되었다. 이 같은 낙인은 학계를 향한 나의 모든 희망을 물거품으로 만들었다. 또한 그로 인해 다른 주요한 대화 채널들이 모두 막혀 버리게 되었다.

뉴욕 맥밀런 출판사에서 연락이 왔다. 나의 책을 여섯 권이나 찍어낸 곳이기에 남달리 가깝게 지낸 사이였는데, 어느 날 나에게 할말이 있다고 사무실에 들러달라는 것이었다. 조지 P. 브레트를 만나자 그가 이런 이야기를 했다. "우리 형편을 말하지 않을 수 없군요. 우리 출판사는 전국 각 도시와 주 교육 당국에 교과서와 교재들을 납품하고 있습니다. 그 동안 선생의 저서들을 우리 출판사에서 내게 되어 기뻤던 건 사실이지만, 지금은 전쟁 때문에 사정이 바뀌어서…… 아시겠지만, 교육위원회 위원들이 대부분 기업가나 전문직 종사자들인데 선생 같은 분이 저자 리스트에 있는 한 우리 출판사 책을 사려 들지 않을 것입니다. 사정이 이렇게 된 건 유감스러운 일이지만 우리 출판사와 선생의 관계를 정리하지 않으면 안 될 것 같습니다." 그리고 그는 나에게는 너무도 익숙한 말로 관계를 마무리했다. "이 일에 개인적 감정이 전혀 없다는 건 선생도 십분 이해하시리라 믿습니다. 사실 우리 관계는 여태껏 상당히 좋지 않았습니까? 이런 결정을 내리게 된 게 몹시 유감이지만, 인력으로는 안 되는 일이니 어쩌겠어요." 그들은 재고로 남은 나의 책들을 모두 헐값에 처분했다.

지난 십여 년 동안 숱한 노력을 하며 발전시켜 온 대화 채널들이 개인적 친분관계와 상관없이 하나둘씩 차단되어 갔다. 내가 미국 사회의 소수 독재체제와 그 정책에 계속 반대입장을 취하는 한 나는 내 생각을 발표할 통로마저 잃고 말 것이 뻔했다. 신문과 잡지에서는 내 글을 실으려 하지 않을 것이고, 나의 책에 대한 서평조차 다루지 않을 것이다. 이름난 출판사들에서 책을 출간하는 것도 기대하기 힘들 것이다. 강단에 서는 것조차 쉽지 않을 것이다. 그리고 무엇보다도 가장 큰 일은 학계로부터 영영 따돌림을 받을 것이라는 사실이었다.

*

전쟁은 한 집단이 무력을 사용하여 다른 집단에 자신의 의지를 강제하려는 시도이다. 이것이 바로 전쟁의 직접적인 목적이다. 그러나 전쟁에는 더 넓은 의미가 함축되어 있다. 전쟁은 권력을 쥔 자들에게 애국심이라는 미명하에 반대파를 제거할 수 있는 기회를 제공한다.

우리 워튼 스쿨의 8인방은 진리를 배우고, 그것을 가르치고, 사회 속에 진리를 실현하고자 노력했다. 그러나 전쟁은 우리의 노력에 찬물을 끼얹었을 뿐 아니라 사람들까지 철저하게 갈라놓았다. 우리는 그 이후로 다시는 만날 수 없었다.

나는 1차대전에 참전하지 않았다. 징집 연령에 해당되었지만, 중죄인으로 연방정부의 기소를 받은 몸이라 징집면제를 받은 것이다. 만일 내가 군에 갔다면, 양심수가 되어 감옥행을 면치 못했을 것이다. 비록 그렇게까지 되지는 않았지만, 전쟁은 내 삶을 송두리째 뒤흔들어 놓았다. 마치 격렬한 전투가 벌어지는 현장에서 집중 포화를 받은 것처럼 나의 사회적 위상은 철저히 부서지고 만 것이다.

어떤 전쟁에서든 최초로 희생되는 것은 바로 진리라는 옛말이 있다. 개인적 경험에 비추어볼 때, 전쟁은 진리와 인간적 품위, 예절을 부정할 뿐만 아니라 진리를 추구하는 사람과 사회의 진보에 헌신하는 사람들에게 재앙을 가져다준다는 것을 나는 당당히 증언할 수 있다.

전쟁은 지옥이다. 아니 어쩌면 그보다 더 극악할 수도 있다. 전쟁은 건설과 진보라는 인간 고유의 활동을 방해하고, 그들을 파괴자와 살인자라는 범주로 몰아넣는다.

'인생역경대학'에 등록을 하며

1902년 위튼 스쿨에 입학한 지 열다섯 해 만에 나는 학교와 직장에서 쫓겨나 결국 혼자 몸이 되었다. 학계에서는 학위 수여식과 함께 새 학기가 시작되는 시기를 '졸업 시즌'이라 부른다. 졸업이란 하나의 교육 단계가 공식적으로 끝나는 것을 의미한다. 한편 '개학'은 한 단계 더 높은 새로운 인생의 영역으로 들어가는 것을 의미한다. 펜실베이니아 대학과 템플 대학을 졸업한 이후 나는 교육기관에 몸담게 되었다. 지금은 학계를 졸업해, 생존을 위한 경쟁적인 투쟁과 서구 문명이라는 거창한 이름으로 통하는 지배력의 영역 안에 들어와 있다. 샘 존스 시장은 이것을 '인생역경대학'이라 일컬었다.

이 열다섯 해의 시간이 나에게 어떤 영향을 미쳤는가? 거기서 나는 무엇을 배웠는가? 이 세월은 나를 거칠게 몰아붙이고, 결국은 나를 추방된 사람으로 만들었다. 이유인즉 내가 부와 가난 사이의 극심한 모순과 착취의 불공정, 계획적인 대량 살상과 파괴를 폭로했기 때문이었다. 나는 이런 경험에 힘입어 세 가지 결정을 내리게 되었다. 즉 평화주의자, 채식주의자, 사회주의자가 되기로 한 것이다.

*

 나는 생명을 존중하기에 평화주의자가 되었다. 나는 생명이 우주라는 현상세계의 중요한 일부분이라 믿는다. 나 역시 이 우주의 일부이기 때문에 나는 생명의 한 표현이다. 그리고 나는 우주의 모든 부분을 존중하기 때문에 나 자신과 우주 안에 사는 다른 모든 생명체를 존중한다.

 나는 우주가 균형 또는 조화를 이루고 있음을 본다. 생명체는 우주적 조화의 일부이다. 다른 생명체의 라이프 사이클을 방해하는 모든 행위는 그것의 심각함과 정도에 비례해 심각한 결과를 낳는다. 만일 내가 생각하는 존재라면, 나는 이런 행위의 결과들에 대해 심사숙고하지 않으면 안 된다.

 우주의 한 양상으로서 생명은 충분히 존중받을 가치가 있다. 늘 깨어 있고, 의식적이고, 창조적이고, 무엇인가를 추구하는 인간에게 생명은 보호되고, 귀하게 여겨지고, 연장되어야 하는 것이지, 결코 좌절되고, 천시받고, 중단되어서는 안 된다. 학대와 증오는 생명을 단축하고, 타락시키고, 파괴한다. 자기 안에서 이런 감정을 용납하고, 그에 따라 행동하는 사람들은 그런 감정, 사고, 행위가 가져오는 심각한 변화들에 의해 비싼 대가를 지불하게 된다. 이런 감정들은 또한 우주의 균형을 깨뜨리는 결과를 낳는다.

 나는 사회변혁을 이루는 길 중에서 폭력, 증오, 공포, 강제 등을 사용하는 것이 가장 값비싼 방법이라고 생각한다. 이들은 일반적으로 커다란 손실을 가져오고, 더 이상의 진전도 할 수 없게 만든다. 따라서 나는 폭력과 관계된 일체의 행위를 막으려고 최선을 다할 것이다. 내 주위 사람들을 설득하려고 노력하겠지만, 그들을 해치거나 죽이는 방식은 결코 사용하지 않을 것이다.

나는 생명이 인간에게 중요한 것만큼 다른 생명체들에게도 중요하다고 믿기에 채식주의자가 되었다. 나는 나 자신이 살려고, 또 내가 강해지고 건강해지기 위해 죽은 동물의 고기를 필요로 하지 않는다. 따라서 나는 먹을 것을 얻기 위해 살생을 하지는 않을 것이다.

인간은 하나의 생명 형태일 뿐이다. 지구상에는 인간 말고도 많은 생명체가 살고 있다. 이런 여러 생명체가 어울려 지상에 존재하는 생명 패턴을 이룬다. 이들 각자는 하나의 힘의 표현이며, 각자 목적을 지닌다. 모든 생명체는 성장하고 발전하고 기여한다. 이들은 자신의 삶을 사는 동시에 다른 생명체와 각자 다양한 방식으로 조화를 이루고 있다.

인간은 무기와 도구를 가지고 자기보다 힘이 약한 생물들을 해치고, 자기 만족을 위해 그것을 이용하는 입장에 있다. 자신의 이익을 위해 남을 해치는 것이다. 특히 인간은 동물을 사로잡고, 사고 팔고, 일 시키고, 죽이고, 먹는다. 또 인간의 생명을 구하고자 동물들을 실험에 사용하기도 한다.

나는 우리와 더불어 사는 생명체들 역시 나처럼 생명의 권리를 갖는다고 생각한다. 나는 이들이 살아가고 크는 것을 기꺼이 도울 뿐이지, 방해하거나 해치고 싶지는 않다. 무기를 지닌 나는 이들보다 강하고, 따라서 이들을 도울 책임이 있는 것이다. 채식주의를 충실히 지키면 다른 살아 있는 생물들에게 가능한 한 최소한의 피해를 끼치는 게 될 것이다. 모든 생명체는 존중받아 마땅하다는 인식에서 나는 생명의 조화를 어지럽히지 않도록 노력할 것이다.

*

나는 인간에게 최대한 창조적이고 건설적 차원에서 더 많은 기회를 제공하는 협동적 사회유형을 계획하고 건설하기 위해서 사회주의자가 되었다. 사회적 관계는 각 개인의 성격과 발전에 심대한 영향을 미친다. 사회의 진보는 그 구성원 모두를 개선하고 발전시킨다. 따라서 어느 공동체에서나 사회를 의식적으로 개선하는 작업이 최우선 과제이다. 나는 사회주의라는 사회적 변화가 인간의 행복과 안녕에 크게 기여할 수 있다고 확신한다.

사회주의자로서 나는 공동체 전체에 중요하게 작용하는 경제의 부분들은 공동체가 소유하고 관리해야 한다고 믿는다. 간선도로, 우체국, 학교, 보안림 등은 공익을 위해 정부가 관리해야 한다. 철도, 전화, 전력, 공장, 석유, 광물 같은 공동사업들은 인민이 소유하고 인민을 위해 운영되어야 한다.

둘째, 미국의 대기업가들은 정치권력에 의지해 엄청난 재산을 소유하고 공동생산기술에서 기인하는 막대한 이윤을 누린다. 자본주의 국가를 지배하는 눈에 보이지 않는 이윤 추구자들의 왕국은 사회적 생산기구들 — 광산, 공장, 철도, 그리고 대량유통의 수단들 — 을 사회가 소유하고 관리할 때만 청산될 수 있다. 이를 위해서는 그 나라의 노동자들이 정치권력을 획득해야만 한다.

내가 사회주의자가 된 세번째 이유는 사회학적인 것이다. 개인주의적인 사기업사회는 19세기 내내 경쟁을 부추겨왔다. 지난 반세기 동안 이 사회는 전쟁이라는 가장 차원 높은 경쟁을 통해 파괴와 살인이라는 끔찍한 수확물을 거둬들였다. 사회학적으로 보자면, 협동을 사회적 사고와 행동의 중심에 두고 경쟁을 효과적인 협동을 위한 하나의 하위개념으로 보는 정책의 급반전 없이는 이런 상황에서 벗어날 길이 없다. 이렇게 경쟁을 협동으로 대체할 수 있게 해주는 것이 바로 사회주의이다.

마지막으로, 내가 사회주의에 찬성하는 네번째 이유는 인생의 참된 목적과 관련이 있다. 이것을 윤리적 이유라 해도 무방할 것이다. 인간은 왜 지구상에 존재하는가? 인간이 자신의 숙명을 다하려면 무엇을 해야 하는가? 우리가 여기에 존재하는 목적을 따져보기 위해서 인생의 주된 목표가 자신의 능력을 개발하고, 가능한 한 자신의 숙명에 순응하며 살고, 동료들에게도 자기와 똑같은 기회가 돌아가도록 최선을 다하는 것이라고 가정해 보자.

이러한 시각을 예술과 학문의 발전에 적용시켜 보면 간단한 노동공식이 도출된다.

1. 육신을 위한 의식주는 표현과 개발과 창조를 위한 노력에 비하면 훨씬 덜 중요하다.
2. 따라서 사회는 현재 도로, 가로등, 도서관, 공원 등을 제공하고 있는 것처럼 모든 사람이 필요에 따라 이용할 수 있게 생활에 필요한 것—의식주와 교육, 의료 서비스—을 제공토록 한다.
3. 각 개인에게는 자신이 소비하는 물자와 서비스를 스스로 처리하고 노인, 병자, 어린이를 지원하는 데 필요한 일상적인 노동을 하게 한다. 그러는 한편 개인에게 표현, 개발, 개선과 창조라는 자신의 주요 과제에 주된 에너지를 집중하게 한다.

이 방식을 따른다면 삶의 무게중심이 재화를 얻는 것에서 창조적인 활동으로 옮겨갈 것이며, 부와 권력을 차지하기 위한 경쟁적인 투쟁—이것이 지금 서구 세계의 심장을 좀먹어 들어가고 있다—이 서로 도우며 인간적인 삶을 살기 위한 협동적인 노력으로 억제될 것이다.

역사를 돌이켜보면, 인간은 자신의 생활방식을 전면적으로 변화시키게 될 결정에 주기적으로 직면해 왔다. 식인 풍습을 버리기로 한 결정이나 노예제도를 폐지하기로 한 결정 등이 바로 그런 성격을 띠고 있었다. 착취를 일삼지 않겠다는 결정도 앞의 두 가지 결정에 못지 않게 중요한 의미를 지닌다. 이 결정이 자본주의에서 사회주의로의 전환을 예고하는 것이기 때문이다.

오늘날의 미국 사회는 토지, 광산, 공장 같은 것들의 개인 소유와 타인의 노동이 제공하는 임대료, 이자, 배당금으로 나태한 기생생활을 할 수 있는 개인 소유자의 권리에 기반을 두고 있다. 이런 시스템은 비윤리적이며 불공평하다. 또한 지난 반세기 동안의 공황과 전쟁이 분명하게 말해 주듯이 이런 시스템은 백해무익하다.

만약 서구 문명이 살아남는다면, 서구 문명은 한 사람은 만인을 위하고 만인은 한 사람을 위하는 협동의 기반 위에 서게 될 것이다. 생활에 필요한 물자와 서비스를 제공하는 공공기업들을 반드시 공동체가 소유하고 계획하고 관리해야 한다. 사회적으로 생산되는 물자와 서비스는 그것이 부족할 때는 공정하게 배급되어야 하고, 풍족할 때는 사회질서의 기본원칙에 따라 각 개인에게 필요한 만큼 아낌없이 제공되어야 한다.

'나를 위한 나의 것'이라는 사기업의 공식 아래서 성장한 사람들은 '우리를 위한 우리의 것'이라는 사회주의 공식에 적응하는 데 어려움을 겪을 것이다. 다른 사람들의 노동에 기대어 기생해 온 사람들은 생활을 개조하는 데 특히 어려움을 겪을 것이다. 이런 장애에도 불구하고 나는 인류가 개인 경영에서 집단 경영으로, 자본주의에서 사회주의로의 큰 발걸음을 내딛을 때가 왔다고 믿는다.

세계 여러 곳에서는 일부러 이런 걸음을 내딛는 사람들이 있다. 북아메리카 사람들은 기술적으로는 이런 걸음을 내딛고 있지만 정치적으로는 이것에 반대하고 있다. 사회주의에 반대하는 운동을 이끌고 있는 북아메리카의 완고한 반동주의자들이 공황과 군비 지출, 전쟁 참화라는 황폐함과 부정에서 깨어 사회주의를 채택한 성난 인민 대중에게 외면당할 때, 인류는 행복해질 것이다.

*

이런 중요한 결정들은 나로 하여금 깊은 물속에서 혼자 힘으로 맹목적인 신봉과 편협과 두려움과 증오와 조직적 폭력의 조수—반세기가 넘도록 때로는 상류로, 때로는 하류로 나를 실어날랐던 조수—를 거슬러 헤엄치게 만들었다. 내 인생의 삼분의 이를 얘기하자면, 바로 이런 조수의 이야기이다. 나는 조수를 거슬러 헤엄치다가 성난 물결에 내동댕이쳐질지언정 하고 싶은 일이 있는 사람이다.

진실을 찾아내고, 자라나는 세대에게 그것을 가르치고, 공동체생활 속에서 그것들을 실천하라는 밴 하이스의 공식은 어떻게 되었나? 우리 워튼 스쿨 8인방은 밴 하이스 공식에 따라 지칠 줄 모르고 열정적으로 활동했으며, 이 공식이 합당하고도 실용성이 있다고 확신했다. 우리 생각이 틀렸던 것일까?

답은 간단했다. 밴 하이스 공식은 평화로운 인간관계 속에서나 먹혀드는 원칙이었다. 전쟁 도발자들은 이 공식을 갈기갈기 찢어 쓰레기통 속에 던져 넣거나 창 밖으로 내던졌다. 밴 하이스 공식은 평화로운 삶을 염두에 두었고, 그것이 가능하다고 믿었다. 그런데 대부분의 전쟁 도발자들은 이 공식에 대해 전혀 들어본 바가 없었다. 그 공식을 아는 사람이라 해도 그것을 무의미하거나 해로운 것으로 간단하게 처리해 버렸다.

위스콘신 관료주의자들은 농업을 위주로 하는 낙후한 변경 지역을 풍요롭고 부유한 공업지역으로 바꾸는 동안은 로베르 라폴레트의 개혁과 빅토르 베르거의 사회민주주의에 관심을 보이며 밴 하이스의 공식을 묵인했으나, 이러한 공업화를 주도하던 군산 복합체가 대담한 미국 정책을 들고 나오자 그들의 지시에 따랐다. 전쟁이 시작되자, 그들은 밴 하이스 공식을 '전쟁이 끝난 뒤에 개봉하라'고 표시된 서류철에 살짝 끼워, 첩보원이나 수사관에게 그 내용이 보고되는 일이 없도록 아무도 찾지 못할 만한 곳에다 쑤셔넣었다.

그 사이 대량 살상과 파괴가 본업인 전쟁 도발자들은 미국과 미국의 정책을 장악한 채, 제멋대로 지시를 내리며 서구 문명이라는 구조물의 파괴를 돕고 있었다.

내 어린 시절의 미국은 내 발 아래서 스르륵 빠져나가 시야에서 사라지고 있었다. 메이플라워 서약과 윌리엄 펜의 사랑과 선한 인간관계에 관한 헌장, 토머스 제퍼슨의 권리장전, 내가 학교에 다닐 때 구구절절 암송하던 1789년 헌법, 링컨의 게티스버그 연설과 재취임 연설은 휴지 조각이 되어버렸다. 지금으로부터 67년 전만 해도 이런 것들이 어느 정도 고유의 효력을 발휘했었다. 역사의 페이지가 한 쪽씩 넘겨지면서, 공화국 창건자들이 제출한 '생명, 자유 그리고 행복 추구'의 원칙은 걸리적거리기만 할 뿐 무의미하고 쓸데없는 말이 되어버렸다. 우리는 이 원칙이 통용되던 사회와는 종류가 다른 사회의 구성원이 되어 있었다. 우리는 어느 결엔가 보습을 두드려 칼을 만들고, 낫을 두드려 창을 만들고, 공구들을 살인과 파괴의 무기로 바꾸기 시작했다.

내가 학창 시절 그다지도 자랑스럽게 내세우던 것들이 사라져 버렸다. 그리고 그 자리에 들어선 것은 새로운 나라, 링컨이 마음속에 그렸던 것처럼 '하느님 아래' 있는 나라가 아니라 마몬신(성서에 나오는 재물의 신 : 옮긴이) 아래, 부와 권력을 잡으려고 싸우는 군대 아래 있는 나라였다. 그 나라는 권리장전을 조롱하고 헌법을 짓밟고, 풍부한 경제적·정치적 유산을 부와 정복과 권력과 파괴로 치닫는 경쟁을 방해하거나 그것에 의문을 제기하는 모든 사람을 파멸시키려는 광적인 노력에 탕진하는 나라였다.

이것이 내가 사랑하고 자랑스럽게 여기고 믿었던 나라란 말인가? 내가 이런 나라를 위해 일했었단 말인가? 대중의 행복과 복지는 옛말이 되었다. 국토는 모험가와 부당이득자, 그리고 역사를 '터무니없는 소리'라 부르며 자신들의 특권을 이용해 출세를 도모하고 대중을 희생시켜 자신들의 주머니를 채우는 해적들을 위한 즐거운 사냥터가 되어 있었다. 평화와 진보와 번영은 부패하고 군국주의에 물든 굶주린 늑대들에게 던져진

날고기 조각이 되어버렸다. 전쟁 전의 자유주의자들은 연구, 교육, 입법, 재건, 개량, 개선, 진보 같은 낱말들이 서로 연결되어 있는 것으로 보았다. 그러나 세계대전에 접어들자 이런 개념들은 모두 폐물이 되었다. 이런 개념들 대신 미국의 월등한 부, 미국의 이해, 국가 안보, 미국적 방식 같은 개념들이 생겨나, 미국의 세기(American Century)에 인류에게 강요되었다.

내 자신의 삶은 황폐해지고 교수로서의 내 경험과 능력은 무시당했으나, 이런 개인적 좌절과 실망, 재난들은 온 나라를 휩쓸기 시작한 회오리바람 속의 지푸라기에 불과했다. 좀더 의미심장한 파멸은 아메리칸 드림을 포기하고, 미국의 이상주의를 돈에 눈먼 사람들과 육해공에서 맹활약하는 그들의 힘센 하수인들이 인류에게 강요하는 완고하고 강건한 '미국의 세기' 정책으로 대체한 데서 기인했다.

내가 지금 도전하려고 하는 더 차원 높은 교육은 세상에 하나뿐인 교육기관인 '인생역경대학'에서만 받을 수 있다. 펜실베이니아 대학은 나에게 경제학 박사 학위를 수여했다. 그후로 나는 두 개의 학위를 더 받으려고 공부해 왔다. 제국주의 학위와 문명 학위가 그것이다. 말할 필요도 없겠지만, 기존의 어떤 대학도 이런 학위를 수여하지는 않을 것이다.

내가 마지막 교수직에서 해고당한 지 반세기가 넘었다. 1917년에서 1971년까지의 세월은 나에게 대단히 만족스럽고 보람 있는 고등교육의 기회를 제공했다. 처음에는 미국에서 한 단계씩 한 단계씩 교육과정을 밟다가 나중에는 이 나라에서 저 나라로, 이 대륙에서 저 대륙으로 옮겨다니며 관찰하고 기록하고 보고하고, 내 자신의 결론을 끌어냈다.

1883년 내가 태어난 이후로 인류는 여러 가지 발명품과 발견물을 제공받아왔는데, 이것들의 성격은 마르코 폴로와 마젤란과 그 시대 사람들이 수년 심지어 평생을 바쳐 이루었던 지구 일주 여행을 불과 몇 시간 만에 해낼 수 있을 정도로 혁명적이었다. 이제 인류는 망원경과 현미경, 분광기, 우주선 같은 것들로 자연의 영역에 발을 들여놓을 수 있게 되었으며, 많은 사회적 변화와 발전을 경험하게 되었다.

이 시기에 인류는 자연을 파괴하는 법만 배운 게 아니라, 인간사회와 인간 자체를 파괴하고 개조하는 법도 배웠다. 나는 이 문제에 대해 교조주의적인 태도를 취할 수 없었다. '관계 만들기'에 관한 학문과 기술(사회학) 및 자기 자신에 대한 이해와 방향전환과 재건을 다루는 학문과 기술(서양의 심리학과 동양의 요가)이 황무지와도 같던 분야에 새로운 전망과 새로운 길을 열어놓고 있었다.

사회 분야에서 더욱 주목할 만한 현상은, 서구 문명이라고 일반화되는 진부한 사회 패턴이 '황혼의 마지막 섬광' 속에서 급속하게 막다른 길로 치닫고 있는 동시에 그것을 대신할 새로운 사회 패턴 — 현재 사회주의, 생디칼리슴, 공산주의라고 하는 것 — 이 '새벽 여명' 속에서 나타나고 있었다는 점이다. 이 두 가지 사건이 동시에 진행되고 있었지만, 내 입장에서 황혼의 마지막 섬광이라 할 만한 시기, 즉 내가 마지막 교수직에서 해고되던 해는 1917년으로, 러시아 볼셰비키가 파멸해 가는 자본 제국주의에 사회주의라는 '새벽 여명'을 제공하려고 시도한 첫해였다. 따라서 사회주의가 탐구와 계획과 실험을 거친 50년 세월(1917~1967년)은 곧 내가 고차원 교육의 '빛'을 받은 50년 세월이었다.

제2부

황혼의 마지막 섬광

전망을 모색하기 위해

1917년, 나이 서른넷. 나는 인생의 절정에 있었으며, 몸과 마음이 다 건강하고, 어디에서건 어떤 학생들을 대상으로 하든 내 직업인 '가르침'을 베풀 각오와 열의가 있었다. 하지만 나는 가르칠 기회를 박탈당했고, 나와 같은 시대를 살아가는 시민들에게 '서로 도우며 인간답게 살아간다'는 원칙에 기초한 나의 생각을 펼쳐 보일 수 있는 통로를 빼앗겼다.

미국에서 선전, 실행되고 있으며 갈수록 여타 서구 문명사회 전역으로 확산되어 가고 있는 정책들에 나 혼자서만 맞서고 있는 것은 아니었다. 기성 권력 체제는 자신의 현재 위치와 사회의 앞날에 대한 전망에 만족하고 있었다. 그러나 나를 비롯해 나와 생각을 같이하는 사람들은 서구인들이 추구하고 있는 방향이 불만스럽고 불안하고, 그것 때문에 화가 났다.

몰락해 가는 진부한 문명의 밤이 미국의 하늘을 어둡게 하고 있다는 느낌이 들었다. 내가 태어나던 1883년에는 우리 하늘에 아직 군데군데 빛이 있었다. 나는 수년 간 황혼의 그 마지막 섬광들을 즐기고, 그것이 새로운 여명의 첫 조짐이라 믿었다.

고등학교 시절부터 20년이 넘도록 나는 언제, 어디선가, 어떻게든 '자유', '민주', '문명'이라고 하는 아름다운 것들이 탐욕과 부정 이득과 이중거래와 사기와 공격과 폭력을 이기고 사람들 사이에 계몽과 정의와 자비와 풍요를 퍼뜨릴 것이라고 믿었다.

독서와 경험과 토론과 사유의 결과, 나는 더 나은 사회질서가 가능하다는 믿음을 갖게 되었다. 더 나은 사회질서를 향한 길은 진보라 일컬어졌다. 인류는 간헐적으로나마 오랫동안 이 길을 따라왔다. 암흑시대에는 이 길을 벗어나 처참하게 방황하기도 했다. 하지만 종교개혁, 르네상스, 계몽운동과 같은 근대 서구 문명의 서광과 함께 인류는 다시 이 길을 찾아 착실하게 걸어왔다. 19세기가 끝날 무렵에는 삶과 자유와 행복을 보장하는 약속의 땅이 손만 뻗으면 닿을 듯이 가까이에 있었다. 그 약속의 땅은 1900년도와 함께 막이 오른 희망 찬 새 세기 벽두에 틀림없이 다시 한 번 발견될 것이었다. 나는 우리가, 인민들이 실험과 교육과 입법을 통해 자유와 평화와 더 큰 행복에 이르는 진보의 길을 따라갈 수 있기를 바라고 또 그렇게 될 것을 믿었다.

인민의 주권이라는 정치원칙을 따르는 민주적 공동체를 지표로 삼은 이런 개혁주의적 꿈은 1914~1918년 전쟁에 의해 무참히 깨어졌다. 우리 같은 서구 문명사회의 젊은 공민들이 그 다지도 믿음과 열정과 자부심을 가지고 따르던 그 길은 우리를 파멸의 문턱으로 이끌었다. 민주주의만으로는 충분치 않은 게 분명했다.

1918년 이후로 나는 결코 하찮은 개혁 프로그램에 속지 않았으며, 우리를 전쟁의 위험에서 벗어나게 해준다는 '위대한 자유주의자' 윌슨의 노력에 속지 않았고, 또 한 명의 '위대한 자유주의자' 프랭클린 D. 루스벨트의 약삭빠른 정치조작에도 속지 않았다. 나는 이런 개혁들의 본질을 깨달았다. 이런 개혁들은 부자들의 식탁에서 떨어지는 떡고물이자, 미국의 고등학교, 대학교에서 수백만 명씩 배출되고 있는 '훈련받은 물개들'을 현혹하는 미끼였던 것이다. 나는 총선거에서 자본주의 후보(아무리 '자유주의자'라 해도)에게 찬성표를 던지는 짓 따위는 절대 하지 않았다.

나는 자유주의를 '상한 갈대'라고 본다. 개혁은 약탈자와 착취가들에게 면죄부와 무기를 제공해 줄 뿐이다. 오로지 혁명적인 변화만이 자본주의 체제라는 낡은 케이크를 부수고 그것을 대신할 수 있는 세력과 제도를 위한 길을 열 수 있다.

'인생역경대학'에서 내가 받은 교육이 결실을 맺고 있었다. '인생역경대학'에서의 교육을 통해 나는 시시한 개량이나 사소한 개혁, 기회주의적인 조치로는 과거의 속박과 구속으로부터 인류를 해방할 수 없다는 확신을 더욱 굳혔다. 변화는 급진적이고 혁명적이어야만 한다. 낡은 사회를 끝장내고, 해방된 인류가 화목하고 창조적인 생활을 할 수 있는 새로운 사회체제 건설을 시작해야 하는 것이다.

스페인 내전, 그리고 윈스턴 처칠과 프랭클린 D. 루스벨트가 1939년부터 1941년까지 수행한 무력외교게임은 서구 문명을 구성하고 있는 이념과 정책, 관행, 제도들이 장애물로 전락해 버렸음을 더욱 더 확신시켜 주었다. 인류가 더욱 진전된 계몽과 발전과 성취의 단계로 나아갈 수 있기 위해서는 먼저 이런 장애물들이 제거되어야 했다.

서양의 자본주의자와 제국주의자들은 18세와 19세기의 착취가, 권력가, 제국 건설자들이 아시아와 아프리카, 라틴아메리카의 민중들을 상대로 자행한 공격과 정복, 약탈과 강탈, 방화와 대량 살상을 은폐하는 눈속임 도구로 '평화와 번영 그리고 진보'라는 슬로건을 이용해 목적을 달성했다. 그러나 필연적으로 이러한 행위들은 서양 제국주의의 쇠발굽 아래 전 인류를 복종시키는 결과를 낳거나 약탈물 분배를 둘러싼 도둑들간의 싸움을 야기했다. 서양의 '개화주의자들'은 권력 장악과 착취, 부패, 타락이라는 바람의 씨를 뿌렸다. 그 결과, 그들이 거둬들이는 수확물은 전쟁과 혁명, 파괴와 붕괴라는 회오리바람일 수밖에 없다.

30년 간의 수준 높은 교육은 나에게 몇 가지 귀중한 가르침을 주었다. 첫번째 교훈은, 제국과 문명은 인간이 그렇듯이 영원하지 않다는 것이다. 인간과 마찬가지로 그것들도 죽게 마련이다. 똑같다고는 할 수 없지만 탄생과 성장을 거쳐 죽음에 이르는 유사한 과정을 밟는 것이다.

두번째 교훈은, 사상은 오래 지속되는 경향이 있는 반면 사상의 그늘 아래서 생성된 제도와 관행은 버섯과도 같다는 것이다. 버섯처럼 제도와 관행도 밤사이에 생겨난다. 이것들의 수

명은 역사라는 관점에서 보면 매우 짧다.

세번째 교훈은, 새로운 사회제도와 관행은 그것이 인간의 진화과정에 얼마나 유익한가에 따라 수명이 다르다는 것이다.

네번째 교훈은, 독창성과 용기와 담대함과 결단력과 끈기를 지니고 충분한 대중의 지지를 받는 지도자는 장인들이 흙을 빚고 돌을 깎듯이 인간사회라는 구조물을 만들고 부수고 고쳐 만들 수 있다는 것이다.

다섯번째 교훈은, 낡고 쓸모 없는 것에 대한 충절은 사회진보의 큰 장애물인 반면, 좀더 나은 사회를 만들기 위한 창조적 노력은 인류의 밝은 미래를 준비하는 데 필요불가결하다는 것이다.

*

나는 살아오는 동안 주기적으로 잠깐씩 숨을 돌리면서 뒤를 돌아보고, 앞을 내다보고, 목표를 재평가하고, 연구결과를 재검토하고, 진행중인 일들을 재점검해 왔다. 특히 편협한 관점을 넘어서 총체적인 인생관을 가지기 위해 나는 끊임없이 시야를 조정해 왔다. 해직은 이런 재평가를 할 수 있는 귀중한 계기였다. 내가 연루되어 있던 사회적 위기들 역시 같은 역할을 했다.

자신이 태어나 자란 사회로부터 자신의 의지와 상관없이 추방당한 나의 앞날은 어떠할까? 생명보험 제표가 어느 정도 정확하다고 가정한다면, 나는 앞으로 적어도 40년은 그럭저럭 먹고살 수 있을 것이다. 앞으로의 내 삶이 유익한 삶—타인들에게 이롭고, 사회에 이롭고, 내가 속한 자연에 이롭고, 내 자신에게 이로운 삶—이 되게 하기 위해서는 무엇을 해야 하나?

첫째, 나를 교직에 종사하도록 이끈 나의 가설에 혹시 오류가 없었는지 확인하고 내가 살고 있는 사회를 개선하려는 계획에 과학적 원칙들을 적용하기 위해 나의 입장을 재점검해야 한다. 만일 나의 가설—나는 이 가설에 입각해 문명사회로부터 철저하게 일탈했다—이 불합리하다는 결론에 도달한다면, 나는 나의 실수를 인정하고 유사한 오류가 발생하지 않을 새로운 진로를 계획해야 한다. 따라서 '다음번에는 더 낫게, 더 올바르게'라는 슬로건 아래 앞으로의 진로를 계획할 각오를 해야 한다. 이것은 진정한 과학자, 실험가, 건설자, 창조자라면 누구에게나 따르는 슬로건이다.

이런 관점에서 볼 때, 내 사고와 연구와 계획과 교육활동의 폭은 개인과 사회와 자연을 다 아울러야 한다. 개인주의, 향토주의, 지역주의, 국가주의는 갈수록 깊은 관계를 형성해야 할 개인과 공동체와 자연의 필요를 충족시킬 수 있을 만큼 충분히 포괄적이지 않았다. 인간의 염원과 상상력과 이상, 그리고 책에서 배운 내용을 현실에 적용하고 개선하려는 의지는 개인과 사회, 그리고 우리가 발을 딛고 서 있는 지구의 창조적 발전을 위해 무한한 가능성을 제공한다.

이러한 결론을 현실적인 말로 풀어보면, 내 사고와 계획과 활동의 범위를 서양의 캐나다와 라틴아메리카, 유럽, 동양의 아시아를 포함하도록 확대해야 한다는 말이 될 것이다. 뿐만 아니라 시야 또한 넓혀야 한다. 처음에는 유럽이 중심이 되고 나중에는 아시아가 중심이 되었던 전쟁들은 내 연구의 폭을 인류의 사회사와 인간뿐 아니라 인간과 자연의 생태학적 관계를 포괄하는 다양한 현대적 양상으로까지 확대하도록 강요했다.

내가 학계에서 축출당한 것은 곧 좋든 싫든 강의실에 앉아 내 얘기를 들어줄 청중들과의 공식적인 관계가 끝났음을 뜻했다. 또한 해직은 나로 하여금 내 전공 — 수입의 분배문제 — 을 벗어나 인간사회와 사회의 가설, 원칙, 책임, 습속 등을 연구하는 훨씬 넓은 새로운 분야에 발을 들여놓게 했다. 제국 건설과 통치는 인간 활동의 한 현상이다. 이에 비해 여러 덩어리의 제국들로 이루어지는 문명은 더 큰 단위이다. 거기에다 문명의 주기 — 부상, 절정, 몰락 — 까지 다루자면 연구의 범위는 훨씬 넓어진다.

이렇게 따져보니 내가 내릴 수 있는 결론은 딱 하나뿐이었다. 해직으로 인해 나는 새로운 차원의 사회적 임무를 띠게 되었다고도 할 수 있다. '인생역경대학'에서는 해직이 곧 승진인 경우가 심심치 않게 있다.

서른넷의 나이에 나는 성숙한 성인의 단계에 도달해 있었다. 나는 해직은 곧 승진이요, 사회과학자이자 교사로서의 내 경력이 새로운 국면에 접어들었으며, 제국주의 박사학위와 문명박사 학위를 따기 위해서는 이전에 경제학 박사학위를 위해 공부했던 것처럼 새로운 단계에서 공부해야 한다고 생각했다.

*

 1917년의 내 상황을 따져본 결과, 내 앞에 놓인 삶은 지금까지 한 번도 경험해 보지 못한 전혀 낯선 삶이었다. 정말이지 다시 태어나기라도 한 것 같은 기분이었다. 조립라인이나 군대, 혹은 감옥에서의 기계적인 생활에 갇혀 있는 사람이라면, 내가 내 삶의 주인이라는 사실을 불현듯 깨닫고 얼마나 기뻤는지 짐작할 수 있을 것이다. 마침내 나는 강의실 생활에서 벗어나, 마음 내키는 곳에 가서 살면서 강연하고 글쓰고, 밭 일구고, 집 짓는 일을 할 수 있게 되었다.

 이렇게 제약에서 벗어난다는 것은 상쾌한 경험이었다. 그러나 그보다 더 중요한 것은 나의 연구 주제가 바뀔 수 있었다는 점이다. 틀에 박힌 교단생활로부터의 자유를 가능하게 만든 새로운 조건 속에서, 이제 나는 내가 선택한 주제를 내가 원하는 시간에 내가 원하는 방식으로, 내가 직접 짜고 변경할 수 있는 일정에 따라 해나갈 수 있게 되었다.

 나는 지난 삶에서 한 가지 이점을 누렸는데, 이것은 나에게 상당히 중요했다. 연구하고 조사하고 선별하고 분류하고 구성하고 발표하는 기술 — 나는 교수 시절에 이런 기술들을 가지고 작업했다 — 은 내가 다루고 있는 새로운 문제와 나의 새로운 삶을 둘러싸고 있는 조건들에도 거의 대부분 응용이 되었다. 물론 새 분야는 훨씬 광대하고, 그것들의 상호연관과 의존도는 훨씬 더 복잡한 면을 지니고 있었다.

이런 기술상의 이점을 제외할 때, 내가 속한 곳은 어디인가? 내 자신을 어떻게 분류한단 말인가? 내가 쓸데없이 풍차에나 덤벼드는 돈키호테였단 말인가? 나는 미쳤고, 현상유지를 주장하는 보수적인 내 동료 시민들은 제정신인가? 아니면 나 혼자 제정신이고, 그들이 다 미친 것인가?

이처럼 새롭고 폭넓고 다채로운 삶을 처음 시작할 때, 나는 나의 새 처소를 자세히 조사하고 그 주변의 길들을 익히고자 했다. 나는 우선 순위별로 연구과제를 정리하는 등 일정을 짰다. 그리고 연구결과를 글로 써서 출판하는 식으로 이론을 실천으로 구체화하고자 노력했다.

처음에 나는 서구 문명을 하나의 전체로, 선행 문명들로부터 이어져 내려온 하나의 유기적 조직체로 보았다. 서구 문명은 선행 문명들이 차례로 밟아 내려온 낯익은 길을 따르고 있었다. 그런데 돌연 순서의 앞뒤가 없어졌다. 전쟁과 혁명, 제국주의 그리고 문명이 전세계로 퍼진 것이다.

우리 시대의 전쟁과 혁명, 제국주의는 각각 영국과 독일이 이끄는 두 제국주의자들 집단간의 목숨을 건 투쟁이 가져온 결과였다.

이러한 관계는 우연한 것일까, 아니면 앞선 문명들에서 잠재해 온 사회적 힘들이 필연적으로 작용하여 생긴 체계적인 것일까? 서구 문명의 선행 문명들은 제국을 만들어내고 제국간의 경쟁을 만들어냈으며, 식민지에서의 폭동과 사회혁명을 만들어냈다. 제국 건설과 전쟁과 혁명을 잇는 고리는 무엇이었을까? 어쩌면 그것들은 원인과 결과로서 관련을 맺고 있는지도 몰랐다. 그것들이 서구 문명을 뿌리째 뒤흔들고 있었다. 제국 건설이 벚나무와 무화과나무가 버찌와 무화과를 낳는 것과 똑같은 방식으로 전쟁을 낳았을까?

*

 호기심을 돋구는 문제가 또 하나 있었다. 제국들이 숲이나 산맥들처럼 일반화된 라이프 사이클을 가지고 있었나, 하는 문제였다. 오즈월드 스펭글러는 그야말로 사회 역사의 완전한 원형이라 할 수 있는 제국과 문명은 개인과 사회, 국가가 따르도록 운명지워진 관습과 습관에 의해 만들어진다는 견해를 퍼뜨렸다. 인간과 마찬가지로 제국들도 탄생과 성장, 노화, 죽음이라는 사이클에 얽매어 있을까?

 여전히 또 하나의 문제가 고개를 내밀었다. 문명은 여러 덩어리의 제국으로 이루어졌다. 그 중 어떤 제국은 현재까지도 생명을 유지하지만, 어떤 제국은 경쟁적인 싸움 속에서 분할되거나 파괴된다. 로마제국이나 대영제국 같은 하나의 제국이 한 시대 전체를 지배하게 될 때까지. 그리하여 로마 문명이니 영국 문명이니 하는 것이 형성된다. 문명 역시 그것을 구성하고 있는 제국들의 라이프 사이클과 유사한 라이프 사이클을 거쳤을까?

 이런 쟁점들은 더 이상 대학원 세미나나 강의실의 논쟁 대상으로 국한되지 않았다. 이것들은 개인과 국가, 그리고 어쩌면 서구 문명 그 자체에까지 삶과 죽음의 문제가 되어 있었다. 이런 모든 문제들을 연구자 개인이 다룰 수는 없었다. 한 세대의 연구자들이 다 매달려도 풀기 힘든 과제였다. 그러나 좋든 싫든 문제는 엄연히 존재했고, 이 문제들이 인간의 문제를 진지하게 연구하는 모든 사람들을 괴롭히고 있었다. 나는 그런 문제들 가운데 많은 것을 보고, 인식하고, 이름 붙이고, 분류했다. 어떤 문제에 대해서는 상세히 연구했다.

내가 새로운 생활방식으로 인해 누리게 된 사치 가운데 하나는, 유럽에 가서 세상 돌아가는 것을 구경하고, 도서관에서 책을 읽고, 회의와 집회에 참석하고, 사람들과 얘기를 나누며 자유롭게 시간을 보내게 된 것이었다. 몇년 간에 걸친 이런 생활은 내가 '인생역경대학' 유럽과에서 밟은 대단히 유익한 교육과정들 가운데 하나였다.

1925년 공교육에 관한 글을 쓰던 중 소련의 학교에 관한 자료가 필요했다. 나는 쉽게 적당한 정보를 찾을 수 있으려니 생각하고 도서관으로 갔다. 그러나 소련을 다녀온 사람들이 쓴 글이 이 책 저 책에 한 부분씩 들어 있는 것 말고는 쓸 만한 자료를 찾을 수가 없었다. 그나마 있는 글들도 교육문제에 정통한 사람들이 쓴 것은 아니었다. 교육 관련 정기간행물들도 쓸모없기는 단행본들과 마찬가지였다. 손에 넣을 수 있는 모든 자료를 요약하여 그것을 내게 필요한 목록들과 비교해 보고 나니, 소련의 교육에 대해 알고 싶으면 방법은 단 하나, 러시아에 직접 가서 교육체계를 연구하는 수밖에 없다는 결론이 나왔다.

나는 모스크바에 도착해서 방문할 학교들의 주소를 받았다. 그곳에서 유치원에서부터 대학에 이르기까지 전국의 교육기관들을 두루 돌아다니면서 두 달을 보냈다. 때로는 교육기관의 대표자들과 함께 공식적으로 학교를 방문하기도 하고, 때로는 예고없이 학교에 들러 내가 소지한 신임장을 보여주며 수업에 참관해도 되겠느냐고 묻기도 했다. 그런데도 거절당한 경우는 한 번도 없었다.

실험 초기단계에 들어서 있는 소련의 의미있는 교육실험현장을 방문한 것은 아주 재미있고 유익한 경험이었다. 나는 이 실험이 교육내용, 교수법, 학생들의 사회조직, 교원협회, 학교운영위원회 조직, 상급학교를 노동자와 농민들에게 개방하는 문제 등 여러 가지 차원에서 수행되고 있다는 사실을 발견했다. 이들 영역 가운데 어디에도 영구불변의 체계가 확립되어 있지 않았다. 모든 영역에서 교육 당국자들은 자신들의 물음과 요구에 대한 정답을 찾고 있었다. 이번 여행에 대한 보고서라 할 수 있는 나의 책 『소비에트의 교육』이 영어로 출판된 최초의 본격 소비에트 교육연구서였을 것이다.

*

유럽으로 학술여행을 다니던 도중에 1927년 처음으로 아시아를 방문하게 되었다. 그리고 그곳에서 어쩌면 내 인생의 진로를 바꿔놓을지도 모르는 일이 생겼다. 워튼 스쿨 제자 가운데 첸 쿵포라는 중국인이 있었는데, 그가 중국 정부의 주요인사가 되어 있었다. 그런데 그가 나에게 중국 철도청의 경제고문직을 제의한 것이다.

나는 이 제의를 받자마자 내가 중국혁명에 협력할 기회가 왔다고 생각하여, 당장 관련 자료를 수집하기 시작했다. 당시에는 42번가의 뉴욕 공립도서관에 연구실이 있어서, 학생들이 고정된 좌석과 타자기를 차지하고 도서관 시설을 이용할 수 있었다. 나도 고정석 하나를 차지했다. 헨리 프리먼이라는 유능한 동업자를 구하는 행운도 따랐다. 우리는 기나긴 도서목록을 샅샅이 뒤져, 도서관에서 찾을 수 있는 중국 관련 항목을 일일이 조사했다. 이 자료를 카드에 옮겨적고 정리한 것이 1927년 인터내셔널 퍼블리셔스에서 발행된 『중국은 어디로?』의 토대가 되었다. 이 책의 집필작업은 20년대 중반의 중국에 대한 나의 지식을 넓고 깊게 하는 데 결정적인 역할을 했다. 마지막으로 중국에 갔을 때(1957년), 20년을 북경에서 산 르위 앨리라는 뉴질랜드인이 하는 말이, 이 책이 아직도 중국혁명의 역사와 그 이후의 발전과정을 논하는 데 귀중한 자료로 인정받고 있다고 했다.

집중적인 중국 연구에서 얻은 지식으로 무장하고, 1927년 나는 몇년 간 중국에서 체류할 작정을 하고 극동으로 향했다. 태평양으로 가는 길에 나는 상당수의 지지자를 확보하고 있는 캐나다연방연합이 주최하는 순회강연차 캐나다 횡단여행을 했다.

가는 곳마다 많은 사람들이 모여든 데다, 모여든 청중들도 견문이 넓고 열성적인 사람들이었다. 나로서는 멋진 환송연을 받은 셈이었다.

내가 태평양을 건널 때 탄 배 <아시아의 여제>호에는 각양각색의 사람들이 동승해 있었다. 캐나다인 고급 선원 28명, 주로 광동과 그 인근 지역 출신의 중국인 일반 선원 5백 명. 승객들은 대부분 아시아인이었다. 미국에서 안식년을 보낸 뒤 중국의 사역지로 돌아가는 선교사들도 1백 명 가량 탑승해 있었다.

그 선교사들 가운데 한 명을 제외하고 나머지는 전부 1등실에서 아시아 하인들의 시중을 받고 있었다. 그 선교사들은 <아시아의 여제>호에 탄 인간 화물의 대다수를 차지하고 있는 이교도들을 구원하기 위해 즐거운 마음으로 태평양을 건너고 있었다. 한 선교사는 캔자스 출신의 농촌 처녀인데, 가진 돈 전부를 집에서 써버려 중국인, 인도인, 필리핀인들, 그리고 다른 미국인 두 명과 함께 3등실 신세를 질 수밖에 없었다.

배가 뱅쿠버를 출발하여 빅토리아 항을 벗어날 때, 중국인 선원들은 배 안 제일 아래쪽 아늑한 곳에 바다의 신상을 모신 성소 앞에서 폭죽을 터뜨렸다. 내가 탄 3등실은 그 성소와 아주 가까웠다. 나는 위쪽 1등실에 있는 선교사들과 똑같이 바다의 신의 보호를 받고 있었다. 적어도 물리적으로는, 내가 선교사들보다 신과 더 가까웠다.

태평양을 건너는 3등실 배삯은 80달러였다. 나는 거기에다 몇 달러를 더 얹어서 내고 배의 최종 목적지인 마닐라까지 갔다. 거기에서 배가 화물을 내려놓고 다시 싣고 하는 시간 동안 필리핀을 돌아보다가 도로 그 배를 타고 상하이에 와서 내렸다. 중국 철도청 일을 하기로 한 곳이 상하이였던 것이다.

그러나 내가 태평양을 건너는 사이에 중국에서는 중대하고 극적인 변화가 일어나고 있었다. 국민당이 분열한 것이다. 좌익분자들은 북동부의 우한 도시들(우창, 한양, 한구)로 갔다. 장개석과 그의 무리는 반혁명세력과 결탁하였고, 그가 이끄는 국민군은 광동에서 아직 숙청과 대량 학살이 진행되고 있는 상하이로 의기양양하게 북진하고 있었다. 장개석과 제휴하지 않은 모든 좌파 지도자들과 농민, 지식인들은 죽거나 망명길에 오르거나 은신하거나 감옥에 갇혀 있었다.

좌익분자들은 눈에 띄는 대로 살해당했다. 절차는 간단했다. 일단 좌익분자가 장개석 군대에 체포당하면, 장개석의 군인 두 명이 포로의 두 팔을 붙잡는다. 그리고 또 다른 군인이 칼로 포로의 목을 쳐낸다. 시신은 다른 좌익분자들에게 장개석을 따르지 않으면 비명 횡사를 하게 된다는 경고로 그 자리에 방치된다. 나는 이렇게 잘려나간 머리들이 장대에 꽂혀 있는 모습을 몇 번인가 보았다.

말할 필요도 없겠지만, 내가 상하이에 도착했을 때 철도청에서 나를 마중나온 사람은 없었다. 나중에는 길모퉁이나 후미진 식당에서 상하이 연락선 몇 명과 접촉했다. 나는 며칠 동안 걸어다니며 상하이 구경을 했다. 부두 곳곳에 붙어 있는, 악명 높은 '중국인과 개는 접근금지'라는 표지판도 보았다. 나는 서둘러 북경으로 향했다. 북경도 상황이 나을 것은 전혀 없었다. 상하이에서처럼 북경에서도 숙청이 한창이었다. 내가 북경에 도착하기 전날 밤, 학생 열아홉 명이 숙청을 비난하는 대자보를 붙이다가 경찰에게 붙잡혔다. 그 중 열일곱 명이 내가 도착하던 날 동틀녘에 처형당했다.

북경에서 나는 한 집회에 참석했다. 그 동안 수많은 집회에 참석해 보았지만, 그렇게 섬뜩한 집회는 처음이었다. 장개석의 하수인들이 반체제 학생들을 추적하고 있었다. 나랑 접촉하고 있던 학생지도자들 가운데 하나가 옌징대학의 학생집회에 나와 강연을 해달라고 부탁했다. 나는 그러마고 했다. 우리는 시간과 장소를 정했다. 마침 1921년에 쓴 『미제국(The American Empire)』이 중국에도 알려져 있어서, 주제는 이것으로 정했다.

약속한 날 저녁, 학생 하나가 나를 데리고 옌징대학 구내의 한 건물로 들어갔다. 건물은 불빛 하나 보이지 않는 암흑 속이었다. 나는 캄캄한 방 몇 개를 거쳐, 역시 칠흑같이 어두운 또 다른 방으로 들어갔다. 여기저기서 웅성거리는 소리가 들리는 것으로 보아, 방에 사람이 가득 모여 있는 것 같았다. 나는 학생의 안내를 받아 강단으로 올라갔다. 나를 안내한 학생이 말했다. "청중들이 모여 있으니 강연을 시작해 주십시오." 나는 준비한 내용을 이야기했다. 내가 얘기를 시작하기 전에나 하는 동안에나 말을 마친 후에나, 숨소리와 이따금 기침을 삼키는 소리 외에는 아무 소리도 나지 않았다. 강연을 마치고 나는 다시 학생의 안내를 받아 건물을 빠져나왔다. 그 학생은 진심으로 고마워하며 나를 숙소까지 데려다주었다.

장개석의 형사들이 반체제 학생들을 찾고 있었는데, 틀림없이 몇몇 형사는 몰래 내 주소를 알아냈을 것이다. 그러나 강연장에 의심스러운 사람들이 많이 있었다고 해도 발각당하지는 않았을 것이다. 강연장이 너무 캄캄해서, 옆사람은 물론 연사의 얼굴조차 볼 수 없었으니 말이다.

나는 석 달을 중국에 머물면서 사람들을 만나고 여기저기 돌아다니며 많은 것을 배웠다. 선양에서는 러시아인들의 거류지를 방문했는데, 이곳에는 고국에서 도망나와 러시아혁명이 청산될 날이 오기를 끈기있게 기다리는 러시아인들이 많이 살고 있었다. 나는 러시아어는 조금 할 줄 알지만 중국어는 전혀 못했기 때문에, 선양에 있는 동안 대개 러시아인 거류지에서 점심을 먹었다. 내가 가는 식당에 꼬박꼬박 나타나는 내 또래의 러시아인이 한 사람 있었는데 우리는 서로 안면을 트게 되었다. 그는 꽤 유복한 집안 출신이었는데, 혁명으로 재산과 돈을 모두 잃었다고 했다. 그와 그의 가족은 옛날에 살던 집과 예전에 누리던 특권을 되찾을 날을 기다리고 있었다. 그는 선양에서 택시를 몰고, 그의 누이들은 집안일을 하고 있었다. 하루는 그가 은밀한 목소리로 내게 말했다. "우리가 고국 러시아로 돌아갈 날이 얼마 안 남았어요!" 나는 그와 그의 가족이 아직도 그날을 기다리고 있는지 종종 궁금할 때가 있다.

당시 중국은 어디를 가나 혼란과 절망, 질병과 흙먼지가 만연해 있었다. 상하이에서 어떤 의사가 내게 말했다. "지금 이

도시에만 콜레라 환자가 5만 명이나 됩니다. 콜레라가 전염병이라서 그런 게 아닙니다. 7월이면 보통 이 정도지요." 인플레이션은 하늘 높은 줄 모르고, 환전꾼들만 이득을 챙기고 있었다. 인력거꾼들은 요금을 커다란 동전으로 받았는데, 미국 달러와의 환율은 460대 1이었다. 인력거꾼은 동전을 몇 파운드 모으면, 근처에 있는 환전꾼(각 영업 구역마다 적어도 한 명씩은 환전꾼이 있었다)에게 가지고 가 은으로 바꿨다. 환전꾼은 환전액의 5퍼센트를 수수료로 받았다. 실업은 사회 전반에 광범위하게 퍼져 있었다. 사회 구석구석에 만연한 탈법행위와 지역의 군벌주의가 경제의 중추를 좀먹고 있었다.

북경에 있는 동안 나는 스탈린이 반사회주의 조류가 높아지는 것을 염려하여, 모스크바에서 소련 지지자들의 회의를 소집함으로써 가능한 한 강도 높은 국제적 압력을 동원하기로 결정했다는 소식을 들었다. 미국을 비롯한 많은 서구 국가에서 친소 단체들이 결성되었다. 나는 미국측 단체들로부터 미국 대표로 모스크바 회의에 참석하라는 요청을 받았다. 그래서 몇 년은 체류하겠거니 생각하고 중국에 도착한 지 석 달 만에 시베리아 횡단열차에 몸을 싣고 8일 간의 고된 여행길에 올랐다.

스탈린은 소련 지지자들의 회의를 중요하게 생각했다. 그는 트로츠키를 상대로 한 싸움에서 이기고, 제1차 5개년계획의 착수를 눈앞에 두고 있었다. 그는 회의에 참석하여 위원들과 함께 활동하며 사람들과 스스럼없이 접촉했다. 그는 작은 체구에 특별히 인상적이지도 매력적이지도 않았고, 때때로 우물쭈물

머뭇거리기까지 했다. 그는 막중한 일을 떠맡았는데 어디서부터 어떻게 손을 대야 좋을지는 모르지만, 무슨 일이 있어도 끝까지 버텨낼 각오는 되어 있는 사람 같은 인상을 풍겼다.

모스크바 회의와 11월 7일 축전에 참석하고 난 뒤 나는 조금 더 늦기는 했지만 훨씬 세상 물정에 밝아져서 미국으로 돌아왔다. 이제는 중국의 앞날과, 사회주의 발전이 정치적으로는 실행 가능해 보이는 나라(소련)에서 사회주의를 건설하는 데 필요한 전망과 계획이 이전의 관심사들에 보태졌다.

*

나는 대학에서 사회과학을 가르치는 사람이었지만 어떤 정당에도 가입하지 않았다. 그 이유는 연구자로서 또 교사로서 진리가 이끄는 곳으로 따라가고 싶었기 때문이다. 정치를 기독교인들과 연관시키고, 신앙고백을 하는 기독교인들을 독점자본주의의 옷자락에 묶어 버리는 미로 속으로의 환멸스런 모험여행을 다녀오고 난 뒤라, 그 어떤 권위주의적인 믿음에도 헌신하고 싶지 않았다.

여러 해 전 아덴에서 헨리 조지의 광적인 추종자와 나누었던 대화를 잊을 수가 없다.

"헨리 조지는 지금 우리가 겪고 있는 모든 문제를 일찍이 1879년에 다 해결했습니다." 그는 사뭇 진지하게 말했다.

"『진보와 빈곤』을 읽어보십시오. 거기에 답이 들어 있습니다."

"하지만 새로운 사실들에 대해서는 어떻게 하지요?" 내가 물었다. "하루가 무섭게 새로운 사실들이 발견되고 있잖습니까. 그것들은 어떻게 할 작정이십니까?"

"나는 새로운 사실들도 시험합니다." 그가 상당히 거드름을 피우며 대답했다. "그것들이 헨리 조지의 이론에 맞으면 그것들을 받아들여 이용하고, 헨리 조지의 이론과 상충하면 거부합니다."

나는 교조적인 선생이 되고 싶지는 않았다. 어떤 원칙이나 논리를 지키기 위해 새로운 상황에 정면으로 대응할 수 없거나 대응할 뜻이 없다면, 그것은 가르치는 사람으로서의 올바른 자세가 아니라는 생각이었다. 내가 학생들에게 입버릇처럼 하는 말이 있었다.

"일단 사실들을 모아서 정리한 다음 너희들의 머리를 써라. 스스로 그것에 대해 깊이 생각해 보고 기회가 올 때마다 자신이 내린 결론에 따라 행동하라."

그래서 나는 오랫동안 사회주의자들에게 공감하고 재량껏 그들을 돕기는 했지만, 학계에서 추방당하고 교육 당국의 블랙리스트에 오르던 1917년까지 사회당에 입당하지 않았다.

나는 러시아혁명이 일어난 뒤 5년 동안, 즉 1922년까지 사회당의 특별 당원으로 남아 있었다. 그 5년 간은 미국을 비롯한 여타 지역에서 산불을 밟아 끄듯 사회주의를 짓밟아 없애려는 노력이 단호하게 행해지던 위기의 시기였다. 사회주의 건설의 중심지는 소련이었다. 다른 20여 개 나라에서도 사회주의자들이 활발하게 활동하고 있었지만, 사회주의자들이 정치권력을 획득하고 사회주의 건설을 계획할 수 있는 곳은 오로지 러시아뿐이었다. 그렇기 때문에 소련에서의 사회주의 성공이 소련 내부의 사회주의자들은 물론이고 소련 밖의 사회주의자들에게도 최우선 목표가 될 수밖에 없었다.

그렇지만 미국의 사회주의자들은 이 문제를 놓고 서로 엇갈린 견해를 가지고 있었다. 어떤 분파는 소련을 지지하고 1919년에는 공산당 인터내셔널 창립에 협력했다. 그런가 하면 어떤 분파는 레온 트로츠키의 노선을 따라, 러시아 볼셰비키가 충분히 성공을 거두지 못하고 있다는 입장을 취했다. 노먼 토머스가 이끄는 제3의 분파는 미국 사회당을 장악하고, 소련을 비판하고 비난하는 데 정력을 쏟았다. 이들의 태도는 나에게 탈당 외에는 선택의 여지를 남겨놓지 않았다. 결국 나는 1922년 미국 사회당이 소련의 반대자요 방해자라는 반혁명적 역할을 하는 데 항의하는 뜻으로 사회당을 탈당했다.

또다시 나는 혼자의 몸이 되었다. 다음 조치는 무엇이었을까? 내가 탈당할 때 같이 사회당을 떠난 많은 동지들이 곧바로 공산당에 입당했다. 그러나 나는 몇 가지 이유에서 공산당 입당을 주저했다. 첫째, 나는 제국 건설과 제국의 양상, 서구 문명의 조직과 관리에 관한 연구와 집필을 진행중이었다. 그래서 이 작업에 세심한 노력을 기울이고 싶었다. 둘째, 당시의 소련 공산당은 분파간의 논쟁과 개인의 권력투쟁에 깊이 휘말려 있었다. 그래서 내가 공산당에 발을 들여놓는다면, 진지한 사회과학 연구작업은 포기하고 분파논쟁에서 한쪽의 편을 드는 데 전념해야 할 것 같았다. 하지만 내가 공산당의 일부 전술과 원칙에 동의하지 않는다 해도, 공산당은 미국의 상황을 극복해나가려고 적극적으로 노력하는 유일한 집단이었다. 나는 1922년부터 1927년까지 이런 문제들과 씨름하느라 정서적으로나 정치적으로나 많은 고통을 겪었다.

*

1927년 초, 나는 공산당에 가입하기로 마음을 정했다. 어느 날 저녁, 뉴욕에서 강연을 하고 난 뒤 나는 서부로 가는 막차를 타기 위해 지하철에서 내려 펜실베이니아 기차역으로 가고 있었다. 그런데 통로에서 해럴드 웨어와 마주쳤다. 해럴드 웨어는 내가 아덴에 살던 시절, 아덴 공동체를 건설하는 데 중요한 역할을 한 바 있는 훌륭한 청년이었다. 농업경제학을 공부한 해럴드는 공산당의 열성당원이었다. 당시 그는 미국 농업전문가들을 소련으로 데리고 가 미국의 농업기술을 러시아인들에게 소개하려고 계획하고 있었다.

우리는 기차역 통로에 서서 미국 공산당의 내부 상황과 소련의 사회주의 건설을 도울 수 있는 방법들에 대해 논의했다. 해럴드는 내가 당 외부에 있는 것보다는 당으로 들어오는 게 훨씬 도움이 될 거라고 말했다. 나는 그 문제에 대해 더 생각해 보고 며칠 안으로 결정을 내리겠다고 약속했다. 기차가 떠날 시간이 되어 우리는 헤어졌다.

걱정거리가 많았지만 오랜 망설임 끝에 나는 입당신청서를 작성했다. 그 즈음 공산당은 당세가 확장되는 추세인 데다 당원 배가운동을 벌이고 있었지만, 나는 적지 않은 추종자들이 딸린 문제인물이었다. 만약 내가 하나의 파벌을 대표해 요직을 맡게 된다면, 당 내부의 주도권 싸움이 훨씬 복잡해질 터였다. 당은 나를 받아들이기를 주저했다. 이미 당내에 야심 찬 지도자감은 차고 넘쳤다. 그들이 필요로 하고 바라는 것은 지도자가 아니라 투쟁적인 일반당원이었다. 그들은 나와 나의 변심을 경계했다.

몇 주가 지났다. 마침내 당 서기인 제이 러브스톤이 나에게 요구해 오기를, 주로 제국주의와 전쟁, 혁명에 관련된 질문 목록을 보낼 테니 정식답변서를 제출하라는 것이었다. 나에게는 그보다 더 쉬운 일이 없었다. 이 분야는 내가 10여 년 간 연구해 온 분야이고, 그것에 관한 책도 두 권(『미제국』과 『달러 외교』)이나 썼으니 말이다. 그 밖에도 나는 이 주제에 관해 또 하나의 원고를 준비하고 있었다. 나는 답변서를 작성해 당 사무국으로 우송했다.

또다시 한참이 지난 후에야 입당허가통보를 받았다. 나는 짐 라킨이 활동하고 있는 뉴욕 시 지부에 배정되었다. 나에게도 당 활동이 할당되었는데, 내가 맡은 일은 주로 대중집회에서 연설을 하고, 뉴욕 노동자학교에서 노동자들을 가르치고, 당

출판물에 실을 글을 쓰는 것이었다. 나중에는 당시 내가 살고 있던 뉴저지 주의 주지사 선거에 공산당 후보로 출마하라는 요구를 받았다.

공산당은 내부의 파벌싸움에도 불구하고 여전히 수적으로 강세였고, 1928년 대통령선거 기간 동안 당원들과 공산당 지지자들을 동원하기 위해 엄청난 노력을 했다. 그러나 공산주의자와 사회주의자들을 주요 커뮤니케이션 통로에서 배제하기 위한 역공세가 전국에서 진행되고 있었다.

소련에서 볼셰비키 세력이 계속 힘을 발휘하는 데 자극 받고 1928년에 막이 오른 제1차 5개년계획에 놀란 미국의 민간기업들은 미국 정계에서 사회주의와 공산주의를 섬멸하기 위한 전국적 운동을 개시했다. 이들 좌파세력은 단독으로든 연합해서든, 당장이라도 소수 지배세력에 도전장을 내밀 수 있을 만큼 건실한 야당을 건설할 우려가 있었다. 1917년 러시아혁명 이후 경계선이 분명하게 그어졌다. 10년 뒤인 1928년의 대통령선거는 경쟁관계에 있는 두 세력의 힘을 평가하는 시험대였고, 그 결과는 소수 독재세력의 완전한 권력 장악으로 연결되었다.

공산당은 한꺼번에 많은 일에 손을 댔다. 나는 당 활동에 모든 시간을 바쳤다. 선거운동중에는 특히 그러했다. 나는 북부의 주들을 거쳐 태평양까지, 태평양 해안을 타고 내려가 사우스캘리포니아까지, 거기에서 다시 남서부와 최남단 지역들을 거쳐 동쪽으로, 당을 위해 종횡무진 뛰어다녔다.

노예지대의 실상을 처음 접했을 때는 얼마나 당황했는지 모른다. 인종차별과 피폐한 삶과 착취를 말없이 수동적으로 받아들이는 것에 대해 뭐라고 말해야 좋을지, 나는 아무 준비도 되어 있지 않았다. 나는 도시와 시골의 빈민가에서 발견한 쓰레기, 오물, 더러움, 추함 같은 희망없는 가난의 흔적들에 비위가 상했다. 나는 스스로에게 물었다. "인간이 어떻게 이런 비인간적인 삶을 평생은 고사하고 단 한 시간 동안이라도 견딜 수 있을까?" 그것은 온화한 기후조건 때문에 자연적으로 만들어진 '사회적 늪'이었다. 불행하게 노예지대에서 태어난 사람들은 가난과 불결 속에서 성장해, 평생 그것들과 더불어 사는 법을 배웠다. 이 늪은 정부의 조치로 단단하게 메워지거나 사회혁명으로 제거되기 전까지는 존속할 것이다.

이때 각 지역을 돌아다니며 내 눈으로 직접 관찰한 사항들은 흑인문제에 관한 방대한 연구에 많은 도움을 주었다. 또한 1960년대에 신문 1면을 장식하게 되고 흑인의 지위향상운동에 관한 기사와 팜플렛, 책들에 풍부한 소재를 제공한 흑인폭동을 예견하고 평가할 수 있게 해주었다. 1929년 뱅가드 출판사에서 발행된 나의 책 『검은 아메리카』(1969년에 쇼켄 북스에서 재발간되었다)는 미국 내 흑인들의 위상에 관한 일종의 백서였다. 나는 이 책을 위해 수백 장의 사진을 찍었다. 또한 검은 아메리카를 주제로 나의 유일한 소설 『자유의 몸으로 태어나서』도 집필했다. 이 소설은 1930년에 비공식적으로 인쇄, 유포되었다.

내가 여러 해 동안 매달려 왔던 책 『제국의 황혼』과 함께 나의 공산당 당적은 말소되었다. 이 책의 명제를 정리하자면 이렇다. 제국주의는 문명화된 인간사회의 필수요소이다. 제국주의는 문명사회의 핵심적인 특징이라 할 수 있는 부와 권력을 차지하기 위한 투쟁에서 싹텄다. 제국주의는 1914년에서 1918년까지의 전쟁 — 제국주의자들이 재개를 준비하고 있는 생존을 위한 난투극 — 에서 그 파괴적 성향이 위험수위에 달했다. 본국에서의 사회혁명과 지구 전역에서 발생하는 식민지 폭동들은 분명 제국주의를 파괴하고 사회주의 사회로 가는 길을 열 것이다.

나는 이 원고를 당 공식출판사인 인터내셔널 퍼블리셔스의 최고책임자 앨릭잰더 트라흐텐베르크에게 제출했다. 나는 알렉스(앨릭잰더)를 잘 알고 있었다. 알렉스와 나는 랜드 스쿨 초창기에 의좋게 함께 활동했었다. 게다가 인터내셔널 퍼블리셔스는 이미 나의 책 두 권(『소련에서의 교육』과 『중국은 어디로?』)을 출판한 바 있었다.

알렉스는 내 원고의 전반적인 주제에 동감을 표했고, 금세 책을 만들어낼 것 같았다. 그러나 그의 나쁜 습관 가운데 하나가 우물쭈물하는 것이었다. 그는 출간을 망설이고 있었다. 그는 몇 달 동안이나 원고를 붙잡고 있었다. 나중에 알게 된 사실이지만, 그 몇 달 사이에 원고는 모스크바에 가 있었다. 마침내 알렉스가 나를 자기 사무실로 부르더니, 원고와 관련된 모든 얘기를 속시원하게 털어놓았다.

"우리는 이 책을 여기에서 출판하고 싶네만, 저쪽(소련쪽을 가리키며) 사람들은 생각이 다르다네." 그가 말했다. "저쪽 사람들은 사회이론보다는 당 정책에 더 관심이 많아. 자네 원고에는 한 가지 심각한 결함이 있네. 제국주의를 역사과정에서 나타나는 사회 패턴으로 다루고 있지 않은가. 이 분야에서 우리가 표준으로 삼고 있는 저작은 레닌이 스위스에서 망명생활을 하던 1915년에서 16년 사이에 쓴 『제국주의』라네. 레닌의 저작은 1870년 이후의 서구 제국주의를 다루고 있지. 말하자면 우리는 제국주의를 1870년부터 지금까지 확장되어 온 역사의 한 단계로 본단 말이네. 자네 원고는 제국주의를 로마와 바빌론, 이집트까지 소급시키고 있어. 제국주의를 레닌의 생각 속에 포함되지 않은 시대까지 다루고 있단 말일세. 우리 관점에서는 고대의 제국주의를 제국주의라 일컬을 수 없어. 레닌이 제국주의를 주제로 글을 쓰면서 그 시대를 포함시키지 않았기 때문이지. 레닌이 제국주의가 1870년에 시작되었다고 썼는데 자네는 무엇 때문에 레닌의 잘못을 바로잡고 수정하고 개조한단 말인가? 레닌은 우리에게 마르크스와 마르크스주의를 통역해 준 사람이고 그건 지금도 마찬가지라네. 저쪽 사람들은 레닌의 말을 궁극적인 것으로 여긴다네. 모스크바가 자네 원고에 대해 '불가' 판정을 내린 거야." 알렉스는 서운하다는 투로 말을 마쳤다.

모스크바의 결정은 나를 당황스럽게 만들었다. 나는 여러 해에 걸쳐 제국주의에 관해 연구하고 가르치고 강연하고 글을 써 왔다. 문제의 원고는 이런 연구성과 전체를 하나의 초점에 맞춰 정리한 것이었다. 더군다나 나는 이 원고를 출발점으로 삼아, 앞으로 제국주의와 문명이라는 더 넓은 영역간의 관계를 분석할 작정이었다. 나는 제국주의를 제국 건설과 문명의 구조 및 기능에 대한 확실한 전망없이 조망했기 때문에, 최고 수준의 이론을 체계화하고 그것을 공공정책에 적용하는 것은 차치하고 1920년대부터 1930년대까지의 시기를 이해하는 것마저 불가능했다.

이 원고를 출판하는 것은 당 규율을 위반하는 행위가 될 것이며, 당에서 제명당하는 결과를 초래할 공산이 컸다. 한편으로 보면 나는 연구자이고 학자이며, 내 입장을 뒷받침할 만한 확실한 증거를 가지고 있었다. 레닌은 제국주의에 관한 자신의 책 서문에서 밝히기를, 스위스에서는 활용할 수 있는 자료에 한계가 있기 때문에 그 책에서 다루는 시기도 한정되어 있다고 했다. 과연 내가 나의 사고와 연구를 같은 시기로 한정하고, 제국주의를 기껏 1800년대에 시작된 것으로 방치했어야 하나? 그렇다면 당에 대한 나의 임무는 사회과학에 대한 나의 임무와 정면으로 충돌하는 셈이었다.

당 상급자들과 당 규율은 나에게 "출판하지 말라"고 했다. 반면 사회과학에 대한 나의 양심은 "출판하라"고 말했다. 나는 이 문제를 당에 대한 충성의 문제와 책 출판이 야기할 수 있는 정치적 파장까지 고려해 신중하게 가늠해 보았다. 나는 당에 남아 이런저런 이슈가 있을 때마다 당을 분열시킬 수도 있고, 아니면 당의 결정을 받아들여 내 원고를 포기할 수도 있었다. 또한 탈당하여 책을 출판할 수도 있었다. 만약 내가 스물다섯 살 청년으로 평생의 작업을 처음 시작하는 상태였다면, 모르긴 해도 당의 결정에 따랐을 것이다. 그러나 마흔다섯이라는 나이로 보나 세계의 정황으로 보나, 인류와 학문에 대한 의무가 앞서야 한다는 생각이 들었다.

그리하여 나는 원고를 뱅가드 출판사에 넘겼다. 동시에 공산당에 탈당서를 제출했다. 그러나 당은 나의 탈당을 인정하지 않았다. 당이 나를 제명했다. 1930년 1월 8일자 《데일리 워커》의 머릿기사 표제는 '니어링, 미국 공산당에서 축출당하다'였다. 기사 내용은 다음과 같았다.

미국 공산당 중앙위원회는 스콧 니어링으로부터 그의 공산당 당적에 관련된 편지를 받았다. 이 편지에서 니어링은 자신이 "고대 제국주의와 고전적 제국주의, 근대 제국주의 간의 역사적, 경제적 상호관계"에 관한 원고를 준비한 바 있다고 밝히고 있다. 니어링은 이 원고를 모스크바의 권위있는 마르크스주의 조직에 제출했으나, 원고는 반려당했다. 니어링의 말에 따르면 이번 원고 반려는 그에게 다음과 같은 가능성들을 제공하고 있다.

"첫째로 원고 출판계획을 포기하는 것. 나는 이 원고가 여태껏 제출된 적 없는 제국주의에 관한 종합의 성과라고 믿기에 출판을 포기하는 것은 큰 문제가 아니라고 생각한다. 두번째, 원고를 당 채널을 통하지 않고 출판하는 것. 이 행위는 당 내부에서 또 다른 논란을 야기할 수 있다. 하지만 논란이라면 이미 지나치다 싶을 만큼 많았다. 세번째, 당에서 탈퇴하여 원고를 출판하는 것."

스콧 니어링은 자신이 '세번째 과정'을 따르기로 결정했음을 중앙위원회에 알리면서, 탈당을 하되 "전과 마찬가지로 계속해서 당의 원칙을 지지하고 당 활동을 지원"하겠다고 했다.

니어링이 탈당서와 함께 상당수의 프롤레타리아혁명 조직들 앞으로 보낸 이 편지는, 혁명의 임무들이 혁명가에게 부과하는 압력을 견뎌내는 것이 니어링 타입의 지식인들에게 얼마나 힘든 일인지를 보여준다.

스콧 니어링은 결코 마르크스주의자가 아니었다. 하지만 그가 당의 방침과 규율에 순응한다면 프롤레타리아혁명에 기여할 수도 있을 것이다. 그러나 그는 그저 '친구'이기를 원한다. 하지만 공산당원이라면 그 누구도 단순히 혁명의 '친구'일 수는 없다. 공산당원은 누구나 적극적인 혁명의 전사여야 한다. 혁명적인 노동계급의 친구라 함은 노동계급의 대열에 서서 싸우는 투사를 말한다. 당의 친구라 함은 당의 전선에 서서 싸우는 투사를 말한다. 당의 대열을 벗어난 '친구'는 혁명투쟁에서 노동계급 편에 긍정적인 요소이기를 그치며, 따라서 프롤레타리아 계급의 적인 부르주아 계급을 강화하는 역할을 한다.

노동계급의 혁명적인 당은 당원들의 '공감'에 만족할 수 없다. 당은 당원 개개인이 당의 노선과 활동에, 그리고 혁명적인 노동계급에 복종하기를 요구한다.

노동계급의 입장에서 볼 때, 잘 훈련된 전위부대는 승리냐 패배냐를 가름짓는 관건이다. 스콧 니어링의 경우, 가장 권위있는 조직에 의해 비마르크스주의적이라고 해서 출판을 거부당한 자신의 팜플렛이나 책을 출판하는 것이 전위부대의 규율보다 그 중요성에서 앞선다고 보고 있다. 노동자학교 실행위원회 위원직 사퇴서에서 스콧 니어링은 혁명가로서 25년을 보냈으면 충분하다는 견해를 밝히고 있다.

프롤레타리아 혁명가는 대의를 위해 복무하는 것이지 단순히 시간을 채우는 게 아니라는 사실을 그는 모르고 있다. 프롤레타리아 혁명가의 적극적인 복무는 그가 육체적으로나 정치적으로 무능력해질 때까지 계속된다.

눈에 띄게 첨예화되어 가고 있는 투쟁은 스콧 니어링 같은 분자들을 거절하며, 그들을 혁명의 쓰레기더미 위로 던져버릴 것이다. 니어링은 자신의 비마르크스주의적 발상들 때문에 이 시대가 요구하는 자기 희생적 복무를 하지 못한다. 이 시대가 공산당원들에게 부과하는 임무가 자기로서는 흔쾌하게 지탱할 수 없는 짐이라는 사실을 그 자신은 인식하고 있다.

프롤레타리아 혁명가는 그런 임무를 짐으로 여기지 않고, 자신의 이념과 자신의 계급을 위해 기꺼이 자진해서 하는 일로 여긴다.

이런 모든 문제를 고려하여, 미국 공산당 중앙위원회는 스콧 니어링을 당원 명부에서 삭제하기로 결정하는 바이다.

얼마 뒤 마이크 골드는 《데일리 워커》에 실린 '세상을 바꾸라'는 칼럼에서 이렇게 말했다. "그 동안 스콧 니어링이 공개적으로 발언한 내용들 가운데 일부는 공산당 노선에서 벗어나 있었다. 이는 당의 노선이 잘못되었거나 당파적이었거나 비현실적이어서가 아니라, 스콧 니어링이 유혹적인 개인주의에 빠져들었기 때문이다."

나는 축출당했다. 나는 당을 공격하거나 비난하지 않았다. 나의 제명소식이 언론에 보도되자, 기자들은 공산당을 욕하는 데 써먹을 만한 얘깃거리를 얻어보려고 나에게 몰려들었다. 나는 얘기하기를 거부했다. "이것은 당의 결정입니다." 나는 기자들에게 말했다. "정보를 얻고 싶거든 당 사무실로 가세요." 그날부터 지금까지 당 사람들과 나는 우호적인 공존관계를 유지해 왔다.

이번에도 역시 "이 일에 개인적인 감정은 전혀 없다"는 그 익숙한 말을 듣게 되었다. 물론 이 말은 사실이었다. 《데일리 워커》 1935년 3월 2일자 사설을 보자.

니어링이 혁명운동의 전반적인 활동을, 그리고 특히 소련을 성실하게 지원했다는 데에는 의심의 여지가 없다. 공산당은 중요한 문제들에서 니어링과 견해 차이가 있었고, 그 차이들 가운데 일부는 우리 신문에서 공개적으로 논의되어 왔다. 그러나 우리는 분명 고의로 견해 차이를 조장할 생각은 없다. 그 견해 차이가 개량주의의 도발에서 비롯하는 것일 때는 특히 그렇다. 우리와 니어링의 견해 차이는 서로가 근본적으로 동의하는 당대의 모든 문제들에 대해 협력해 나가는 데 장애가 되지 않는다.

중앙위원회의 제명통보서 전문 가운데 네번째 단락은 "상당수의 프롤레타리아 혁명조직 앞으로 발송된 사퇴서"에 대해 언급하고 있다. 나는 마흔다섯 살이 되었을 때, 노동자학교와 갈런드 기금, 시민해방연합을 비롯해 내가 직책을 맡고 있던 모든 조직의 실무에서 손을 떼겠다는 편지를 보냈다. 나는 정치지도권, 특히 좌파의 정치지도권이 더 젊은 사람들에게 넘겨져야 한다는 이유에서 정치에 적극적으로 참여하는 것을 단념했다. 내 편지의 내용은 다음과 같았다.

나는 나이든 사람들이 권력을 잡는 게 위험한 일이라는 것을 오래전에 감지했습니다. 진보를 지향하는 운동에는 젊은 피가 필요합니다. 혁명운동의 경우에는 말할 것도 없고요. 나는 내가 전진에 방해가 되기 전에 길을 비켜야겠다고 늘 생각해 왔습니다. 그리고 한 인간이 사회정책 방면에서 유용하게 보낼 수 있는 최대치의 시간을 25년 정도로 잡았습니다. 이제 나의 25년은 다 채워졌습니다. 그래서 모든 관리직과 위원직에서 물러나려 합니다. 앞으로는 이런 직책을 받아들이지 않을 것입니다. 좀더 젊은 사람들이 정책결정권을 가져야 합니다.

『제국의 황혼』을 출판하기로 한 결정은 정치적으로나 일신상으로나 엄청난 격변을 몰고 왔다. 내 입장에서 보면, 좌파와의 결별은 중도파 및 우파와의 결별을 의미했던 학계에서의 축출과 마찬가지로 결정적인 것이었다. 나는 차디찬 세상으로 내

몰려, '인생역경대학'의 학위를 따려고 애쓰고 있었다.

*

나는 이 장에 '전망을 모색하기 위해'라는 제목을 붙였다. 이 제목은 정확하다. 내 뒤에는 질서정연하고 체계화되고 표준화된 요지부동의 낡은 세계가 있었다. 나는 지금까지 그 세계 안에서 연구하고 가르치고 강연하고 출판해 오다가 그 세계의 권력자들에게 희생당했다. 지난 25년 동안 나는 전쟁과 혁명을 연구하고 글을 써왔다. 내가 워튼 스쿨에서 경영학을 가르칠 때는 분배의 경제학이 대단히 큰 과제인 것 같았다. 그런데 '인생역경대학'에서 20여 년을 보내는 동안 훨씬 큰 문제들에 맞부딪쳤다.

내 앞에 보이는 세상은 거대했다. 인구수로 보나 전통과 관습, 습관, 전망, 제도의 다양성으로 보나 세상은 한없이 거대했다. 세상은 내가 생각했던 것보다 훨씬 복잡하고 상호의존적이며, 모순과 무지, 편견과 분노, 증오로 가득 차 있었다.

언제 전쟁으로 파괴될지 모르는 이 경쟁적인 세계 안에서 나는 남녀, 노소, 빈부를 막론하고 놀랄 만큼 많은 수의 급진적인 사람들과 접촉할 수 있었으며 그들과 생각을 나눌 수 있었다. 문명사회의 지배자들은 그들을 늪으로 밀어넣었지만, 그들은 그 늪에서 벗어나는 길을 찾고 있는, 희망에 찬 사람들이었다. 그들은 길을 찾았다고, 상세한 지도를 손에 넣었다고 확신하고 있었다. 그리고 자신들의 세계관의 진실성과 자신들이 갖고 있는 프로그램과 계획의 실현 가능성을 목숨을 걸고 입증할 각오가 되어 있었다.

그러나 몇 가지 곤란한 문제가 남아 있었다. 인류의 구세주가 되기를 자청한 사람들이 미래사회에 대한 가설이나 그것을 이루기 위한 프로그램이나 계획에 대해 의견이 크게 엇갈리고 있었다. 그들은 이념상의 이유나 실천상의 이유 때문에 동료 개혁가 및 혁명론자들과 협력하기를 거부했다. 또한 서로 다른 프로그램을 주장하는 사람들은 자신의 전망이 옳음을 입증하기 위해서라면 상대방을 죽이기라도 할 태세였다.

분명 이 세계는 혼란스럽고 뒤숭숭하다. 논리와 윤리, 질서 정연한 과정이라는 관점에서 보면, 세계 특히 내가 그 안에서 가정을 이루고 활동해 온 서구 세계는 엉망진창이었다. 과학과 기술 분야에서 나온 많은 발명품들까지 고려할 때, 어쩌면 이 세계는 단지 엉망진창이기만 한 것이 아니라 위험하기조차 한 것인지도 몰랐다. 어쨌든 이 세계는 편히 쉬면서 안락함을 즐기다가 조용히 잠들 수 있는 세상은 아니었다.

나는 학자로서 이 세계의 상황을 역사적 전망 속에서 직접 관찰하고 싶었다. 그런데 지난 20여 년 동안 내 바람을 이룰 수 있는 기회가 다방면에서 찾아왔다. 나는 전망을 모색하고, 진보를 기대했다. 그러나 내가 발견한 것은 황폐함과 이기주의, 부정과 부패, 이해할 수 없고 넌더리나는 타성과 무관심, 맥없는 권태 등이었다. 세계는 혼란스럽고 뒤숭숭하기만 한 것이 아니라 비극적이기까지 했다. 인류는 황폐함에서 벗어나는 방법에 대해 의견의 일치를 보지 못했다. 인류는 황폐함에서 벗어나는 길은 없다는 믿음을 갖기에 이르렀고, 급기야 게으른 무관심 속으로 빠져들고 있었다.

내가 본 이 세계는 전혀 내 마음에 들지 않는다. 이 세계에서는 파괴적인 세력이 뚜렷하게 우위를 점하고 있다. 나는 모든 개인이 행복해질 수 있으며 사회는 개선될 수 있다는 가능성을 믿도록 가르침을 받아왔다. 그러나 정작 내가 속한 세계는 스스로를 파괴하느라 여념이 없다.

나는 인류를 태동시키고 발전시켜 온 생명력 안에 개인과 사회집단들, 그리고 인류 전체를 위한 무한한 개선의 가능성이 존재한다는 믿음을 지표로 삼아 전망과 진보를 모색했다. 이러한 가능성은 오랜 세월에 걸쳐 누차 언명되어 왔다. 기본적으로 인간에게는 선과 악을 구분하는 능력이 있었다. 인류가 멸망보다는 생존을 선택할 것이라는 또 다른 가능성이 이런 능력 안에 내재해 있었다.

소크라테스는 이미 25세기 전에 이 점을 분명히 하고, 선(인간의 생존과 발전을 의미한다)과 악(자기 자신을 파괴하는 것을 의미한다)의 차이를 아는 사람이라면 그 누구도 일부러 선을 거부하고 악을 택하지는 않을 것이라고 결론지었다. 한마디로, 소크라테스는 인간이 기본적으로 자신의 생존과 발전을 믿고 그것을 소망하는 이성적인 존재라고 보았다.

그 밖에도 나는 인간이 자연의 경제에서 담당해야 할 본분이 있으며 자연을 발전시키는 데 해야 할 역할을 가지고 있다고 믿었다. 인류가 분명하고 효과적으로 이 본분을 수행하기 위해서는 옳은 길을 찾아, 우회하거나 되돌아가는 일 없이 일관되게 따르는 수밖에 없다. 이는 인간이 최소한의 파괴를 대가로 치르면서 생산하고 창조하기로 결정해야 한다는 뜻이다. 예정되어 있는 창조적인 목적은 자연에 내재해 있다. 인간은 그 목적을 찾아내 구체화하고 실행해야 한다. 물론 치러야 하는 대가는 있을 것이다. 인간의 모든 에너지를 동원하여 그것을 체계적으로 관리하고, 계획에 따라 훌륭하게 일하는 능력을 발전시켜야 하는 것이다.

나는 서구 문명이라는 프로그램이 전개되는 것을 목격하고 있었는데, 내가 보기에 그것은 생산적이거나 창조적이기보다는 명백히 파괴적이었다. 34년 간의 강도 높은 훈련을 통해, 나는 이런 입장이 옳다는 확신을 얻게 되었고, 생산하는 사람, 개선하는 사람, 창조하는 사람들을 굳건하게 지지하게 되었다.

나는 인간의 운명을 개선하고, 개선의지를 현실로 옮기는 데 필요한 도구와 매개체들을 개량하는 데 기여하고 싶었다. 무엇보다도 나는 세계를 지배하고 좌지우지하는 사람들과 이 세계의 부를 소유하고 있는 사람들이 영악하게도 대중들에게 부와 권력의 부스러기를 뿌려주고 있다는 명백한 사실을 일찌감치 깨닫고 있었다. 그들은 대중의 주의를 딴 곳으로 돌리고, 대중의 눈을 속이고, 대중을 부패시킬 수 있을 만큼의 부스러기만을 주었다. 즉 지배자와 매수자들의 이익을 고스란히 지키면서도 대중의 지지를 확보하고 대중을 주어진 틀 안에 묶어놓는 것이다.

이것이 그야말로 사회문제의 핵심이다. 소수 독재체제는 자신들에게 가장 좋은 것이 대중들에게도 가장 좋은 것이라고 믿도록 대중을 세뇌시키는 데 성공했다. 이런 세뇌공작이 먹혀드는 동안, 대중은 체제 안에 남아 있게 되고, 소수 독재체제는 부자를 더욱 부유하게 만들고 힘있는 사람을 더욱 힘있게 만드는 프로그램을 계속 추진할 수 있었다.

인류는 어디로 가고 있는가? 서구 문명의 소수 독재체제는 부와 권력을 쥔 미국의 엘리트를 선봉에 세운 채 지구를 지배하고 우주를 정복하고, 태양계 일부 혹은 전체로까지 세력을 넓힐 것인가? 아니면 많은 사람들이 자신의 운명에 눈뜨고 위험한 싸움을 승리로 이끌기 위해 준비할 것인가?

모든 지표들은 사회적 허리케인을 예고하고 있었다. 내가 사방팔방에서 듣고 본 바에 따르면, 서양 세계는 국제분쟁이라는 새로운 발작을 향해 돌이킬 수 없는 걸음을 내딛고 있다. 사가들은 그것을 제2차세계대전이라 부를 것이다. 이 전쟁은 상황만 바뀌었을 뿐, 본질은 제1차세계대전과 다를 바 없다.

커뮤니케이션의 암흑시대

1920년대가 저물고 1930년대로 접어들면서 커뮤니케이션 시설은 전신에서 전화와 영화, 라디오를 거쳐 텔레비전에 이르기까지 종류도 다양해지고 성능도 좋아졌다. 동시에 커뮤니케이션 수단에 대한 지배권은 갈수록 소수 독재체제의 수중으로 넘어갔다. 1900년부터 1917년까지의 시기에는 신문을 발행하거나, 잡지를 편집하고 잡지에 기고하거나, 강연, 선전, 조직 활동을 하는 자유주의자와 급진주의자들이 있었다. 자유주의자와 급진주의자들이 시, 주, 연방정부 차원의 공직에 선출되거나 임명되기도 했다. 미국에서 자유주의와 급진주의는 사회생활의 정상적인 한 부분으로 인식되었다.

지금까지 몇십 년 동안 좌파는 미국의 공인기관에서 유리한 위치를 향유해 왔다. 견해의 차이는 그저 용납되는 차원을 넘어 '자연권'으로 격찬받기까지 했다. 영국에서처럼 경찰이 하이드파크 코너를 보호해 주거나 야당 당수에게 국고에서 봉급을 지급하는 정도까지는 아니지만, 미국 좌파도 다른 시민단체들과 똑같이 공공 커뮤니케이션 수단을 이용할 자격이 있었다. 이런 미국 정신의 시기는 대공황 중에 말 그대로 종말을 맞았다. 나라 전체에 공포감이 조성되면서 소위 매카시 시대의 막이 오른 것이다.

조지프 매카시는 밀고와 조사, 심문, 비방을 교묘하게 유도하는 캠페인으로 유명해진 위스콘신 출신의 상원의원이었다. 공산주의와 급진주의, 좌익주의는 자존심이 있는 사람이라면 비난할 목적이 아닌 다음에야 공식석상에서 입에 올려서는 안 되는 상스러운 단어의 범주로 격하당했다.

1930년대 초의 어느 날, 중서부에 있는 어떤 주에 간담회 약속을 지키러 갔을 때의 일이 생각난다. 간담회를 주최하는 사람은 주 정부의 직원이었지만, 자기는 자유주의적 견해를 가지고 있다고 큰소리치며 내가 추진하고자 하는 진보정치 활동에 깊은 관심이 있다고 떠벌였다. 지정된 강연장소에 도착했을 때, 우리는 건물 모퉁이를 돌아가서 주차하라는 요청을 받았다. 이유인즉 집 앞에 너무 많은 차가 주차되어 있으면 이웃 사람들이나 경찰의 눈길을 끌지도 모른다는 것이었다. 예정된 시간에 우리는 그 집 거실에서 간담회 주최자가 불러모은 사람들과 만났다. 창문을 꼭꼭 닫고 커튼까지 친 상태에서 간담회가 시작되었다. 1914년 전까지만 해도 이런 비밀모임은 생각할 수 없었다. 그런데 1930년대의 미국에서는 이것이 당연지사가 되어 있었다.

남부에서는 개인주택에서조차 사회문제를 논의하는 모임이 열리지 않았다. 한 번은 플로리다 주 탤러해 시에 있는 변호사의 집을 방문할 기회가 있었다. 그는 자유주의자였다. 대화가 오가던 중 나는 그에게 그곳에서 사회적 논쟁거리들을 공개적으로 토론하는 게 가능하냐고 물었다. "사실 여기에서는 생각할 수 없는 일입니다. 탤러해 시에서는 그런 종류의 공개집회가 아예 열리지 않거든요." 변호사의 대답이었다.

1950년대 초에는 전국 횡단여행을 하다가 오클라호마를 지나가게 되었다. 예전에 오스카 애머링어가 오클라호마 시에서 《가디언》이라는 사회주의 신문을 발행한 적이 있기에, 나는 오스카가 생각나기도 하고 오클라호마의 여론도 알아볼 겸 해서 그곳에서 집회를 열기로 마음먹었다. 그래서 그곳 사정을 알아보았더니, 오클라호마 시에서 공회당을 빌리는 것은 아예 불가능했다. 하지만 가까운 교외에 사는 한 친구가 자기 집을 모임장소로 제공하고 현 시국에 관한 얘기를 들으러 오라고 이웃들을 초대하겠다고 했다.

나는 아내와 함께 예정시간보다 훨씬 일찍 그 집에 도착했다. 모든 준비는 끝나 있었다. 집은 아주 말끔했다. 방 안에는 의자가 빙 둘러 놓여 있었다. 그 집 안주인은 조촐하게 다과를 준비해 놓은 뒤 고운 옷을 차려입고 나왔다. 날씨가 더없이 좋았고, 모든 준비를 제시간에 마쳤다며 환한 얼굴로 기뻐했다. 더 할일이 없었기 때문에 우리는 둘러앉아 얘기를 나누며 사람들이 오기를 기다렸다. 예정된 시간에서 15분이 지나고, 마침내 30분이 지났다. 그러나 단 한 사람도 나타나지 않았다. 그동안 미국 땅에서 수없이 많은 모임에 참석해 강연을 해봤지만, 이렇게 규모가 작은 모임은 처음이었다.

30년 전만 해도 오클라호마는 사회주의자들이 강세를 띠던 지역이었고, 많은 지지표를 모으던 주에 속했다. 하지만 이제 그런 시절은 지나갔다. 물론 아직도 오클라호마에 사회주의자들이 있기는 했다. 우리는 그들을 만나 개인적으로 대화를 나누었지만, 그들은 집회에 나오거나, 미국 재향군인회나 첩보원, 수사관들의 노여움을 살 만한 일은 하려들지 않았다.

1930년대 중반 무렵에는 이런 강제적 사상개조운동이 어찌나 잘 먹혀들었는지, 사회문제를 논의하는 일은 공익에 반하는 비애국적이고 불충하며 심지어는 반역적인 행위로까지 치부되었다. 좌파 연사들은 자신들의 견해를 발설하는 것이 허용되지 않았다. 그들이 피습당하는 일이 심심치 않게 벌어졌고, 좌파 집회는 1백 퍼센트 미국인들에게 습격을 당해 중단되기 일쑤였다. 이런 일을 경찰이 뒤에서 거드는 경우도 흔했다.

여러 해 전 뉴저지 주 패터슨에서 스트라이크가 벌어졌을 때, 당시 젊고 열정적인 노조 조직가였던 엘리자베스 걸리 플린은 자기가 패터슨에서 연사로 나서겠다고 발표했다. 빔바 경찰서장은 그녀에게 연사로 나가서는 안 된다고 공식 통보했다. "나는 말할 권리가 있습니다. 그건 헌법이 보장하는 권리입니다." 엘리자베스가 항의했다. 그러자 경찰서장이 답변했다. "당신한테 그런 권리가 있을 수도 있겠지. 하지만 우리에게는 힘이 있고, 우리는 그 힘으로 당신을 저지할 거요." 결국 엘리자베스는 연설을 하지 못했다.

바로 이것이 지난 반세기 동안 내가 처한 상황이었다. 나는 말하고 쓰고 인쇄하고 발행할 '권리'를 가졌지만, 나의 말은 망각의 깊은 우물 속으로 떨어져 버렸다. 나는 가르칠 '권리'가 있었지만, 이 나라의 어느 대학, 어느 학교도 나를 받아들이려 하지 않았다. 나는 말할 수 있었지만, 내가 연단에 서는 것을 허용하는 공개강연회나 토론회는 찾아보기 힘들었다. 나는 글을 쓸 수 있었지만, 나의 책들은 인가 받은 출판사에서 출판되지 않았으며 잡지나 신문에 서평이 실리지도 않았고 서점에 진열되지도 않았다.

1930년대의 어느 화창한 10월에, 나는 뉴욕 시 6번가를 걷고 있었다. 대형화물차 한 대가 어떤 '재고 상점' 앞에서 책 수천 권을 길가에 내려놓고 있었다. 그 상점에서는 책들이 엄청난 헐값에 팔렸다. 길가에 수북히 쌓인 책들은 모두 하워드 패스트라는 작가가 쓴 것이었는데, 이 상점은 형편없는 헐값에 그 책들을 넘겨받아 한 권에 몇 페니씩 받고 처분했다. 대중소설가인 하워드 패스트는 당시 미국 전통을 극좌파 시각으로 비평하여 이런 취급을 당하게 된 것이었다.

한 번은 어떤 일본인이 나에게 "당신의 소멸된 책들"에 대해 고맙게 생각한다는 편지를 보내온 일이 있었다. 비록 영어 표현은 부정확했지만, 사실만은 정확하게 짚고 있었다. 소수 독재체제를 공격하는 사람은 누구든 실제로 소멸당한다. 밝혀내고 공표해야 할 진실은 많지만, 커뮤니케이션 수단은 거의 전적으로 국민들에게 어떤 정보를 제공하고 어떤 정보는 폐기하거나 무시해야 하는지를 결정하는 소수 독재체제의 손아귀에 들어가 있었다.

1914년 이전의 미국과 1945년 이후의 미국이 얼마나 다른지를 설명하기란 쉬운 일이 아니다. 이탈리아에서는 무솔리니의 시대가 왔다가 갔다. 독일에서는 히틀러의 시대가 왔다가 갔다. 이 두 나라에서는 패전이 정책변경의 중요한 요인으로 작용했다. 미국은 두 번의 세계대전에서 모두 이기는 쪽에 속해 있었음에도, 사회변화는 이탈리아와 독일의 변화에 못지 않았다. 전쟁 전의 미국에서는 사회당, 세계산업노동자회의 같은 조직들과 국제여성봉제노동조합, 방직노동자연합회 같은 노동조합들, 그리고 광부들이 미국 사회의 경제 및 정치 구조를 혁명으로 전복시키자고 요구하고 있었다. 전쟁의 압력으로 이런 조직들이 무기력해지거나 방향을 전환하거나 해체됨에 따라, 전쟁에 반대하고 사회변화를 지지하는 걸출한 개인들이 이런 조직을 대신했다.

뉴욕에는 존 헤인즈 홈즈가 있었고, 시카고에는 아서 M. 루이스가, 신시내티에는 허버트 비겔로가, 톨레도에는 샘 존스가, 클리블랜드에는 찰스 러센버그가, 버펄로에는 허먼 J. 핸이, 시애틀에는 프레드 쇼터가 있었다. 이들 모두 어떤 식으로든 강연회나 공개토론회를 통해 미국적 방식에 이의를 제기함으로써 청중들로부터 환영과 격려를 받았다.

이런 조직들과 이렇게 걸출한 인물들이 있었기에, 나같이 정규교육기관에 더 이상 적을 두고 있지 않은 사람이 청중들 앞에서 자기 생각을 이야기할 수 있었다. 당시의 청중들은 무슨 얘기든 들을 준비가 되어 있었고, 때로는 열정적으로 우리의 견해를 지지해 주었다. 이렇게 출장강연을 나가면 강연료를 받는 경우도 있었다. 조금 꾀를 내어, 강연할 곳을 한꽂에 꿰어 돌면, 강연료로 여행경비를 충당하고 조금 남는 정도였다.

록새너 웰즈는 안락한 가정을 떠나, 좌파조직이나 인사들과 관계를 유지하며 진보적인 단체와 강단에 연사들을 대주는 강연기획사를 꾸리는 데 많은 시간을 쏟은 뉴저지의 사교계 여성이었다. 그녀의 명단에는 노먼 토머스, V. F. 캘버튼, J. 레이먼드 웰쉬를 비롯해 미국적 삶의 다양한 측면들을 비평하는 사람들의 이름이 올라 있었다. 그녀는 나와 20년 강연계약을 맺었다. 매년 봄 그녀는 전국을 순회하며 다음 시즌을 위해 계약을 체결하고 계약서에 서명을 받았다. 1930년대 초반의 어느 해인가 그녀는 전국을 순회하고 돌아오더니 이렇게 말했다. "다음 시즌에는 친노동계나 친사회주의계, 친소련계 인사들은 미국 강연무대에 서기가 어려울 것 같군요."

상황은 그녀의 말대로였다. 해가 갈수록 경제와 정치 문제를 다룰 연사의 수요가 눈에 띄게 줄면서, 자연 그녀의 활동폭도 좁아졌다. 대신 그녀에게 들어오는 의뢰는 주로 여흥이나 오락, 연회 따위를 기획해 달라는 것이었다. 그녀는 결국 암담한 전망과 건강 악화를 이유로 강연기획사를 그만두었다. 진보적 연사들이 사회적 쟁점들에 대해 논할 수 있는 자리를 마련해 주던 마지막 대행사가 문을 닫은 것이다.

미국에서 강연과 토론이 전성기를 누린 것은 20세기의 첫 30

여 년 동안이었다. 연사들에게는 대중과의 의사소통 기회가 주어지고, 청중에게는 중요한 주제들에 대해 듣고 토론할 수 있는 기회가 주어지던 좋은 시절이었다. 자유로운 기획사업으로 출발한 강연회는 미국 소수 독재체제가 여론을 만들고 변경하고 다시 만드는 것을 돕고 있는 선전집단이 운영하는 거대사업으로 퇴색해 갔다.

*

 미국에서 대중과의 의사소통수단들이 폐쇄된 후에는 캐나다에서 꾸준히 강연할 기회가 생겼다. 캐나다연방연합은 전국에 조직망을 갖추고 있어서, 이 단체가 주관하는 집회는 참여율이 높았다. 청중들은 열성적이었고 견문 또한 넓었다. 나는 전쟁과 혁명에 대해, 제국주의의 전망과 서구 문명의 앞날에 대해 얘기할 수 있었다. 캐나다 청중들이 가장 듣고 싶어하는 주제는 '무너져 가는 대영제국'이었다.

 이 강연에서 나는 역사 경제적 관점에서 주제를 다루었다. 즉 대영제국이 세계의 작업장으로서, 유럽 내 다른 경쟁국들의 총생산량을 합한 것보다 더 많은 철과 섬유, 상선을 생산하고 있던 1870년대부터 얘기를 풀어나갔다. 나는 우선 유럽에서, 그리고 나중에는 아메리카와 아시아에서 과학기술이 급속하게 확산된 과정을 섬유산업과 방직기 제작을 예로 들어 설명했다. 독일에 이어 미국과 일본에서 산업이 급격하게 발전하면서, 영국의 산업은 치열한 경쟁을 피할 수 없게 되었다. 식민지에서의 산업 생산량이 늘어난 것도 대영제국의 해외시장을 축소하는 결과를 낳았다. 이윤을 창출하는 사업을 거의 독점하다시피 해온 대영제국은 차츰 이 시장 저 시장에서 밀려났다.

그 사이 대영제국은 천연자원을 고갈시키고 농업을 소홀히 하여, 면화와 금속, 원유, 밀, 육류를 해외에서 수입하고 그 대가를 제조품 판매, 운송 용역, 대출금, 보험금 등으로 지불하고 있었다. 영국 경제에 또 다른 장애물로 작용한 것은 지나치게 방대해진 해군이었다. 영국 해군은 곳곳의 전략적 요충지에 기지를 두고 지구 전체를 아우르는 제국 통신망을 유지하고 있었던 것이다. 이런 것에 소요되는 간접비용은 영국제도(諸島)로서는 갈수록 감당하기 힘든 적자를 발생시켰다.

나는 주로 영국의 《정치가 연감》과 국제연맹이 《월간 공보》에 발표하는 세계 경제관련 수치들에서 통계자료를 뽑았다. 따라서 내가 제시하는 사실들은 믿을 만하고, 논쟁의 여지가 없었다. 대영제국은 역사상의 다른 제국들과 마찬가지로 1914~1918년 전쟁 훨씬 이전부터 지출이 수입을 초과하고 있었다. 전쟁은 단지 낙타의 등뼈를 부러뜨리는 마지막 짚단을 얹어, 몰락과 사멸을 앞당겼을 뿐이다.

캐나다가 미국업체들의 유입 증가와 상품을 만들어 판매할 자국 기업에 대한 욕구 사이에 끼여 있는 상태라, 캐나다 청중들은 제국주의에 관한 논의와 연관된 문제들에 예민하게 촉각을 곤두세우며, 이런 문제들의 중요성을 폭넓게 인식했다.

한 가지 덧붙여 말하자면, '무너져 가는 대영제국'에 관한 강연으로 나는 대영제국 당국자들과 마찰을 빚게 되었다. 내무부 장관은 1920년대 말기에 나에게 대영제국 입국허가를 내주지 않았다. 친구이자 영국의회의 의원인 엘렌 윌킨슨이 내무부 장관에게 항의하자, 내무부 장관은 자신의 서류철에서 1927년 초여름의 내 강연을 보도한 캐나다 신문기사 오린 것을 한 무더기 꺼냈다. "대영제국에 대해 이런 말을 하는 사람은 내가 내무부 장관으로 있는 한 대영제국에 발을 들여놓을 수 없습니다." 내무부 장관이 말했다. 다음해, 내가 영국노동조합 연례대회에 참석하고자 했을 때, 영국의회의 노동당 의원인 조지 랜스버리는 내무부 장관을 찾아가, 내가 영국에 체류하게 될 짧은 기간 동안 제국을 혼란에 빠뜨리는 일은 없을 것이라고 보증해 주었다. 그렇게 해서 나는 입국허가를 받아 대회에 참석했다.

*

나는 세계 정세의 추이에 대해 권위있는 글을 쓰고 발언을 하는 데 필요한 정보로 내 자신을 무장하기 위해 연구와 여행을 병행하며 70년 세월을 보냈다. 내가 추구하는 권위는 결코 정치적인 것이 아니다. 그것은 과학적 차원에서 정보를 수집하고 분류하며, 사실들을 내가 인식하는 대로 해석하는 데에서 기인하는 권위이다. 나는 정치적 권위를 가지고 얘기하는 게 아니기 때문에, 내가 내린 결론을 전달하는 수단은 그것을 직접 인쇄해 가장 편리한 방법으로 시민들 한 사람 한 사람에게 배포하는 것뿐이다.

첫번째 과제는 사실들을 일목요연하게 정리하는 것이다. 두번째 과제는 메시지를 체계적으로 정리해 쓰는 것이다. 나는 기사 하나, 팜플렛 하나, 책 한 권을 쓸 때마다 이를 위해 노력했다. 최근에 내가 쓴 기사들은 대부분 《먼슬리 리뷰》에 정기적으로 실렸다. 고인이 된 레오 후버만(1968년 작고)과 폴 스위지가 편집하는 《먼슬리 리뷰》는 당파나 정치적 통제로부터 자유로운 독자적인 사회주의 잡지이다. 이 잡지의 목표는 사회에 대한 올바른 이해를 뿌리내리고, 전세계로 꾸준히 퍼져나가고 있는 사회주의 운동에 관한 믿을 만한 소식을 전달하는 것이다. 세계 경제와 정치의 주요 흐름을 짚어보는 나의 칼럼이 《먼슬리 리뷰》의 고정 특집기사 가운데 하나였다.

내가 쓴 팜플렛과 책들을 여러 출판사가 후원해 주었는데, 최근에는 메인 주의 법에 따라 메인 주 하버사이드에 설립된 사회과학연구소가 주요 후원자이다. 이 사회과학연구소는 주 정부로부터 정식 허가를 받아, 출판사업과 도서관 운영을 비롯한 여러 가지 비영리 교육활동을 하고 있다. 현재 발간되어 있는 나의 책의 모든 판권은 이 연구소가 갖고 있으며, 인세 수입 전액이 이 연구소 기금으로 쓰여지고 있다. 우리는 1952년 이 연구소를 설립할 때, 계획을 세워 광범위한 조사 작업을 할 수 있게 되기를 바랐다. 커뮤니케이션이 갈수록 어려워지는 탓에

제2부 황혼의 마지막 섬광 305

돈을 모으기가 더욱 힘들어졌고, 그 결과 연구소는 제자리걸음을 면치 못하고 있다. 이 연구소에서 마지막으로 발행한 책 『어느 급진주의자의 양심』이 나온 것은 1965년의 일이다.

전국적으로 수많은 일간지, 주간지, 월간지 등과 숱한 출판사들, 그리고 라디오, 영화, 텔레비전 등 많은 통로가 있음에도 불구하고, 나는 왜 혼자 강연을 하며 떠돌아다녔던 것일까? 왜 기존 출판사들을 통하지 않고 손수 책을 펴낸 것일까? 왜 그 많은 정식 커뮤니케이션 채널들을 활용하지 않았던 것일까?

내 경험에 따르면, 1905년 무렵만 해도 커뮤니케이션 채널들 치고 완벽한 의미에서 '자유로운' 것은 하나도 없었다. 이들은 늘 이런저런 특정한 이익을 대변하고 있었다. 《뉴욕 타임스》, 헨리 루스 출판사, 방송 네트워크 같은 대기업들의 경우, 그 자체가 특정 이익을 대변하지만, 그것은 오히려 작은 문제에 지나지 않는다. 미국처럼 여러 인종이 공존하고, 다원주의가 지배하는 국가에서는 문제는 하나의 단순한 공식으로 축약된다. "이 정보가, 또는 신문에 실리는 특정한 사상이 과연 정책결정 라인인 재(財) · 정(政) · 군(軍) · 민(民)의 과두정치체제의 이익에 가장 잘 부합되는 것인가?" 대답이 긍정이면, 그 아이템은 뉴스시장이나 정보시장이나 사상시장에서 다른 아이템들을 밀어내게 된다. 경쟁은 치열하다. 밀려난 아이템들은 자기 차례가 오기를 기다리는 수밖에 없지만, 여론광장에서 전성기를 맞게 될 것이다.

그러나 대답이 부정이면 그것들은 커뮤니케이션 채널을 소유하고 통제하는 기업에 의해 출판되지 않는 데 그치지 않고, 비공식적으로 인쇄될 경우 보급이 밀매로 한정되거나 고발, 분서, 판매금지 등의 조치가 잇따를 것이다. 미국적 방식 혹은 서구 문명의 방식에 정면으로 도전하는 것은 무엇이든 의심을 받는다. 1914~1918년 전쟁 후 검열과 비밀경찰과 "공공의 이익이라는 미명하의 자발적 기율"이 사회를 지배하였다. 해가 갈수록, 전쟁을 치를수록, 거대기업의 이해는 공익과 일치해 갔고, 마침내 국민들이 듣고 보고 읽어서 좋은 것 — 미국의 소수독재체제와 미 제국이 최상의 이익을 얻는 데 좋은 것 — 이 무엇인지를 결정하는 정책결정을 거대기업이 맡기에 이르렀다.

멕시코 농업혁명과 러시아 볼셰비키혁명은 급진주의자들과 급진주의에 대한 미국의 태도를 변화시키는 데 중요한 역할을 했다. 사회주의가 유럽과 그 밖의 다른 지역에서 힘을 얻어감에 따라, 자본주의는 그 세력을 넓히고 공고해져, 20세기 전반기에 국제관계에서 중요한 역할을 한 바 있는 냉전체제로 나아갔다.

미국을 움직이는 소수의 지배자들은 19세기를 보내면서 자신들의 경제를 통합, 강화하고 효율화했다. 동시에 그들은 많은 불안이 따르기는 했지만 울며 겨자먹기로 정부활동을 단일화, 중앙집권화하고 정치활동의 폭도 넓혔다. 그들은 이론상으로는 '기업에는 정부가 없고, 정부에는 기업이 없다'는 불간섭주의 슬로건을 고수하면서도, 어쩔 수 없이 독점판매권과 특허와 세율과 보조금 등으로 기업을 뒷받침해 주었다. 1928~1938

년의 대공황과 같은 경제위기 때에 정부는 경제를 투기에 미쳐 자초한 파산상태로부터 구하기 위해 거액을 쏟아부었다. 한마디로 기업은 사업이 잘 되는 동안 모험을 하고 투기를 하고 속임수를 쓰고 타락했다. 한 지역에서 이윤을 짜낼 대로 짜내면, 기업은 뒷계산은 정부가 하게 놓아둔 채 자기 몫을 챙겨서 더 푸른 초장으로 옮겨갔다.

세기 전환기의 부정 추궁자들은 이익에 급급한 사기업의 탐욕과 광적인 모험주의에서 기인한 낭비와 부패, 공공재산 약탈, 대량 살상과 파괴를 묘사했다. 그 누구도 부정 추궁자들의 그물망을 빠져나가지는 못했다. 몇 년 안 되는 짧은 기간 동안 로버트 라 폴레트 의원 같은 정치 개혁가들과 『도시의 치부』를 쓴 링컨 스티븐스, 『스탠더드 석유회사의 역사』를 쓴 이다 타벨, 『정글』을 쓴 업튼 싱클레어 같은 작가들은 갈수록 분노하는 시민의 마음을 움직였다. 그러나 이러한 자기 비판의 시대는 1914~1918년 전쟁으로 금세 막을 내렸다.

1918년 11월 전쟁이 끝났을 때, 유럽에서 돌아온 퇴역군인들은 사회주의자들을 공직에서 몰아내고 1865년에서 1915년까지 반세기를 풍미했던 부와 권력을 둘러싼 각축전을 재연하기 위해 기업가나 조직폭력배들과 제휴하느라 여념이 없었다.

사람들은 논쟁이라면 신물을 냈다. 집회에는 얼씬거리지도 않았고 침묵을 지키는 게 현명했다. 강연회에서 지성인들의 생각에 귀를 기울이는 대신 라디오에서 흘러나오는 저속한 만담을 들었다. 집에 앉아서 생각 따위는 접어두고 라디오 버튼을 돌리는 게 더 즐거웠다. 자동차 역시 기분을 전환하는 데 도움이 되었다. 담배와 그 밖의 진정제, 최면제, 신경안정제를 사용하는 것이 보편화되어 가고 있었다.

해가 갈수록 미국 내의 좌파 대중매체에 대한 검열은 집요하고 단호하고 광범위해졌다. 자유주의 교회의 수가 점점 줄고 있기는 했지만, 몇몇 교회는 여전히 논쟁을 좋아하는 연사들에게 문을 열어놓고 있었다. 과거의 많은 '자유주의' 토론회들이 나의 강연을 금지했다. 뉴욕에서 자유 시나고그의 와이즈 랍비와 공동체교회의 존 헤인즈 홈즈가 나에게 여러 번 이야기했다. "이건 연례행사라서 어쩔 수 없이 하는 거니 그런 줄 아시오." 와이즈 랍비는 자기 눈에 흙이 들어가기 전에는 나를 연단에 세우지 않을 것이며, 내가 고정 연사로 나섰던 보스턴의 포드홀은 물론 홈즈의 교회도 나에게 문을 열어주지 않았다.

자유주의 교회들 가운데서 보스턴의 공동체교회는 논쟁을 좋아하는 연사들에게 계속 연단을 제공해 왔다. 내가 아는 한, 도전적이고 체제 비판적인 메시지들을 50년 간이나 전달해 온 곳은 미국 내에서 이 교회밖에 없다. 이 교회에서 토론회가 처음 시작되던 1920년부터 나는 해마다 연사로 초청을 받았다.

'행동하는 자유강단'이 보스턴 공동체교회 창립자 클레런스 R. 스키너 박사가 이 교회 토론회의 기본 성격과 특징을 표현할 때 쓰는 말이었다. "처음부터 우리 교회는 보수적인 기성 교회와는 강단에 대해 다른 개념을 가지고 있었습니다. 우리가 추구하는 것은 각계의 전문가들이 새로운 이념을 전파하는 장을 마련하는 것입니다. 그래야 이 교회의 강단이 폭넓은 관심을 대변할 수 있으니까요. 하나의 파벌이나 종파가 이 강단을 장악해서는 안 되며, 어떤 한 사람의 관점이 아무리 설득력이 있다 하더라도 오로지 그것만이 설파되어서는 안 됩니다. 우리의 꿈은 저마다 다른 경험을 가지고 있는 온갖 유형의 사람들이 초청될 수 있는 공동체 강단을 갖는 것이었습니다."

1920년부터 1936년까지는 클레런스 스키너의 감독 아래, 그 후로는 도널드 G. 로스롭의 용기있는 지도력 아래, 보스턴 공동체교회의 강단은 노먼 에인젤, 헨리 스틸 코매저, 해리 엘머 반즈, 히트림 소로킨, 레온 카이절링, 프레데릭 슈만, 오웬 래티모어, 버틀랜드 러셀, 마거릿 생어, 모리스 언스트, 파워스 햅굿, 로저 볼드윈, 커비 페이지, 폴 틸리히, 랭스턴 휴즈, 해럴드 아이크스 같은 저명인사들로 채워졌다.

뉴햄프셔 콘웨이의 월드 펠로우십 캠프도 여름마다 열린 연단을 유지해 왔다. 월드 펠로우십은 인종과 신념, 종교가 서로 다른 사람들을 결합시키는 일에 관심을 가지고 있던 열렬한 인도주의자 찰스 F. 웰러가 창립했다. 월드 펠로우십은 매년 여름 석 달씩 윌라드 어퍼스와 올라 어퍼스의 지도 아래, 쟁점이 되는 주제들을 모아 서로 다른 관점을 가진 연사들을 초청한다. 이런 모임에서는 토론이 활발하게 이루어지고, 때로는 열기가 지나쳐 분위기가 격해지기도 한다. 회를 거듭하면서 주최측과 연사들, 청중들은 서로의 생각을 주고받는 법을 점차로 터득해 갔다.

월드 펠로우십은 최근에 뉴햄프셔 주의회와 정치적 야망에 사로잡힌 주 검찰총장의 주목을 받았다. 윌라드 어퍼스는 법원에 출두하여 그가 가지고 있는 기록을 제출하라는 명령을 받았다. 토론회 후원자와 참가자, 강사들의 명단과 주소를 제출하라는 것이었다. 어퍼스 박사는 법원의 명령에 불응하여, 법원이 요구한 명단과 주소를 제출하지 않았다. 명단에 오른 사람들이 '공산주의자'로 고발당할 게 뻔했기 때문이다. 그 사이에도 그의 아내와 캠프 직원들은 계속해서 토론회를 운영했다. 한두 차례 예외가 있기는 했지만, 나는 월드 펠로우십이 반체제적이고 비대중적인 견해를 표현할 수 있는 몇 안 되는 연단 가운데 하나로 자리잡은 후로 매년 여름 이 연단에 서왔다.

*

하느님과 조국, 미국적 생활방식을 위해 싸우는 노병들은 급진적인 노동조합과 감옥에 갇힌 사회주의자, 노조원, 공산주의 연설가들을 짓밟을 대로 짓밟아 놓고도 거기에 만족하지 않았다. 그들은 언론, 학교, 도서관, 교회, 시민 단체, 영화, 라디오, 텔레비전 같은 의사소통수단까지 사들여 인수했다. 교육계는 불온한 교사와 교과서, 사상을 일소했다. 광산과 공장, 백화점을 경영하는 사람들이 모든 커뮤니케이션 수단을 소유, 감독, 운영했다. 커뮤니케이션은 상업이나 농업과 마찬가지로, 이윤을 낳는 곳이라면 가리지 않고 촉수를 뻗는 문어발식 거대사업의 일부가 되었다.

신문사를 손에 넣는 방식은 간단했다. 광고주와 광고가 신문사를 운영하는 데 필요한 자금을 제공한다. 소수의 독재자들과 그들의 이익을 대변하는 신문들은 광고를 얻었다. 그리고 다른 신문들은 자금 부족으로 휘청거리다가 결국은 쓰러졌다.

지난날 나는 전국에 많은 독자를 확보하고 있던 《새터데이 이브닝 포스트》 편집진에 좋은 친구를 몇 명 두고 있었다. 미국의 임금체계 및 임금과 물가, 생계비, 생활 수준의 관계를 몇 년 간 연구하고 난 뒤, 나는 현재의 임금규모로는 임금생활자들이 가난을 벗어날 수 없다는 사실을 보여주기 위해 임금문제에 관해 평이하게 기사를 작성했다. 나는 그것을 《이브닝 포스트》에 있는 친구들에게 가지고 갔다. 친구들은 내 기사를 거절했다. "하지만 이게 사실 아닌가?" 내가 물었다. "사실이고 아니고는 중요한 게 아니야." 그들이 대답했다. "광고를 얻는 데는 발행 부수가 관건이지. 우리 신문은 일 주일에 한 번 나오기 때문에 사람들 입맛에 꼭 맞는 기사를 실을 수밖에 없다네. 그래야 이번 주 신문을 본 독자들이 다음 주에도 우리 신문을 살 테니까. 자네 기사는 사람들 입에 좋은 맛을 남기는 기사가 아니잖나."

《네이션》은 자유주의를 표방하는 잡지였다. 이 잡지는 편집자 오스월드 개리슨 빌라드의 지휘 아래 민주주의와 평화와 자유를 수호하는 십자군 전사가 되었다. 어니스트 그루어닝(훗날 알래스카 출신의 상원의원이 됨)이 편집인으로 있던 1920년대에 이 잡지는 전국의 각 주들에 관한 연재기사를 기획했다. 이 기사는 한 주씩 돌아가면서 각 주의 전반적인 특징과 장점, 단점을 다루었다. 필자들은 자유주의 성향을 지닌 각 주의 토박이들 가운데서 선정되었다. 편집자인 그루어닝이 나에게 펜실베이니아에 관한 기사를 써달라고 부탁했다. 나는 기꺼이 청탁을 받아들이고 제일 먼저 윌리엄 펜에 관한 조사에 착수했다.

영국의 훌륭한 가문 출신으로, 퀘이커 교도이면서 영국 국교회 반대자인 펜은 신세계의 땅 한 덩어리를 양도받았다. 그는 북아메리카에 있는 자신의 새 영토를 펜실베이니아(펜의 숲)라 명명하고, 토착 원주민들과 순조롭게 지내자는 뜻과 펜실베이니아를 하느님을 경외하고 기독교의 형제애에 바탕을 둔 이상향으로 만들자는 뜻에서 우애의 도시(필라델피아)를 건설하기로 결심했다. 신세계에 지상의 낙원을 건설하겠다는 펜의 꿈은 모든 사람들이 평화롭게 살 수 있는 공동체 구축으로 구체화되었다.

펜실베이니아에 관한 글을 쓰면서 나는 기독교의 가르침에 따라 지상 천국을 건설하겠다던 창건자의 희망을 강조했다. 나는 펜실베이니아 주의 초기 역사를 처음에는 퀘이커 교도들의 관리라는 관점에서, 그리고 나중에는 주 정부의 관리(비퀘이커 교도의 수가 증가함에 따라 퀘이커 교도들이 주 정부 내에서 중요한 소수파의 역할을 했다)라는 관점에서 다루었다. 처음으로 드러난 문제는 원주민들을 그들의 사냥터, 즉 펜에게 양도된 영토에서 떼어놓는 것이었다. 펜은 원주민들이 부르는 가격을 지불하고 그들로부터 자신의 땅을 사들였다. 나중에 아메리카로 들어온 사람들이 자기들이 원하는 땅을 빼앗고 그로 인해 원주민들과 전쟁을 치른 것과는 대조적이었다.

퀘이커 교도이면서 평화주의자인 펜은 인간의 행복을 증진하는 것은 전쟁이 아니라 사랑이라고 믿었다. 그런데 펜실베이니아 주 전체가 무기제조공장으로 단지화되면서, 펜이 세운 우애의 도시도 3백 년에 걸쳐 무기공단의 한 부분으로 전환되었다. 펜실베이니아는 자연의 혜택을 풍부하게 누리는 지역이었다. 강 유역의 비옥한 땅들과 숲이 우거지고 광물이 가득한 나지막한 산들이 나란히 자리를 잡고 있다. 처음에는 토지 붐이 일더니, 뒤이어 운하와 철도, 석탄, 철, 석유 등이 잇따라 호황을 불러왔다. 농업과 공업이 번창하고, 도시간의 교역도 활발했다. 개척자들이 오하이오 강과 미시시피 강을 건너 서쪽으로 이주함에 따라, 동부와 서부간의 이주와 운송, 커뮤니케이션, 교역의 경로가 되는 펜실베이니아는 갈수록 번성하고 부유해졌다. 미국의 부가 늘고 야망이 커질수록, 미국의 지도자들은 북아메리카를 너머 다른 대륙들에서까지 자신들의 이익을 확장하고 방어할 채비를 갖추었다. 방어에는 무기가 필요한 법이다. 무기는 철과 다른 광물자원으로 만들어진다. 펜실베이니아는 바로 이런 '방어'에 필요한 자원이 풍부했다. 따라서 서쪽의 피츠버그에서부터 동쪽의 베슬리엠에 이르는 전지역을 무기 생산지로 전환하는 것은 필연적인 일이었다.

내가 이 기사를 쓰고 있을 무렵, 펜실베이니아의 철, 강철,

연료, 군수물자 생산업자들은 이웃 델라웨어 주에 있는 뒤퐁사와 손잡고 펜실베이니아 주 전지역을 지상 최대의 무기 생산 센터로 바꾸어놓았다. 펜이 계획했던 우애의 주를 죽음을 만들고 파는 사람들이 접수한 것이다. 나는 《네이션》지에 발표할 내 기사에 '펜실베이니아—경신(敬神)과 경제결정론에 관한 연구'라는 제목을 붙였다. 어니스트 그루어닝은 "품위가 떨어진다"는 이유로 내 기사를 거절했다. 나는 그에게 병기공장이 우아하고 품위있을 리 있느냐고 물었다.

그 뒤로는 좌파 잡지가 아닌 다음에야 어떤 신문 잡지에도 기고하는 게 불가능했다. 전국 규모의 신문이나 잡지 가운데 내 이름으로 된 기사를 실으려는 곳은 없었다. 실제로 신문사 세 곳과 잡지사 두 곳은 내 책의 유료광고조차 받아주지 않았다. 자연식품과 원예를 다루는 잡지사 두 곳은 나의 책들이 '지나치게 공산주의적'이라고 했고, 《데일리 워커》는 『공산주의의 ABC』라는 내 소책자가 지나치게 비공산주의적이라고 이 책의 광고를 거부했다. 또한 《뉴욕 타임스》는 『오늘의 미국』이라는 책 광고를 "노 코멘트"라는 단 한마디 말과 함께 거부했다. 《크리스천 사이언스 모니터》는 자유에 관한 책의 광고를 거부했다. 이유인즉 이러했다. "귀하의 책 『자유 : 약속과 협박』의 광고를 우리 지면에 싣는 것과 관련하여, 우리는 귀하가 우리 신문을 선택해 주신 것에 대해 심심한 감사의 뜻을 전함과 동시에 우리가 이 광고를 받아들일 수 없기에 유감의 뜻을 함께 전하는 바입니다. 광고를 거절할 때 거절 사유를 밝히지 않는 것이 우리 신문사의 오랜 방침입니다. 우리로서도 서로에게 이롭도록 심사숙고를 한 끝에 내린 결정이라는 점을 이해해주시기 바랍니다." 나는 아직도 이 국제적인 두 개의 일간지가 미국인들이 직면하고 있는 이론과 실천상의 가장 중요한 문제들 가운데 하나를 다룬 학술서적의 유료광고를 거절한 이유가 무엇인지 알고 싶다. 혹시 '미국적 생활방식의 이론적 가정에 이의를 제기하는 책'이라는 광고 문구 때문이었을까?

출판업자들과 신문, 잡지의 편집자들은 미국 소수 독재체제의 구성원들이었다. 그들은 최고위 구성원은 아니었지만, 독자층을 늘려 광고를 따고, 투자한 자본에 대해 이윤을 내야 자신들의 지위를 유지할 수 있었다. 몇년 전, 내가 원고를 가지고 어떤 유명 출판업자를 찾아갔을 때, 그 사람이 나에게 물었다. "이 책이 1만 5천 부는 팔릴까요?" 그는 책의 내용이 진실한지, 독자들의 행복과 안녕에 도움이 될지 따위는 묻지 않았다. 그의 판단기준은 이윤이었는데, 종이에 표현되어 있는 내 생각들은 상업적 가치가 없었다. 나는 더 이상 책의 가치를 주제나 문학성에 비추어 판단하는 사회에 살고 있지 않았다. 제1의 판단기준은 돈이 되겠느냐였다. "수지가 맞을까?"

*

1918년에서 1936년 사이에 과학과 기술은 중요한 커뮤니케이션 수단들을 새롭게 발전시켰다. 이론상으로 보면 새로 나온 기술들이 지식의 영역을 확장하고, 대중 계몽의 길을 열었다. 그러나 실제는 달랐다. 새로운 기술이 개발되어 그 효과가 입증될 때마다 소수 독재체제의 대중 관련 부서가 그것을 인수했고, 새로운 기술은 대중을 감동시키고 계몽하는 데 사용되지 않고 메디슨 애비뉴와 그곳에서 일하는 말 빠르고 머리 회전 빠르고 치고 빠지는 데 능하고 돈 잘 벌고 줏대없이 여론을 마음대로 조작하는 참모들의 감독 아래 조립된 정교한 장치들과 함께 대중을 세뇌하는 데 사용되었다. 신문과 잡지들—이들의 주된 기능은 광고였다—은 소수 독재체제가 소유하고 관리하는 체제 내 커뮤니케이션 시스템의 요체였다. 자동화된 최신식 매스커뮤니케이션 채널들은 최소한의 뉴스와 스포츠, 예술, 패션, 개인 소식 등을 양념으로 곁들여 광고를 전달했다.

동료 급진주의자들과 극소수의 일반대중에게 다가갈 수 있는 통로로 고작 세 개 정도만이 이 암흑기에 살아남았다. 매수당한 좌파 신문을 이용하거나 광범위하게 분산되어 있는 인쇄·출판산업을 이용하거나 등사판과 소형 윤전기와 복사기로 전단이나 팜플렛이나 책을 찍는 방법인데, 세번째 방법의 경우 인쇄와 배포에 개인 비용을 들여야 했으며 배포도 인쇄물에 담긴 사실이나 사상을 확신하는 소수의 사람들에게로 한정되었다. 이 시기에 《네이션》, 《뉴리퍼블릭》 같은 전형적인 자유주의 간행물들이 있었는데, 이 매체들은 기성 사회질서를 개선하기 위한 프로그램을 애써 만들었다. 이런 자유주의 잡지들이 제국주의니 문명이니 하는 추상적인 개념들을 논의하는 일은 드물었으며, 사회혁명에 대해서도 그것의 과격함을 비난하기 위해서가 아니면 좀처럼 언급하지 않았다.

1920년대와 1930년대에 매수당한 좌파 매체의 한 예가 1914년 전쟁 직후 루이스 로크너와 내가 설립한 뉴스 배급업체인 연합신문이었다. 당시 루이스는 내가 의장으로 있던 〈평화와 민주를 위한 민중회의〉의 서기였다. 우리 사무국의 언론 대변인이었던 윌리엄 E. 윌리엄즈가 평화운동에 관한 소식들을 전하는 《민중회의 속보》를 발행하고 있었다. 이 소식지는 우리 회원들과 평화단체들, 그리고 일부 좌파 노조에 보급되었다.

1921년 어느 날, 중년이 갓 지난 건장한 체구의 사내가 민중회의 뉴욕 사무실에 들어서더니 서부 금속광산노조의 신임장을 내보였다. 그는 우리 소식지를 구독하고 있는데 특히 국제적 사건들을 다루는 기사가 마음에 든다고 했다. "이 자료를 정규 신문에 실으면, 우리 단체가 제작비와 보급을 돕겠소이다. 이게 우리쪽의 1차 분담액이요." 사내는 이렇게 말하며 20달러짜리 지폐를 책상에 올려놓았다.

이렇게 해서 미국 좌파와 노동계 신문에 뉴스를 공급하는 업체로 연합신문이 첫발을 내딛게 되었다. 뉴스 공급은 여러 해 동안 계속되었다. 편집을 맡은 칼 해슬러와 앨릭잰더 그로스비, 해럴드 코이를 비롯한 여러 유능한 보조자들이 각기 재능을 발휘해 사업을 성공으로 이끌었다. 연합신문은 일주일에 5일씩 약 150여 개의 노동계 신문과 급진주의 신문에 뉴스 기사와 사진 자료를 발송했다. 나는 1943년까지 고정 필자로 활동하다가,

반전입장을 취한다는 이유로 해고당했다. 해슬러는 자신도 1915년에는 확고하게 반전을 주장했으면서 나의 반전입장을 '유치하다'고 비난했다. 연합신문은 전쟁에 찬성했으나, 나중에 더 보수적인 노동자 신문들이 빠져나가는 바람에 풍비박산이 나고 말았다.

인쇄 매체를 유지하려고 노력한 또 다른 기관은 뱅가드 출판사였다. 뱅가드 출판사는 1920년대 갤런드 기금으로 설립되었는데, 이 출판사의 목표는 혁명에 관한 고전적 저작들을 저가본으로 재발행하고, 상업적 출판사들이 손대려고 하지 않는 좌파 원고들을 수용하는 것이었다. 필자들은 현금 6백 달러만 내면 128쪽에서 160쪽 사이의 책을 뱅가드 출판사 이름을 넣어 1천5백 부 정도 찍게 할 수 있었다. 지형과 판권은 뱅가드 출판사가 갖고, 필자가 재판을 원할 경우 제작비를 대면 출판사측에서 추가로 책을 인쇄해 주었다.

세계 각지를 두루 돌아다니고 돌아온 1927년, 나는 중국과 소련에서 보고 경험한 것들에 관해 여섯 권의 소책자를 집필했다. 의사에서 출판업자로 전업한 브루클린의 밥 레슬리가 이 소책자들을 출판했다. 열성적인 급진주의자 샘 크리거는 내가 맡고 있던 노동자학교 세미나 — 이 세미나에서는 『사회혁명의 법칙』에 관한 논문집을 집필해 출판한 바 있다 — 의 회원이었다. 샘은 내가 쓴 여섯 권의 소책자를 비롯한 급진주의 인쇄물을 될수록 많은 북아메리카 대중들에게 배포하기 위해 계획된 여행에 나와 동행했다. 우리는 최소한의 짐만 가지고 버스와 기차를 이용해 이동하면서 책과 팜플렛, 잡지, 전단 등은 우편이나 급행열차로 운송했다.

우리는 뉴욕에서 출발해 캐나다 서부로 갔다가 다시 미국의 동부로 이동하면서 대중집회를 개최했다. 집회에서 내가 강연을 하는 동안 샘은 인쇄물을 판매했다. 또한 우리는 호텔이나 개인주택에서 모임을 열고, 이런 모임에서도 인쇄물을 배포했다. 루스 스타우트는 이 사업을 위해 없어서는 안 될 뉴욕 담당 자원봉사자 노릇을 했다. 이렇게 해서 우리는 1927년부터 1929년까지 캐나다와 미국 각지에 수십만 부의 책자를 보급했다. 인쇄물 배포작업에 참여한 사람들에게 지급된 것은 사회과학출판사의 경상비뿐이었으니, 사실상 모든 작업이 자원봉사로 이루어졌다 해도 과언이 아니다.

1942년 나는 워싱턴 D.C.의 한 중국 식당에서 몇몇 친구들과 모임을 가졌다. 저녁식사를 함께하던 공무원 두 사람과 사업가 한 사람이 세계적 사건들을 다루는 소식지를 써볼 생각이 있느냐고 물었다. 소식지의 인쇄와 배포 문제는 자기네가 책임지고 알아보겠다는 것이었다. 나는 그러마고 했다. 그들은 나에게 원고료를 얼마나 받았으면 하느냐고 물었다. 그래서 나는 그들이 그것을 보급하는 대가로 얼마나 받게 되느냐고 물었다. 그들이 보급업무는 자신들이 여가시간을 이용해 직접 맡을 생각인데 대가는 받지 않을 것이라고 대답하길래, 나 또한 글쓰는 대가를 받지 않겠다고 했다. 말이 나온 김에 헌신적이고 활동적인 프레드릭 A. 블라섬을 창립위원 겸 편집자로 내세워 조직을 구성했다. 이렇게 해서 1943년에 첫발을 내딛은 소식지 《세계의 사건들》은 10년 간 발행되었다. 그 10년 동안 이 소식지는 당시의 유치한 전쟁 프로파간다에 속지 않고 인류가 걷고 있는 자멸 행로를 경계하던 사람들을 독자로 끌어들였다. 또한 이 소식지는 나에게는 세계적 사건들에 꾸준히 관심을 쏟을 수 있는 동기와 세계적 사건들을 소개하고 토론할 수 있는 통로 ─ 연합신문에서 축출당한 뒤로 나에게는 이런 통로가 전혀 없었다 ─ 를 제공해 주었다.

커뮤니케이션의 암흑기에는 인쇄물을 보급하는 방법이 상당히 제한되어 있었지만, 나는 기회가 주어질 때마다 공개강연회와 간담회를 계속했다. 강연이 없을 때는 틈틈이 연구와 현장답사를 계속하면서 새롭게 알게 된 사실들을 편지, 기사, 팜플렛, 책 등의 형태로 기록했다. 1917년부터 1937년까지 20년 동안 나는 30권이 넘는 책과 소책자를 써서 출판했다. 책 한 권 한 권을 낼 때마다 도서관에서 자료를 조사하고 주제를 선정하고 윤곽을 잡고 글을 쓰고 원고를 수정하고 고쳐 쓰고 마침내 출판하기까지는 고된 과정이 많았다. 어떤 경우에는 주제가 금세 구체화되고 윤곽을 잡는 일도 순조롭게 진행되고 글도 술술 풀려, 착상에서부터 책 한 권을 만들어내기까지의 전과정이 불과 몇 달 만에 끝나기도 했다. 그러나 어떤 경우에는 팜플렛이나 책의 윤곽을 잡는 것과 같은 간단한 작업조차도 그것을 구체화시키는 데 몇 달, 심지어는 몇 년이 걸릴 정도로 몹시 더디게 진행되었다.

1917년부터 1937년까지 내가 매달렸던 연구활동과 집필활동의 주제는 크게 다섯 가지로 나눌 수 있다. 우선 특수한 상황들에 관한 연구를 들 수 있다. 『영국 총파업』, 『우리는 굶주려야 하는가?』, 『소련의 교육』, 『새로운 교육』이 여기에 속한다. 전쟁에 관한 연구도 있었다. 『전쟁 : 계획된 파괴와 대량 살상』, 『전쟁이냐 평화냐?』, 이 두 권의 책과 「전쟁의 싹」, 「고도의 광기」, 「군국주의의 위협」, 「총부리는 내려갈 것인가?」 같은 팜플렛들이 여기에 속한다. 또 하나의 주제는 제국주의였다. 여기에 해당하는 책으로는 『미제국』, 『제국의 황혼』, 『제국의 비극』, 『달러 외교』(조지프 프리먼 공저)가 있다. 나는 또한 『민주주의만으로는 충분치 않다』와 문명에 관한 책 『문명은 어디로 가고 있는가?』를 썼다. 마지막으로 건설적 제안과 대안들을 다룬 글들이 있었다. 『다음 발걸음』, 『우리 시대의 혁명』, 『중국은 어디로?』, 『소련의 경제조직』(잭 하디 공저), 『통합된 세계』가 여기에 속한다.

이렇게 꽤 길고 다양한 1917년에서 1937년까지의 출판물 목록을 살펴보면, 독자들은 상근 개인비서나 상근 개인사서를 둘 만한 금전적 여유가 없는 사람이 어떻게 혼자서 이토록 많은 분야를 다루고 다작을 할 수 있었을까 의문스러울 것이다.

나 자신도 이 점이 의문스러울 때가 있지만, 솔직히 말해 나도 답을 모른다. 혹시 이게 답이 될 수 있을지는 모르겠지만, 나는 이미 쓴 원고를 뜯어고치거나 출판을 위해 잡문을 쓰는 것만 아니라면 글쓰는 일을 무척 즐기는 편이다. 또 하나 얘기할 수 있는 것은, 내가 실제로 쓴 것은 내가 쓰고 싶은 것의 아주 작은 부분에 지나지 않았다는 점이다. 유용하면서도 흥미롭고 중요한 글감이 너무 많아서 당황스럽고 혼란스럽고, 때로는 좌절감마저 느꼈다.

1932년부터 나는 '앞으로 쓸 글'이라는 제목이 들어 있는 수첩을 가지고 다녔다. 이 수첩에다 내가 쓰고 싶은 책과 팜플렛의 목록을 적어두었다. 이 목록을 가장 최근에 수정한 것은 1971년의 일인데, 그때 진행중인 책이 14종이었다. 내가 여든일곱 살의 노인이고 보면, 지나치게 의욕만 앞서는 것처럼 보일지도 모르겠다. 진행중인 책의 종수를 세어보고 나 자신도 조금 놀랐으니 말이다. 내 친구인 업튼 싱클레어는 그 나이쯤 되었을 때, 그때까지 90여 권의 책을 썼으면 제 할일은 다 한 셈이니 이제 자기는 일을 접고 쉴 자격이 있다고 했었다. 나 역시 그 친구만큼은 해놓았지만, 내 문서철과 머리 속에 진행중인 14종 외에 적어도 10여 종은 더 쓸 수 있을 만한 자료가 들어 있는 터라, 나의 책을 내줄 출판사가 있거나 자비로 책을 출판할 여력이 있는 한 앞으로도 계속 글쓰는 사치를 누릴 생각이다.

또다시 울리는 총성

 1914년 7월의 전쟁은 완전히 나의 허를 찔렀다. 나는 놀라고 당황하고 겁먹었다. 수십 년 간의 준비기간을 거쳐 1914년에 문을 열고 최고 수준의 파괴능력을 4년 동안 지속했던 이 인간 도살장이 문명화된 사람들에 의해 인력과 장비가 공급되고 운영되었다니, 이게 과연 있을 수 있는 일인가?

 놀랍고 충격적인 것이 있다면 조사하고 설명하고 이해해야 한다. 이것이 최소한의 과학적 태도이다. 이것이 1914년 전면전이 발발한 직후 내가 연구계획 전반을 수정하고 전쟁이라는 주제, 즉 전쟁의 조건과 원인과 결과로 관심을 돌린 이유였다. 만약 사이먼 패튼의 주장대로 선생의 자리가 진보의 최일선이라면, 1914년 7월 이후 사회과학 선생의 역할은 명확하게 정해져 있었다. 사회과학자들과 사회전문가들은 모든 관심을 전쟁이라는 주제로 돌리고, 전쟁이라는 사회적 재앙에 대한 적절한 구제책이 합의되어 시행될 때까지 한눈을 팔아서는 안 되었다.

 나는 1914년 이전에는 전쟁을 식인풍습이나 노예제도 같은 이미 사라져 버린 사회적 관습으로 분류했다. 전쟁과 식인풍습, 노예제도는 모두 사회 역사에서 자기 나름의 자리를 차지하고 있었다. 이 셋은 이따금 불쑥불쑥 나타나는 일이 있기는 하지만 모두 과거에 속한 것이고, 현재에는 모두 극복되어 가고 있으며, 앞으로는 거의 혹은 전혀 제 역할을 못하게 될 것이다.

내가 대학에서 학생들에게 경제학과 사회학을 가르칠 때만 해도 전쟁을 역사학과로 넘겨, 전쟁과 관련된 문제들은 역사학과에서 다루도록 하는 것이 가능했고 또 합당해 보였다. 그런데 1914년 이후 서구 사회의 모든 지역은 전쟁에 직면할 수밖에 없었다. 전쟁은 제국주의 및 혁명과 나란히 서구 문명의 가장 극적이고 피할 수 없는 요소가 되어 있었다. 이러한 위기상황의 압력 아래서 책임있는 사회과학자라면 모든 것을 팽개치고, 전쟁의 위협을 다루는 일에 모든 시간과 에너지를 바쳐야 마땅했다. 나는 전쟁의 본성과 전쟁의 원인과 전쟁의 결과를 알아야 했다. 그래서 1918년 이후 10년을 전쟁에 관한 글을 읽고 전쟁에 대해 강연하고 전쟁에 관한 글을 쓰며 보냈다.

확실히 나는 전쟁의 효능을 과소평가했다. 그후의 연구와 관찰과 경험을 통해 나는 서구 사회가 어느 정도까지 정책도구로서의 전쟁에 의존하고 있는지 깨닫게 되었으며, 민족해방의 주요 수단을 전쟁으로 보는 일반적인 견해, 확장과 파괴의 수단인 군국주의의 폭과 깊이, 기술이 발달한 서양에서 군사 지도자들이 담당하는 주인공역, 국가의 이익과 안전을 위해서라면 국가 지도자와 대중들이 얼마든지 전쟁을 치를 각오가 되어 있다는 사실 등에 눈뜨게 되었다. 나는 역사과정의 한 요소인 전쟁에 별다른 관심을 갖지 않은 역사생도에서 갈수록 명백해지는 사실—대다수 문명국가의 정책 입안자들이 전쟁 준비와 전쟁 도발을 최우선 정책으로 꼽고 있다는 사실—을 겁에 질려 받아들이는 사람으로 내 의지와는 상관없이 변화되었다.

문명화된 인간이 전문화와 노동분업을 이용해 전투에 승리하기 위한 과학기술의 발전을 이룩해냈고, 패배자를 약탈하거나 죽이거나 노예로 삼는 법을 고안해냈다. 우리가 알고 있는 역사상의 모든 제국들을 건설하고 유지하는 데 결정적인 역할을 한 것이 전쟁이다. 전쟁은 어떤 문명에서든 최후의 정책중재자였다. 문명화된 인간은 권리와 공평과 정의와 법치에 대해 그럴듯하게 떠들어댄다. 그러나 결정적인 순간이 오면, 육지전, 해전, 공중전에서 발현되는 군사력에 의존한다. 전쟁은 문명국가와 문명제국의 건설자이다. 전쟁은 이들 국가나 제국의 영토를 확장하고 권한을 확대시킨다. 전쟁은 이들 국가나 제국의 정책을 실행시킨다. 전쟁과 전사들은 이들 국가나 제국의 영웅이자 하수인이다.

내가 역사를 올바로 이해하고 세계적 사건들의 추이를 정확하게 추정했다면, 문명사회에서 하나의 세력으로서의 전쟁의 역할을 확인하고 전쟁의 중요성을 평가할 수 있을 정도로 전쟁을 심각하게 받아들여야 한다. 뿐만 아니라 전쟁을 문명국가들을 통합하고 문명제국을 건설하는 결정적인 요소로 생각해야 한다. 전쟁은 또한 문명정부를 뒤엎고, 국가와 제국을 분할하고, 문명—내가 살고 있는 문명을 포함해—을 해체, 사멸시키는 데에도 효력을 발휘했다.

끔찍한 4년 간의 세월(1914~1918년)을 보내고 나자 민중, 특히 서구 국가들의 민중은 전쟁에 진저리가 났다. 민중들은 기쁨과 환희로 전쟁의 종말을 환영했다. 군사 지도자들은 패배했고 굴욕을 당했다. 그들의 책략이 인류의 행복과 안녕을 위협한 만큼 그들은 당연히 죄의 대가를 치러야 했다. 군벌주의는 과거의 유물이다. 다시는 전쟁이 인간사회를 유린하고 황폐화시키는 일은 없을 것이다.

그러나 나는 회의가 들었다. 전쟁이 해상 충돌 같은 우발적인 사고였나? 전쟁이 지진이나 산불처럼 다시 일어나지 않을 수도 있는 우연한 사건이었나? 전쟁이 육신의 질병처럼 치유될 수 있는 문명사회의 질병이었나? 아니면 전쟁은 문명의, 특히 서구 문명의 핵심요소였나? 경험과 연구를 통해 나는 전쟁은 문명의 핵심요소일 뿐 아니라 문명화된 인간이 만들어낸 최상의 역작이라는 결론에 이르렀다.

외교적 합의를 통해 전쟁이 종결될 것이라는 확신은 없었지만, 나는 평화가 가능하다고 믿었다. 그러나 전쟁세력에 맞서는 평화세력의 힘을 가늠해 보면 앞으로 일이 어떻게 될지는 불 보듯 뻔했다. 권력을 잡고 있는 쪽은 전쟁세력이고, 이들은 심지어 1919년 베르사이유에서 강화조약이 체결되기 이전에도 장래의 평화가 아니라 장래의 전쟁을 구상하고 있었던 것이다.

1918년 말 조약에 대한 계획이 진행되고 있을 때, 이미 또 다른 세계적 대결이 진전되고 있었다. 1914년에서 1918년까지의 전쟁은 각기 유럽의 막강한 제국 권력이 이끄는 적대적 동맹국들간의 싸움이었다. 반전감정은 서유럽에서는 저항으로, 동유럽에서는 혁명으로 구체화되어 나타났다. 혁명세력의 선봉에 선 것은 레닌이 이끄는 러시아 볼셰비키였다. 조약 당사자들이 베르사이유로 모여들고 있을 때, 레닌을 추종하는 볼셰비키는 세계의 민중들에게 전쟁을 거부하고, 자본주의와 제국주의의 족쇄를 벗어던지고, 평화와 빵과 자유의 기반 위에 인간사회를 건설하자고 호소하고 있었다.

평화를 떠들면서 전쟁을 도모하는 윌슨 대통령 휘하의 외교관들은 볼셰비키의 선동에 개혁된 사기업 사회에서 평화와 번영과 진보를 약속하는 것으로 맞섰다. 사실상의 국민투표가 없던 시절, 전쟁으로 피폐해진 지역의 민중들은 레닌과 그의 혁명 프로그램을 선택할 것이냐 윌슨의 자본주의 개혁 프로그램을 선택할 것이냐를 놓고 갈등했다. 소수의 예외가 있기는 했지만 그들은 대부분 레닌의 호소에 등을 돌리고, 사기업 자본주의 체제의 개혁을 위한 윌슨의 14개 조항 쪽으로 집결했다.

서구 사회에서는 단 하나의 정부도 협동적인 사회주의 세계사회를 건설하자고 요구하는 레닌을 지지하지 않았다. 대부분의 서구 국가들에도 사회주의 소수파가 있었지만, 다수파는 윌슨과 로이드 조지, 올랜도, 클레망소를 지지하고, 국제연맹을 받아들였으며, 전면적인 무장해제를 열렬히 고대했고, 자신들은 평상시 체제로 돌아가기를 바란다고 공표했다. 이러한 결정은 사실상 서구 문명을 삶의 방식으로 인정하는 것이었으며, 무장해제와 국제연맹 같은 불가피한 개혁들을 취하면서 세계대전의 두번째 단계 — 1919년에서 1945년까지의 시기 — 로 가는 길을 닦았다.

전쟁이냐 평화냐 하는 문제에 대한 해답은 개인의 인격에 따라 결정되는 것이 아니며 오랜 공론 끝에 도출되는 것도 아니었다. 인격과 토론은 해답을 끌어내는 데 별다른 역할을 하지 못했다. 내가 본 바로는 세계 무대를 밀물처럼 휩쓴 비인간적인 힘은 인기 배우들이었다. 이렇게 세계 무대를 휩쓴 인기 배우들 중 1위는 1921~1922년의 미미한 경제공황, 1929년 이후 세계 자본주의 경제의 붕괴와 함께 나타난 경제 불안이었다.

*

나는 대공황을 우연한 사고가 아니라, 도박에 대한 인간의 열망이 주식시장(미국 최대의 도박장)과 부동산시장(주식시장보다는 도박의 성격이 덜하지만 규모는 훨씬 크다)과 경마장과 여타의 빠르고 손쉬운 수입원에서 광적인 형태로 발현된 바 있는 사기업 경제의 논리적 귀결로 보았다. 대공황은 전쟁으로 인한 번영과 전쟁 모험주의에 대한 반작용의 일부이자, 군수경기가 진정되고 군수경제가 시민경제로 전환되면서 흔히 나타나는 불안정한 현상이었다. 경제가 와해되면서 그 여파는 미국 경제생활 구석구석까지 영향을 미쳤다. 제조업, 광업, 금융업, 농업과 마찬가지로 운송업과 그 밖의 경제 분야도 심한 타격을 입었다.

이 경제적 혼란기의 어느 날 저녁, 나는 오하이오 주 클리블랜드에서 신시내티행 기차를 탔다. 신시내티에서 강연 약속이 있었던 것이다. 내가 탄 기차는 승객과 우편물과 화물을 나르기 위해 정기적으로 운행하는 급행열차였다. 그런데 기차가 역을 출발할 때 보니, 80명을 수용할 수 있도록 설계된 좌석에 승객이라고는 달랑 나 하나뿐이었다. 승무원이 차표를 받으러 오기에 내가 말했다. "이렇게 개인 전용칸을 내주어 고맙습니다." "전용칸이라니요! 젠장!" 승무원이 씩씩거리며 말했다. "전용칸이 아니라, 전용열차요. 이 열차 전체에 유료승객은 당신뿐이란 말이오."

이 기간중 런던의 거리에서 하룻밤을 보낸 적이 있었다. 늦가을이었는데, 날씨가 꽤 추웠다. 새벽 네시에 트라팔가 광장에 자리 하나가 났다. 수십 명이 벤치에, 혹은 땅바닥에 신문지를 깔고 앉거나 누워서 눈을 붙이려고 애를 쓰고 있었다. 경찰이 주기적으로 지나다니면서 쓰러져 있는 몸뚱이들을 일으켜 세웠다. 광장에서 잠을 자는 것이 불법이기 때문이었다. 누추한 도시에 날이 밝아오면서, 앞으로 고꾸라지고 옆으로 쓰러져 있는 형상들이 희미하게 모습을 드러내기 시작했다. 사람들은 하나둘 일어나더니 분수로 가서 얼음같이 찬물에 얼굴을 씻었다. 전형적인 뜨내기로 보이는 사람도 있고, 최근에 노숙자 대열에 합류한 듯 보이는 사람도 있었다. 당시까지만 해도 런던은 지구상에서 가장 부유한 도시임을 자처하고 있었다. 기아행진과 무료 급식을 받기 위해 늘어선 줄이 유니언잭(영국 국기) 위로는 해가 지지 않는다는 제국에서 일상적으로 볼 수 있는 모습이었다.

스스로를 큰 위기로 몰아넣는 미국의 '자유기업경제' — 농장주가 농장들을 팔아치우고 있고, 실업자 수가 1천4백만 명에 달하며, 법인의 이윤은 적자를 기록하고, 중공업이 마비되고, 모든 은행이 문을 닫았다 — 가 그렇듯이 '자유기업경제'라는 것은 원리상으로는 어떨지 모르지만 실제로는 매우 불합리하다. 세금을 '개인' 기업에 쏟아붓고 있는 정부기관들의 필사적인 노력에도 불구하고 이것이 1933년 미국 경제의 실상이었다. 미시시피 밸리에서의 양돈농가 폭동과 실업자들의 기아행진은 미국 소수 독재체제가 재정상태를 개선하는 데 실패하면 사기업체제를 좀더 원활한 경제체제로 대체하기 위한 민중혁명이 있을 수 있음을 경고했다. 1914~1918년 전쟁 직후의 유럽에서 그랬던 것처럼 민중혁명은 개혁이나 혁명의 한 예였다.

한 가지 분명한 사실이 있었다. 1914~1918년 전쟁이 세계를 불안에 빠뜨렸던 것 이상으로 대공황은 훨씬 심하게 세계를 혼란에 빠뜨렸다. 대공황은 공업중심지들에서 실업을 야기했고, 실직한 노동자들의 구매력이 감소하자 미개발국가들에서 생산되는 식품과 원료에 대한 수요가 줄고, 그 결과 가격이 떨어졌다. 전면적인 공황의 고통은 전면적인 전쟁의 고통보다 훨씬 광범위하게 체감되었다.

대공황은 자유기업경제의 종말을 의미하는 동시에 정부의 보조금에 의존하는 관리경제의 시작과 기아에 대한 대안을 제공하기 위한 전쟁 준비 및 국지전의 시작을 의미했다. 대공황은 경각심을 늦추지 않는 사람들에게 쓰라린 교훈을 주고 그들로 하여금 풍요 속의 굶주림 재발을 막는 데 꼭 필요한 경제적, 정치적, 사회적 변화를 꾀하도록 이끌었을지도 모르는 충격적인 경험이었다. 야심에 눈먼 근시안적 기회주의 정치가들은 세뇌당한 추종자들을 탄탄하고 너무나도 낯익은 길로 이끄는 능력이 있었다. 불행하게도 이 길은 필연적으로 계획된 파괴와 대량 살상에 이르는 길이었다.

1939년부터 1945년까지의 전쟁에 앞서 동맹국의 재편이 단행되었다. 스페인에서의 총연습(1936~1939년)과 히틀러가 땅과 권력에 대한 엄청난 식욕을 소련과 소련 민중을 희생시켜 채우는 것을 비준함으로써 '우리 시대의 평화'를 보장한 뮌헨에서의 '실행협정'(1938년)이 그것이었다.

자본 제국주의의 총체적인 위기를 해결하는 방법 가운데 하나(그리고 로마 교황청이 특히 선호하는 방법)는 남유럽의 카톨릭 국가들을 동맹시키는 것이었다. 이 카톨릭국가동맹이 세계 카톨릭주의의 본거지가 될 것이며 교황청에 드넓은 지리적 토대를 제공하고, 공산주의의 침공과 간섭을 막아내는 보루 역할을 하게 될 터였다.

동유럽에서 사회주의가 세력을 넓혀가고 있는 상황이라, 사회주의 스페인과 프랑스, 이탈리아, 독일의 막강한 사회주의 및 공산주의 세력이 유럽을 사회주의·공산주의로 몰고 가 유럽 자본주의의 핵심 지역들을 압박하고 교황청이 존속하는 것을 어렵거나 불가능하게 만들 수도 있었다.

이런 배경을 염두에 두면 서구 세계가 스페인 혁명가들을 차단하기 위해 쌓아올린 반대의 벽을 이해하기가 수월해진다. 소련이 또 다른 유럽 전면전의 개연성을 무릅쓰고 적극적으로 개입하지 않는 한, 신생 스페인공화국이 어쩔 수 없이 반대의 벽에 갇히게 될 입장이라는 것도 파악할 수 있다.

나는 1932년 늦여름에 스페인으로 건너가, 전국을 두루 여행하고 한동안 바르셀로나에서 체류했다. 1934년과 1936년에도 스페인에 갔었는데, 이때는 미리 스페인의 역사를 공부하고 가서 스페인의 경제와 정치를 연구하고 스페인어 실력도 향상시켰다.

당시 나는 연합신문을 위해 글을 쓰면서 적어도 2년에 한 차례씩은 소련을 방문하고 있었다. 1931년에서 1939년까지는 유럽 어느 나라를 가든 스페인 상황이 화제의 첫머리에 올랐다. 1936년 스페인의 반란군 장군 세 명이 아프리카에서 스페인을 침공한 이후, 유럽의 정치적 사고는 내전을 축으로 회전하고 있었다. 공화국이 살아남을 것인가, 아니면 독일·이탈리아·일본과 카톨릭 교회에 우호적인 정부가 공화국을 대신할 것인가?

유럽을 위기에서 건져내려고 분투하고 있는 새로운 세력들에게 스페인은 분명 시험장이 될 것이었다. 유럽은 경제가 마비되고 봉건주의의 잔재를 뿌리뽑힐 위기에 있었으며, 이러한 위기가 유럽의 유력한 사업가 집단을 자극하고 있었다. 영·미

연합국은 신생 스페인공화국이 사회주의 진영으로 넘어가지 않을까 우려했다. 영·미 연합국 반대편에서는 독일, 이탈리아, 일본간의 동맹관계가 모의되고 있었는데, 이들 동맹국은 스페인이 공화국이기를 원치 않을 것이며 자신들의 배후를 위협하는 사회주의 스페인 또한 원하지 않을 것이었다. 교황청은 공화국에 노골적으로 적대감을 나타냈다.

나는 1936년 스페인을 방문했을 때, 사회주의자들이 이끄는 군대와 공산주의자들이 이끄는 군대, 그리고 노동조합주의자들이 이끄는 군대가 각기 어느 정도는 독립적으로 움직이고 있다는 사실을 알게 되었다. 통합된 참모부도 없고 합의된 전투계획도 없었다. 인력은 많았지만, 최신무기와 장비, 중앙조직은 부족했다. 반란군 장군들은 독일과 이탈리아에서 공급되고 있었다.

스페인 재무성(공화주의자들이 재무성을 인수했다)의 금 보유액은 약 5억 달러 정도였는데, 공화주의자들은 이것으로 군수 보급품을 사들이고 있었다. 일부 작은 무기들은 멕시코에서 들어왔다. 흑해의 항구들에서 들어오는 소련 선적물들은 '소속을 알 수 없는' 잠수함들에 의해 지중해에서 폭파되거나 침몰당했다.

스페인 내전 초기에 영국의 원조 아래 내정불간섭위원회가 조직되었다. 영국은 불간섭방침을 발의한 관계로 이 방침에 따라 행동했다. 그러나 독일과 이탈리아는 반란군측에 꾸준히, 그리고 아낌없이 군수물자와 인력을 보급했다. 따라서 스페인

공화국이 절실히 필요한 무기와 군수품을 사들일 수 있는 중요한 공급원은 오로지 미국뿐이었다. 루스벨트 대통령은 스페인공화국에 대한 호감과 자신이 대통령에 당선, 재당선되는 데 막강한 힘을 발휘한 로마 카톨릭 표를 놓고 저울질을 했다. 들리는 얘기에 의하면 루스벨트가 마드리드에 무기를 팔기로 결정하자, 교황청의 영향력있는 대리인들이 그의 마음을 돌려놓고도 남을 만큼 압력을 행사했다고 한다. 그 영향력이 어느 정도였든지 간에, 루스벨트 대통령은 스페인공화국에 무기를 팔지 않기로 최종적인 결정을 내렸다. 스페인 내부의 협력과 조화의 결여와 더불어 루스벨트의 이 결정이 공화국의 운명을 결정지었다.

나는 스페인에서 곧장 미국으로 돌아왔다. 내가 바르셀로나를 떠나기 전, 공화정의 대표자들이 꽤 솔직하게 문제를 설명했다. "우리가 이번 전쟁에서 승리하는 데 필요한 보급품 공급원은 단 하나, 미국밖에 남아 있지 않습니다. 물건값은 금으로 지불하겠습니다. 워싱턴으로부터 반드시 최종 승인이 떨어져야 합니다. 트럭과 탱크, 전투기가 절실하게 필요합니다. 우리가 이것들을 입수할 수 있도록 최선을 다해 도와주십시오." 내가 워싱턴에 도착했을 때는 이미 때가 너무 늦었다. 루스벨트 대통령이 영국의 내정불간섭방침에 합류함으로써 스페인공화국의 사망증명서에 서명을 하고 난 뒤였던 것이다. 앞으로 더 많은 건물이 폭파되고 민간인과 군인의 생명이 희생되겠지만, 주사위는 던져졌다. 스페인공화국은 운이 다해 1939년에 죽음을 맞았다.

스페인 내전은 유럽사회주의세력과 유럽파시즘세력 간의 결정적인 대립에서 대단히 중요한 에피소드였다. 멕시코를 제외한 서양의 모든 유력 국가들은 노골적으로든 암묵적으로든 파시즘 편을 들었다. 이것이 노예상태와 유럽이 지배하는 자본제국주의의 착취세력으로부터 인류를 해방하겠다고 약속한 혁명에 대항하여 반혁명세력을 집결시킨 또 하나의 운명적인 결정이었다.

*

공격적이고 확장주의 일변도인 독일의 국가사회당(나치)은 1927년 선거에서 최초의 승리를 획득했다. 당시 나는 베를린의 미텔슈트라세에 있는 베스트팔리아라는 자그마한 가족호텔에 머물고 있었다. 1927년 선거 직후 어느 날 나는 근처에 있는 이발소에 갔다. 이발사와 얘기를 나누던 중, 이발사가 조간신문을 가리켰다. "손님은 외국인이니, 제가 아주 흥미로우면서도 중요한 일을 알려드리지요." 이발사가 말했다. "국가사회주의자들이 의회에서 18석을 얻었습니다. 하지만 이건 시작에 불과합니다. 두고보십시오. 그들은 분명 성공할 겁니다."

1920년대 말과 1930년대 초에 독일에 머물며 공부할 때, 나는 학계와 정계 사람들은 물론이고 사회 각계각층의 독일인들을 만날 기회가 있었다. 1922년 이후로 무솔리니는 이탈리아의 지도자이자 구세주로 자처해 왔다. 독일인들은 무솔리니의 우스꽝스런 행동을 열심히 뒤쫓았다. 내가 독일인들에게 독일이 이탈리아의 경우처럼 독재시대를 준비하고 있느냐고 물으면, 여지없이 경멸과 조롱이 섞인 대답이 돌아왔다. "그런 어릿광대 놀음은 이탈리아 같은 후진국에서나 통합니다. 독일처럼 자유를 사랑하고, 굳건한 자유주의 전통과 강력한 마르크스주의 운동 경험이 있고, 온 국민이 읽고 쓸 줄 아는 나라에서는 그런 사태가 벌어질 수 없습니다. 도저히 생각할 수 없는 일이지요." 이런 대답은 중산층에서만 나오는 게 아니었다. 자유주의자와 사회주의자, 공산주의자들 입에서도 한결같은 대답이 나왔다. 이들은 '독일 정신'이 개인 독재를 용납하지 않을 것이라고 굳게 믿었다. 물론 예외가 없는 것은 아니었다. 파시즘에 반대하는 사람들은 위험을 무릅쓰고 자신의 생각을 밝히면서 다가올 위험을 지적했다. 대다수는 입을 다물고 조용히 서서, 파시즘의 불꽃이 바작바작 소리를 내며 자신들 쪽으로 옮겨붙는 모습을 물끄러미 바라보고 있었다.

1933년 히틀러가 권좌에 올랐을 때 독일의 실업자 수는 어림잡아 7백만 명 가량이었다. 당시 나는 킬 무역연구소에서 연구 활동을 하고 있었는데, 킬에는 중요한 산업시설이 몇 군데 있었다. 결국은 이 시설들 모두가 문을 닫고 말았다. 당시 주요 공업중심지인 킬에는 한 가지 중요한 일거리가 있었는데, '도장 받으러 가기'가 바로 그것이었다. 부두 노동자들은 매일, 다른 사람들은 매주, 전 주민이 노동사무소로 가서 자신들의 실업장부에 도장을 받고 얼마 안 되는 실업수당을 챙겼다.

히틀러는 『나의 투쟁』에서 독일을 위한 자신의 프로그램을 밝힌 바 있었다. 베르사이유 조약의 족쇄를 풀어던지고, 독일을 재조직, 재무장하며, 독일 제3제국을 세계의 열강이라는 정당한 자리로 되돌려놓겠다는 것이었다. 1933년 초에 실행에 들어간 이 프로그램은 3년 만에 독일의 실업자 수를 40만 명 가량으로 감소시켰다. 내가 1935년 킬로 돌아가 보니, 놀고 있는 산업시설과 실업장부, 주요 도로의 포장석들 사이로 자라고 있던 풀들은 간 데 없고, 사람들로 북적대는 공업도시 본연의 모습이 되살아나 있었다. 산업시설들은 2교대로 전투기와 잠수함들을 만들어내고 있었다. 3년이라는 짧은 기간 동안 히틀러와 그의 지지자들이 관리경제체제를 도입함으로써 경제기적을 이룬 것이다. 히틀러는 일본, 이탈리아와 유사하게, 그러나 독일 특유의 철저함으로 전략적 초고속 도로망을 건설하고, 독일에 번영을 가져오기 위해 황급히 군비에 뛰어들고, 유리한 지위를 되찾음으로써 공황을 활기찬 번영으로 바꿔놓았다.

내 사고를 파시즘에 적응시키고, 파시즘을 붕괴되어 가는 자본주의의 논리적 국면으로 보게 되기까지는 10년(1922년부터 1932년까지)의 세월이 걸렸다. 나는 이탈리아에 가서 파시즘이 실제로 작용하는 것을 본 적이 있으나, 그때는 파시즘이 붕괴되어 가는 자본주의의 논리적 국면이라는 시각을 갖지 못했다. 나는 오스트리아와 독일에서 여러 달을 보내면서 파시즘이 이런 새로운 국면으로 접어들기 이전에 전개되어 가는 양상을 지켜보았다.

내가 파시즘의 역할을 제대로 이해하지 못한 이유 가운데 하나는, 세력을 넓혀가는 사회주의를 제거하기 위해 대기업들이 사용하는 '공개적인 테러'가 바로 파시즘이라는 공산당의 주장 때문이었다. 그렇지만 1933년 무렵부터 상황은 분명해졌다. 제3제국 황제의 정부는 패배했고, 굴욕을 겪고, 식민지들을 빼앗기고, 어마어마한 전쟁배상금을 지불하라는 선고를 받았다. 전쟁이 끝난 지 14년 뒤인 공화국 말기에 독일의 생활은 마비되었다. 경제는 정지상태에 있었다. 공산당의 접수 요구—독일에서 가장 강력한 정당인 사회민주당은 공산당의 집권에 반대했다—를 제외하고는 독일 하늘에 빛이라고는 없는 것 같았다.

이렇게 절망적으로 보이는 상황에서 파시스트들이 단순한 제안을 들고 나왔다. 선택받은 지도자의 손에 권력을 집중시키고, 기업과 정부가 공동선을 위해 협력하는 관리경제체제를 확립하고, 베르사이유 조약을 파기하고, 독일을 세계 열강의 자리로 돌려놓자는 것이었다. '평상'으로 돌아가자는 이 제안은 중산층의 지지를 받았다. 기업가들은 재정을 지원했다. 이 프로그램은 토지를 소유하고 있는 농민들의 지지를 끌어내는 데도 성공했다. 이 프로그램은 위험과 혼란과 혁명의 손실을 회피했다.

내가 알기로, 이 주제를 다룬 최초의 영어판 책은 내가 1933년에 자비로 출판한 문고본 『파시즘』이었다. 이 책에서 나는 파시즘을 당대의 경제 및 정치의 위기를 뚫고 나가는 데 불가피해 보이는 개혁조치들을 통해 자본주의를 유지하려는 노력으로 분석했다. 이 연구의 세세한 부분들은 이미 한물 간 사실들이 되었지만, 관련 계층과 파시즘운동의 지도자들이 마음속으로 그리고 있던 제도 변화에 대한 분석으로는 아직까지도 원칙적으로 유효하다.

개인독재와 관리경제를 특징으로 하는 파시즘은 전통적인 대의 정체에 의해 보호되고 장려되는 사기업의 고전적인 형태를 위협하고 있었다. 독일·이탈리아·일본 주축의 지도자들은 3년 간의 스페인 내전이 제공한 기회를 포착해, 새로 개발된 무기와 군사기술을 실전에서 시험할 수 있었다. 게다가 주축국의 대원들을 돌려가며 스페인에 주둔시킴으로써 전면전 — 스페인 내전이 아직 진행중인 상황에서 시작된다 — 에 대비해 그들을 단련시킬 수 있었다.

독일·이탈리아 주축이 영미의 내정불간섭방침 덕분에 스페인에서 엄청난 승리를 거두었다는 점이 확실해지자, 주축국들은 영미 열강 체인의 또 다른 약한 고리를 세심하게 조사했다. 이러한 의도가 겉으로 드러난 것은 1938년 뮌헨에서였다.

스페인에서의 승리로 의기양양해진 독·이·일 주축국은 동구에 대해 전통적인 독일식 밀어붙이기를 재개하자고 제안했다. 이 제안의 중요한 교섭 요점은 동진이, 만약 성공한다면, 세계적인 강대국인 소련을 쓰러뜨리거나 무력하게 만들거나 파괴하리라는 것이었다. 서구 세계는 다시 한 번 중대한 결정에 직면하게 되었다. 프랑스까지 포함한 서유럽은 파시즘·카톨릭 세력이 지배하고, 베네룩스와 스칸디나비아는 중립적인 완충지대 역할을 하고, 영미 주축은 비유럽 지역에 걸쳐 있는 현 상태를 안정시키고 보전한다는 뮌헨회담의 합의사항은 거의 불가능한 것이었다. 그 한 예로, 소련이 혼자 남아 한 나라에서나마 사회주의를 지키기 위해 외로운 싸움을 계속할 것이다. 세 세력이 균형을 유지한다는 것은 불확실하기는 하지만 있을 수 있는 일이었다.

이런 3극 세계에 대한 대안은 전쟁이었다. 뮌헨 결정은 동유럽의 전쟁과 서유럽의 평화를 의결한 것이었다. 뮌헨 결정은 또한 파시스트 주축국이 저변을 확대하고 권력을 증강시키는 동안 영미 주축국이 스페인에서 2년 간 방관자 역할을 했던 것처럼 앞으로도 영미 주축국을 방관자로 남아 있게 하자는 결정이었다.

*

뮌헨은 유럽파시즘에게 무임승차권을 주었지만, 그 표는 유럽이든 아시아든 동쪽의 금렵구역에 가서 마음껏 사냥을 할 때만 유효한 것이었다. 이런 사냥터들은 유럽과 아시아와 아프리카가 교차하는 지역이었고, 인류 역사상 오래전부터 이 전략적 교차로 영토는 여러 차례 주인이 바뀌었다. 주인이 바뀔 때마다 최후의 중재자 노릇을 한 것은 전쟁이었다. 전세계를 좌지우지하는 권력을 손에 넣기 위해 싸우는 20세기의 경쟁자들이 과연 서로의 입장 차이를 극복하고, 평화적으로 분쟁을 조정할 것인가, 아니면 권력투쟁의 결정적인 도구인 전쟁에 의지할 것인가?

뮌헨에서 영국과 프랑스의 약세가 입증되고, 스페인 전쟁에서 주축국의 위세가 검증된 뒤, 히틀러와 그의 파트너들은 잠시 망설였다. 무임승차권을 이용해 당장 동쪽으로 가야 하나, 아니면 신속하고 단호한 공격으로 배후에 있을지도 모르는 적들을 제거한 다음 동쪽으로 가야 하나? 파시즘 지도자들은 두 번째 방식을 따르기로 결정하고 1939년 서유럽을 상대로 전격전을 개시했다.

전면전은 놀라운 속도로 기계화되었다. 1915년부터 1918년까지 질질 끌다가 마지노선 건설로 끝난 지지부진한 전쟁은 역사의 쓰레기더미 속으로 사라지고, 기동력과 작전에 의한 전쟁으로 예전 같으면 몇 달 몇 년이 걸릴 일을 불과 몇 시간 몇 일 만에 이루어내는 기계화된 전격전이 가능해졌다.

뛰어난 솜씨로 과학과 기술을 이용해 주축국은 적군을 수세로 몰아넣어, 하마터면 유럽의 절반을 지배할 뻔했다. 주축국이 점하고 있던 과학기술의 우위는 전혀 예견치 못한 뜻밖의 네 가지 상황 때문에 상쇄되어 결국은 전세가 역전되고 말았다. 그 네 가지 상황이란, ① 영국인들의 불독같이 끈덕진 근성, ② 유럽 국가들 간의 갈등에 미국이 개입한 것, ③ 소련 경제가 민간경제에서 군사경제로 급속하게 전환한 것, ④ 전쟁이 유럽과 대서양을 지배하기 위한 투쟁에서 아시아와 태평양 지배권을 놓고 다투는 싸움으로 변화한 것을 말한다.

1939년부터 1945년까지의 전쟁은 문명화된 인류에게 처음으로 강도 높고 광범위한 기계화 전쟁의 체험을 제공했다. 현대 과학기술이 이처럼 파괴적인 맹위를 떨친 예가 없을 정도였다. 과거의 전쟁들은 나름대로의 금기와 한계가 있었다. 과거의 전쟁은 우선 군사시설과 육군, 해군을 공격하는 데 주력했다. 적어도 역사적 유물이나 예술품에 대해서는 관용을 베풀었던 것이다. 어쩌다가 예외가 있기는 했지만, 양민을 위협하거나 몰살하는 경우도 없었다. 그런데 2차세계대전은 민간인들의 거주지를 쓸어버리기 위해 계획된 '말살 폭격'을 개시했다. 2차세계대전에 사용된 폭발물과 소이탄, 화재 폭풍, 그리고 마침내는 원자 폭탄이 바르샤바와 스탈린그라드, 함부르크, 드레스덴, 도쿄, 오사카, 나가사키, 히로시마를 불꽃과 연기가 치솟는, 사람이 살 수 없는 폐허로 바꾸어놓았다.

미국과 스웨덴, 스페인, 그리고 여타의 중립국들은 이 전쟁으로 무자비하게 폭리를 취했다. 인공화재의 불을 지피는 데 필요한 연료와 노동력에 대한 수요가 끊임없이 증가하면서 물가는 하늘 높은 줄 모르고 치솟았다. 설계와 제작에 몇 달, 몇 년이 걸렸던 총, 탱크, 전투기는 단 몇 시간 혹은 몇 분 만에 잿더미로 변했다. 전쟁 일선에서는 당장 새로운 무기가 필요하다는 무전이 들어왔다. 기계화 전쟁은 팔리지 않는 과잉 재고로 골치를 앓던 사기업 경제의 꿈을 실현시켜 주었다.

이 전쟁은 초기단계에는 1914~1918년 전쟁을 세계대전으로 확대시킨 나라들이 주축이 되어 치러졌다. 이 전쟁은 서구 문명의 중심지에서 발발했고, 이들이 주인공이 되어 벌어졌다. 지구상의 '미개발' 국가들은 우연히 전쟁에 참가하거나 아예 참가하지 않았다. 전쟁이 제아무리 포악하게 전멸을 초래했다 하더라도, 서구 문명이 인류의 운명과 미래에 기여한 것 중 최상의 것을 꼽으라면 그것은 전쟁이었다.

1941년 6월 나치의 대대적인 공습은 소련의 전쟁 참가를 촉진시켰다. 미국 군대가 이 싸움에 발을 들여놓은 것은 1941년 12월의 일로, 파시스트 주축국이 서유럽의 모든 나라를 장악할 게 분명해지고 난 뒤였다. 7년 간에 걸쳐 계획적인 대규모 파괴가 자행되고 나자, 미국을 제외한 전쟁 참가국들은 지치고, 파산하고, 이류 강국으로 전락했다.

미래 세대 — 만약 이런 것이 있다면 — 는 어떻게 온전한 정신을 지닌 수백 만의 사람들이 서양 각지에서 시체안치소로 끌려와 10년 동안이나 같은 인간을 죽이고 문명사회라는 구조물을 파괴할 수 있었는지 의아해할 것이다. 답은 명백하다. 이 거대한 전멸 음모를 계획하고 제안하고 실행한 사람들은 제정신이 아니었다. 그들은 천국을 준다고 약속해 놓고 지옥을 준 사회양식의 뒤틀린 산물이었다. 한마디로 그들은 고전적 형태의 문명이 전력(戰力)을 총동원하면 인류에게 땅과 빵과 인류가 찾는 기회를 제공해 줄 것이라고 하는 논리의 희생자들이었다. 서구 문명은 1936에서 1945년 사이에 최고의 노력을 기울였다.

마지막 남은 모든 것을 쏟아넣고 극한점까지 분발했다. 그 결과는 도시를 폐허로 만들고 온 시골을 황폐시킨, 전례없는 대규모 파괴와 대량 살상이었다.

서구 문명의 유럽 중심지들에서 7년 간에 걸쳐 수행된 기계에 의한 조직적 파괴와 대량 살상은 전세계 문화양식의 외형을 바꾸어놓았다. 이러한 변화는 역사가들이 이 사건을 서구 문명 몰락의 결정적인 걸음으로 지적할 만큼 광범위한 여파를 미쳤다.

1914~1918년 전쟁과 1936년~1945년 전쟁은 시간상으로 보면 약 20년의 사이를 두고 있지만, 역사적 사실이라는 측면에서 보면 서로 밀접하게 연관되어 있었다. 두 전쟁에 참가하여 활동한 세력들이 거의 같고, 1차세계대전의 논리적인 귀결로서 2차세계대전이 일어났다는 점을 볼 때, 1·2차세계대전을 한 사건을 이루는 두 개의 부분으로 분류할 수밖에 없다.

*

유럽은 5백 년 동안 서구 문명의 원천이었다. 이 서구 문명의 원천이 1939에서 1945년 사이에는 부와 제국 권력을 쌓는 데 몇 세기를 보냈던 같은 민족들에게서 버림받았다. 7년 간의 파괴축제를 주도한 세력은 유럽에서 가장 부유하고 힘있는 문명국들이었다. 유럽의 평화와 번영과 진보를 디자인하고 만들어낸 사람들은 자신들이 쌓아올린 신식 바벨탑을 스스로 무너

뜨려 버렸다.

1931년에 출판된 나의 책 『전쟁: 계획된 파괴와 대량 살상』은 전쟁의 사회학과 전쟁의 경제학, 전쟁의 정치학을 다루고 있다. 나는 역사상 문명사회에서 전쟁을 도모하는 자들은 전문가들이며, 전쟁은 명성과 권력과 부로 통하는 명예롭고 신속한 길이자 대내외 정책을 결정하는 데 사용되는 주무기라고 지적했다. 전쟁기구는 문명사회의 전문기관이 되었다. 하나의 문명이 싹틀 때마다 전쟁을 일으키기에 성공한 사람들이 지배자가 되었고, 전쟁은 '왕들의 스포츠요, 스포츠의 왕'이 되었다.

여타의 전문활동들이 그렇듯이, 전쟁 또한 부족 차원에서 도시, 주, 국가, 제국 차원으로 확대되었다. 전쟁 패턴의 발전과정에서 정점을 이루는 것이 국가와 제국들로 이루어진 동맹들간의 전쟁이었다. 지리상으로 보면, 전쟁은 인근 지역에서 지방으로, 지방에서 국가로, 국가에서 대륙으로, 대륙에서 지구 전체로 확대되었다. 전쟁은 통신수단과 운송수단의 한계는 물론이고 인력과 식량, 무기, 여타 장비들의 공급문제로 늘 제한을 받았다. 생산의 증가와 커뮤니케이션의 발달, 그리고 저장 및 운송 방법의 개선이 전쟁을 확대시키는 중요한 수단이었다.

오늘날의 전쟁은 과학기술이 생산과 건설, 조직, 행정에 가져다준 모든 이점을 십분 활용하고 있다. 오늘날의 전쟁은 전지구적인 것이거나 총체적인 것이어서, 인류 전체가 전쟁에 휘말리게 된다. 또한 오늘날의 전쟁은 인류와 인류가 그 동안 쌓아온 모든 시설 및 설비를 말살시킬 수 있고 인류가 지구상에 존재했던 역사를 흔적도 없이 지워버릴 수 있기에, 최종적인 것이기도 하다.

 전쟁을 정책의 도구로 이용하는 관행은 1918년 이후에 생겨나 1945년 이후에 강화되고, 한국전쟁과 베트남전쟁 이후 정점에 이르렀다. 이런 관행에 대한 대다수 인민들의 반감에도 불구하고 전쟁은 여전히 국제관계를 결정하는 요소가 되고 있다. 외교에는 나름대로의 역할이 있고, 국제협의기구들도 나름대로의 자리를 차지하고 있지만, 조만간 외교는 설자리를 잃을 것이며 국제협의기구도 막다른 지경에 이를 것이다. 그 시점에 이르면, 무력의 위협이나 무력의 대규모 사용이 다시 한 번 무력충돌을 최후의 중재자로 만들 것이다.

 이 논리는 온 인류를 선택에 직면하게 한다. 서구 문명을 현재의 진로대로 유지하면서 핵무기에 의해 대학살을 당할 것이냐, 아니면 진로로 바꿔(아직 그럴 만한 시간이 남아 있다면) 지금까지와는 전혀 다른 기항항에 이르기 위해 전혀 새로운 노선을 따라 새로운 항해를 시작할 것인가 하는 선택 말이다.

 1936년에서 1945년까지의 시기는 내 고등교육의 중요한 단계였다. 미국과 모든 문명세계의 사회문제들은 세계대전을 중심으로 소용돌이쳤다. 1936~1945년의 총성은 서구 문명의 토대를 허물어, 19세기 제국들의 품위를 떨어뜨리고 권력 정치의 중심을 아시아와 아메리카로 옮겨놓았으며, 유럽을 권력의 진공상태로 만들고 세계 지도권의 바통을 미숙하기 짝이 없는 미국 소수 독재체제의 손에 넘겨주었다. 이런 급격한 변화가 몰고온 충격은 미국에서 하나의 정치세력을 형성하고 있던 좌파를 제거하고 나의 커뮤니케이션 수단들을 일거에 제로에 가까운 상태로 감소시키는 효과를 거두었다.

서구 문명과 결별하다

어린 시절 나는 미국에 충실했고, 독립선언, 1789년 헌법, 링컨의 게티스버그 연설, 대니얼 웹스터의 '영원한 자유와 화합' 같은 미국의 신조에 충실했으며, 미국의 목표와 제도들에 충실했다.

미국은 내가 태어난 곳이었다. 미국은 나를 먹이고 입혔다. 또한 미국은 보통교육과 전문교육의 기회를 제공하고, 잠시나마 내 프로그램 — 교육이론을 사회 속에서 실천하고자 하는 — 을 추진할 기회를 제공했다.

내가 전문교육을 받고 있는 사이, 한때 세계에서 진보적이고 창조적인 세력으로 손꼽혔던 미국 정부는 중도좌파에서 중도우파로 급속히 전향하고 있었다. 이 과정에서 미국 정부는 금융업자로, 무기제조업자로, 전세계 반동세력의 지도자로 변모했다.

나는 대학을 졸업하고 나서 처음 10년 동안 일상생활에 매몰되어, 서구 문명의 본질과 그것이 가져올 결과에 대해 생각할 겨를이 없었다. 1914년 전쟁이 발발하기 전까지, 아니 1915~1916년의 전시준비 캠페인을 거쳐 1917년 미국이 유럽 전쟁에

제2부 황혼의 마지막 섬광 349

개입하기 전까지만 해도 나는 미국적 삶의 방식, 혹은 서구적 삶의 방식에 대해 진지하게 이의를 제기하지 않았다. 어릴 때부터 나는 철로 오른쪽에 살았고, 거기에서 기인하는 특권과 기회의 혜택을 누렸다. 1914년에 발발한 전면전은 문명화된 도시생활의 숨막힐 것 같은 편협함으로부터 나를 떼어내, 훨씬 추악하고 심상치 않은 현실과 대면하게 했다.

1918년 이후 세계 속에서 미국의 역할은 깡패나 노상 강도 노릇이 부끄러운 것과 마찬가지로 떳떳치 못한 것이었다. 이것은 1870년부터 1910년까지의 독점자본주의의 발전과 1914에서 1918년까지의 전쟁 및 1936에서 1945년까지의 전쟁이 낳은 논리적인 결과였다.

미국은 세계 최대의 전쟁 수혜자로, 두 번의 세계대전을 거치면서 부유하고 강해졌다.

미국은 사회주의 및 공산주의에 반대하고 독점자본주의를 지지할 만한 정부나 집단을 선별해 재정을 지원하고, 무장을 시키는 등 온갖 후원을 아끼지 않았다.

미국은 뿔뿔이 흩어져 남아 있던 19세기 제국주의의 잔해들을 나토(NATO)로 재결집시키고, 가능한 모든 곳에서 사회주의 건설을 파괴하고, 수단과 방법을 가리지 않고 진보주의의 뿌리를 훼손했으며, 전세계에 걸쳐 반공 십자군을 조직했다.

미국은 중앙정보부(CIA)를 통해 미국의 정책을 방해하거나 반대하는 몇몇 취약한 정부들을 전복할 음모를 꾸몄고, 성사시켰다.

미국은 태평양에 미제국의 말뚝을 박아 경계를 표시하고 스스로를 태평양 열강으로 공표함과 동시에 아시아 재정복에 착수했다.

　미국은 스스로를 엄청난 양의 핵탄두로 무장한 세계 경찰관으로 추천해 당선시켰다.

　미국은 라틴아메리카, 그 중에서도 특히 브라질과 과테말라, 산토도밍고, 가이아나에 검은 촉수를 뻗쳐왔다.

　미국은 서유럽을 경제적·군사적·문화적으로 점령하고 있다. 미국은 미국의 세기(American Century)의 막을 열었는데, 이 기간 동안 지구의 정치적 문제들은 워싱턴에 의해 좌우되고, 경제적 문제들은 월스트리트에서 검토·재검토될 것이다.

*

　1883년 내가 태어났을 때만 해도, 우리 하늘에는 아직 군데군데 빛이 있었다. 여러 해 동안 나는 그 황혼의 마지막 섬광을 누렸고, 그것이 새로운 여명의 첫 조짐이라 믿었다. 내가 이런 환상에 빠져 있는 사이에 미국의 정치기구가 빠른 속도로 소수 독재체제가 나라를 운영하는 데 이용하는 조직의 일부가 되어가고 있었다. 전환점은 1896년 선거였다. 윌리엄 J. 브라이언 대 윌리엄 매킨리. 브라이언은 평범한 서민층을 대변했고, 매킨리는 대기업을 대변했다. 미국 국민들은 아슬아슬한 표 차로 대기업 후보의 손을 들어주었다. 매킨리는 7백만 표, 브라이언은 6백50만 표를 얻었다. 그후로 소수 독재체제는 나라를 통째로 접수하고도 남을 만한 지위와 위상을 갖게 되었다.

1914년 전에 미국에는 황혼이 깔렸다. 그후 4년 동안 황혼은 점점 깊어졌다. 1920년대에는 어둠의 진행이 잠시 중단되었다가 1930년대에는 사방이 그야말로 칠흑같이 캄캄해졌다. 나는 이런 파시즘의 암흑이 1927년부터 1936년까지 독일을 뒤덮는 것을 본 적이 있었다. 독일의 경우, 이런 변화는 마치 화창한 날에 갑자기 퍼붓는 폭우처럼 급격하고 극적이었다. 10년 사이에 집중적으로 일어난 변화였다. 사회의 변화과정을 연구하는 사람으로서 나는 불과 6년 만에 수천만 독일인들의 마음을 뒤바꿔놓은 장인의 솜씨에 놀라움을 금할 수 없었다. 그런데 이와 유사한 파시즘 세력이 미국을 장악해 가고 있었다.

미국의 관리들과 지도층 인사들, 그리고 소수 독재체제(또는 좀더 객관적으로 말하면 기성사회) 대변자들은 선사시대까지 거슬러 올라가는 유구한 전통을 자랑하는 '제국 건설자' 직업동맹에 가입하라고 미국 국민들을 찌르고 밀고 끌어당기고 유혹했다. 1914~1918년 유럽전쟁에 참전한 것은 일종의 '몸풀기'였다. 그때까지 미국의 소수 독재자들은 제국 건설 기술에 관한 한 도제에 지나지 않았다.

제국주의의 행태를 보면 볼수록, 제국주의의 역사를 공부하면 할수록, 서구 문명의 문화양식이 필요 이상으로 오래 지속되어 왔다는 확신이 들었다. 세계대전이 결정적인 증거였다. 전세계적 규모로 계획되고 조직된 파괴와 살상이 서구 문명이 인류에게 제공할 수 있는 최상의 서비스라면, 서구 문명은 조금이라도 빨리 세계 무대에서 퇴장하는 것이 모두를 위해 좋지 않겠는가.

내가 이런 결론에 이르게 된 것은 1927년 『문명은 어디로 가고 있나?』를 집필하면서부터였다. 2년 뒤에 출판된 『제국의 황혼』에는 이런 결론이 훨씬 더 구체화되어 있다. 계속되는 연구와 관찰을 통해 나는 오늘날 인간의 행복과 안녕을 가로막는 가장 큰 장애물은 미국 소수 독재체제로부터 자금과 무기를 지원받는 서구 문명의 반혁명운동이라는 확신을 굳혔다. 과학과 기술, 사회적 입안과 행정 등에서 일어난 혁명적 변화가 지구 전체의 삶을 통제하려는 초강대국들의 투쟁을 부추긴 원동력이다. 1870년부터 1970년까지 한 세기 동안 일어난 전쟁들은 그러한 투쟁의 군사적 현상이다.

20세기 전반기에 발발한 두 차례의 전면전과 수많은 국지전은 돌발적인 사건일 수도 있고 훨씬 광범위한 밑그림을 구성하는 하나의 부분일 수도 있다. 만일 후자가 사실이라면, 서구 문명은 여기저기에서 때때로 일어나는 한 차례의 전쟁(서구 문명의 기나긴 역사에서 따로 떼어낼 수 있는 개별적 사건으로서의 전쟁)이 아니라, 정확하게 서로 연관되어 하나의 전체를 이루는 크고 작은 전쟁들에 연루되어 있을지도 모르며, 이것은 곧 오래전부터 지속되어 온 위기의 표출에 지나지 않을 것이다.

로마 문명은 점진적으로 쇠퇴했다. 그러나 서구 문명의 쇠퇴는 순식간에 이루어졌다. 서구 사회는 새로운 에너지원에 의존하여 유례없는 파괴기술로 무장한 채 단 한 세대만에 스스로를 파괴해 버렸다.

인간 문화의 한 양식을 이루던 문명이 역사의 단계에서 소멸하고 있다. 문명은 처음에는 점진적으로 사라진다. 시류를 간파하여 붕괴하고 있는 사회구조에서 빠져나오는 소수의 개인들 사이에서 생명력을 잃는 것이다. 그러다가 나중에는 사회 전체가 이탈하여 그 문명에 등을 돌리고 문화양식 전체를 청산하는 과업에 착수하여, 급변하는 정세에 좀더 적절한 문화로 과거의 문화를 대체할 것이다. 예전의 반동분자들이 자신들의 입지를 잃고 나서도 오랫동안 노예제와 유럽 봉건주의를 지켰던 것처럼, 고립되어 있는 외딴 지역과 공동체들은 앞으로도 비교적 긴 기간 동안 보호를 받을 것이며 서구 문명의 제도와 관행들을 지킬 것이다.

문명의 주요 중심지들은 새로운 상황에 눈뜨고 적절한 준비를 통해 신속하고 합리적으로 새로운 현실에 대처할 수도 있고, 돌더미와 잿더미와 방사능 낙진 속에서 종말을 맞을 수도 있다. 대립이 악화되고 충돌이 점점 파괴와 자멸로 치달을수록, 새로운 단계로의 이행은 피할 수 없게 된다. 어떤 경우에든, 어떤 방법에 의해서건, 이행은 필연적이다.

*

과거의 모든 문명을 몰락으로 이끈 잔인한 힘은 바로 전쟁이었다. 그런데 서구 문명이 그 불길한 경험을 되풀이하고 있는 것일까? 나는 옛 문명들은 석판이나 서책에 기록되어 있는 설화를 통해 간접적으로 보았다. 그러나 서구 문명의 병폐는 나에게 직접 와닿았다. 우리들 가운데 일부는 방관자이고 일부는 협력자이지만, 모두가 희생자이기는 마찬가지다. 기질상, 또는 연구와 경험을 통해 더 넓은 그림을 보고 더 큰 문제들에 맞설 수 있는 사람들은 극히 소수에 지나지 않는다.

서양이 한때 전성기를 맞았다가 이제 스포트라이트 밖으로 밀려나고 있다는 스펭글러의 주장은 옳은 것이었나? 시대에 뒤떨어진 사회 패턴은 역사와 사회학의 법칙을 이해하는 사람들에 의해 개조되어 유익하게 쓰일 수 있다고 한 레닌의 생각은 옳은 것이었나?

나에게는 이런 문제들이 주로 학문적인 문제로 다가왔다. 나는 정서적으로나 직업상으로나 미국적 삶의 방식에 속해 있지 않았기 때문에 이런 문제에 나의 충성심이 개입될 여지는 없었다. 붕괴되어 가는 미국 좌파의 도살장에 위태롭게 발을 딛고 있는 나로서는 현 상태에서는 얻을 게 거의 없고 새로운 사회 질서에서 기대할 게 훨씬 많다고 생각했다. 나는 내 처지의 매력적인 현실에 서서히 눈을 떴다.

내가 보고 있었던 것은 그 동안 훌륭하게 구상, 집필되어 무대에 올려진 모든 드라마들을 엉성하게 축약해 놓은 한 편의 파노라마였다. 인간이 보인다. 그들은 수십만 년 동안 먹이를 채집하다가 그 다음 몇천 년 간은 농사를 짓더니, 별안간 산업

혁명을 거치면서 교역·제조·통신·금융·보험·회계·경영 등에서 새로운 단계에 진입한다. 이 새로운 시대는 1750년경에 막이 올라 2백 년이 넘게 이어져 왔다.

미국 사람들 대부분이 자연에서 직접 생계를 해결하던 시절이 있었다. 그들은 사냥꾼이고 어부이고 벌목꾼이고 선원이고 농부였다. 물론 목수와 대장장이를 비롯해 학교 선생, 변호사, 의사, 상점 주인, 무역업자 같은 다른 기술자들도 있었다. 지주와 자본가, 도박꾼, 강도를 비롯해 일하지 않고 살아가는 자들은 극소수였다. 인구의 압도적인 다수가 생계를 위해 일했다.

초창기의 미국인들은 억세고 강건한 사람들이었다. 그들의 양말 속에 선물을 넣어주는 산타클로스 따위는 없었다. 자연은 그들이 생계를 위해 일할 때에만 그들에게 먹고사는 것을 허용했다. 남녀노소를 막론하고 열심히 일해 제몫을 다했다. 그런데 시대가 변했다. 자연에서 직접 생계를 해결하는 사람들의 수는 놀랄 만큼 줄었다. 사냥과 고기잡이는 여가시간을 때우는 소일거리가 되었다. 농사를 지어 먹고사는 사람은 전체 인구 가운데 10분의 1도 되지 않는다. 광부의 수도 1백만 명이 채 되지 않는다. 반면 공장 노동자의 수는 엄청나게 증가했고, 상점 주인, 전문직 종사자, 사무직 노동자의 수도 상당한 증가 추세를 보였다. 그러나 무엇보다도 눈에 띄는 현상은 미국인들 가운데 '네가 일하고 나는 먹는다'는 철학을 실천할 수 있는 집단이 크게 늘었다는 점이다.

기술의 발달이 이런 경향을 촉진시켰다. 대량생산은 대량의 자본 지출을 요구한다. 이 자본을 공급하는 사람들, 즉 주식과 채권과 저당권을 가지고 있는 사람들은 해마다 지급되는 수십억 달러의 배당금과 이자로 일하지 않고도 먹고살 수 있다. 수많은 미국인들의 꿈은 55세에 정년퇴직하여 여생을 일하지 않고 사는 것이다.

모든 계급사회의 밑바탕에는 '네가 일하고 나는 먹는다'는 원칙이 깔려 있다. 이 원칙은 사람들을 결합시키는 대신 뿔뿔이 떼어놓는다. 이 원칙은 협력의 반명제이다. 미국에 만연해 있는 이 원칙은 오늘날 건강한 공화국의 장래를 위협하는 가장 큰 독소 가운데 하나이다.

*

한때 미국의 시민임을 자랑스럽고 영예롭게 생각하던 내가, 여행할 때 주머니에 미국 여권을 넣어 가지고 다니기는 하지만 미국 여권을 꺼내 보이거나 의식있는 외국인들에게 미국인임을 고백하기를 부끄럽게 여기는 세계의 시민으로 바뀐 경험과 사고를 정리해 보기로 하겠다. 나는 그것을 전적으로 '소외감' 탓이라고 단정한다. 나는 단지 나의 임무처가 미국이라는 이유 때문에 미국에 살았다. 내가 낯부끄러운 미국 여권을 가지고 다니는 것은 단지 그것이 나로 하여금 해외로 나가 오염되지 않은 신선한 공기를 마실 수 있게 해주기 때문이었다. 나는 현재 악정 속에서 착취와 약탈을 일삼고 미국과 전세계를 부패시키는 소수 독재체제와 어떤 식으로든 관계를 맺고 있다는 게 부끄럽다.

내 생애 중 미국에서 일어난 모든 일은 워싱턴 정부가 서구의 전쟁시스템에 발을 들여놓음으로써 비롯되었다. 그 순간 워싱턴은 '법 앞의 공평한 정의'를 포기하고 국내문제에 관해서든 국제문제에 관해서든 '힘이 곧 정의'라는 폭력배들의 불문율을 지도적 원리로 채택했기 때문이다.

군사주의가 미국의 장래를 위협하는 것 못지 않게 인류를 위협하는 또 하나의 중대한 문제가 있다. 인간이 지상에서 살아갈 수 있는 것은 흙과 물과 공기와 햇빛 같은 생명 유지에 없어서는 안 될 자원들이 풍부하게 제공되기 때문이다. 공업 위주의 도시 문화가 존재할 수 있는 것도 지각에 다양한 에너지원과 금속과 광물이 있기 때문이다. 그런데 산업혁명이 시작된 후 2백 년 동안 엄청나게 많은 양의 철, 구리, 석탄, 원유가 공업 생산과 도시 건설에 사용되었다. 이러한 천연자원은 또한 전쟁을 벌이는 데에도 탕진되었다. 고갈된 산림자원은 회복될 수 있으나 연료와 금속 같은 광물자원은 한 번 고갈되면 회복이 불가능해 대체물을 찾는 수밖에 없다.

앞의 두 문제에 비해 중요성은 덜하지만 결코 간과할 수 없는 세번째 문제는 거대해진 도시생활과 대규모 산업에서 나오는 폐기물에 의한 땅과 물과 공기의 오염이다. 스튜어트 체이스의 책 『쓰레기의 비극』이 이런 문제에 대한 관심을 불러일으킨 후로 여러 해가 지났다. 도시생활과 공업과 전쟁으로 한정되어 있는 천연자원에 대한 수요가 점점 증가하여 자원고갈과 환경오염의 위험수위는 해가 갈수록 높아지고 있다.

과거의 문명들 — 현재에 비해 훨씬 인구가 적었다 — 도 똑같은 문제에 직면하여 멸망의 길을 걸었다. 적절한 방법을 찾아 적용하는 데 실패했기 때문이다. 서구 문명이 지배해 온 최근 2세기 동안도 전쟁과 자원고갈과 폐기물과 환경오염이 인류의 앞날을 위협하고 있다.

미국과 미국의 진부한 생활방식 위로 짙게 드리워지고 있는 어둠은 현재 모든 문화권에서 진행되고 있는 의미 심장한 변화의 한 측면에 지나지 않는다. 어느 것이 비효율적이고 비경제적이고 추악하고 반사회적이고 비윤리적이고 부도덕한지가 여론의 법정에서 조사되고 있다. 만약 서구 문명이 '용인 불가' 판정을 받는다면, 서구 문명은 청산 선고를 받게 될 것이다.

서구 문명은 그 나름의 역사적 역할을 다했다고 할 수 있다. 어느 시점까지는 서구 문명이 시대에 뒤떨어진 세력을 청산하는 진보적인 힘이었고, 자연을 이용하고 인간사회를 조직·관리하는 좀더 효율적인 방법을 개척한 것이 사실이다. 좋은 기회를 놓친 적도 많았지만, 서구 문명은 인간의 문화를 상당히 넓혀놓았다. 그러나 최근에 드러난 바에 의하면, 서구 문명은 장애를 극복하고 모순을 해결하고 급속히 전세계로 확산되고 있는 과학기술혁명의 요구를 충족시킬 능력이 없다.

서구 문명이 과학기술의 급격한 변화에 발맞추어 제도와 관행을 현대화하는 데 실패한 것은 보편적이면서도 특수한 현상이다. 서구 문명은 전지구적 차원의 단일화와 통합이라는 점에서는 실패했다. 서구 문명은 갈수록 완강해지는 국가주의를 대신할 수 없었다. 이런 실패를 단적으로 보여주는 예가 비용부담이 큰 경쟁과 쓸데없는 군사적 충돌의 지속이다. 1870년부터 1970년까지 1백여 년에 걸친 숱한 전쟁에서 볼 수 있듯이, 주요 산업 제국들은 경제·정치·군사 분야의 전쟁터에서 패권과 생존을 위해 싸워왔다. 서구 문명은 많은 대가를 치르고 무수한 시행착오를 거쳤음에도 불구하고 일반적인 경제기반이나 통합된 정치적 상부구조 하나 변변하게 만들어내지 못했다.

문명의 경제적 양상(미국의 과도한 판매 제일주의)은 잠재적 풍요로움이 지배하는 시대에는 진부한 것에 지나지 않는다. 가정 또는 인위적으로 고안된 희소성의 원칙에 기반한 경제학은 시간이 흐를수록 그 효력을 잃고 있다. 모든 사람이 풍요를 누릴 수 있는 상황임에도 가격을 유지하고 좀더 많은 돈을 벌기 위해 일부러 품귀현상을 조장하는 것은 파렴치하고 부정한 행위이다. 이러한 시스템은 결국 자기 무게에 눌려 압사할 수밖에 없다. 애초 그 목표 자체가 부당한 것이기 때문이다.

오랜 연구와 경험을 통해, 서구 문명의 기초가 되는 이론들과 그 이론의 현실화가 돌이킬 수 없는 단계에 이르렀다는 확신을 갖게 되었다. 이 단계를 한 발짝 넘어선다 해도 이익은커녕 손실만 남을 게 뻔했다. 이것이 바로 서구 문명의 노쇄화를 입증하는 증거이다. 습관은 특별한 경우를 제외하고 대다수 사람들의 사고와 행동을 지속적으로 지배한다. 이 법칙에 관한 한 나 역시 예외가 아니다. 미국이라는 나라 — 그 이상과 목표, 그리고 제도와 정책 등 — 에 대해 무한한 긍지와 참여정신을 가졌던 내가 철저한 환멸을 느껴, 이제는 단지 내가 태어난 나라 이상도 이하도 아니라고 느끼게 되기까지는 수많은 세월이 소요되었다.

*

나의 정서적 유대가 최종적으로 끊긴 게 인생의 어느 시점에서였는지 알 수 없지만, 믿을 만한 목격자로부터 이런 변화가 분명 있었다는 증언을 들었다. 1960년대 초 빈에서 열린 세계평화회의 사회를 맡은 사람은 영국에서 온 J. D. 버널 교수였다. 우리는 스위스로 가서 당시 제네바에서 열리고 있던 군비축소회의에 강령을 전달할 대표단 임명권을 집행부에 위임하자는 결의를 통과시켰다. 집행부는 대표단 인선문제로 협의중이었다. 한 집행위원이 나를 추천했다. 그러자 버널 교수가 말했다. "그가 배수의 진을 치지 않았다면 그 일에 더할 나위 없이 적격일 것입니다."

나는 이 얘기를 전해 듣고 어깨에서 무거운 짐이 벗겨지는 것 같은 해방감과 안도감을 느꼈다. 버널 교수의 말이 옳았다. 나는 더 이상 엉클 샘이나 그 어느 누구의 옷자락에도 묶여 있지 않았다. 나는 완전한 자유인이었다. 나를 잘 모르는 J. D. 버널조차도 알아차릴 수 있을 만큼 나의 변화는 뚜렷했다. 나는 마지막 남은 연결다리마저 태워버리고, 나를 서구 문명의 진부한 잔재에 얽어매는 마지막 끈을 잘라버렸다.

내가 서구 문명에 작별을 고한 첫번째 이유는, 서구 문명의 위선적 태도에 염증을 느꼈기 때문이다. 그것은 '하느님을 사랑하고 네 이웃을 섬기라'는 기독교도의 신앙고백과 '자기 자신을 위하는 모든 인간과 사탄은 낙오자가 된다'는 교리가 동시에 존재하는 기독교적 정신에서도 읽을 수 있다. 윤리적으로, 이런 구조를 지닌 문화양식은 살아남을 수 없다.

내가 서구 문명에 작별을 고한 두번째 이유는, 서구 문명이 경쟁을 으뜸 원리로 삼아 세워졌기 때문이다. 사회학적으로 말하자면, 경쟁은 분열을 일으키는 사회적 힘이며 따라서 결국은 파괴를 가져오는 사회적 힘이다. 한 사회가 지탱해 나가려면 경쟁이 함축하고 있는 대립과 적대보다는 일체감에 중점을 두어야 한다.

내가 서구 문명에 작별을 고한 세번째 이유는, 세계대전에 관한 연구를 통해 문명의 중심지들이 남아도는 잉여금을 파괴자들에게 넘겨주고 있으며 군대의 모험가들이 도박을 하는 사이에 가망없는 파산상태로 빠져들고 있다는 확신을 갖게 되었기 때문이다. 군의 모험주의는 경제적으로는 어떤 말로도 변호할 수 없는 것이며 도덕적으로는 무가치하고 타락한 것이다.

이 세 가지 이유 때문에 나는 (신중한 금융업자가 그러하듯) 서구 문명을 고위험 고객으로 간주하고, 장부에서 지워버렸다.

내 분석이 정확하고 서구 문명이 윤리적·사회적·경제적으로 실패한 게 사실이라면, 매우 중요한 미해결 문제 하나가 남는다. 선조들이 걸어온 길에 산재해 있던 문명들 — 적어도 20개는 된다 — 의 파멸에서 과연 현대인이 교훈을 얻었을까? 아니면 현대인은 다시 한 번 영토 확장과 군사 정복과 약탈과 지배와 착취의 원칙에 입각하여 포괄적인 문화구조를 발전시키려는 헛수고를 시도할 것인가?

내가 정서나 생각이나 말이나 행동으로 서구 문명을 지지하는 한, 나는 불공평과 부정의 사슬에서 벗어날 수 없고, 결국 그것이 자행하는 범죄에 나도 모르게 참여하는 것이다. 서구 문명의 형식과 제도로부터 완전히 벗어날 때에만 나는 인류가 좀더 밝고 가치있는 미래로 나아가는 것을 꿈꾸고 계획하고 도울 수 있을 것이다.

*

서구 문명에 대한 정서적 습관적 구속으로부터 나를 결정적으로 떼어낸 사건은 히로시마를 날려버리기로 한 해리 트루먼의 결정이었다. 그 사건은 내 예순두번째 생일인 1945년 8월 6일에 발생했다. 그날 나는 트루먼 대통령에게 편지를 썼다.

"당신의 정부는 더 이상 나의 정부가 아닙니다. 오늘부터 우리의 길은 갈라집니다. 당신은 계속 세계를 파괴하고 이 세상을 고통에 빠트리는 당신의 행로를 가겠지요. 그것은 자살행위입니다. 나는 협력과 사회정의, 그리고 인간의 행복에 기초한 사회의 건설을 돕는 일에 착수할 것입니다."

그날부터 지금까지 나는 워싱턴을 언급할 때 '나의 정부'니 '우리의 정부'니 하는 말을 입에 담지 않고 있다. 대신 일관되게 '미국 정부'라는 말을 사용해 왔다.

히로시마에 관한 결정은 현대인이 내린 가장 잔인한 결정 가운데 하나였다. 미국 정부는 적을 무찌르고 미국인들의 생명을 구하는 데 핵에너지를 사용하기로 결정했다. 이 결정은 서구 문명의 사형선고였다.

나는 일본에 핵무기를 사용한 것은 인류에 대한 범죄일 뿐 아니라, 지구 전체를 파멸로 몰아간 돌이킬 수 없는 실책이었다고 생각하는 탓에 1945년 8월 6일 이후 미국 정부와의 모든 관계를 끊었다. 내 결정이 정당했다는 데 대해서는 지금도 의심하지 않는다. 오늘날 인류는 핵탄두를 장착한 유도탄 위에 걸터앉아 있다. 핵무기가 확산, 비축되고 있고 모든 강대국의 군대에서 지배적인 역할을 하고 있다는 사실이 이를 입증한다. 격렬한 싸움은 그 강도와 파괴력이라는 면에서 새로운 차원에 도달해 있다.

나는 한 사람의 개인으로서 내가 할 수 있는 일을 계속해서 하고 있다. 무지와 타성과 현실도피에도 불구하고 곳곳을 돌아다니며 강연하고 글을 쓴다. 나는 위기의식이 점차 고조되어 가고 있으며 심상치 않은 위험이 인류 위에 드리워지고 있다고 믿는다. 이미 잔인한 결정이 내려졌으며 서구 문명을 증발시키는 절차가 착착 진행되고 있다는 인식도 고조되고 있다.

내 활동은 갈수록 해외원조의 형태를 띠어간다. 내가 잘 모르는 타국 시민들에게 도움을 주는 것이다. 그들은 잘못된 역사의 희생자들이다. 그럼에도 불구하고 그들은, 바다에 떠있는 배를 둘러싸는 안개처럼 자신들을 포위하는 운명에서 벗어나려고 필사적인 노력을 하고 있다.

현실에 눈을 떠 갈수록 나도 무언가를 해야겠다는 각오가 자라났다. 나는 글을 쓰고 강연과 강의를 시도했지만, 동포인 미국인들에게 외면당하고 무시당했다. 그러나 앞으로도 기회가 있을 때마다 내가 할 수 있는 한 이 일을 계속할 것이다.

먼 옛날의 뱃사람처럼 나는 이성을 잃고 헤매는 사람들을 붙잡고 말한다. 당신들은 자신을 파멸시키고 어쩌면 몇 억의 다른 사람들까지 파멸시킬지도 모르는 길을 선택해 가고 있다. 나는 충고하고 반대하고 경고하고 비난하고 고발해 왔다. 당신들은 계속 파멸로 치닫는 길을 가고 있다. 그것도 조심성없이 성급하게 달려가느라, 발치에 고이 놓여 있는 무한히 풍부한 삶의 가능성을 못 보고 있다. 당신들은 자기만의 길을 간다고 생각하겠지만, 그 길은 문명사회가 열성적인 추종자들에게 제공하는 유리 구슬과 나염 옷감에 홀리고 매수당해 이미 수백만의 사람들이 앞서갔던 길에 지나지 않는다.

나는 미국의 소수 독재체제와 미국적 삶의 방식과 미국의 세기와 미제국과 서구 문명에 등을 돌렸다. 그 동안의 문명들은 극소수의 사람들에게 약간의 빛과 배움과 기쁨과 희망을 가져다주는 대신 대다수의 사람들을 어둠과 무지와 고통과 절망 속에서 살다 죽게 만들었다. 나는 근시안적이고 기회주의적인 문명의 혜택을 거부한다. 우리가 조금만 노력을 기울인다면 더 나은 삶을 향해 손을 뻗어 그것을 우리 것으로 만들 수 있다는 확신이 있기 때문이다.

나는 미국적 삶의 방식과 나를 이어주는 마지막 다리를 불태워버렸다. 이것은 더 나은 삶의 방식이 이미 존재하고 있고, 누구든 과거에 등을 돌리고 희망과 자신감과 창조성이 일치된 철저한 행동이 필요하다는 의식을 가지고 앞날을 맞이한다면 더 나은 삶의 방식에 접근할 수 있다는 확신에서 내린 결정이다. 낡은 방식은 시간이 갈수록 불필요하고 진부해진다.

나는 서구 문명에 작별을 고했다. 불미스럽고 고통스런 기억은 지워버리려고 노력하듯이 나는 한 점 미련없이 내 삶에서 서구 문명을 떼어내려고 노력한다. 서구 문명은 인류 문화에 과학과 기술로 공헌했다. 이러한 공로는 마땅히 인정되어야 한다. 시간이 지나면서 서구 문명이 가져다준 이득은 점점 역사의 문제로 되어간다. 문명의 지배자들이 반동과 반혁명의 지도자가 되기 때문에 그것은 결국 반사회적 세력으로 남을 수밖에 없다. 이들은 자신의 무덤을 파고 자신의 관에 못을 박는다. 나는 서구 문명에 등을 돌리고 그것을 내 삶에서 떼어냈다. 서구 문명은 과거의 냄새를 풍긴다. 나는 미래를 향하고 미래를 건설하는 일에 내 에너지를 쏟는다.

서구 문명과 나의 거리는 로마 문명이나 이집트 문명과 나의 거리만큼이나 멀다. 내가 계속 서구 문명의 권력중심지인 미국에 살고 있는 것은 단지 그것이 내 임무의 일부이기 때문이다. 나는 아프리카나 남아메리카 적도 부근에 파견된 미국의 밀사가 그 지역에 대해 갖는 것 이상의 연민이나 관심을 미국에 대해 가지고 있지 않다. 밀사는 낙후한 환경에서 살지만 밀사 자신이 뒤떨어진 사람은 아니다. 미국과 나의 관계가 바로 이런 것이라는 게 내 생각이다. 나는 필연적으로 미국에서 살 수밖에 없다.

생물학적으로 말하면 미국 사람들은 나의 민족이며, 그들 가운데 내 후손의 수는 점점 증가하고 있다. 그러나 진정한 의미에서 그들은 내가 여행중에 방문한 다른 어떤 후진국 주민들보다도 합리성과 현실에서 멀리 떨어져 있다.

나는 황혼에 싸인 이 나라의 법에 따르는 내 동료 시민들이 가여울 뿐 아니라, 내가 그들을 무지와 두려움의 굴레에서 벗어나게 할 능력이 없음을 몹시도 유감으로 생각한다. 나는 오랜 세월 이런 느낌에 사로잡혀 살았다. 보스턴이나 뉴욕, 시카고, 로스앤젤레스 같은 복잡한 도시나 인구 과잉으로 혼잡하고 북적대고 분주한 미국의 다른 지역들을 방문할 때마다 종종 이렇게 느끼는 것이다. 예민하고 이성적인 사람들이 어째서 행복한 삶이 불가능한 조건과 환경 속에서 계속 살아가는지, 나로서는 이해가 가지 않는다.

미국적 삶의 방식은 추악하고 천박하고 방종한 방식이다. 따라서 미국의 수많은 젊은이들이 안락한 도시생활을 뒤로 한 채 짐을 꾸려 숲으로 떠나고 있는 현상은 놀랄 일이 아니다. 그들은 좀더 나은 새로운 삶의 방식, 문명에 찌들지 않은 소박하고 단순한 삶의 방식을 추구하고 있는 것이다.

뉴잉글랜드의 피난처

나 같은 입장에 있는 사람이 할 수 있는 일은 무엇일까? 내 임무처인 고국에 남아, 노쇠하여 붕괴해 가고 있는 자본주의의 소행에 대한 정보를 철저하게 수집하고, 사회주의 혁명에 필요한 사상과 인원을 결집하는 데 최선을 다해야 하나? 아니면 서구에 등을 돌린 채, 확장 일로에 있는 다른 사회주의 영역으로 옮겨가 내 나름대로 힘을 보태는 게 좋을까? 새로운 사회질서를 구축하는 선구적 작업이 실제로 진행되고 있는 곳으로 가면 안 될 이유가 있을까?

나와 비슷한 다른 반골들도 똑같은 선택의 기로에 서 있었다. 진보세력과 직접 협력하는 것이 가능한 마당에 무엇 때문에 반동의 중심부에 남아 있단 말인가?

나는 서양에서건 동양에서건 사람들이 이 문제를 놓고 고민한다는 얘기를 귀에 못이 박이도록 들었다. 서양에서는 다양한 결론이 나왔다. 어떤 사람은 조국에 남아서 활동하기로 결정했고, 어떤 사람은 사회주의 건설이라는 힘들고 때로는 위험하기까지 한 모험에 동참하고자 조국을 떠났다. 하지만 그쪽에서 나오는 대답은 거의 언제나 한결같았다.

"동지, 우리는 당신의 열의를 인정하고 당신의 기술을 높이 평가합니다. 우리는 자신의 조국과 조국의 문제를 알고 있는 젊은 세대를 육성하고 있습니다. 그들은 자기 나라의 이익과 재산에 깊은 애정을 갖고 있으면서도, 사회주의 사회를 확립하고 방어하고 개선하기 위해 자신들이 할 수 있는 일은 무엇이든 하겠다는 열의를 지니고 있습니다. 당신네 나라에는 사회주의자의 수는 적고 할일은 많습니다. 자본주의와 제국주의의 잔재를 청산하는 과제는 실로 막대한데, 그 일에 손댈 수 있는 인력은 터무니없이 부족합니다. 우리 조언을 받아들이십시오. 당신의 조국으로 돌아가십시오. 그리고 우리와 계속 접촉하십시오. 당신을 돕기 위해 우리가 할 수 있는 일은 하겠습니다. 하지만 각 나라에서 과업을 수행하는 데 따르는 기본적인 짐은 그곳에서 태어나고 자란 사람들, 그 나라 방식으로 교육받고 그 나라 대중들과 교통할 수 있는 사람들이 져야 합니다. 대중의 지지 없이는 혁명을 성공시킬 수 없으니까요."

우리가 급격하고 근본적인 변화의 고비에 살고 있는 것이 사실이기에, 지구상의 그 어디를 가든 이 문제에 대한 답은 반드시 얻어야 한다. 내가 조금이라도 더 쓸모있는 존재가 되려면 어디를 택해야 할까? 낯선 땅, 낯선 사람들에게로 가야 하나, 아니면 내가 태어난 곳에서 우리나라 사람들과 함께 머물러야 하나? 미국은 언제 닥칠지 모르는 최후의 결판을 향해 나아가고 있다. 그때가 언제이든, 이 문제는 현지인들에 의해 처리될 수밖에 없다. 만약 미국 토착민들이 화재나 지진이나 그 밖의 자연재해에 대처하듯이 사회적 긴급상황에 대처하기 위해 준비하고 훈련을 쌓고 튼튼한 조직을 이룬다면, 그들은 사회혁명으로 인한 위기를 해결할 각오와 능력을 갖추게 될 것이다.

급진주의자가 미국에서 활동하기란 힘든 일이다. 반동이 깊이 뿌리내리고 폭넓게 받아들여지고 있으며, 미국 소수 독재체제와 미국 정부, 그리고 정부의 협력자들은 동원 가능한 모든 수단을 이용해 국민들에게 반동을 강요한다. 나는 반세기 동안 미국에서 활동해 왔기 때문에 이런 사실을 잘 알고 있다.

나는 오랜 세월에 걸쳐 강연하고 글을 쓰고, 학생들을 가르치고, 토론을 해왔지만 그 효과는 미미했다. 내 얘기에 귀를 기울이거나 내 글을 읽으려는 사람들의 수는 20~30년 전, 특히 40년 전에 비하면 현저하게 줄었다. 심지어는 내가 오로지 내 자신과 몇 안 되는 지인들을 향해 말하고 글을 쓰고 있는 게 아닌가 하는 생각이 들 때도 있다. 할말은 있는데 그것을 사람들에게 전달할 방법이 없다면, 이런 상황에서 어떻게 처신해야 옳은가?

이것이 내가 반세기 동안 끊임없이 부딪쳐온 문제이다. 나는 기회가 있을 때마다 합법적인 방법으로 내 전공(가르치는 일)을 살림으로써 이 문제에 대한 답을 찾으려고 노력했다. 이렇게 강단에 서는 것이 가장 좋고 이상적인 방법이었지만, 50년 동안이나 이런 의사소통 채널에서 배척당하고 이렇다 할 수입원이 없는데 어떻게 먹고산단 말인가?

1930년대에 변호사, 교사, 의사, 강사, 과학자, 기술자, 작가,

예술가 같은 수많은 전문직 종사자들이 그보다 훨씬 많은 노동자, 농민, 소상인들과 함께 일자리와 고객과 직업을 잃었다. 이유는 단 하나, 그들이 좌파이기 때문이었다. 매카시의 채찍질 아래 반좌파운동이 속도를 높여감에 따라, 이렇게 소신있는 좌파주의자들 가운데 많은 사람들이 살길을 찾아나섰다. 그들은 사업을 시작하거나 전문직을 갖기 위해 공부에 매달리는 등 출세의 길로 들어섰고, 집과 차와 그에 어울리는 가재도구를 장만해 미국적 생활방식에 따라 살았다. 이런 길을 가는 것은 쉽고 유익했다. 좌파는 대부분 따스한 햇볕 속의 눈처럼 녹아 없어졌다. 이것이 바로 소수 독재체제가 노리던 결과였다. 주변에서 이 길을 가라는 충고를 귀가 따갑게 듣고, 힘 안 들이고 편하게 길을 바꿀 기회도 여러 차례 있었지만, 나는 이 쉬운 길을 가지 않았다.

이렇게 소수 독재체제 앞에 무릎 꿇기를 거부한 개인이나 집단이 전국에 산재해 있었다. 우리가 살아남을 수 있었던 이유는 오로지 결심이 굳고, 수완이 뛰어나고, 경제적 능력이 있고, 뿔뿔이 흩어져 있었기 때문이다. 칼리굴라는 자신이 단칼에 베어버릴 수 있도록 로마 사람들이 오로지 하나의 목만을 갖고 있기를 원하지 않았던가? 만약 우리가 단결한다면, 우리는 1915년에서 1921년까지 세계산업노동자회의가 분쇄당하고 몇 년 뒤에는 국제노동자단이 와해당했던 것처럼, 철저하게 깨질 것이다. 나는 전국을 돌아다니며 부와 권력이라는 마력 앞에 무릎을 꿇지 않은 개인과 소집단들을 만났다. 그들은 대부분

적진에 들어간 척후병들처럼 참호 속에 깊숙이 묻혀 있었다.

미국을 선두로 한 경쟁적이고 광대하며 탐욕스런 세계 질서와 협동사회 건설에 착수한 세력 사이에 조만간 결정적인 전투가 벌어질 것이었다. 그때까지 미국 소수 독재체제가 지휘하는 지칠 줄 모르는 세뇌공작에 맞서, 심하게 파괴되고 파편화된 미국 좌파단체의 소집단들과 계속 접촉하는 것이 가능하고 또 꼭 필요한 일이었다. 우리는 세계적 사건들에 관한 정보를 미국 청년들에게 제공하고 즉각적인 개선을 목표로 그날그날의 투쟁을 수행하는 동시에 미국 소수 독재체제의 정체를 폭로하고, 미국 독점자본주의를 종식시키는 데 필요한 힘을 동원하는 일을 돕고, 사회주의 미국의 기초를 놓을 수 있었다.

나는 냉정한 충고도 많이 들어보고 내 선에서 입수할 수 있는 정보들을 수집한 끝에 결정을 내렸다. 소수를 제외한 대부분의 사람들이 나의 생각을 받아들이지 않는 곳에서 산다는 게 용납하기 어려운 일이지만, 전세계의 사회주의화에 헌신하자면 내가 임무를 수행할 곳은 바로 미국이라고 나는 사회주의 국가들을 찾아다닌 바 있고 앞으로도 계속 그럴 것이지만, 내 뿌리가 서구에 있고 내가 적어도 얼마 안 되는 동포 미국인들의 사고와 태도에나마 기여할 수 있는 곳 역시 서구이기에, 나는 계속 서구에 남아 활동하는 게 합당했다.

나는 계속 프리랜서 교사로 활동하며 기회가 주어지는 대로 강연하고 글을 쓰기로 결정했다. 하지만 한 가지 문제가 남아 있었다. 그렇게 하는 것은 좋은데, 어떻게 먹고산단 말인가? 죽어가는 사회질서로부터 추방당한 사람이 소박하게나마 품위를 잃지 않고 살면서, 동시에 낡은 사회질서의 급속한 소멸과 좀 더 실현 가능한 사회체계로 낡은 사회질서를 대체하는 일을 돕는 것이 과연 가능할까? 친구와 지인들 가운데는 생계를 위해서 화물차를 몰거나 우유배달, 신문배달을 하고, 식당종업원이나 하역인부로, 또는 택시기사로 일하는 사람들이 많았다. 내가 1930년대 미국 우익의 압력 아래서 살아가는 삶의 수단으로 택한 것은 자급농이었다.

*

자급농은 예전부터 일자리를 잃은 교사들에게 적절한 생계의 수단이 되어왔다. 유럽의 식민지 개척자들 또한 대서양을 건너 북아메리카의 황무지로 들어왔을 때, 장사나 전문직으로 새로운 길을 개척하기 전까지는 집을 짓고 땅을 갈아 농사를 지으면서 생계를 꾸렸다. 자급농은 한 가족이 스스로의 힘으로 근근이 생계를 이어갈 수 있는 거주 방법이다. 어차피 가난한 삶을 살 수밖에 없는 사람이라면, 도시보다는 시골에서 사는 편이 낫다. 노점에서 먹을 것을 사거나 거리의 쓰레기통을 뒤지는 대신 시골에서는 적어도 자기가 먹을 것은 재배할 수 있기 때문이다. 물론 농사를 지으려면 노력이 필요하고 시행착오와 시련이 따르지만, 공을 들인 만큼 보답이 돌아온다. 농사는 내가 1930년대에 맞닥뜨린 곤경을 헤쳐나가는 데 꼭 맞는 탈출

구였다.

1917년 이전이었다면 나는 시골생활이라는 것을 그저 유쾌한 모험 내지는 휴양 정도로만 생각했을 것이다. 학계에 적을 두고 고정급을 받으며, 여가시간에는 내가 원하는 일이나 하면서 말이다. 실제로 내가 델라웨어 주 아덴의 거주지에서 시골생활과 전문직 활동, 생계를 위한 노동, 가치있는 친교를 결합시키면서 10여 년을 보내던 때의 상황은 이러했다. 그러나 나에게 아덴은 휴양지였지 일상적인 삶의 터전은 아니었다.

시골생활의 가장 큰 매력은 자연과 접하면서 생계를 위한 노동을 한다는 것이었다. 생계를 위한 노동 네 시간, 지적 활동 네 시간, 좋은 사람들과 친교하며 보내는 시간 네 시간이면 완벽한 하루가 된다. 생계를 위한 노동은 신분상 깨끗한 손과 말끔한 옷, 현실세계에 대한 상아탑적 무관심에 젖어 있는 교사에게서 기생생활의 때를 벗겨준다.

내가 알고 있는 도시생활은 흙, 물, 햇빛, 공기, 변화하는 계절 같은 자연과 접할 기회를 허락하지 않았다. 무엇보다도 도시의 노동분업과 전문화와 자동화시스템 속에서는 직업과 여가활동을 결합시키기가 어렵기 때문에, 이 둘을 결합시키려면 도시를 벗어나야만 가능한 일이었다. 그래서 나는 개인적으로나 사회적으로나 자연의 일부로서나 행복한 삶을 살 수 있는 기회를 도시 밖에서 찾았다. 이런 생활에는 자본이라는 것이 거의 필요치 않으며 총 경비도 적게 들고, 유지비는 얼마 안 되는 수입에 맞추면 그만이다. 실제로 내가 해보니, 넉넉지는 않아도 생존에 필요한 것들을 충족시키고 오랜 기간에 걸쳐 만족스럽고 보람있는 삶을 사는 것이 가능했다.

내가 자급농을 하기로 결정했을 때는 이미 내 나이 오십을 바라보고 있었다. 나는 작은 마을에서 나고 자랐지만, 인생의 대부분을 도시에서 살았다. 그렇기 때문에 이러한 결정을 실행에 옮기는 데는 재적응 과정이 필요했다. 그렇지만 자급농은 경제적 자립이라는 절박한 문제에 대한 해결책이 될 뿐 아니라, 나에게 상당한 자유시간과 다른 사람들과 더불어 유익한 삶을 살 수 있는 특별한 기회를 제공해 주었다.

*

내 인생에서 이번만큼은 운이 좋았는지, 나보다 스무 살이나 어리지만 자급생활에 맞설 능력과 의지를 갖춘 여성을 만났다. 헬렌 노드는 정열적이고 활달하면서도 기품있는 여자로, 평생 채식을 해왔고, 바이올린을 공부했으며, 여러 해를 외국 — 주로 네덜란드, 오스트리아, 인도, 오스트레일리아 — 에서 보냈다. 나는 첫 아내 넬리 시즈와 오래전부터 별거중이었고, 두 아들 존과 로버트는 다 자라 독립한 상태였다.

헬렌과 나는 우리가 가진 한도 내에서 땅을 마련해 뉴잉글랜드 농장에서 함께 새로운 삶에 도전하기로 했다.

우리는 버몬트 언덕에 자리잡은 농장에서 처음 20여 년 간 자급농 생활을 한 경험을 『조화로운 삶(Living the Good Life)』

이라는 책에 상세히 기술하여 1954년에 출판했다. 이 책은 쇼켄 출판사에서 1970년에 재발행되었다. 우리는 버몬트 주 남부의 '황무지' 지대로 가서, 스트래튼 산이 바라보이는 외딴 골짜기의 황폐하고 작은 농장을 샀다. 우리 농장은 브래틀보로와 베닝턴 중간지점의 30번 도로 뒷길에 자리잡고 있는데, 해발 1천8백 피트 정도 되는 테일러 산이 에워싸고 있었다.

우리는 1932년 당시 현금 3백 달러를 지불하고 저당권 8백 달러를 설정하여 농장을 샀다. 우리는 낡은 집과 헛간을 수리했다. 그리고 나중에 이웃해 있는 땅을 조금 더 사서 거기에 새로 돌집을 지었다. 집을 짓는 데 전문가의 손은 빌리지 않았다. 헬렌과 내가 설계자요 건축업자요 무임 잡역부였다. 이웃에 사는 농부 세 명, 잭 라이트풋과 애들버트 케이폰, 찰리 세이지가 이따금 돌과 콘크리트 작업을 도와주고 나무도 잘라주었다. 본드빌에 사는 버넷 슬래슨은 당시에는 병으로 일손을 놓고 있었지만 본래 훌륭한 목수로, 3년 간 서리가 내리지 않은 계절에 우리와 함께 작업을 했다. 우리의 작업 결과물은 들쭉날쭉하고 튼튼하고 발코니가 딸린 스위스 농가풍의 집이었다. 바닥은 돌로 깔고 손으로 켠 나무로 들보를 삼고 벽은 널빤지로 마무리했다. 우리가 지은 집은 세월이 흐를수록 점점 아름다워질 게 틀림없었다.

우리는 생계비를 벌 수 있는 길을 쉽게 찾아냈다. 단풍당을 발견한 것이다. 버몬트에서 첫 봄을 보내던 어느 날 아침 헬렌과 내가 밖을 내다보고 있는데, 아무래도 이웃집에 불이 난 것 같았다. 우리는 불 끄는 것을 도우려고 급히 이웃집으로 건너가다가 에벌린 허드라는 열세 살짜리 여자아이가 12피트짜리 증발 건조기를 전속력으로 돌리고 있는 것을 발견했다. 건조기를 돌리는 바람에 그 집 건물 꼭대기의 환기구에서 김이 무럭무럭 솟아오르고 있었는데, 우리가 이것을 연기로 잘못 알았던 것이다.

알고 보니 우리가 살고 있는 곳은 단풍나무로 뒤덮인 지역이었고, 우리 농장에도 제당소가 있었다. 이웃들은 모두 단풍시럽을 제조했다. 단풍사탕 사업은 대부분 가내수공업인데, 우리는 조금씩 터득한 단풍시럽과 단풍사탕 제조법을 『단풍사탕 책』으로 엮어 1950년 존 데이 출판사에서 펴냈다. 이 책은 1971년 쇼켄 출판사에서 재발행되었다. 이 책은 오늘날까지도 단풍사탕 제조에 관한 유일한 책으로 남아 있다.

우리의 원래 계획은 현금을 얻기 위한 수단으로 숲을 가꾸는 것이었다. 그런데 버몬트에 와서 약간의 경험을 쌓은 결과, 우리는 단풍시럽과 단풍사탕을 생산하는 것이 나무를 기르는 것보다 더 합당하고 믿을 만한 수입원이라는 확신을 갖게 되었다. 그리하여 우리는 단풍당을 제조하는 일에 비중을 두었고, 이 일이 15년 이상 우리에게 소액의 현금을 쥐어주었다. 농장은 거의 처음부터 빚을 지지 않고도 살아가게 해주는 사업이 되었다.

우리는 돈을 벌려고 애쓰지 않았다. 돈을 번다는 것은 한도가 없는 게임이다. 우리는 돈을 벌려고 애쓰는 대신 스스로에게 물었다. "내년 1년을 그럭저럭 지내는 데 필요한 최소한의 현금이 얼마지?" 우리는 모든 계획과 목표를 고려하여 필요한 현금액수를 정한 뒤, 그 액수를 벌어들일 수 있을 만큼만 환금작물을 생산했다. 그리고 일단 목표액이 채워지면 다음해 예산을 세울 때까지 생산을 중단했다.

버몬트에 온 지 19년 만에 우리는 사탕사업에서 손을 뗐다. 사탕사업은 돈벌이는 잘 되었지만 퍽 고된 일이었다. 게다가 우리 농장과 사탕단풍 숲이 사탕사업보다는 손님을 치르는 데 훨씬 많은 시간을 쏟아야 하는 휴가지로 변해 버렸기 때문이다. 그래서 우리는 그후 20년을 메인 주의 바위투성이 해안에 있는 외딴 농장에서 보냈다. 버몬트에서나 메인에서나 우리는 기본 식품과 집, 땔감을 스스로 마련하는 자급경제를 유지했으며, 일정한 목표를 정해 놓고 그것에 따라 생활했다. 우리는 가능한 한 시장과 임금으로부터 자유로워지기로 했다. 이윤을 남기는 경제는 노동력과 현금의 맞교환을 전제로 삼는다. 노동력과 교환한 현금의 일부를 세금으로 내고, 나머지는 먹을 것과 입을 것과 가재도구와 그 밖의 필수품을 사는 대가로 시장에서 지출한다. 이런 방식을 받아들이는 개인은 자신의 생사여탈권을 노동시장과 생필품시장과 국가에 맡기는 셈이 된다.

자급농은 자신이 소비하는 상품과 서비스를 시장을 거치지 않고 직접 생산하는 체제이다. 우리의 경우, 식품은 우리가 직접 재배한 것을 먹고 땔감은 직접 나무를 베어다 해결했으며, 집도 손수 지어 살았기 때문에 생활에 큰 현금이 들어갈 일이 없었다.

우리 수입의 약 4분의 3은 우리가 직접 생산에 공을 들여 얻은 결과물이었다. 다시 말하면 우리가 4달러 어치의 물품을 소비할 경우, 돈을 내고 사야 하는 것은 단 1달러 어치뿐이라는 뜻이다. 나머지 3달러 어치는 자급이 가능했다. 우리는 이런 방법으로 가격·이윤경제에 직접 의존하는 데서 크게 벗어날 수 있었다.

우리는 생산한 농작물의 일부를 과일, 견과, 기름 등을 생산하는 다른 1차 생산자의 잉여물과 교환하여, 과도한 간접비가 드는 생필품시장을 피했다. 우리는 현금으로만 물건을 구입했다. 절대로 돈을 꾸는 일은 없었다. 돈이 없으면 없는 대로 지냈다. 그렇기 때문에 많은 1차 생산자들에게 가장 무거운 경제적 부담으로 작용하는 이자의 노예가 되는 일이 없었다.

우리는 마을에서 소유욕을 억제하고 상호원조를 실천하기 위해 끊임없이 노력했다. 우리가 가진 연장이나 생산물, 일손을 필요로 하는 사람들에게 언제나 무료로 제공했다. 그 대신 우리도 이웃들로부터 많은 도움을 받았다.

우리는 경쟁적이고 공업화된 사회양식에 필연적으로 따라다니는 네 가지 해악에서 벗어나는 데 꽤 성공한 편이었다. 그 네 가지 해악이란 (돈과 가재도구를 비롯한) 물질에 대한 탐욕에 물든 인간들을 괴롭히는 권력, 다른 사람보다 출세하고 싶은 충동과 관련된 조급함과 시끄러움, 부와 권력을 차지하기 위한 투쟁에 반드시 수반되는 근심과 두려움, 많은 사람이 좁은 지역으로 몰려드는 데서 생기는 복잡함과 혼란을 말한다.

한 가지 더 얘기할 게 있다. 우리가 이렇게 자급생활을 하면서 어떻게 국내외 여행경비를 충당했는가, 하는 점이다. 《레이디스 홈 저널》이라는 잡지에 진보적인 교육에 관한 기사를 써 준 대가로 이 잡지사에서 나에게 제공한 무제한 마일리지 혜택으로 1913년에 여행을 시작했는데, 아직까지 여행경비가 부족한 적은 없었다. 답례로 받은 강연료와 원고료로 유럽과 라틴아메리카와 아시아로 헤아릴 수 없이 많은 여행을 다녔다. 북아메리카에서 열린 집회에서 책과 팜플렛을 판매한 돈도 여행경비에 쓰이는 경우가 많았다. 세계 각지에서 친절한 사람들이 인심 좋게 숙식을 제공해 준 것도 여행에 큰 도움이 되었다.

소박하고 알뜰한 여행을 원하는 사람들에게 조언해 주기 위해 우리의 경험을 얘기해 보겠다. ① 짐은 자기 혼자 쉽게 들고 다닐 수 있을 만큼만 챙겨라. 최소한의 옷가지와 사무용품과, 필기구만 있으면 된다. ② 1등석에서 편하게 여행하지 말고 3등석에서 고되게 여행하라. 화려한 미국식 생활을 피하고 현지 숙박시설과 시장을 이용하라. ③ 식당에 출입하지 말라. 요리할 일을 최소한으로 줄이고 대신 과일과 견과와 그 밖의 신선한 자연식품을 먹어라. ④ 술, 담배, 청량음료, 커피 같은 습관성 기호식품을 끊어라. ⑤ 택시를 피하고 대중교통 수단을 이용하라. ⑥ 여가시간에는 될수록 건강에 도움이 되는 생산적인 운동을 하고 많이 걸어라. 그러면 의료비를 지출하지 않아도 된다. 여행을 하다 보면 경우에 따라서는 친구나 아는 사람을 위해 과외활동을 할 수 있는 운이 따르기도 한다.

우리가 비교적 적은 돈을 들이고도 많은 여행을 할 수 있었던 것은 바로 이 6개 조항 덕분이다.

자급농 생활을 하면서 건강을 유지하기 위해 우리는 자연식품이냐 가공식품이냐, 신선한 식품이냐 신선하지 못한 식품이냐, 저단백 식사냐 고단백 식사냐, 하는 식사문제에 매달렸다. 우리는 가축을 사육하지 않았고, 축산물은 거의 이용하지 않았다. 고기는 전혀 먹지 않고, 치즈나 버터는 거의 사용하지 않았으며, 우유나 달걀도 좀처럼 입에 대지 않았다. 대충 어림잡아 말하자면 우리가 먹는 음식의 50퍼센트는 과일과 과일주스이고 35퍼센트는 채소(주로 잎이 많은 것), 10퍼센트는 지방(식물성 기름과 견과류), 5퍼센트는 단백질(곡류와 말린 콩, 씨앗류, 견과류 등을 통해 섭취하는 단백질)이었다. 이런 방법으로 우리는 도살장 식사에서 벗어나고, 축산업을 하는 모든 사람들의 동물을 노예화하는 데서 벗어났으며, 건강에 이롭지 않음에도 미국에서 널리 행해지고 있는 고단백 식사에서 벗어났다.

버몬트에서 자급농을 시작할 때, 우리가 갈은 땅은 너무 혹사당한 데다 양분이 부족해 사탕무, 당근, 시금치나 그 밖의 다른 기본 농작물들조차 제대로 자랄 것 같지 않았다. 따라서 우리가 제일 먼저 손댈 일은 메마르고 고갈된 겉흙을 기름지게 만드는 것이었다. 흙을 만드는 것은 자연이다. 우리가 자리잡은 뉴잉글랜드 지역의 경우, 숲이 우거진 곳에서는 3백 년 만에 1인치 정도씩 표토가 늘어난다. 나뭇잎, 나뭇가지, 나무줄기,

동물의 배설물 등이 흙을 형성하는 데 필요한 재료를 공급한다. 경험을 통해 우리는 2년에서 4년 정도 유기농법을 실천하면 고갈된 토양이 어느 정도 비옥해진다는 사실을 알게 되었다. 우리는 이를 위해 나뭇잎과 풀과 그 밖의 유기물질로 퇴비를 만들어 밭에 뿌림으로써, 자연 그대로 두면 적어도 한 세기는 걸릴 토양회복작업을 두 해 만에 해냈다.

우리는 약간의 종자와 유기비료를 사기는 했지만 우리가 밭에 쏟아부은 주요 성분은 고된 노동이었다. 육체노동과 소액의 금전 지출에 대한 대가로 우리는 얼마 지나지 않아 신선한 자연식품을 풍성하게 수확하게 되었다. 균형이 잘 잡힌 토양에서 우리는 건강한 식물을 재배하고 있었다. 이 식물과 더불어 신선한 물과 맑은 공기는 단지 우리를 먹여 살리는 데 그치지 않고, 보통 이상의 건강까지 제공해 주었다.

우리는 화학비료나 유독성 살충제는 전혀 사용하지 않았다. 가공식품이나 포장 판매하는 식료품도 거의 사지 않고, 우리의 건강한 땅에서 나는 자연식품을 먹고살았다. 그것도 대부분 영양상태가 가장 좋은 제철음식을 먹으려고 애썼다.

우리는 우리에게 습관성 기호품을 팔려는 부당이득자들의 모든 시도를 거부했다. 우리의 경제 원칙 가운데 하나는 술, 담배, 커피나 차, 청량음료 등을 피하는 것이었다. 우리는 순수한 샘물이나 우리가 직접 만든 과일주스만 마셨다. 뜨거운 음료가 필요할 때는 박하나 카밀레 같은 우리가 직접 길러서 말린 허브로 차를 만들었다. 이런 허브차는 건강에도 좋고 인이 박이

지도 않는다.

*

우리 버몬트 농장의 원래 농가는 집 한 채와 헛간, 그리고 다른 여러 채들로 이루어져 있었는데, 모두 다 손을 보아야 하는 상태였다. 처음에 우리가 벽에 판자를 덧대고 지붕을 새로 얹는 등 손질을 하기는 했지만, 원래의 낡은 목조건물들은 그대로 남아 있다. 우리 지역의 산들은 대부분이 화강암이었다. 땅 표면은 얼음 같은 표석들로 뒤덮여 있었다. "당신네 땅에서 그 돌들을 전부 골라내면 만리장성이라도 쌓을 수 있을 거요." 이곳 토박이들이 우리에게 한 말이다. 다소 과장되긴 했지만 틀린 말은 아니었다. 그 정도로 땅 상태가 나빴다. 이렇게 돌이 사방에 널렸건만, 우리가 사는 작은 골짜기에는 돌로 된 야외 취사장이 단 한 군데도 없었다. 그리고 우리가 알기로, 40마일 이내에 돌집은 한 채도 없었다. 나는 1906년 아덴에서 돌로 된 야외 취사장과 창문턱까지 벽을 돌로 쌓은 오두막집을 지어본 후로 돌에 흥미를 느끼고 있었다. 버몬트의 바위와 암봉들은 나의 의욕을 부추기는 좋은 계기였다. 헬렌과 나는 2층짜리 돌집을 짓기로 결정했다.

어느 겨울날, 길에서 그다지 멀리 떨어지지 않은 곳에 바위 절벽처럼 보이는 것이 있어, 우리는 스키를 신고 거기까지 올라간 일이 있었다. 봄이 되어 눈이 다 녹고 땅이 드러났을 때

보니, 우리가 절벽이라고 알고 있었던 것은 길이 26피트, 높이 9피트짜리 거대한 바위벽이었는데, 이 바위벽은 정확하게 수직으로 서 있는 데다 근처에 있는 스트래튼 산을 바라보고 있었다. 말하자면 정남향인 셈이었다.

"바로 이거야!" 우리는 말했다.

"이 바위의 수직면을 거실 뒷벽으로 삼아 돌집을 지읍시다."

우리는 눈에 띄는 돌멩이는 어느 것 하나 놓치지 않고 가져다가 꼼꼼하게 살펴서 담 쌓을 돌은 여기에, 바닥에 깔 돌은 저기에, 굴뚝용 돌은 저 뒤에, 하는 식으로 분류해 쌓아놓을 정도로 돌집 짓는 일을 철저하게 즐겼다. 이렇게 하다 보니 우리의 건축 주재료는 언제나 가까이에 있었고, 언제든 다음 돌건물을 지을 준비가 되어 있었다. 우리는 여러 해에 걸쳐 많은 건물을 지어, 모든 목조건물을 돌건물로 바꾸었다. 이렇게 집을 짓는 것이 우리에게는 테니스나 골프를 대신하는 레크레이션이었다. 집을 짓다 보면 운동도 되고, 햇볕도 쬐일 수 있고 맑은 공기도 마실 수 있었다. 이렇게 건강을 유지하는 데 꼭 필요한 요소들을 얻으면서 거기에다 아름답고 튼튼한 집까지 보너스로 생기니, 이런 게 바로 일석이조 아니겠는가.

우리는 나무를 때서 음식을 만들고 난방을 했다. 버몬트에서도 우리가 사는 지역에는 단단한 단풍나무와 황자작나무, 너도밤나무—셋 다 열량을 내는 데는 최고로 꼽히는 활엽수이다—가 무척 많았다. 우리가 사탕단풍숲을 인수했을 때, 우리 숲은 황자작나무와 너도밤나무를 비롯한 잡목들로 가득 차 있었다. 그래서 우리는 나무를 베어 나르는 수고를 들이기만 하면 얼마든지 질 좋은 나무들을 얻을 수 있었다. 버몬트 사람들은 난로를 피우는 데 드는 나무가 1년에 약 4코드(5백12입방피트) 정도라고 어림잡고 있었다. 활동적인 남자 한 명이 하루에 벨 수 있는 장작이 1코드이니, 나흘만 땀 흘려 일하면 1년 동안 벽난로 하나와 취사용 화덕 하나를 덥힐 수 있는 셈이다.

*

우리는 몇년 간 누차 같은 질문을 받았다. "뉴잉글랜드는 땅도 척박하고 기후도 아일랜드처럼 눅눅한 데다 여름은 짧고 엄동설한은 긴데, 어째서 뉴잉글랜드에 정착하셨나요? 어차피 미국에 있을 바에야 상쾌한 플로리다나 캘리포니아나 애리조나 같은 데로 가시는 게 어때요?"

우리는 여러 가지 이유에서 뉴잉글랜드를 선택했다. 첫째, 뉴잉글랜드는 인디언들에게서 잔인하게 빼앗은 땅이기는 하지만 종교적 정치적 반골들이 많이 거주하고 있었다. 지금도 뉴잉글랜드는 신중하고 절제할 줄 아는 반골들의 땅이다. 여기서는 공개적으로 내놓을 정도까지는 아닐지라도 반대의견이 암암리에 용인되고 존중되고, 때로는 명예로운 것으로 여겨지기도 한다.

뉴잉글랜드 토박이들은 새 이주민들이 지나칠 정도로 남의 눈에 거슬리게 행동하지 않는 한 무척이나 관대하고 친절하다.

뉴잉글랜드 토박이들은 사생활을 존중하고 힘겨운 육체노동을 높이 평가한다. 현재 이 지역을 압도하고 있는 정치적 보수주의에도 불구하고 토박이들은 자신들의 생각을 허심탄회하게 털어놓는 자리인 읍민회를 모든 사람들에게 열어놓고 있다.

뉴잉글랜드의 기후조건은 대단히 변덕스러워서 예측하기 어려운 게 사실이다. '뉴잉글랜드의 오늘 날씨가 마음에 들지 않으면 조금만 기다려라. 조금만 있으면 기분이 좋아지거나 더 화가 날 것이다. 날씨가 어떻게 바뀔지는 아무도 모르니까'라는 옛말이 있을 정도이다. 한마디로, 뉴잉글랜드의 날씨는 여행객이나 현지인들을 절대로 지루하게 만들지 않는다. 남부나 남서부에서처럼 끝없이 햇빛만 내리쬐고 비 한 방울 내리지 않는 날들이 계속된다면 얼마나 따분하겠는가.

뉴잉글랜드에도 코네티컷 주처럼 토양이 기름진 강 유역이 있지만, 뉴잉글랜드의 땅 대부분은 돌이 많고, 얼음 같은 표석과 기성암의 노출로 평탄치가 않다. 농토는 전반적으로 빈약하지만 그런 대로 기름지고, 무리한 경작이나 관리 소홀로 토양이 손상되거나 고갈되지 않은 곳에서는 꽤 많은 수확물을 거둬들일 수 있다. 암석이 많은 언덕빼기의 숲지대 땅들이 다 그렇듯이, 고르게 분산되어 내리는 연평균 강우량이 풍작을 결정짓는 가장 커다란 요인이다.

경치로 말하자면 뉴잉글랜드는 그림엽서에서 볼 수 있는 온갖 풍경을 거의 다 갖추고 있다. 언덕과 계곡, 가파른 산, 기복이 완만하고 물이 많은 시골 등, 뉴잉글랜드의 경치는 아름다

우면서도 변화무쌍하다. 뉴잉글랜드에는 시내와 강과 연못과 호수가 많다. 또 한적한 분위기를 즐기는 사람들에게는 인적 드문 암초투성이의 해변이 더없이 좋은 휴식처가 된다. 메인 해안만 해도 길이가 직선거리로 2백50마일이며, 시간이 있고 마음이 내켜서 육지와 바다가 만나는 길을 구석구석 따라가 본다면 2천5백 마일은 족히 된다.

뉴잉글랜드의 땅 가운데 적어도 4분의 3은 아직까지 숲으로 남아 있다. 도끼와 톱을 사용할 줄 아는 사람이라면 뉴잉글랜드에서는 건물밀집지역만 벗어나면 거의 공짜로 장작을 얻을 수 있다. 사실 전기와 석유와 천연가스와 압축가스의 사용이 보편화된 뒤로 뉴잉글랜드 시골에서는 공짜 장작이 그냥 나뒹굴거나 그 자리에서 소각되거나 마을 쓰레기장에 내버려진다.

우리가 뉴잉글랜드에서 살기로 결정하게 된 또 하나의 이유가 있는데, 그것은 선택의 문제였다. 우리는 미국의 행락지와 휴가지를 대부분 가보았다. 하지만 그런 곳은 건축법과 지역제가 적용되어 자급농이 거의 불가능할 뿐 아니라, 땅값과 임대료와 세금이 치솟아 얼마 안 되는 수입으로 살아가는 사람들이 자급농을 하기란 거의 불가능하다. 이런 지역에서는 사방에서 장사꾼들이 주초부터 주말까지 밤낮으로 소리쳐댄다. 건물과 놀이문화와 사회생활이 모두 천편일률적이다. 노동은 조롱의 대상이 되고, 기생생활은 고상한 것으로 찬양된다. 미국 남서부와 남동부에서만 이런 게 아니다. 그 사이에 낀 '환락' 지역들도 상황은 마찬가지이다. 뉴잉글랜드도 여름철에는 관광객들로 북적거릴지 모르지만, 이곳 주민들 대다수는 여전히 자급자족을 존중하고 검소한 생활을 한다. 그리고 유흥가와 관광 중심지, 업무시설, 싸구려 술집같이 사람들이 많이 몰리는 곳에서 멀리 떨어져 지내면 간접비(부동산값, 세금, 지대, 금리)가 미국 표준치에 비해 상당히 저렴한 편이다. 뒷길에 위치한 벌목지와 오래되고 초라한 건물이라면 더 말할 필요가 없다.

우리는 자급농 생활자로서 간접비를 적게 들이고 자급농을 할 수 있는 곳을 찾아 미국을 샅샅이 뒤지고 다녔다. 이런 점에서 볼 때, 한정된 자본과 건강, 협력이 잘 되는 가정, 공들인 만큼만 얻는다는 원칙에 입각해 자연을 다룰 능력이 있는 사람에게 뉴잉글랜드는 미국에서 자급농을 하기에 가장 이상적인 곳 축에 든다고 자신있게 말할 수 있다.

*

자급농으로 생계문제가 해결되지는 않았다. 그러나 자급농은 많은 사람들에게 보통 정도의 정력과 에너지와 목표와 창조력과 결단력을 가진 가족이라면 경쟁과 탐욕과 약탈을 기반으로 한 문화의 멍에를 계속 지고 있을 필요가 없다는 확신을 심어주고도 남을 만큼 큰 위력을 발휘했다.

미국 도시와 도시 근교의 가정은 사회를 구성하는 하나의 단위로서, 그리고 사회집단으로서의 모습을 사실상 잃어버렸다. 펜실베이니아의 작은 마을에서 성장한 나는 가족들과 한지붕

밑에서 자고, 정해진 식사시간에 한자리에 모이고, 함께 놀고, 함께 책을 읽고, 함께 얘기하고, 함께 일하고, 희로애락을 함께 느꼈다. 의견 차이도 있고 대립도 있고 다툼도 있었지만, 부모와 자녀들은 가족이라는 사회 안에서의 자신의 책무를 알고 자신이 맡은 집안일을 수행했으며 가정생활의 기쁨을 누렸다.

부모님의 집에서 우리는 정해진 시간에 일어나 하루 일과를 준비했다. 정해진 식사시간이 되면, 모두 식탁의 자기 자리에 와 앉았다. 빈자리가 하나라도 있으면, 빠진 사람이 와서 자리를 채울 때까지 모두 식사를 시작하지 않고 기다렸다. 몸이 아파서 빠진 사람이 있는 경우에는, 사정 얘기를 듣고 난 다음에 식사를 시작했다. 음식은 아버지와 어머니가 식탁에 냈다. 자기가 먹을 음식의 양은 각자 알아서 정했지만, 일단 자기 접시에 받은 음식은 남기지 말고 다 먹어야 했다. 아이들을 구슬리고 달래거나 설득하는 일은 없었으며, '아이들이 가장 잘 안다'는 꿈 같은 얘기도 그 시절에는 들어본 적이 없었다.

1890년대 미국 촌락의 가정생활과 우리가 50년 뒤에 방문한 미국 도시와 도시 근교 가정들의 생활은 엄청난 대조를 이루고 있었다(교육문제를 짚어보기 위해 미국의 빈민가들을 순회한 기록은 『오늘의 미국』에 담겨 있다). 가정생활의 친교와 예절과 규율은 갈가리 찢긴 상태였다. 아파트생활이 보편화되었고, 이혼과 별거로 인해 무정형의 가정들이 흘러가는 구름처럼 나타났다 사라졌다. 고전적인 의미의 가정이 거의 없었기 때문에 아이들은 가정에 길들여지지 않았다.

몇 가지 요인이 결합해 1900년 이후 반세기 동안 미국 가정의 구조와 기능에 대변혁을 일으켰다. 첫번째 요인은 드넓은 야외에서 혼잡하고 비좁은 주거지역으로의 이동이다. 시골과 마을에서 읍내와 도시로, 농가와 농장에서 도시의 주택과 아파트로, 맑은 공기와 신선한 물과 햇빛과 달빛에서 매연과 불소를 넣은 썩어가는 물과 인공조명으로 모든 것이 바뀌었다.

전통적인 미국 가정은 식구들이 모이는 장소이자 '능력에 따라 일하고 필요에 따라 살아가는' 원칙에 의해 운영되는 작업장이었다. 성인 남녀가 주로 일을 도맡고, 유아와 노인들은 가족구성원으로 존재하는 것 외에는 아무런 기여도 하지 않지만, 모든 가족구성원에게 고루 의식주가 돌아가고, 모두가 보살핌과 사랑을 받았다. 식구들은 각자의 능력에 맞게 힘든 일과 가벼운 일을 나누어 했다. 모두가 책임을 분담하고 가정의 방침을 이행했다. 가정의 화롯가는 사람들이 몸을 녹이고 양분을 공급받는 자리라는 점에서 사회제도의 상징이었다. 물론 예외가 없는 것은 아니다. 하지만 가정에 따라 단합의 정도에 차이가 있을지언정 전체적인 패턴은 같았다.

농가와 촌락의 가정에는 대부분 채소밭과 가축, 가내수공업이 있었다. 동틀녘부터 땅거미가 질 때까지 가족구성원들은 이런 집안일을 수행하고 가정생활을 개선하는 데 모든 시간과 관심을 쏟았다. 집안일을 함께 하다 보면 가족간의 유대가 깊어지고, 사회적 책임감도 싹텄다. 원만한 가정생활이 건강한 개인생활과 사회생활을 뒷받침해 주었던 것이다.

집 근처의 농장에서 일하는 아버지들은 점심시간이면 집에 들어와 식구들과 함께 식사하고, 언제나 집안일에 신경을 쓸 수 있었다. 집에 있거나 자주 집에 들락거리는 부모들은 항상 집을 비우는 현대의 부모로서는 바랄 수 없는 권위와 영향력을 지니고 있다. 가정생활의 경제적 사회적 책임을 맡고 있는 어머니 또한 가족들을 긴밀하게 결합시키는 위치에 있는 것이다.

직장생활을 하는 아버지와 어머니의 잦은 부재로 일시적인 고아가 되는 자녀들이나, 아침 일찍 학교나 일터로 떠났다 오후 늦게 돌아오는 자녀들은 자신들이 생각하는 것보다 훨씬 심각한 가족 분열의 상태에 내몰려 있다. 또한 자기가 먹을 것을 스스로 생산하는 방식에서 슈퍼마켓 쇼핑으로의 전환은 시골 가정의 경제적 기초를 더욱 뒤흔들고 도회지 가정에게서는 가정의 가장 기본적인 사회적 기능을 빼앗았다.

*

나는 자급농에 관한 이야기를 왜 자급농인가, 왜 뉴잉글랜드에서의 자급농인가, 하는 두 개의 질문으로 시작했다. 이제 가장 많이 받았던 세번째 질문을 소개하겠다. 이렇게 풍요로운 사회, 이런 산업화 시대에 도대체 무엇 때문에 자급농을 시도하는가? 어째서 이 좋은 사회가 도시생활과 기계화와 자동화라는 방식으로 제공해 주는 편익을 이용하지 않는가? 그 동안의 발명과 발견 들로 인해 자연과 자연력을 상당 부분 통제할 수 있게 되면서 인간에게, 그리고 창조와 변화와 경험을 바라는 인간의 지칠 줄 모르는 충동에 충분한 기회가 제공되고 있지 않은가?

나는 도시보다는 시골에서 의식주의 해결을 위한 기본적인 필수품들을 더 적은 비용으로, 그리고 몸과 마음에 훨씬 이로운 방식으로 얻을 수 있다고 생각한다. 중상층 가정의 집 안을 가득 메우고 있는 수많은 기계와 전자제품과 가재도구를 보면서 그것들을 손에 넣는다고 사람이 행복해지는 것일까, 의문이 든다. 나는 타자기보다는 펜으로 글을 쓰고 싶다. 기계적인 운송수단을 쓰는 것도 내키지가 않는다. 자전거를 타는 것보다 걷는 게 좋다. 발을 땅에 대고, 내 주변에서 일어나는 일들을 관찰하고 기록할 수 있을 만큼 느릿느릿 움직이는 게 좋다.

나는 꽤 많은 양의 육체노동을 손수 한다. 오늘 아침에는 곡괭이로 잔디를 떼어내 그것들을 차곡차곡 쌓아놓은 다음, 잔디 밑에 깔려 있던 진흙을 삽과 외발수레로 퍼 날랐다. 불도저로 했다면 같은 일이라도 시간이 5분의 1밖에 안 걸렸을 테고, 그 소음과 불쾌한 냄새를 견딜 수 있다면 그냥 곁에 서서 지켜보기만 하면 되었을 것이다. 그러나 오늘 아침 나는 작업하는 시간을 한순간도 놓치지 않고 즐기며 개똥지빠귀와 갈매기들의 울음소리를 들었다. 아침 먹으러 들어오라는 소리를 들었을 때는 아쉬운 기분마저 들었다.

매일 하루에 열 시간씩을 곡괭이와 삽을 들고 보내고 싶지는 않지만, 몇 시간 정도씩 힘든 신체운동을 하는 것은 즐기는 편이다. 내가 세운 계획이 진척되어 가는 것을 지켜보고, 내가 들인 노력의 결과를 볼 수 있을 때는 특히 그렇다. 매사에 그렇듯 육체노동을 하는 데에도 자신의 능력을 넘어서는 한계라는 것이 있다. 그러나 나는 내 목표와 계획과 그것을 실천에 옮기는 데에서 최소한의 필요한 노동을 기꺼이 해낼 자세를 가지고 있다. 사람이 산다는 것은 결국 자신의 생각을 실현하기 위해 몸을 움직이고 구체적으로 실천한다는 데에 의미가 있는 것이지, 기계의 버튼을 누르는 데 그 의미가 있는 것은 아닐 것이다.

나는 내가 먹는 음식을 슈퍼마켓에서 사거나 통조림을 이용하거나 식당에서 해결하기보다는 내 손으로 직접 기르고 싶다. 어떠한 문화 수준에서든 인간은 먹는 것에 의해 결정된다. 좀 더 정확하게 말하자면, 인간이라는 유기체는 고체, 액체, 공기, 햇빛, 방열 같은 생존환경의 요소들을 섭취함으로써 만들어지고 유지된다. 이런 섭취물들이 질 좋은 것인 데다 양까지 적당하다면, 그래서 이런 섭취물의 산물인 인간 유기체가 별 고통 없이 정상적으로 제기능을 한다면, 그 결과는 건강이다. 유기체가 고통 없이 정상적으로 안정되게 기능하는 것이 곧 건강 아닌가.

건강은 인간 유기체가 자신이 살고 있는 환경과 얼마나 상호 작용을 하고 있는가를 효과적으로 평가하는 기준이 된다. 이런 점에서 판단컨대, 컴퓨터로 관리되는 미국이라는 자동화 사회는 형편없이 기준에 못 미친다. 미국같이 풍요로운 사회에서 수천만 명의 성인들이 퇴행성 질환을 앓고 있는가 하면, 변비나 불면증, 소화불량, 신경과민 등의 질환을 앓고 있다. 왜 이런 사태가 벌어지는가?

답은 명백하다. 보통의 미국인은 건강이 무엇인지, 혹은 건강을 얻기 위해서는 어떻게 해야 하는지를 알지 못한다. 건강이 나빠진 것 같다 싶으면 의사를 찾아가는데, 이 의사라는 사람들은 병에 대해서는 아는 게 엄청 많지만 건강에 관해서는 자신을 찾아온 환자만큼이나 아는 게 거의 없다. 의사는 '특효약'을 처방하여 환자의 고통을 덜어줄 수는 있지만, 부실한 건강에 따르기 마련인 질병을 예방하지는 못한다. 의사들조차 미국 사회에서 크게 문제가 되는 온갖 질병들을 앓고 있는 것을 보아도 알 수 있듯이, 의사는 본래 건강에는 관심이 없다. 의사의 전문 분야는 질병이다. 만약 세상에 질병이 없다면, 다시 말해 모든 사람이 다 건강하다면, 의사들은 사고로 인한 부상이나 유아기와 노년기의 불가항력적인 질병을 치료하는 것 말고는 할일이 없을 것이다.

기본적으로 현대인들은 건강에 관심이 없다. 병을 앓을 경우에도 잘못된 생활의 결과라고 단정할 뿐, 올바른 삶을 사는 법과 그것이 가져오는 평범한 결과—유기체의 고통 없는 기능—에 대해서는 배울 생각을 하지 않는다. 상황이 이렇게 절망적이다 보니, 우리같이 먹는 것에 까다로운 사람들은 스스로 건강을 관리하고 가능한 한 질병과 의사를 멀리하게 된다.

물론 양심적이면서 의술도 뛰어난 의사들이 있다는 건 나도 알고 있다. 뼈가 부러지거나 갈비뼈에 금이 가거나 눈에 가시가 박히거나 이와 비슷한 불상사를 당하면, 나는 의사 친구를 찾아가고 부러진 뼈를 도로 붙여놓는 그들의 기술을 고맙게 받아들인다. 또한 그들과 건강에 관해 논쟁을 벌이기도 한다. 그들은 내 말이나 질문을 심각하게 받아들이지 않는다. 그리고 그들 가운데 여럿이 때 이르게 세상을 떠난다. 이유인즉 그들이 건강에 대해 거의 혹은 전혀 모르며, 알고 있는 것들조차 실천하지 않기 때문이다.

한 의사는 메인에 있는 우리 농장으로 블루베리를 사러 왔다가 우리가 힘들게 일하는 것을 보고는 우리처럼 나이 든 사람들한테도 그렇게 많은 에너지가 있을 수 있다는 데 놀라워했다. "댁의 주치의가 누구입니까?" 그 의사가 물었다. 우리는 웃으며 주치의가 없고, 주치의가 필요하지도 않다고 말했다. 그 의사는 우리가 채식주의자라는 것을 알고 있었는데, 극히 절제된 우리의 식생활 때문에 우리 몸 어딘가에 틀림없이 이상이 있거나 부족한 것이 있을 거라고 생각했다. 그가 특히 좋아하는 이론은 '사람은 동물성 단백질을 풍부하게 섭취하지 않고는 살 수 없다'였다.

그는 우리더러 우리가 실제로 겉보기처럼 건강한지 알아보게 자기 병원에 와서 종합검진을 받아보라고 했다. 그의 권유대로 병원에 가서 검진을 받은 결과, 우리의 몸은 굉장히 건강한 것으로 밝혀졌다. 우리가 슈퍼마켓에서 팔고 있는 음식물의 섭취를 거부하고 우리만의 소박한 섭생법을 취하는 것이 이렇게 성과를 거두고 있다.

언젠가 동유럽의 한 마을에서 우리를 위한 소규모 환영회가 열려 거기에 참석했던 일이 생각난다. 그때 우리는 그곳 사람들이 정성 들여 준비한 음식들을 거절하느라 못해도 일곱 번은 "아닙니다"를 되풀이해야 했다. 처음에 나온 것은 꼬냑이었다. "고맙습니다만 우리는 술을 마시지 않습니다." 그러자 와인을 마시겠느냐고 했다. "아니요, 됐습니다." "그렇다면 블랙커피라도 한 잔 드시지요." "고맙습니다만 우리는 커피나 차를 마시지 않습니다." "우리가 직접 만든 샌드위치 좀 드시겠습니까?" 그런데 그 샌드위치가 흰 빵에다 고기와 생선을 얹어 만든 것이었기 때문에, 우리는 이번에도 정중하게 거절하고 우리는 채식주의자라고 말했다. 달콤한 초콜릿 쿠키와 자극성이 강한 피클, 후추 등이 식탁에 올라 있었는데, 다들 우리에게는 맞지 않는 음식이었다. 담배가 한 순배 돌았지만, 우리는 이것도 거절했다. 우리는 물, 그것도 광천수를 마시는 것으로 만족했다.

우리를 무례한 손님이라고 생각하는 사람들이 있을 텐데, 사실 우리도 같은 생각이다. 그러나 우리의 기준이 대다수 사람들의 기준과 다르다고 해서 우리가 꼭 다수의 기준을 따라야 할 필요가 있을까? 우리가 세계를 여행할 때는 우리의 정치적 성향보다 식사에 관한 우리의 근본주의가 더 문제가 되는지도 모른다. 우리의 정치적 견해보다 식사법이 공격을 받는 경우가 더 많은데, 그래서 우리가 식사 초대에 응하는 게 과연 잘하는 일인가 하는 의문이 들 때가 종종 있다. 그렇지만 우리가 원칙을 지킨 경우 가운데 재미있는 예도 있었다.

내가 전에 한 번도 가본 적 없는 어느 가정에 초대를 받았을 때의 일이다. 점심 식탁에 큼직한 청어구이가 올라 있었다. 주인이 내 접시에 청어 한 조각을 덜어주었을 때, 나는 미리 알려두지 못해 미안하지만 나는 채식주의자라 생선은 먹지 않는다고 말했다. 주인 부부는 자신들도 고기를 먹지 않는데, 나를 위해 생선을 준비한 것이라고 대꾸했다. 그러면서 하는 말이 자신들은 음식 접대받는 사람을 불편하게 할 정도로 채식을 철저하게 지키지는 못한다고 했다. 내가 예의를 차리기 위해 청어를 먹었더라면, 나와 주인 부부 모두 단지 사회적 격식 때문에 원칙을 잠시 보류할 뻔했던 것이다.

강연을 가면 많은 사람들이 함께 식사하는 만찬에 참석할 때가 종종 있는데, 아무리 풍성하고 정성이 깃들었다 하더라도 나는 소화하기에 좋지 않은 음식들은 거절하고 미리 준비해 온 사과나 오렌지를 꺼내 먹는다. 사실 우리 같은 이단아들은 집을 멀리 떠나거나 격식을 갖춰야 하는 모임에 끼어서는 안 된다. 그러나 우리는 단지 사교를 위해 우리의 몸과 위장을 쓰레기통으로 만들지 않도록 나름대로의 기준을 세워놓았다. 우리는 유해하거나 유독한 음식을 거부한다. 그럴듯한 레스토랑 음식을 앞에 놓고도 우리는 사과와 생수를 택한다.

1920년대 초 랜드 스쿨에서 시사연구 강좌를 맡고 있을 때, 나는 건강과 관련해서 매우 중요한 사실을 발견했다. 초봄의 맑은 날이었다. 나는 오전 내내 책상 앞에 붙어앉아 일을 하느라 여념이 없었다. 어느덧 정오가 되었다. 시간이 그렇게 된 줄 몰랐는데, 시계를 보니 12시 30분이었다. 45분 후에 시사연구 강의를 시작해야 했다. 나는 아침식사를 한 뒤로 아무것도 못 먹은 상태였다. 남은 45분 동안 14번가에 있는 중국 식당으로 달려가 서둘러 점심을 먹을까, 점심은 거르고 유니온 광장으로 나가 30분 정도 햇빛을 쬐며 참새 지저귀는 소리를 들을까?

어릴 때부터 나는 버나르 맥패든의 잡지 《피지컬 컬처》 애독자로 그의 건강처방 — 충분한 운동, 신선한 공기와 햇빛, 간소한 식사, 금식 — 을 신봉해 왔다. 나는 그때까지 집에서나 밖에서나 정해진 시간에 규칙적으로 식사를 해왔다. 그런데 끼니를 거른다면 강의를 제대로 할 수 있을까?

약간의 고민 끝에 나는 점심을 거르고 1시까지 광장에 앉아 햇빛을 쬐었다. 시사연구 강의는 아무 탈없이 진행되었고, 이 일을 계기로 나는 잊을 수 없는 교훈 하나를 얻었다. 인간의 신체가 쓸 수 있는 에너지의 양은 제한되어 있다는 사실을 알게 된 것이다. 양껏 식사를 한 뒤에는 적어도 두세 시간 동안 음식을 소화하는 데 에너지가 소모된다. 의욕이 넘치는 많은 청중을 상대하는 것과 같은 특별한 일에 충분한 양의 에너지가 필요하다면, 식사를 거르는 편이 낫다. 음식을 소화하는 데 에너지를 낭비하지 말고 코앞에 닥친 일에 있는 에너지를 다 쏟은 다음 식사는 나중에 하면 된다.

금식에는 다른 의미가 내포되어 있다. 예를 들어 단식은 미국에서나 다른 나라에서나 저항의 한 형태이다. 헬렌과 나는 추수감사절이나 크리스마스같이 온 국민이 폭식을 하는 날에 자발적으로 먹지 않고 지냄으로써 저항의 수단으로서의 금식을 실천한다. 수억의 인구가 기아에 허덕이며 살아가는 세상에서는 평범한 식사조차도 예의를 벗어나는 행위처럼 보인다. 우리는 일 주일에 하루씩 금식을 한다. 소화기관에 쉴 시간을 주고, 주부에게 휴가를 주고, 우리의 하루를 먹는 것보다 좀더 의미있는 활동으로 채우기 위해서이다. 일요일을 금식일로 삼는 것이 가장 좋다. 아무래도 일요일은 일과가 주중과는 다르고, 많은 사람들이 소화 안 되는 음식들로 배를 과도하게 채우는 날이니 말이다.

금식, 소박한 식사, 운동, 휴식은 수명을 조절하거나 생명을 최대한 활용하기 위한 노력이라 할 수 있을 것이다.

*

오늘날의 미국처럼 컴퓨터로 관리되는 풍요로운 도시 중심의 사회에서 이런 건강 얘기가 올바른 삶과 무슨 관계가 있을까? 하지만 이보다 더 관계가 깊은 것도 없을 것이다. 우리 사회가 시민들에게 건강을 제공할 수 없다면, 그런 사회는 조금이라도 빨리 폐기되고 건강을 제공하는 사회환경으로 대체되는 게 어느 모로 보나 타당하다.

좋았던 옛 시절, 그러니까 풍요와 컴퓨터와 도시의 빈민가가 이토록 널리 퍼지기 전까지만 해도, 내가 알고 있던 도회지와 시골의 모든 가정은 채소밭을 일구고 가축을 기르며, 화학비료를 사용하지 않은 신선한 과일과 채소를 먹었다. 오늘날 슈퍼마켓에서 판매하는 식품에는 반드시 세 가지 특성이 있다. 첫째, 보기에 좋다. 둘째, 소비자들이 그 식품에 관해 모든 것을 알 수 있도록 대대적인 광고와 선전이 행해진다. 셋째, 물건이 팔릴 때까지 슈퍼마켓 진열대에 원래의 모습대로 남아 있을 수 있도록 충분한 가공과정을 거친다. 건강이라는 관점은 그다지 중요하게 여겨지지 않는다.

슈퍼마켓에는 몇 가지 주목할 만한 특색이 있다. 진열되어 있는 상품의 종류가 다양하고 양이 많다는 게 한 가지 예이다. 또한 슈퍼마켓은 도매상과 운송대행사, 보험중개인, 은행가 들에게 슈퍼마켓이 제공하는 이윤을 마음대로 착복할 수 있는 기회를 준다. 누군가가 오늘 슈퍼마켓에서 식품을 10달러 어치 구입한다면, 그 중 4달러 내지 7달러는 이런 패거리들에게 돌아가는 셈이다. 10달러 가운데 식품을 생산한 농민에게 돌아가는 액수는 극히 일부에 지나지 않는다. 다른 사람들과 달리 농민들은 시장에서 두 번 손해를 본다. 한 번은 자신의 농작물을 시장에 넘기면서 손해를 보고, 또 한 번은 자기가 먹을 식료품을 사면서 손해를 보는 것이다. 그러나 대부분의 다른 가정들과 달리, 농민 가정은 이런 상황에 대처하기 위해 직접, 그리고 즉시 뭔가 조치를 취할 수 있다.

보통 가정은 수입의 4분의 1 내지 3분의 1을 식비로 지출한다. 그런데 텃밭을 잘만 가꾸면 적어도 가정에서 소비되는 식품의 4분의 3은 충당할 수 있다. 지혜롭게 계획을 세워 채소와 과일, 견과류를 재배하고 겨울이 몹시 추운 곳에서는 저장법에 조금만 신경을 쓰면 된다. 겨울이 포근한 곳에서는 일년 내내 밭에서 직접 먹을 것을 얻을 수 있다. 추운 지방에서는 바깥 기온 이하로 유지되는 냉장시설이 따로 없어도 땅에 움을 파고 겨울 양식을 저장하면 된다. 그러나 이렇게 식품을 저장했다 먹는 것은 지역 사정에 따른 임시방편이고, 뭐니뭐니 해도 중요한 것은 봄부터 엄동설한까지 농작물을 내는 밭이다.

이런 가정 농사와 관련하여 몇 가지 더 고려할 점이 있다. 시장에서 파는 푸성귀는 양분이 고갈된 땅에서 화학비료로 재배되고 유독성 살충제에 오염되고 가공을 거친 것들인지도 모른다. 하지만 집에서 채소를 기르는 사람들은 건강한 토양에서 독성없이 재배한 자연식품을 먹을 수 있을 뿐 아니라, 시들거나 부패하지 않은 싱싱한 상태로 먹을 수 있다. 아무리 신선한 식품이라도 시장 진열대에 있다 보면 시들거나 부패하는 것을 피할 수 없는데 말이다. 게다가 자신이 가꾸는 밭에 나가 무럭무럭 자라는 채소와 과일과 향기로운 꽃들을 보며 느끼는 미학적 만족감도 간과할 수 없다.

도시의 시장에서는 신선한 식품을 팔 수가 없다. 식품이 생산자 손에서 도시 소비자의 손으로 넘어가기까지 걸리는 시간은 적게는 몇 시간 몇 일에서 많게는 몇 주, 몇 달, 심지어는 몇 년이 되기도 한다. 도시 식품은 싱싱하지 않다. 또한 화학성분에 오염되어 있다. 미국의 화학산업은 현재 식품을 보존하고 식품의 향과 색을 내거나, 식품을 소비자에게 좀더 보기 좋게 만들고, 사업 관계자들에게 이윤이 좀더 많이 돌아가도록 하는 데 사용되는 제품을 3천 가지 정도 생산하고 있다. 이런 화학 제품들 가운데는 역사상 인간이 고안해낸 유독물질 중에서 독성이 가장 강한 것들도 있다. 이런 유독물질들은 일단 사용되면 식품에 계속 남아 식품을 썩지 않고 오랜 시간 동안 시장에서 판매될 수 있게 만든다. 이런 유독물질들은 광범위하게 사용되기 때문에, 슈퍼마켓에서 식품을 사는 사람들은 매일같이 이런 유독물질을 섭취하게 된다.

상황이 이러하니 이성을 가진 사람이라면 누구나 '싱싱하지 못한 식품과 가공식품, 독성물질에 오염된 식품을 피하고 슈퍼마켓에 출입하지 말라'는 간단한 섭생법을 받아들여 따를 것이다. 합리적인 사람이라면 이런 소극적 원칙에 다음과 같은 적극적 원칙을 덧붙일 것이다. '건강과 장수를 위해 유기농 식품 상점의 단골이 되라. 물론 유기농법으로 식품을 직접 길러 먹으면 더 좋다.'

현대적인 도시들이 농촌을 잠식해 들어가는 바람에, 농작물을 재배할 좋은 땅은 점점 줄고 도시 사람들은 어쩔 수 없이 식품을 점점 더 먼 곳에서 들여다 먹게 된다. 대도시나 대도시 근교에서는 소비자가 직접 재배하지 않는 한 신선하고 독성없는 유기농 식품을 구입하기란 불가능하다.

다른 현대화된 나라들의 경우와 마찬가지로 미국에서도 평범한 도시들이 거대도시로 탈바꿈하고 있다. 보스턴과 볼티모어 사이의 대서양 해안을 따라 도시가 개발되고 있다. 몇 년 안에 이 지역에서는 시골이 자취를 감출 것이다. 길이 4백 마일, 폭 25마일에서 1백 마일에 이르는 지역 전체가 개발되어 상업, 공업, 운송, 주거용 공간으로 변할 것이다. 이 지역에서 소비되는 대부분의 상품은 다른 곳에서 생산될 것이다. 이곳에 사는 사람들은 이삼십 층짜리 고층건물에 빽빽이 들어차 살면서 학교와 직장에 다니고 놀 때도 이런 주거지에서 놀아야 하거나, 비싼 땅에 지은 개인주택을 이용해야 할 텐데, 개인주택의 땅값은 너무 비싸서 부자가 아니고서는 세금과 물권비용을 감당할 수 없다.

한정된 지역에 수백만 명이 운집해 사는 곳―도쿄는 1천1백만, 뉴욕과 런던, 파리, 베를린, 모스크바, 상하이, 캘커타는 그보다 몇백 만 적다―에서는 사생활이라는 것이 값을 따질 수 없는 보석이 될 뿐만 아니라, 휴가를 제외한 모든 생활을 소란하고 불쾌하고 육체적·정신적으로 극단적인 압박을 느끼는 조건 속에서 해나가야 한다. 현대의 도시지역에서는 아서 E. 모건이 『작은 공동체』에서 옹호한 것과 같은 공동체를 만나거나 만드는 것이 갈수록 불가능해진다. 그렇기 때문에 인간은 어쩔 수 없이 현대적 거대도시를 받아들이고 적응할 수밖에 없다. 자급농은 이러한 상황에 대한 유일한 대안인지도 모른다.

*

오늘날 미국의 신세대들 중에는 소박하고 창조적이며 협동적인 삶의 길을 찾는 사람들의 수가 늘고 있다. 여러 해에 걸쳐서 많은 사람들, 특히 젊은 부부들이 우리에게 자급농의 의미를 물어왔다. 초기에는 답이 쉽고 명쾌했다. 기술과 연장과 가족과 가축이 있으면 사람이 살지 않는 곳으로 이주해 소유권을 주장하고, 직접 집을 지은 다음 자신과 가족의 노동에 의지해 살아갈 준비를 하면 되었다. 자급농을 하는 사람들은 자기에게 필요한 것을 생산하고 자기가 생산한 것을 소비함으로써 절약경제 혹은 자급자족경제를 실천했다. 농사를 짓는 것으로 충당되지 않는 물품이나 용역은 물물교환이나 품앗이로, 혹은 현금으로 해결해야 하는데, 현금은 손에 넣기가 쉽지 않았다. 그래서 추수나 헛간 세우기, 집짓기 같은 큰 일이 있을 때는, 두레를 조직해 이웃들의 노동력을 공동으로 이용했다.

오늘날 자급농을 하는 사람들은 생활에 필요한 것들 가운데 가능한 한 많은 부분을 가족들의 노동으로 해결하고자 한다. 이들은 절약경제를 지향한다. 고도로 발전한 나라의 시골지역에서 자급농은 첫째는 생계수단으로, 둘째는 도시와 도시 근교의 짜증스런 '다람쥐 쳇바퀴 생활'에 대한 대안으로 각광받고 있다.

자급농이 개별 가정을 지나치게 중요시하고 더 큰 사회집단을 간과하는 탓에 이상적인 삶의 방식이라 할 수 없다는 주장도 상당히 설득력이 있다. 더 큰 사회집단으로부터의 고립이 서구 문명에서 다른 대안 사회로 전환하는 과정에서 자급농에게 부과되는 형벌이라면, 자급농은 이러한 전환기에 열성적인 지지자들을 끌어모으는 현실적인 수단을 제공할지도 모른다.

'과도기'는 시간이라는 요소만 놓고 보면 신축성이 있는 시기이다. 사회변화의 시기는 한 달이 될 수도 있고, 1년, 10년, 혹은 한 세기가 될 수도 있다. 고전 문명과 서구 문명 사이에는 몇 세기에 걸친 침체와 상대적 고립의 시기—암흑시대—가 있었다. 서구 문명이 새로운 문화로 이행하는 데는 이보다 더 오랜 시간이 걸릴지도 모른다. 만약 그렇다면, 자급농은 폭풍우가 몰아치는 위험한 바닷속의 안전지대가 될 수도 있다.

이행과정의 어떤 단계에서나 개인은 부분적으로든 전면적으로든 낡은 사회에서 물러나 새로운 사회에서 살아갈 준비를 할 수 있다. 낡은 체제 내부에서 의도적 공동체에 합류해 협동적인 삶을 살되 이념적으로나 사회적으로는 낡은 체제와 결별하는 것도 한 가지 방법이다. 이 방법은 낡은 사회질서에 만족하지 못해 새로운 사회를 조직하고 싶어하는 개인들에 의해 누차 시도되어 왔다. 이러한 시도는 고대에도 있었다. 지난 2백 년 동안에도 이런 시도가 빈번하게 행해졌다. 오늘날에는 주로 젊은 이상주의자와 반항아들로 이루어진 국제적인 공동체들이 미국과 캐나다의 여러 지역에서 생겨나고 있다.

의도적 공동체란 무엇인가? 그것은 기존 사회질서로부터 완전히 벗어난 이상에 가까운 생활양식을 추구하는 사람들의 모임이다. 혼란의 시기에 이런 공동체들은 사회 패턴의 변화에 수반되는 무질서와 황폐함에 유린당하고 불안해하는 예민한 사람들을 끌어들여 보듬는다.

종교 분파들이 설립한 공동체들은 구성원들의 규율을 유지하고 내핍과 자기 절제의 생활을 추구하는 것이 아무래도 수월한 탓에 눈에 띄는 성공을 거두어왔다. 중세의 수도원과 수녀원들이 바로 이런 공동체였다. 윌리엄 펜, 볼티모어 경 같은 청교도들이 북아메리카의 북대서양 연안을 따라 설립한 이주민 식민지들도 이런 공동체의 예라 할 수 있다.

의도적 공동체의 존재는 기존 사회질서에 대한 불만의 표현이자 기존 사회보다 많은 사람들에게 좀더 가치있는 삶을 제공할 수 있는 대안을 찾으려는 시도였다. 의도적 공동체들은 실제로 기존 사회질서에 대한 불만의 표현이자 사회를 개선하려는 창조적인 시도이다.

첫 회 할부금을 지불하고 모든 것이 셀로판에 싸여 있는 획일화된 도시 근교 천국으로 옮겨가고 싶어하는 오늘날의 미국 젊은이들은 이상주의적 공동체에 관심이 없지만, 공동체를 지향하는 쪽으로 마음을 돌리는 이들이 날로 증가하고 있다. 이들은 서구 문명에서 벗어나 멀리 떠날 길을 찾고 있다. 혐오감과 거부감이라는 새로운 요소가 나타났다. 이들은 베트남전쟁에 반대하고 시민운동에 참여했으며, 1960년대에 분출한 흑인들의 지위향상운동과 학생운동을 강력하게 추진했다.

젊은 세대는 갈수록 기성사회에 순응하기를 거부하고 있다. 미국에 살고 있는 2천만 흑인들이 극심한 차별을 당하고, 수백만 명이 악취가 진동하는 빈민가로 내몰리고, 기계화와 자동화로 인해 수많은 사람들의 노동이 존중되지 못하고, 수백만 명의 고등학교, 대학교 졸업자들이 실업자로 전락하거나 장래성 없는 직업에 매달리고 있는 마당에 말로만 '자유'와 '민주'를 떠들어대는 기성사회는 젊은 세대들에게 분노와 적대감을 불러일으켰다. 성난 젊은이들의 분노와 항의의 물결이 전국을 휩쓸기 시작했다. 1950년대만 해도 이들의 저항은 수동적이었다. 그러나 1960년대 들어서 이들의 저항은 대중시위와 군복무의 거부, 탈영, 도시에서의 폭동, 학내 공개시위를 비롯하여 직접적인 형태로 변했다.

우리가 지난 20년 간 만나본 자급농들 중에서 주목할 만한 이들은 전통적인 미국적 생활방식의 어리석음과 공허함에 질려 좀더 소박한 새로운 생활방식을 찾고자 하는 젊은 부부들이다. 그들은 기술도 경험도 일천한 데다 대개는 어린 자녀들까지 있다. 그들 중 상당수가 문명사회의 온갖 이기를 갖춘 집안에서 나고 자란 사람들이다. 그들이 자연과 접해 본 경험이라고는 여가를 즐길 때뿐이었지, 장기간 고된 육체노동에 자신을 단련시켜 본 적은 없다. 그러나 이들은 자신에게 필요한 것을 스스로 해결할 수 있는 새로운 삶의 방식에 도전하겠다는 열성을 지니고 있다.

상품 생산과 강압적인 판매는 재능있는 수많은 사람들을 자연과 사회의 모든 창조적 과정 밖에 서 있는 구경꾼으로 만들고, 그들에게 자기 자신의 창조적 충동이 움츠러들고 사그라진다는 느낌을 갖게 한다. 이제 이윤을 위한 사업이라는 명목으로 그들을 옭아맸던 사슬을 끊어내고 다시 한 번 창조적 노력이라는 신선한 공기를 호흡할 때가 되었다.

경제가 자급자족에 가까워질수록 의존적 생활로 퇴보할 위험은 적어지고, 기쁨과 발전과 충족감을 맛보게 될 개연성은 커진다.

인간이 자연의 리듬에 가깝게 살면 살수록 안정감과 평온, 삶과의 일체감은 커진다. 자연의 리듬을 따를 때 인간은 학교에서 배우는 것보다 더 많은 것을 얻을 수 있다. 자연의 리듬은 발육과 성장을 자극하고, 개개인을 어머니 대지에 든든하게 결합시킨다.

우리는 삶에 대한 몇 가지 합리적인 접근법을 가지고 있지만, 이것에 찬성하는 사람들을 발견하기란 좀처럼 쉬운 일이 아니다. 우리가 말하는 '사람에 대한 합리적 접근법'이란 다음과 같은 것들이다.

- 절제와 질서에 바탕을 둔 개인생활, 동물과 인간을 막론하고 모든 생명체가 '서로 돕고 사는' 태도를 갖는 것, 즉 생명을 존중하고 따라서 전쟁으로 사람을 죽이거나 먹기 위해 동물을 죽이지 말 것.
- 절약을 위한 계획경제, 전쟁 없는 세상, 그리고 파괴적인 도구를 대량생산하지 않는 세상, 우리의 몸이나 땅을 독으로 물들이지 않는 유기농법, 신체적·정서적·정신적·제도적 차원에서 인간과 자연의 합일을 인식할 것.
- 계획과 목표와 방향의 보편성을 획득할 것.

이런 개념들 가운데 한두 가지씩을 따르는 사람들은 많지만, 전부를 받아들이는 사람은 찾아보기 어렵다. 자의식이 있는 이성적인 사람이라면 가능한 한 많은 영역에서 양심적이고 합리적으로 살아야 한다는 게 우리에게는 공리와도 같다.

*

 뉴잉글랜드에서의 자급농은 몇십 년 동안 우리에게 일상생활의 즐거움을 맛보게 하고 건강을 유지하게 해주었으며, 우리의 체력과 구미에 맞는 허드렛일과 함께 풍족하지는 않지만 그래도 일년 내내 먹을 것과 잠잘 곳을 제공해 주고, 농장에 들어가는 비용을 충당하고도 소액의 현금을 손에 쥐게 해주었다. 우리가 교육활동을 병행할 수 있도록 충분한 자유시간을 주었을 뿐 아니라, 수많은 손님들이 우리의 생활을 직접 보고 잠시나마 그것을 함께할 수 있게 해주었으며 그 중 상당히 많은 사람들이 돌아가서 우리와 같은 삶을 살도록 이끌어주었다.

 이렇게 자급농 생활의 경험은 우리 나름대로 사회봉사를 할 수 있도록 충분한 기회를 제공해 준 것은 물론이고 개인적인 살림살이에도 눈에 보이는 대가를 제공해 주었다. 더욱이 일반적인 경우 같으면 은퇴할 나이가 지났지만 아직도 건강한 삶이 보장되고 생계를 위해 다른 사람들과 생각이나 시간, 에너지를 교환하는 것이 가능하다.

 세계대전이 계속되고 미국적 삶의 방식에 젖어들어감에 따라, 자급농은 서구 문명의 틈바구니에서도 남에게 해를 끼치지 않으면서 조용하고 소박하게 살기를 원하는 사람들에게 점점 중요한 생활방식이 되어가고 있다. 과학기술이 한 단계씩 발전할 때마다 생사를 건 세번째 전투를 치르게 될 시기가 가까워진다고 볼 때, 제대로 자리잡은 자급농은 피난처이자 천국이자 안전지대이며, 건강한 삶을 가장 확실하게 보장해 주는 보증수표 같은 것이다.

우리의 시골생활은 상아탑에 은거하는 것과는 다르다. 우리의 시골생활은 미친 세상에서 제정신을 갖고 사는 삶의 한 예이자 본보기이다. 시골생활은 사회와 접촉하는 것 못지 않게 중요한 자연과의 접촉방법이다. 시골생활은 이 폭력적인 세상에서 남에게 해를 끼치지 않고 살 수 있게 해준다. 시골생활은 기존 사회질서의 한 부분을 대신할 수 있는 바람직하고 흔치 않은 대안이며 비정상적인 정치에서 벗어날 수 있는 피난처이다. 또한 시골생활은 활동적인 사람들이 만년을 보내기에 더없이 좋은 조건이기도 하다. (동양적 인생관에 의하면 가장의 시대가 지나면 은자의 시대가 온다고 한다.) 현자나 성숙한 인간이 자신의 직업과 취미에 종사할 수 있는 기회를 제공하는 것이 시골생활이다. 문명의 유혹과 천박함을 간파하고 이 험난한 세상에서 자존심과 품위를 지키며 온전한 정신으로 살아갈 길을 찾는 젊은이들의 수가 점점 늘고 있는데, 시골생활은 이런 젊은이들을 위한 삶의 방식이기도 하다.

제3부

새벽 여명

여명을 기다리며

한국전쟁이 진행중이던 1953년, 나는 일흔 살이었다. 내 마음은 훌륭한 드라마를 지켜보는 느긋한 구경꾼의 심정이었다. 나는 이미 무대 위에서 내가 맡은 역할을 다했다. 이제 내 자리를 객석으로 옮겨 동료 배우들이 자기 역할을 해내는 모습을 지켜볼 때였다. 어쩌면 내가 여기저기에서 큐 사인을 주거나 대본에 새로운 대사를 끼워넣을 수 있을지도 모르지만, 내 작품은 좋든 나쁘든 보통이든 이미 완성되었다.

이렇게 홀가분하고 편안한 기분에 젖어 있던 어느 날, 내 안에서 나를 흔드는 소리가 들려왔다.

"자네 일손을 놓고 있구만. 자네는 앞으로 20년은 더 활동해야 해. 그게 자네 과제야. 흐트러진 생각을 추스르고 연장을 주워모아 다시 일을 시작하게."

언제나처럼 나는 이렇게 내 안에서 우러나오는 제안에 따랐다. 일흔 나이에 활동을 재개한다는 것이 좀 무리인 것 같았지만 망설이지 않았다. 아내와 나는 19년 동안 일하며 살았던 버몬트를 떠났다. 버몬트에 있다 보니 점점 단풍사탕 사업에 휘말리게 되고, 관광객과 휴양객, 스키 타는 사람들이 밀려드는 바람에 주위가 무척 소란해졌다. 그래서 버몬트를 떠나 메인 주 바닷가에 있는 조용한 외딴곳으로 거처를 옮겼다. 환경이 바뀌고 나니 공부하고 여행하고 글쓰고 기회가 되면 가르치는 것도 가능하겠다는 느낌이 들었다.

나는 은퇴하여 안락한 휴식을 즐기는 대신 평상시의 일로 돌아가 내 인생의 어느 시기 못지 않게 활동적이고 생산적인 시간을 보냈다. 집단자살을 향해 치닫는 인류의 전반적인 흐름을 막거나 적어도 늦추는 데 20년을 바친 것이다.

1953년 이후 20년 동안 나는 북아메리카를 횡단, 재횡단하고 대서양과 태평양을 건너갔다 왔고 중앙아메리카와 남아메리카를 몇 차례 방문했으며, 강연을 하고 《먼슬리 리뷰》에 세계적 사건들에 관한 기사를 쓰고, 사회의 위기를 다룬 책을 쓰고 팜플렛을 만들었다.

내가 미국을 두루 여행하기 시작한 것은 1904~1905년의 일인데, 그때는 여행 기간과 거리가 짧았다. 그런데 1950년대에는 '오늘날의 미국은 과연 어떤 나라인가?' 하는 물음에 대한 답을 찾고자 미국의 모든 주들을 찾아다녔다. 아내와 나는 이런 연구나 강연을 위해 자동차로 5만 마일 이상을 달렸다.

우리는 메인 주 농장에 살기 시작한 뒤로 해마다 농번기에는 먹을 양식을 기르고 저장하고, 장작을 패어 창고에 쌓고, 부속 건물을 짓거나 수리하면서 보냈다. 그리고 10월이나 11월 초에는 스테이션 왜건에 최소한의 소지품과 7백 파운드에서 1천 파운드 가량의 책과 팜플렛, 잡지, 전단을 실었다. 이 정도로도 인쇄물이 부족한 경우에는 사람들이 가장 많이 찾을 것 같은 인쇄물을 포장하고 화물표를 붙여 우리가 갈 곳에다 우편으로 부쳤다.

강연여행의 절차는 간단했다. 5개월 간의 여행을 지역별로 강연 날짜만 정하는 식으로 해서 대략의 계획을 짠다. 예를 들어, 메인 주에서 남쪽의 플로리다로, 플로리다에서 서쪽에 있는 텍사스를 거쳐 캘리포니아로, 캘리포니아에서 북쪽의 워싱턴과 브리티스 컬럼비아로, 여기에서 다시 동쪽의 아이다호와 몬태나, 다코타, 미네소타를 거치거나 콜로라도와 유타, 대초원 지대를 거쳐 세인트루이스나 시카고로, 그리고 나서 다시 메인 주로 돌아오는 식이다. 아니면 처음에 메인 주에서 북동쪽으로 가서 남쪽과 동쪽으로 내려오기도 한다. 이런 식으로 대여섯 차례 여행을 하는 동안 미국의 모든 주를 하나도 빼놓지 않고 다 돌았다.

1950년대에는 전국 각지에 산재한 활발한 공개토론회들이 있었다. 일부는 교회나 종교단체, 자유사상센터들에서 주관하는 토론회이고 일부는 비종교단체에서 주관하는 토론회였다. 이렇게 날짜가 정해져 있는 강연회 사이사이에 우리와 개인적 교분이 있는 사람이나 《먼슬리 리뷰》 독자들이 모임을 마련했다. 댈러스나 덴버같이 인구가 많은 도시에서 집회가 마련되지 못하는 경우에는 우리가 우리의 인명부나 《먼슬리 리뷰》 구독자들 명단에서 임의로 이름을 골라 미리 편지로 그들을 방문해 그들이 사는 지역의 상황에 대해 얘기를 들어도 되겠느냐고 물었다. 우리는 개인주택에 묵은 적이 여러 차례 있는데, 이런 기회를 통해 현지인들과 금세 친밀한 관계를 맺곤 했다. 공개집회가 되었든 소규모 모임이 되었든 우리는 가는 곳마다 상당량의 책과 인쇄물을 팔거나 돌릴 수 있었다.

석 달에서 다섯 달까지 계속되는 이런 여행은 여간 힘이 드는 게 아니었다. 매일 몇백 마일씩 운전을 하는 것은 고역이었다. 일정에 맞추느라 길을 찾아 헤매고(특히 밤에 낯선 곳에서) 차들로 꽉 막힌 길을 겨우겨우 헤치고 목적지에 도착하여 집회를 개최하고 밤늦게야 잠자리에 드는 생활을 되풀이하자면, 엄청난 에너지와 조직력과 인내심이 필요했다. 하지만 이렇게 고생을 하는 만큼 보람도 있었다. 우리는 새로운 사람들을 만나고, 옛 친구들을 되찾고, 각양각색의 남녀와 개인적으로나 공개적으로나 많은 이야기를 나누었다. 해마다 우리는 미국에 관해 많은 것을 직접 눈으로 확인하며 배울 수 있었다.

우리는 이런 여행을 통해 얻게 된 미국에 대한 인상과 결론을 『오늘의 미국』이라는 책에 담았는데, 이 책은 미국에서 꽤 널리 배포되었고, 러시아어, 중국어, 힌두어, 일본어로 번역되기도 했다.

나는 1911년부터 이따금 유럽을 방문했다. 1920년 이후에는 좀더 자주 유럽을 드나들었다. 1950년대에는 2년에 한 차례씩은 외국에서 보내는 것을 당연하게 여기게 되었다. 처음에는 이런저런 몇 가지 생각이 나를 유럽으로 이끌었다.

1천 년 동안 유럽은 서구 문명의 중심지였다. 서양의 사상과 관념들은 유럽에서 싹이 트거나 전개되었고, 국가의 보호 아래 현실에서 시험을 치렀다. 따라서 문명을 연구하는 사람이라면 자기 인생의 상당 부분을 현 문명의 발상지인 유럽에서 직접 관찰하고 조사하는 데 바치는 게 당연했다.

유럽의 도서관과 박물관에는 잘 정리되고 분류된 기록들이 보관되어 있었는데, 나는 대영박물관과 파리의 국립도서관, 베를린 국립도서관, 킬의 세계경제연구소 등에서 몇 달 간 계속 연구작업을 하곤 했다.

미국의 사회주의자들은 유럽의 사회주의자들과 마찬가지로, 자본주의가 성숙과 쇠퇴의 단계를 거쳐 사회주의 사회로 대체될 것이라고 생각했다. 그렇기 때문에 유럽은 사회발전의 이런 혁명적 양상에 관심 있는 사람에게는 특별관람석이나 다름없었다. 유럽은 자본주의의 고향일 뿐 아니라 현대적 노동운동과 현대적 협동운동, 그리고 현재의 사회주의·공산주의 정치운동의 태동지이기도 했다. 따라서 유럽에 있는 미국 사회주의자가 진짜 보고 싶은 것은 소멸해 가는 독점자본주의의 임종 장면이 아니라 신생 사회주의공화국들이 유럽 무대에 등장하는 장면이었다.

서유럽 방문객은 몰락의 마지막 단계에 접어든 자본주의를 볼 수 있었으며, 동쪽으로 몇 마일만 가면 이제 막 건설중에 있는 사회주의를 볼 수 있었다. 이렇듯 유럽은 광대한 사회학 실험실로서, 그 안에서 몇억의 사람들이 유럽의 앞날에 심대한 영향을 미치게 되어 있는 사회적 실험을 수행하고 있었다. 그

실험은 정도는 덜하지만 온 인류의 앞날에도 필연적으로 영향을 미치게 되어 있었다.

유럽에서는 다섯 가지 대규모 사회적 실험이 나란히 진행되고 있었다. 첫째는 가장 공식적인 실험으로, 유럽을 자유시장 경제로 되돌려놓으려는 시도였다. 이 실험은 경제적으로는 워싱턴으로부터 재정을 지원받는 마샬 플랜과 정치적으로는 미국이 조직하고 주도하는 북대서양조약기구 아래서 단행되고 있었다. 둘째는 독일과 이탈리아의 지도 아래 유럽 자본주의에 파시즘을 접목시키려는 실험이었다. 셋째는 스칸디나비아가 주도하는 복지국가형 자본주의 개혁 실험이었다. 넷째는 소련이 선도하는 유럽식 사회주의 실험이었다. 다섯째는 모두 실패로 끝나고 말았지만, 중앙유럽연방을 탄생시키기 위한 다양한 시도들이 있었다.

나는 유럽에서 19세기의 독점자본주의가 복원될 수 있다고는 전혀 생각하지 않았다. 내가 유럽이라는 사회 실험실에서 연구한 어떤 하나의 실험이나 다른 네 가지 실험의 조합이 과연 5억 유럽인과 30억의 다른 대륙 사람들에게 서구 문명을 옥죄고 있는 전반적인 사회위기에서 벗어날 수 있는 길을 제공할 것인가? 이것은 인류가 1870년 이후 한 세기 동안 맞닥뜨린 물음이었다. 또한 이것은 전쟁과 혁명과 제국주의와 문명에 관한 내 연구를 관통하는 물음이기도 했다.

이 물음에 대한 답을 찾는 과정에서 나는 지난 30년 동안 유럽 대륙에 있는 중요한 자본주의 국가들과 러시아에서 알바니에 이르는 유럽의 사회주의 국가를 모두 방문했다. 이런 접촉을 통해 나는 미국의 발전상을 유럽 자본주의 국가들의 발전상과 비교, 대조할 수 있었다.

카스트로가 서반구에서 권력을 독점하고 있는 워싱턴에 도전하는 데 보기좋게 성공한 것에 고무되어, 나는 라틴아메리카의 여러 지역과 쿠바를 몇 차례 다녀왔다. 나는 이 지역에 대해 별로 아는 게 없었다. 『달러 외교』를 집필하기 위해 자료를 수집하면서 탐피코 인근에서 발견된 유전(油田)을 둘러싸고 벌어진 분쟁에 대한 기록을 조사하기 위해 멕시코에 두 번 다녀온 게 전부였다. 그것도 카스트로가 이끈 쿠바혁명이 있기 30년 전인 1926년의 일이었다. 나는 1960~1961년에 다시 쿠바를 방문했는데, 이 섬에서 진행되고 있는 변화의 정도가 상당히 인상적이었다.

동시에 나는 라틴아메리카 식민정책에 점진주의 원칙들을 적용하고 합헌, 합법적인 수단과 정치적인 수단들을 동원하여 영국의 직할 식민지인 가이아나에서 사회주의 건설에 착수하려는 체디 제이건의 노력에 관심을 갖게 되었다. 나는 가이아나를 두 차례 방문하여 인민진보당이 폭넓은 지지를 얻고 있는 데 주목했다. 제이건 박사는 신념있는 사회주의자였다. 그는 정치체제의 한 형태로서의 민주주의를 믿었고, 대부분이 문맹인 선거민들의 교육을 통해 합법적, 점진적으로 가이아나에 사회주의를 건설하는 데 전심전력으로 헌신하고 있었다. 카리브해 지역에서 일고 있던 제이건 운동과 카스트로 운동은 방식은 서로 대조를 이루지만 나란히 발전해 가고 있었다.

조지타운(가이아나의 수도)을 두번째 방문했을 때, 나는 체디와 다른 진보당 지도자들이 조직하고 있던 민중집회에 체디와 함께 여러 차례 참석했다. 당시 제이건 박사는 가이아나 정부의 국무총리였다. 그의 선거권자들은 대부분 사탕농장에 노동력을 제공하기 위해 가이아나로 끌려온 원주민 연한계약노동자들의 후손이었다.

제이건 박사는 세 번 연속 선거에서 승리하여 세 차례나 가이아나 행정부를 대표할 만큼 많은 지지자를 확보해 놓고 있었다. 그러나 결국은 워싱턴과 런던이 공작하고 CIA가 미국노동총연맹 산업별노동조합회의를 통해 재정을 지원한 정치음모에 휘말려 패하고 말았다.

나는 베네수엘라를 세 번 다녀왔는데, 베네수엘라는 사실상 록펠러가의 사유지였다. 베네수엘라는 원유가 풍부하게 매장되어 있어 그 중요성이 강조되고 있는 곳이다. 석유로 돈을 번 백만장자들과 극빈자들이 공존하고 있는 현대적 도시인 카라카스는 대단히 멋있는 대학 캠퍼스를 자랑으로 삼고 있었다. 1960년 두번째로 그곳을 방문했을 때 나는 그 캠퍼스에서 열린 학생집회에서 연설을 했다. 주제는 「확장 일로에 있는 미제국」이었다. 당시에는 학생들의 불안감이 무르익을 대로 익은 데다 강연 주제가 워낙 도발적이었기 때문에, 강연장은 학생들로 발 디딜 틈도 없었고 미처 입장하지 못한 사람들은 강연장 밖에 서서 문과 창문을 통해 안을 들여다보고 있었다. 나는 커다란 칠판에 영어와 스페인어로 강연 요점을 자세히 적어놓고, 워싱턴이 라틴아메리카에서 권력을 독점하는 원인이 되었던 1823년의 먼로 독트린에서부터 차근차근 얘기를 풀어갔다.

강연이 끝난 뒤 그 대학 경제학과 학과장의 사회로 격렬한 토론이 이어졌다. 질의시간에 객석에 있던 한 청년이 흠잡을 데 없는 완벽한 영어로 말했다.

"선생님께서는 지금까지 미제국이 세력을 확장해 온 과정을 상세히 설명하셨습니다. 끝날 시간이 다 되었는데 이런 질문을 하는 게 온당치는 않지만, 그에 대한 해결책을 두 단어로 제시할 수 있으십니까?"

"물론입니다."

나는 답변을 시작했다.

"그 두 단어는 바로 '사회혁명'입니다."

나는 '사회혁명'이라는 두 단어를 조용히, 그러나 천천히 똑똑하게 발음했다.

나는 "다시 말해 사회의 목표와 제도를 급진적으로 변모시키는 것입니다"라는 말을 덧붙일 참이었다. 그러나 학생들이 내 말을 가로막았다. 내 답변은 가솔린이 든 깡통 속에 불꽃을 던져넣은 격이었다.

일대 혼란이 야기되었다. 학생들은 발로 바닥을 구르고 박수를 치고 함성을 내질렀다.

나는 화들짝 놀라서, 무슨 일인지 설명을 해달라는 뜻으로 사회자를 건너다보았다. 사회자는 불쾌하고 당황스러운 표정

제3부 새벽 여명 423

이었다. 집회는 절정에 이르렀다. 얼마 후 학생들은 대단히 흥분한 상태에서 흩어졌다.

2년 뒤 다시 카라카스에 갔다. 그곳 학계에 있는 친구들이 대학에서 강연을 해달라며 공항으로 마중을 나오겠다고 편지를 보내왔다. 그들은 약속을 지켰지만, 나는 공항 경찰서로 끌려가느라 그들을 먼발치에서밖에 볼 수 없었다.

세관원들은 관례적인 검사를 하는 과정에서 내가 집을 나오기 전 헬렌이 가방에 넣어준 사과 몇 알을 발견했다. 사과는 압수당했다. 검사관이 내 서류가방에서 전단 몇 장(나는 전단 뒷면을 메모지로 사용했다)을 찾아내자 경찰은 그것에 큰 관심을 보였다. 세관원은 화를 내며 그 전단들을 쓰레기통에 처넣더니, 마음이 바뀌었는지 도로 전단을 꺼내 조심스럽게 한쪽으로 치워놓았다. 그것은 내가 지난해 뉴욕 시에서 했던 일련의 강연을 알리는 전단이었다. 강연 주제는 '사회주의의 세기'였다. 세관원이 다음에 찾아낸 것은 '워싱턴 D.C. 소련사회주의공화국 대사관 출판부'라는 발신인 주소가 적힌 마닐라지 봉투 몇 장이었다. 나는 이 튼튼한 봉투들을 메모지를 담는 데 사용해 왔다. 세관원은 또 중도좌파 잡지인 《네이션》과 《가디언》 몇 부와 표지마다 '독립 사회주의 잡지'라는 글귀가 인쇄되어 있는 《먼슬리 리뷰》 최근 다섯 호를 발견했다.

고지식하게 이런 자료를 베네수엘라로 가지고 간 게 잘못이었다. 그걸 보고 경찰이 흥분하지 않을 리가 없었다. 그들은 나를 공항 본관에 있는 경찰서로 끌고가더니, 내 옷가방과 서류가방에서 모든 것을 꺼내놓고 본격적으로 조사에 착수했다. 그들은 내 몸을 철저하게 수색하고, 주머니에 든 것들까지 모두 꺼냈다. 그들은 내가 과일을 깎기 위해 늘 지니고 다니는 작은 주머니칼을 압수하고 내 여권과 비행기표를 챙긴 뒤, 짐가방과 나를 경찰차에 우겨넣고 좌석들 사이의 바닥에 스텐 경기관총 한 자루를 내려놓고서 카라카스로 차를 몰았다.

지난번 베네수엘라에 왔을 때는 공항에서 나올 때 8달러를 주고 택시를 타야 했지만, 이번에는 적어도 차비는 들지 않았다. 경찰의 에스코트는 보통 귀빈들에게만 제공된다. 나는 귀빈이 아닌데도, 베네수엘라에 머물렀던 22시간 내내 베네수엘라 경찰의 에스코트를 받았다.

우리의 목적지는 비밀경찰 본부였다. 그곳에서 조사가 처음부터 다시 시작되었다. 그들은 내 비누상자 속을 들여다보고, 구두약통을 열어보고, 작은 손전등 안에 혹시 뭐가 숨겨져 있는지 보려고 손전등에서 건전지를 꺼내기도 했다. 처음에는 내가 보는 앞에서 서류가방과 문서들을 조사하더니, 나중에 다른 방으로 가지고 가 한 시간 정도 더 조사했다. 세 시간에 걸친 조사와 심문이 끝나고 오후 6시쯤 되었을 때, 안토니오 라미레즈라는 경감이 나를 자기 사무실로 데리고 갔다.

"당신은 베네수엘라 체류허가를 받을 수 없습니다." 경감이 말했다. "당신의 비행기표를 보니 다음 행선지가 콜롬비아의 바란킬라더군요. 바란킬라행 첫 비행기는 내일 오전 11시 45분에 출발합니다. 우리가 당신을 위해 그 비행기를 예약해 놓겠습니다. 오늘밤은 마쿠토 호텔을 잡아드릴 테니 거기서 지내십시오."

호텔에서 나는 욕실이 딸린 호화로운 2인실을 배정받았다. 그리고 8시 30분에 경찰 두 명과 함께 바다가 내려다보이는 테이블에서 저녁을 먹었다. 우리는(경찰 한 명과 내가 각각 침대 하나씩을 차지하고) 일찌감치 잠자리에 들었다.

내가 공항의 수하물 임시보관소에서 경찰에 넘겨질 때부터 22시간 후 공항을 떠날 때까지, 경찰의 감시인이 한순간도 내 곁을 떠나지 않았다. 나랑 호텔방을 같이 쓴 감시인은 베네수엘라 시골 출신의 총명한 젊은이였다. 그는 내가 스페인어를 더듬거리는 정도만큼 귀동냥으로 배운 영어를 더듬거릴 줄 알았다. 그래서 우리는 저녁을 먹으며 꽤 가까워졌는데, 우리가 서로 의사를 전달하려고 서툰 영어, 서툰 스페인어로 안간힘을 쓰는 모습을 보며 또 다른 감시인이 웃음을 터뜨리곤 했다.

호텔방으로 돌아오기 전에, 내 파트너와 나는 해안을 산책했다. 찬란하게 별이 빛나는 밤, 카리브 해 위로 불어오는 상쾌한 바람이 낮의 열기를 식혀주었다. 호텔에 거의 다 왔을 즈음, 젊은 경찰관이 진지한 목소리로 나지막이 말했다.

"우리와 함께 베네수엘라에 더 계시지 못하게 되어 서운하군요."

나는 스페인어로 "그래요, 나로서도 유감입니다" 하고 대꾸했다.

우리는 호텔 현관 앞에 있었다. 열쇠를 받아가지고 방으로 들어갔다. 그때부터는 우리는 둘 다 아무 말도 하지 않았다.

다음날 비행가 나를 내려놓은 바란킬라에서는 아무 문제없이 세관을 통과해 호텔에 방을 잡았다. 막 샤워를 끝내고 나오는데, 문을 두드리는 소리가 났다. 제복을 입은 두 남자가 나에게 입국관리소 신분증을 제시하더니, 어서 옷을 입고 자기들과 함께 콜롬비아 비밀경찰 본부로 가자고 무뚝뚝하게 말했다. 나는 그곳에 가서 또다시 조사를 받았다. 콜롬비아 경찰은 카라카스로부터 연락을 받고 공항에서 나를 기다리고 있었으나 놓친 모양이었다. 공항 청사를 나와 이 나라에 처음 발을 딛는 순간부터 나는 요주의 외국인으로 찍힌 것이다.

나는 입국관리소 소장에게 내가 체포당한 상태이냐고 물었다. 그는 "아니오, 그저 구금상태에 있는 것뿐입니다" 하고 대답했다. 구금은 나흘 간 계속되었다. 이 기간을 나는 바란킬라 비밀경찰 에디피치오의 유치장 독방에서 일거수 일투족을 감시당하며 지냈다.

이 기간중 미국 영사가 면회를 와, 내가 추방당하기로 되어 있다고 설명했다. 입국관리소 소장과 미국 영사와 팬 아메리칸 항공사(나는 여행할 때 이 항공사를 이용하고 있었다)의 현지 간부들이 나의 왕복표를 취소하고 나를 첫 비행기에 태워 뉴욕으로 돌려보냈다. 뉴욕행 항공요금도 내가 지불해야 했다.

비행기는 카라카스에 들러 30분 간 쉬었다. 나는 통과하는 승객일 뿐이었는데도 또다시 공항 경찰에게 붙잡혀 그들의 사무실로 끌려갔다.

"내 짐이 저 비행기에 있소이다. 짐을 내려주든지 나를 비행기로 보내주시오" 하고 항의하자, 그들은 이륙 직전에야 나를 비행기로 돌려보냈다.

뉴욕에 도착하여 나는 변호사인 친구 데이브 프리드먼을 찾아갔다. 그 친구 말이 추방과 비행기표 압수는 납치와 사유재산 몰수에 해당하지만, 언제 끝날지 모르는 기나긴 법정 소송을 원하지 않는 한 내가 할 수 있는 일이란 별로 없다는 것이었다. 나는 배릭 항공사로 가서 다시 남아메리카 왕복 항공권을 구입했다. 이번에는 카라카스를 거치지 않고 곧장 리우데자네이루로 갔다. 리우데자네이루에서 열리는 쿠바와의 연대회의에 참석하기 위해서였다. 사실 이것이 이번 여행의 주된 목적이었다.

이 회의에 참가하기 위해 여행을 시도하던 다른 사람들 처지도 나보다 나을 게 없었다. 세계 각지에서 들어온 95건의 비자 신청이 그 자리에서 거부당하거나, 대표들이 회의시간에 맞춰 리우데자네이루에 도착하지 못하도록 허가가 연기되었다. 비자를 거부당한 사람들 가운데는 영국 학자인 J. D. 버널과 당시 가이아나의 국무총리였던 체디 제이건의 아내 재닛 제이건도 있었다.

이번 대륙간 회의에 즈음하여, 브라질의 재무장관 산티아고 단타스가 4백만 달러의 차관을 얻기 위해 미국에 왔다. 그는 몇 가지 부대 조건을 달고 자신이 원하는 바를 거의 다 얻었는데, 내가 생각하기에 이 부대 조건 가운데 하나가 회의를 저지하는 것이고, 회의를 저지하는 게 불가능할 경우에는 대표들이 리우데자네이루에 들어오는 것을 막는 게 아니었나 싶다.

회의는 리우데자네이루의 신문통신인클럽에서 열릴 예정이었다. 그런데 막판에 이 클럽 사용이 취소되었다. 그러자 해군 공창노동자들이 만을 사이에 두고 리우데자네이루와 마주보고 있는 니테로이의 강당을 내주었다.

이토록 어려운 상황에서 막이 오른 대륙회의는 민주주의 혁명과 더 나아가 사회주의 라틴아메리카를 이루기 위해 제국주의를 상대로 강력한 싸움을 조직하는 데 중요한 한 걸음이었다. 정부의 압력에도 불구하고, 군대의 동원에도 불구하고, 회의를 비난하고 회의의 무력저지를 선동하는 도발적인 신문의 전면광고에도 불구하고, 미국 국무성의 간섭에도 불구하고 회의는 개최되었다. 그리고 이 회의는 그 자리에 참석한 사람들은 물론이고 대표들과 접촉했던 사람들에게 따뜻하게 받아들여졌다.

*

나는 아시아도 여러 차례 방문했다. 극동과 근동, 중동, 일본, 중국, 시베리아, 중앙아시아, 소비에트 공화국, 인도, 실론, 인도네시아, 싱가포르, 석유가 풍부한 서아시아 등이 내가 가본 곳들이다. 지구 땅덩어리의 대부분은 아시아 — 아시아가 가장 큰 대륙이다 — 이고, 인류의 절반 이상이 아시아에 살고 있다.

중국 한 나라만 해도 인구가 인류의 5분의 1이 넘는 7억5천만이다. 인도 역시 인구가 5억에 달한다. 인간의 역사는 수천 년 동안 주로 아시아에서 쓰여졌다. 유럽, 특히 서유럽은 세계 무대에서는 신출내기에 지나지 않는다. 1450년에서 1900년 사이에 서양은 아시아를 정복해, 아시아의 상당 부분을 식민지로 전락시켰다. 1900년 이후 아시아는 지구상에서 지리, 인구, 부, 권력의 중심지로 다시 부상하기 시작했다.

의존에서 자족으로, 종속에서 주권으로, 하찮은 존재에서 지구의 주인으로 나아가는 아시아의 행진을 선도한 나라가 일본이다. 일본은 1895년에 중국을 패배시키고, 10년 뒤에는 러시아를 패배시킴으로써 세계 열강이라는 타이틀을 획득했다. 일본은 1914~1918년 전쟁에서 압도적인 승리를 거두었다가 1939~1945년 전쟁에서 패해 굴욕을 당함과 동시에 주요 도시들이 폐허가 되었고 1895년 이후에 전쟁을 통해 축적한 부를 빼앗겼으나, 놀랍게도 20년여 만에 이전의 지위를 거뜬히 회복했다. 경제를 놓고 볼 때 일본은 시계에서부터 25만 톤짜리 유조선에 이르기까지 무엇이든 생산할 수 있고, 자기네가 생산한 물건을 다른 공업국가들과의 경쟁에 밀리지 않고 당당하게 판매할 수 있는 아시아 국가이다. 캘리포니아 크기만한 공간에 억대의 인구가 밀집해 있는 일본은 전쟁으로 폐허가 된 도시들을 기록적인 시간 안에 말끔히 정비하고 자동화 경제와 현대화된 정치 체계를 건설함으로써 세계 5대 강국의 반열에 올랐다. 아직 최고 강대국이라는 위상에 걸맞는 군사조직은 미비한 상태지만, 워싱턴이 아메리카 대륙을 지배하고 착취하듯이 극동 지역을 지배하고 착취하기 위해 일본을 이용해 왔고, 앞으로도 일본은 지리·경제·정치적 교두보 구실을 할 것이다. 사실상 일본을 움직이는 소수 독재체제는 일본 열도에 자리잡고 있는 미제국의 아시아 지부를 관리하는 매개자이다.

내가 일본을 처음 방문한 것은 1927년의 일이었다. 그후 얼마 만에 한 번씩 일본에 갈 때마다, 원료 부족을 메우고, 40년대 초반의 크나큰 전쟁의 잿더미에서 일어나 세계적인 강대국으로 다시 우뚝 선 일본인들의 능란한 방법에 감탄을 금할 수 없었다. 1945년 전쟁이 끝난 뒤 처음 일본을 방문했을 때 동료 경제학자들이 도쿄와 오사카, 교토의 대학들에서 마련했던 모임이 특별히 기억에 남는다. 이들 모임에 참석한 대학원생들과 교수들은 미국 소수 독재체제와 미국의 아시아 정책, 미국 내의 정치적 반대에 관해 토론할 만반의 준비를 갖추고 왔다. 나는 여러 나라에서 학계 모임이든 다른 모임이든 많은 모임에 참석해 보았다. 하지만 일본 경제학자들과 일본에서 가진 모임보다 더 수준 높고, 차분하면서도 유머가 있고, 주제에 대해 철저한 토의가 이루어졌다는 만족감을 느꼈던 적은 없었다.

중국은 세계적 강대국으로 발돋움하는 속도가 일본보다 느렸다. 일본은 한 세기 전에 현대화를 시작했다. 그러나 중국의 새로운 지배세력은 1949년에야 정부를 수립했다. 그 이전의 반세기는 1900년 의화단사건과 함께 시작되어 혁명과 내전과 일본의 군사점령으로 이어진 격동과 혼란의 시기였다. 1900년 중국은 황제의 지배 아래서 농업경제에 의존하고 있었다. 중국의 국내 정치는 반봉건적 소수 독재세력에 의해 지배되었고, 대외 관계와 경제의 현대적 부문들은 서양 점령세력의 손아귀에 들어 있었다. 오늘날 중국은 세계 주요 강대국 가운데 하나이다. 국내 정치는 불안하지만, 중국은 엄연히 주권국가로, 갑자기 싹트고 있는 민족주의와 경제의 현대화와 아시아의 문제들을 지도하는 위치로 부상하고 있다.

나는 운 좋게도 1949년 중화인민공화국 수립 이전에 한 번, 1950년대에 한 번, 중국을 두 차례나 다녀올 수 있었다. 그 뒤에도 중국에 가려고 시도해 보았으나(1967~1968년에), 처음에는 워싱턴 국무성의 방해 때문에, 나중에는 중국의 영사관과 대사관들을 통제하고 있는 홍위병의 방해 때문에 뜻을 이루지 못했다.

1957~1958년 겨울 한 달 간 체류하는 동안 나는 1927년 처음 갔을 때와는 판이하게 달라진 중국을 발견했다. 30년 전에 만연했던 사회혼란을 공산주의자들이 일소해 놓은 상태였다. 모든 사람들에게 무상으로 제공되는 교육이 급속히 확산되고, 공업화가 열심히 장려되고 있었으며, 공장들은 새로운 기계들을 사용하고, 고안하고, 생산해내고 있었다. 농업과 상업과 수공업 분야의 협동조합들이 중국 경제의 중요한 특징이 되어 있었다. 해방 이후 토지와 다른 국가 자원들과 공익 설비들이 인민의 재산이 되어 있었다. 풍부한 에너지와 이상주의와 열심히 분투하는 모습 등이 그 시절 중국의 분위기를 말해 주는 상징

들이다.

소비에트는 과학, 기술, 재정 면에서 중국을 최대한으로 원조했다. 실제로 수백 건의 프로젝트에서 소비에트 전문가들이 기술을 제공하는 가운데 중국 견습생들이 신기술을 배우고 중국 노동자들은 인력을 공급하고 있었다. 수많은 중국 학생들이 소련으로 건너가 연구소와 대학에서 공부하는 한편, 새로 얻은 지식을 소련의 생산업체에서 실습했다.

헬렌과 나는 장기간의 소련 체류 후에 중국으로 갔기 때문에, 사회주의 건설에 착수한 두 대국의 합동 후원 아래 진척되고 있는 이 가슴 뿌듯한 협력 프로그램의 양면을 볼 수 있었다. 2년 뒤인 1960년, 두 거대 사회주의 국가간의 협력사업은 돌연 끝나고 말았다. 소련 기술진이 중국에서 철수하고, 중국 학생들은 소련을 떠났다. 그렇지만 1951년에서 1960년 사이에 중국의 사회주의 건설은 놀랍도록 약진했다. 1960년 이후 과학과 기술의 현저한 발전은 중국인들의 에너지와 능력이 일구어낸 성과였다.

*

국무성에서는 우리가 중국은 말할 것도 없고 다른 어느 나라도 여행하지 못하게 하려고 상당히 애를 썼다. 1차세계대전 이전에는 러시아나 터키로 갈 때를 제외하고는 미국 시민에게 여권이라는 것이 필요하지 않았다. 유럽행 증기선 승선표를 사는 것은 요즘 기차표를 사는 것과 마찬가지로 전혀 까다로울 게 없었다.

그런데 1914년 이후에는 외국으로 여행을 하려면 통상적으로 여권이 필요했다. 2차세계대전 후에는 해외여행 요건이 훨씬 까다로워졌고, 여권과는 여행결격사유가 있다고 생각되는 시민들에 대한 비밀자료를 만들었다. 피해자들에게는 여권이 발급되지 않는 사유가 무엇인지 확인할 수 있는 권리가 없었으며, 이의를 제기할 권리도 없었다. 결국은 국무장관을 상대로 소송이 잇따라 제기된 끝에, 국무성 직원들로 항소위원회가 설치되었다.

유엔인권선언 13조에 따르면, '모든 인간은 자기 나라를 포함해 어떤 나라로든 떠날 권리가 있으며 자기 나라로 돌아갈 권리가 있다.'

우리는 1952년까지는 여권을 받는 데 어떤 어려움도 겪지 않았는데, 이때부터 여권과에서 유쾌하지 못한 경험을 하게 되었다. 우리의 여권발급신청은 간단하게 무시되었다. 여권발급신청을 한 지 몇 달이 지나도 소식이 없자, 우리는 여권과 과장인 루스 쉬플리 씨와의 면담을 요청했다.

쉬플리 씨는 우리가 사무실로 안내를 받아 들어갔을 때 앉으라는 말조차 하지 않을 만큼 예의라고는 없는 사람이었다. 그 여자는 자기 책상 앞에 선 채로, 그 동안 우리가 표명했던 견해와 우리의 활동에 대해 날카롭게 질문을 던졌다. 그러더니 비난하는 투로 딱딱하게 말했다.

"나는 당신들이 미국 정부를 무력으로 타도하자고 선동하고 다닌다는 증거를 가지고 있습니다."

우리는 우리가 평화주의자이며 살인이나 폭력에는 찬성하지 않는다고 차분하면서도 분명하게 항변했다. 그리고 덧붙여 말했다.

"그 증거라는 것을 보고 싶군요."

"바로 이겁니다."

그 여자는 책상 위에 3인치 정도 쌓여 있는 서류더미를 가리켰다.

"내가 그걸 좀 보았으면 하오."

내가 말했다.

쉬플리 씨가 서류더미를 만지작거렸다.

"이 면담에 입회하기로 되어 있는 비밀경찰이 오지 않았습니다."

그 여자가 마침내 지금은 어쩔 수 없다는 듯이 말했다.

"내일 이 시간에 다시 한 번 나오시겠습니까?"

우리는 그러기로 했다.

다음날 다시 갔을 때는 대접이 매우 달랐다. 전날 쉬플리 씨는 대놓고 우리를 비난했었다. 그런데 쉬플리 씨나 비밀경찰이나 우리를 비난할 만한 근거를 발견하지 못한 모양이다. 면담 결과, 쉬플리 씨가 우리의 여권발급신청을 다시 고려해 보기로 했다. 몇 달 동안 편지가 오간 끝에 여권은 발급되었으나, 그 여권은 스웨덴과 영국, 프랑스, 네덜란드(상당한 지위에 있는 서유럽 국가들)로 갈 때만 유효했고 기간도 고작 6개월로 한정되어 있었다.

1954년 10월 우리는 제한사항이 없는 여권을 발급받기 위해 다시 여권을 신청했다. 이번에도 우리는 워싱턴까지 가야 했다. 워싱턴에서 우리를 기다리고 있는 것은 두 명의 조사관과 서류 한 무더기였다. 뻔한 질문이 나왔다.

"이러이러한 날짜에 산타바바라에서 공산당을 위해 연설한 적이 있습니까?"

"아니오. 그때 나는 캘리포니아에 있지 않았소. 하지만 만약 연설요청을 받았더라면 틀림없이 응했을 거요. 나를 청해 주는 곳이 있으면 어디든 가리지 않고, 심지어 국무성에서라도 연설을 할거요."

그들이 나의 발언과 활동에 대해 늘어놓는 얘기는 앞뒤가 맞지 않았다. 그 중에서도 유난히 앞뒤가 안 맞는 얘기는 내가 버펄로에서 한 연설에 관한 것이었다. 그들 얘기는 도무지 이치에 닿지를 않았다.

"당신은 교육받은 사람이잖소." 내가 조사관에게 말했.

"도대체 그 얘기의 요점이 뭔지 당신은 알겠소?"

"아니오. 사실은 모르겠습니다." 조사관이 무안해하며 말했다.

"나도 마찬가지요. 혹시 그 보고서를 제출한 사람이 누군지 말해 줄 수 있겠소?"

"우리도 보고서를 제출한 사람의 이름을 상부로부터 듣지 못했습니다." 조사관이 말했따. "그저 보고서 제출자가 믿을 만한 사람이라고만 하던데요."

이 일이 있기 전 3년 동안 나는 이런저런 집회에서 거의 6백 차례 연설을 했다. 국무성과 FBI, 혹은 둘 중 하나가 이런 집회들을 감시해 왔던 모양이다. 그런데 이 감시인들은 사회과학에 문외한이어서 내가 피력한 견해들을 제대로 파악하지 못했다. 이런 사람들이 제출한 왜곡된 보고서가 우리를 문제인물로 몰아세우는 증거로 사용되고 있었다.

"이봐요, 나는 반세기 동안 사회문제에 관한 생각을 글로 써온 사람이오."

내가 조사관들에게 말했다.

"의회 도서관에 가면 내가 쓴 책을 줄잡아 50권은 찾을 수 있을 거요. 그 중에는 내 아내와 함께 쓴 것도 있소. 당신들이 정 우리의 생각을 알고 싶거든, 제대로 교육받은 사람을 도서관으로 보내시오. 우리는 우리가 쓴 말들을 곧이곧대로 지키는 사람들이오. 어째서 잘못된 보고서 따위를 우리에게 읽어대면서 시간을 허비하시오?"

그러나 국무성은 내부 보고자들에게 의존하는 쪽을 택했다. 15개월이 지나서야 우리는 여권을 발급받았다. 1957년 12월 우리는 소련을 떠나 금단의 땅 중국으로 갔다. 모든 미국 여권에는 '공산주의 국가인 중국으로, 혹은 중국 내에서 여행하는 데에는 사용할 수 없음'이라는 문구가 들어 있었다. 우리가 중국에서 우리 여권을 사용하지 않은 사실은 무시되었다. 귀국하자마자 우리 여권은 취소되었고, 우리는 또다시 워싱턴으로 소환 당했다. 이번 면담은 속기록으로 보고서가 작성되었는데, 이것을 이용해 우리는 『우리의 여행권』이라는 제목의 팜플렛을 작성했다.

우리는 사회과학 연구자이자 사회문제에 관한 글을 쓰는 사람이라는 사실을 지적하며 이렇게 말했다.

"지금 중국에서 진행되고 있는 실험들이 서구적 삶의 방식에 대한 실현 가능한 대안을 제공한다면, 그리고 우리가 이번 방문을 통해 충분히 그럴 수도 있겠다는 확신을 얻었다면, 무엇보다 중요한 것은 세계 모든 곳의 사람들이 이 사실을 아는 것이오……. 국무성은 중국의 발전에 대한 우리의 보고가 가능한 한 유익하고 완벽해질 수 있도록, 우리의 중국 여행을 방해하지 말고 오히려 격려하고 편의를 봐주기 위해 모든 노력을 기울여야 마땅하오."

여권과의 캐럴 H. 실리 씨가 국무성 입장에서 볼 때 매우 중요한 질문을 던졌다.

"중국에 있는 동안 다른 미국인들과 접촉한 사실이 있습니까?"

"그렇소" 우리가 대답했다.

"이름을 말해 주시겠습니까?"

"그럴 수 없소"

"누군지 기억이 안 납니까?"

"난 밀고자도 아니고 앞잡이도 아니오. 남의 이름이나 주소를 발설하는 일 따위는 하지 않아요."

제임스 F. 브룩스라는 다른 조사관이 우리에게 여권이 허가된다면 또다시 지리적 제한사항을 어기고 여행을 할 것이냐고 물었다.

나는 이렇게 대답했다. "그렇게 하는 것이 최선이라고 여겨진다면 그렇게 할 것이오. 우리는 차를 몰고 먼 길을 여행하곤 하는데, 고속도로를 달릴 때 교통법규를 어길 수밖에 없는 뜻밖의 문제가 생기지 않는 한 교통법규를 세심하게 지킵니다. 어떤 제한사항이든 마찬가지라고 생각합니다. 그것이 도리에 맞으면 당연히 따르지요. 그러나 긴급하게 불가피한 경우가 생기면 그것들은 한낱 교통법규에 지나지 않게 됩니다. 비상시를 염두에 두지 않은 기계적인 제한사항일 뿐이라는 말입니다. 우리는 여권을 부적절한 것이라고 생각합니다. 오늘날의 세계는 몹시 위험한 상황에 놓여 있고, 우리가 취해야 할 조치들 가운데 하나는 국가 차원의 충성과 국경을 뛰어넘어 더 고차원적인 충성에 이르는 일입니다. 그것은 인간적으로 말하면 인류에 대한 충성이고, 정치적으로 말하면 초국가적 권위에 대한 충성입니다. 우리는 여권에 적혀 있는 제한사항을 틀에 박힌 규제라고 생각합니다."

"더 질문할 게 없습니다." 브룩스 씨가 "세번째이자 마지막 증거자료, 니어링 씨 부부가 자신들의 중국 여행에 대해 써서 1958년에 출판한 『용감한 신세계』라는 책"을 조사과장에게 건네주고 나서 말했다.

심문이 있고 나서 6주 만에 우리는 쉬플리 씨의 후임으로 여권과 책임자가 된 프랜시스 G. 나이트로부터 장문의 편지를 받았다. 편지에는 국무성이 '앞으로는 당신들에게 여권 편의를 제공하지 않기로 결정했다'고 적혀 있었다.

'시청을 상대로 싸울 생각은 말라'는 옛말과 반대로, 시민은 자신이 생각하는 것보다 훨씬 힘이 있다. 국무성은 한동안 우리를 미국 안에 가둬두었지만 결국은 손을 들고 말았다. 최근에 우리는 다시 여권을 신청했는데, 신속하다고는 할 수 없지만 그래도 견딜 만한 시간 안에 승인을 받았다. 더 이상의 심문은 없었다.

*

최근에 두 차례 인도를 다녀왔는데, 그곳의 고등학교와 대학교에서 마련된 모임에서 많은 젊은이들을 만날 수 있었다. 나는 인도의 청년들이 믿을 수 없을 만큼 미국적 생활방식에 마음을 빼앗기고 있음을 알게 되었다. 그들은 미국의 유혹에 고스란히 걸려들어, 미국은 젖과 꿀이 흐르는 땅이며 미국의 도로들은 황금으로 포장되어 있다는 터무니없는 환상을 곧이곧대로 믿고 있었다. 미국 정보부와 록펠러 재단, 미국 대사관과 영사관이 인도 언론과 다른 정보 채널들을 교묘하게 이용해 용의주도하게 친미 프로파간다를 유포하고 있었다.

우리는 인도의 거의 모든 도시를 돌아다녔는데, 가는 곳마다 미국인 교수와 학자, 전문가들이 이런 친미 프로파간다 물결의 일환으로 대중강연을 하고 장학금을 살포하며 문화교류를 하고 있었다. 우리는 미국 군산 복합체의 대표자들이 인도 커뮤니케이션 매체들의 경영권을 광범위하게 손에 넣고 있는 것을 알고 놀라움을 금할 수 없었다.

이런 친미 공세에는 그럴 만한 이유가 있었다. 1950년에서 1953년까지의 한국전쟁과 베트남에서 진행중인 싸움은 반미감정이라는 만만치 않은 장벽을 쌓아놓았는데, 이것은 워싱턴이 아시아를 정복하는 데 현실적인 장애물로 나타나고 있었던 것이다. 몇 해 전 유럽에서 독일이 강적으로 분류되었듯이, 지금은 중국이 최대의 적으로 분류되고 있다. 미국은 중국과 5천 마일의 바다를 사이에 두고 떨어져 있다. 아시아를 재정복하기 위해 효과적인 싸움을 전개하려면 반드시 이 물의 장벽을 건너뛰어야 한다.

한국과 베트남에서의 전쟁은 아무리 규모가 작은 전쟁이라도 태평양을 사이에 두고는 만만한 게 아니라는 사실을 입증해 주었다. 군수물자와 인력을 수송하고 아시아 본토에 배치하자니 자원낭비가 극심했다. 아시아 본토에서의 주요 사업은 중국을 포위해 정복하는 것이었다.

군수물자는 일본에서 제조해 본토로 전달할 수 있었다. 한국전쟁과 베트남전쟁을 치를 때는 이런 식의 물자조달이 성공적으로 이루어졌다. 진정한 문제는 인력이었다. 미국의 뛰어난 군사 전문가들은 오래전부터 경고해 왔다.

'아시아에서 육지전을 치르느라 수렁에 빠지지 말라. 아시아인들로 하여금 아시아인들과 싸우게 하라.'

한국과 베트남에서의 경험은 이런 조언이 온당함을 입증했다. 하지만 아시아를 재정복하기 위한 최후의 결전에서는 인력이, 그것도 수백만 명의 인력이 필요했다.

중국 외부에서 이런 수백만 명의 인력이 나올 수 있는 유일한 출처가 바로 인도였다. 인도의 5억 인구 가운데 실업상태나 부분고용상태에 있는 젊은 남자의 수는 2천5백만에서 4천만 명 가량이나 되었다. 이들 중에는 훈련이 잘 되어 있는 사람들도 많았다. 만약 인도 청년층에게 미국적 방식을 납득시키는 데 성공한다면, 인도 스스로 자유와 민주와 미국적 삶의 방식을 지키기 위해 일어설지도 모르는 일이었다. 그렇기 때문에 미국 대변자들은 인도에서의 친미운동을 장려했다.

인도 청년들과 만날 때마다 나는 친미운동을 벌이고 있는 세력들의 본질과 미국 소수 독재체제를 위해 고양이의 발톱 노릇을 하고 있는 인도 사람들에 대해 중대한 위험을 지적하는 데 최선을 다했다. 때로는 이런 나의 노력이 성공을 거두었고, 내 강연을 들은 청중들은 무슨 일이 진행되고 있는지 안다고 말했다. 그런가 하면 어떤 인도 청년들은 나에게 말했다.

"당신은 당신이 지금 무슨 말을 하고 있는지 알기나 합니까? 미국이 인도 젊은이들을 위해 얼마나 훌륭한 일을 하고 있는지 전혀 모르시는 모양이군요!"

지난 몇십 년 동안 나는 집을 떠나 유럽과 아시아, 라틴아메리카를 돌고 다시 뉴잉글랜드로 돌아오기를 몇 차례 반복했다. 그런데 매번 메인 주에 있는 우리의 농장으로 돌아올 때마다, 사회주의 국가들은 자신들의 목표를 향해 나아가고 있는 반면 서구 자본주의 국가들은 파리, 런던, 베를린, 로마, 암스테르담, 빈 같은 주요 도시들이 제아무리 화려하게 빛나고 온갖 운동과 활동이 넘쳐난다 해도 험난한 바다에 노도 없고 사공도 없이 표류하고 있다는 확신이 강해졌다. 프랑스혁명 전야의 베르사이유가 바로 이러했다.

해외에서 몇 달을 보내고 돌아올 때마다 미국은 몰라보게 달라져 있어, 나는 내 나라에 발을 들여놓으면서도 낯선 나라에 와 있는 이방인 같은 느낌을 떨칠 수가 없었다. 20세기 초만 해도 잠시 외국에 머물다 돌아왔다고 해서 로스앤젤레스와 디트로이트와 워싱턴의 많은 부분들이 연기 나는 폐허로 변해 있으리라고 상상이나 할 수 있었겠는가? 약물중독과 흉악한 범죄와 폭동과 경찰의 만행이 이렇게 증가할 것을 누가 예견할 수 있었겠는가? 매번 나는 이게 과연 내 고향일까? 자문하곤 했다.

이토록 풍족하고 약물에 중독되고 타락하고 부패하고 오염되고 망상에 사로잡힌 나라는 내가 젊은 시절 꿈꾸던 나라가 절대 아니다. 지금 이 나라는 내가 꿈꾸던 것과는 너무도 이질적이고 적대적인 나라이다. 이곳으로 돌아올 때 '나는 고국으로 간다'고 행복하게 말할 수가 없다. 오히려 낯설기만 할 뿐 조금도 유쾌하지 않은 서식지로 돌아가기 위해 잔뜩 긴장한 채 단단히 마음의 준비를 해야 하는 처지이다.

*

 1914년 전쟁이 시작되었을 때 나는 정치적으로 깊이 잠들어 있다가 완벽하게 허를 찔렸다. 1917년에도 볼셰비키혁명의 중요성을 어렴풋이 의식했을 뿐 거의 잠에서 깨어나지 못했다. 그러나 자본주의의 어리석음과 불공정과 무절제와 불공평에 대해서는 확실하게 알고 있었고, 그래서 자본주의를 대신할 다른 사회체제가 도래하기를 간절히 기다리고 있었다. 내가 나이 일흔에 자급농 생활을 청산하고 앞으로 20년을 서구 세계가 직면한 운명에 관하여 내 자신과 다른 사람들을 눈뜨게 할 수 있는 일을 하면서 보내기로 한 것은 새로운 사회체제의 도래를 앞당긴다는 엄청난 과업을 돕기 위함이었다. 지난 반세기 동안 내가 직접 관찰하고 상세하게 보고한 세계적 사건들이 내 눈을 활짝 뜨이게 했다.

 이런 사건들이 벌어지고 있는 사이, 할리우드를 비롯한 많은 스튜디오의 감독과 제작자들은 대중을 즐겁게 하고 때로는 정보를 전달하기 위해 그럴듯한 이야기들을 드라마로 만들어내고 있었다. 그러나 내가 보기에 20세기의 진짜 쇼는 서구 문명의 절정과 몰락의 징후를 엿볼 수 있는 전쟁과 제국 건설, 혁명과 사회주의 건설의 드라마였다.

 30억에 이르는 배우와 엑스트라가 동원된 이 운명적인 드라마를 지켜보고 있노라니, 인류가 반드시 어떤 계획과 일정에 합의하여—그것을 세계연합헌법 및 권리선언이라 해도 무방할 것이다—착실하게 따라야 한다는 생각이 갈수록 절실해졌다. 세계대전을 근절할 것이냐 또다시 전쟁을 계획하고 실행하는 암흑시대를 맞을 것이냐, 하는 기로에서 어느 하나를 선택해야 하는 것이다.

전지구를 배경으로 하는 이 엄청난 드라마에 맞서기 위해서는 붕괴해 가는 20세기 초 독점자본주의의 잔재와 사회주의 건설의 초기형태를 대체할 만큼 충분한 폭과 깊이를 갖춘 전지구적 협동조합을 이루도록 노력해야 한다.

1953년 이후 나는 임무를 수행하기 위해 여명을 기다리듯이, 현재 활동중인 세력들의 정체를 규명하고 내가 알게 된 것들을 들거나 읽을 뜻이 있는 사람들에게 전달하고자 노력했다.

나에게는 중요한 여섯 가지 사회적 관심사가 있었다.

1. 인류는 모든 사람에게 올바른 삶을 제시하기 위해 지속적으로 노력할 수 있는 가능성을 지니고 있는가? 레닌은 이런 가능성을 강력히 주장했고, 슈펭글러는 이런 가능성에 의문을 품었다.
2. 과학기술을 생산과 건설을 위해 이용하는 동시에 소수의 파괴분자들이 인류의 자멸을 위해 사용하는 것을 막을 능력이 있는가?
3. 문명의 제도들이 올바른 삶을 방해하지 않고 오히려 올바른 삶에 도움이 될 수 있을까?
4. 포부 큰 젊은이들에게 사회과학과 사회공학이 노력을 기울일 만한 중요한 분야가 될 수 있을까?

5. 서구 문명이라는 드라마에서 미국 소수 독재체제가 맡은 역할은 무엇인가?
6. 사회주의, 특히 소련과 중국의 사회주의가 현재 전개되고 있는 세계적인 드라마에서 어떤 역할을 수행할 수 있을까?

이것은 사회 역사에서 인간이 담당하는 역할과 지구상에서 인간이 맞게 될 미래와 직접 연관되어 있는 요소들이다.

내가 떠맡은 특수한 과제들은 다음과 같다.
1. 반전·반제조직과 시위에 참여하고 기여하기.
2. 세계평화회의(나는 사정이 허락하는 한 이 단체의 국제회의에 참석했다)를 비롯한 모든 평화운동과 조직에 참가하기.
3. 세계적인 사건들에 계속 관심을 기울이면서 그에 관한 글을 《먼슬리 리뷰》에 기고하기.
4. 일 년에 몇 달씩 미국 각지를 순회하며 교육활동을 펼치고 이에 대해 보고하기(『오늘의 미국』).
5. 미제국이 건설되고 있는 서반구 기점의 라틴아메리카 부분을 재조사하기.
6. 가능한 한 많은 자본주의 국가를 방문하고 이 여행에 관한 보고를 『세계의 사회주의자들』이라는 책으로 엮기.
7. 북한과 북베트남과 외몽고를 제외한 세계의 모든 사회주의 국가를 방문하고 내가 관찰한 사실들을 『용감한 신세계』와 『현실 속의 사회주의』를 통해 보고하기.

이러한 배경 속에서 나는 여명을 주시하며 기다렸다. 사회 역사의 이 중요한 국면에 인류가 준비해야 할 것은 무엇인가? 불안하고 성급한 소수파들이 과연 자신들의 힘을 결집하고 하나의 프로그램을 도출해내, 자신들의 요구가 충족될 때까지 한 마음으로 단호하고 끈질지게 그 프로그램을 밀고나갈 것인가? 과연 사회주의가 사회진화의 다음 단계일까?

사회주의는 거짓 여명인가

아침은 거짓 여명으로 시작된다. 별빛이 점점 희미해지면서 동쪽 지평선을 따라 은은한 빛이 슬그머니 나타난다. 낮이 하늘에서 밤을 몰아낼 태세인 듯하다. 하지만 곧 별들이 반짝이다 사라지고 밤은 어느 때보다도 깊어진다. 동쪽 지평선에 잠시 나타났던 은은한 빛은 거짓 여명이었던 것이다. 이제 어둠은 정말로 물러가고 동쪽이 밝아지면서 하늘이 환하게 빛난다. 그리고 여명이 낮으로 이어진다.

대규모 전쟁이 전세계에 위협의 그늘을 드리우는 동안 나는 여명을, 평화와 안녕과 진정한 행복을 약속하는 진짜 여명을 고대하고 또 고대했다. 사회주의가 바로 그 진짜 여명일까, 아니면 어둠을 뒤에 감추고 있는 거짓 여명일까? 사회주의 국가들과 사회주의 운동이 파괴적인 생존투쟁의 차원을 넘어 공동선을 보장하고 보편적인 행복을 추구하기 위한 창조적인 협동의 지평으로 인류를 끌어올릴 수 있을 만큼 충분히 생명력이 있고 토대가 든든하며 헌신적일까?

나는 내 자신에게 질문을 던졌다. 사회주의·공산주의 세계 운동이 시대에 뒤떨어진 봉건주의와 진부한 독점자본주의를 전지구적 사회주의 사회의 조직과 운영으로 이행시킨다는 책임뿐 아니라, 사회주의가 다른 문화양식들에 비해 더 많은 인류 구성원들에게 좀더 나은 삶을 보장할 준비가 되어 있는가? 이 의문에 대한 답이 확실한 긍정이라면, 새날은 사회주의와 함께 밝아올 것이다. 만약 그렇지 않다면, 현재와 같은 사회주의 건설의 전망과 접근법과 진행과정이 어떻게 달라져야 우리의 기대에 부응할 만한, 1945년 이후의 독점자본주의에 대한 대안을 제공할 수 있을까? 한마디로, 개혁된 사회주의가 진정한 여명을 알리고, 그리하여 인류가 봉건주의와 독점자본주의를 좀더 적절한 삶의 방식으로 대체하고 현재의 위기를 해소할 수 있을까?

사회주의·공산주의가 새 날을 열 수 있다면, 여러 가지 성취의 기록과 함께 지독한 실패의 기록도 지니고 있는 서구 문명은 밤의 어둠처럼 밀려나 역사의 자료실에 안장될 것이며, 그 사이 인류는 이 땅을 다음 세대들이 팽창하는 우주에서의 조화로운 삶을 위해 제 몫을 다하고자 노력하는 훈련소로 만들 각오와 열의를 갖출 것이다. 이러한 결과를 얻기 위해서는 인간이 스스로를 개조하는 동시에 자신이 처한 사회환경을 개조하는 데 헌신해야만 한다.

나는 인류가 현재 서구 문명을 에워싸고 옥죄는 전반적인 위기로부터 벗어날 수 있는 비교적 수월하고 간단하며 유익한 방법이 있다고 생각한다. 이 위기는 경쟁적이고 탐욕적인 사회를 조직하고 확장한 데서 기인한 논리적인 결과이다. 이 위기에서

제3부 새벽 여명 449

벗어나는 가장 쉽고 간단하며 덜 고통스러운 방법은 과학과 기술의 진보를 최근 흐름대로 계속 밀고 나가면서 과학기술을 사회과학에(자연과학은 말할 것도 없고) 적극적으로 응용하고, 여기에서 얻은 결과로 인류 전체를 결핍에서 풍요로 끌어올리는 것이다. 물론 풍요의 분배는 가장 절실하게 필요한 사람들에게 먼저 돌아가게 해야 한다.

이러한 프로그램을 실행하면 극심하게 한정되어 있던 과거의 계급문화가 훨씬 폭넓은 대중문화로 바뀔 것이다. 즉 인류의 모든 구성원들이 자신의 능력을 향상시키고, 능력을 발휘할 영역을 확대하며, 집단 경험에 대한 참여도를 높일 수 있는 기회를 제공할 것이다. 집단 경험에 대한 참여도를 높이기 위해서는 자연환경을 보호하고, 기간시설과 여가시설을 확충하는 데 재원을 사용하여 사회환경을 재건하고, 개별 국가들을 효과적인 전지구적 연합체로 통합하고, 뛰어난 인재들을 격려하여 인류를 위해 봉사하는 데 협력하게 해야 한다.

기존 사회질서에 과감하게 이의를 제기하고 대안을 모색하는 사람들은 앞으로 나타날 변화가 기존의 체제보다 더 많은 사람들에게 더 많은 이익을 제공할 수 있다는 사실을 증명해야 한다. 나는 사회주의 국가들이 이 점을 입증하기 시작했다고 믿는다. 사회주의 국가들의 목표는 서구 문명을 뛰어넘어, 그 사회에 필요한 것이 무엇인지를 알고 자신의 잠재력을 의식하며 사회발전의 다음 단계를 향해 분투하고 변화하고 진화할 준비가 되어 있는 사회에서 좀더 생명력 있고 창조적인 삶을 시작하는 것이며, 현재의 세계혁명을 움직이고 있는 무질서한 에너지를 잘 다스리고 조율하여 인류의 문화양식을 좀더 진보된 차원으로 끌어올리는 것이다. 사회주의 국가들이 이러한 목표를 향해 나아가다 보면 곧 다가올 힘겨운 시기에 인류의 운명을 계획하고 구체화하고 인도할 책임을 떠맡게 될 것이다. 구체적으로 이러한 책임에는 다음과 같은 몇 가지 당면 과제들이 포함된다(물론 이것들보다 훨씬 더 중요하되 덜 급박한 많은 프로젝트도 있지만).

1. 사회주의 건설에 착수한 지역들을 침략과 전복, 매수, 내부 부패, 반혁명으로부터 지켜내기.
2. 사회주의 영역을 확대하고 사회주의를 깊이 뿌리내리게 하며, 사회주의를 실행하는 데서 드러나는 문제점들을 개선하기.
3. 식민지 민중과 종속국 민중들의 독립, 자결 투쟁을 확대하고 강화함으로써 제국주의·식민주의의 잔재를 청산하기.
4. 생산증대와 최소한의 생계보장을 통해 빈곤과 그 밖의 불안요인들을 제거하기.
5. 착취를 차단하고 부와 권력을 차지하기 위한 광적인 경쟁을 줄여가고, 착취와 경쟁 대신 협력을 바탕으로 소박하고 창조적이며 유익하고 아름답게 살겠다는 굳은 결심을 세울 것.
6. 무지를 깨우치고 미신을 타파하며, 지식을 증대·체계화·대중화하기.

7. 폭정과 전제정치와 족벌주의와 소수 지배를 끝내고, 국민의 주권을 옹호·확대하기.
8. 냉혹한 생존투쟁과 전쟁을 멈추고 모든 것을 포괄하는 전 지구적 권위 아래 평화롭고 인도적인 세상을 건설하기.
9. 지역주의를 극복하고 전망을 넓히며 세계 통합을 달성하고, 국가들을 연합시키며 형제애를 다지기.
10. 자연과학·사회과학·과학기술을 연구·생산·건설·보존에 최대한 활용하기.
11. 인간의 모든 행위를 고귀하고 아름답게 여기며, 분별력과 지혜를 추구하고 진실되게 보고 느끼며 당당하게 행동하고자 하는 진지한 노력을 계속하는 한편 자비를 베풀고 정의를 확립하는 데 힘쓰기.
12. 협력과 관용과 공존과 사회재건을 준비하는 세계시민으로서의 자세를 갖춤으로써 자기 중심적인 인간의 본성을 일신하기.
13. 자연과 자연의 무수한 선물을 최대한 활용하고, 의식적이고 계획적인 사회개선을 통해 자연환경과 사회환경을 보호하고 아름답게 가꾸기.
14. 생명(모든 생명)을 존중하고 보호하고 더욱 가치있게 만들기.
15. 의미있는 창조활동을 하고 팽창하는 우주를 확대하는 데 일익을 담당하기.

이 프로그램들을 지극히 이상적인 제언이라고 여기는 독자들이 있을지도 모르겠다. 설령 그렇다 치더라도, 최고의 것을 열망하고 최상의 것을 추구하는 게 무슨 해가 되겠는가? 나는 사회주의가 인류와 인간사회를 진보와 자기 변모라는 힘겨운 길을 따라 인도하고 이끌 수 있도록 광범위한 프로그램을 짜려고 노력하고 있다. 인간의 삶은 자아를 실현하고 올바른 우주적 삶 — 인간의 삶은 우주적 삶을 구성하는 일부분이다 — 에 기여할 수 있는 풍부한 잠재력을 지니고 있다. 이러한 잠재력과 운명을 깨닫는다면 개개인은 올바른 사회적 삶과 올바른 우주적 삶에 기여하기 위해 자신의 삶을 품위있게 만들고자 최선을 다하면서 더 넓은 통찰력과 깊은 관심을 갖게 될 것이다.

내가 간략하게 제시한 프로그램은 전지구적 규모의 사회변화를 의미하고, 인간의 삶을 전지구적 차원에서 통합하는 것을 의미하며, 인류가 지구와 지구에 사는 거주자들 — 인간과 접촉하는 모든 형태의 생명체를 포함한다 — 의 수탁자임을 수긍하는 것을 의미한다. 이 프로그램은 인류의 능력을 시험하고 인류에게 무거운 부담을 지우게 될 중대한 프로젝트의 성공적 완수를 전제로 할 때 비로소 현실적 힘을 얻는다. 이러한 프로젝트의 실행을 통해 모든 생명체는 자신을 더 높은 차원, 더 넓은 전망, 더 막중한 책임으로 고양시키게 된다.

보편적으로 받아들여지는 삶의 한 방식으로서의 사회주의를 확립함으로써 세계의 위기를 해결하려는 오늘날의 여러 가지 시도들은 1917년 러시아혁명과 함께 시작되었다. 그후 반세기에 걸쳐 여러 국가와 민족들이 잇따라 자본주의를 떨쳐버리거나 회피하고 사회주의 건설이라는 과업에 전적으로 매달려왔다. 현재는 인류의 삼분의 일 이상이 이 과업에 몰두하고 있다.

*

현재의 사회주의 건설과 관련하여 가장 기본적이고 명백한 사실은 사회주의가 반세기 동안 살아남았다는 것이다. 자본주의 대변인들이 사회주의 관리하에 있는 지역이 더 이상 늘어나는 것을 좌시하지 않겠으며 사회주의의 확장을 막기 위해 불가피한 경우에는 무력을 사용하겠다고 주장하면서 사회주의에 대해 전쟁을 선포할 정도로 지난 반세기 동안 사회주의 건설 지역이 급속하게 증가했다는 사실을 인정하지 않을 수 없을 것이다. 자본주의의 이런 반혁명적인 공세는 앞으로 어떤 나라나 민족도 사회주의 건설에 나서지 못하도록 막기 위함이다. 이런 반혁명적인 노력에도 불구하고 사회주의는 국제사회에서 하나의 뚜렷한 세력으로 입지를 굳혔다.

사회주의의 성장기록에 관한 두번째 기본적인 사실은 사회주의 국가의 주민들이 전반적으로 볼 때 육체적으로나 경제적으로나 문화적으로나 자본 식민주의 아래 있을 때보다 한층 형편이 좋아졌다는 것이다.

셋째로 사회주의 국가들은 개인의 이윤을 위해서가 아니라 사회의 이익을 위해 생산설비의 사회적 소유와 관리를 대대적으로 실험하고 있다. 이 점은 여러 면에서 독점자본주의와 사회주의의 두드러진 차이라 할 수 있다.

역사적으로 볼 때 결코 길다고 할 수 없는 사회주의 건설의 기록에서 네번째로 중요한 사실은 소련이나 루마니아, 알바니아 같은 나라가 불과 한 세대에 걸친 강도 높은 노력만으로 비교적 수월하게 후진국에서 탈피하여 더 나은 새로운 삶의 방식을 성공적으로 계획하고 건설하는 나라로 전환될 수 있었다는 점이다. 그들은 과학과 기술을 배우고 기계화된 산업에서 맡은 바 직분을 성공적으로 수행하는 데 필요한 기능을 습득했으며, 필요한 자본을 모아 필수적인 장비를 생산하고, 현대적인 공동체를 건설하고 유지하는 데 필요한 엄청난 양의 물자와 서비스를 창출해냈다.

사회주의의 부상과 관련하여 주목할 만한 다섯번째 사실은 사회주의자들이 창안해낸 프로그램들이 오늘날의 사회조직 속에서 비교적 순조롭게 효과를 나타냈다는 점이다. 유치원에서 대학까지 연결되는 무상 공교육, 건강과 여가활동을 위한 무료 공공시설, 공공주택사업, 그리고 언어와 종교, 식습관이 다른 이질적인 문화에 대처하는 방법 등, 소련과 중국이 보여준 주목할 만한 성과는 원시적인 부족사회에서부터 기계화·자동화된 독점자본주의 요새에 이르기까지 인류의 많은 부분에서 받아들여지고 있다. 변화가 가장 두드러지게 나타나는 곳은 자결권을 획득한 이전 식민지 지역들이다.

서구 문명의 중심지들은 자본상품과 소비재, 광고와 그 밖의 프로파간다로 지구를 범람시키고 있다. 이러한 상품들을 신설 사회주의 기업보다는 독점자본주의 기업이 훨씬 싸게 생산, 판매할 수 있다. 자본주의 기업의 분명한 목표는 자신이 생산한 상품을 구매할 소비자들을 꾀어들이는 것이다. 반면 사회주의 국가의 분명한 목표는 시민들에게 최소한의 필수품과 여가시설을 제공하는 한편 새로운 유형의 인류를 발전시키기 위해 설계된 새로운 유형의 사회를 건설하는 것이다.

자본주의 사회는 잡다한 가재도구를 습관적으로 사용하는 세대를 기반으로 삼는다. 사회주의 사회는 아직 걸음마 단계에 있다. 사회주의 국가의 신세대는 혁명투쟁에서 단련되지도 않았고 혁명의 경험도 부족한 탓에 서구의 프로파간다와 문명의 이기에 의해 서구와 똑같은 생활 수준을 요구하도록 유혹당하고 있다. 이러한 새로운 사태는 모든 의도적인 계획 공통체의 삶이 갖는 중요한 역할에 문제를 제기한다.

사회주의 헌법을 만든 사람들이 죽거나 은퇴하면 이들의 자리를 채울 사람은 자신들이 발의하지 않은 헌법 규정을 받아들이고 따르기를 요구받는 세대이다. 새로운 세대가 윗세대에게 흡족스러웠던 삶의 방식을 반드시 받아들이리라는 보장은 없다. 전쟁과 혁명으로 모든 것을 박탈당한 세대가 의견을 모아 새로운 생활 패턴을 이끌어내는 것은 비교적 수월한 일이다. 그러나 다음 세대의 구성원들 사이에서 이와 유사한 합의를 끌어내야 한다면 얘기는 전혀 달라진다.

현실적인 목적을 위해 자본주의 국가들에서는 날로 번창하는 자본 제국주의가 온 인류에게 합리적이고 적절하며 합법적인 삶의 방식이라고 젊은 세대에게 가르치고 있다. 이 표준에서 조금이라도 벗어나면 언론과 여타 대중매체와 학교, 교회, 봉사단체, 사친회나 재향군인회 같은 사회조직들로부터 '불온하다'고 낙인찍힌다. 철의 장막 다른 편에서도 '독점자본주의'나 '파시즘'이 시종일관 악마로 그려진다는 점을 빼면 거의 똑같은 일이 벌어지고 있다.

양측이 모두 전쟁의 심리학과 전쟁의 기술을 이용해 젊은 세대를 두려움과 근심과 증오를 갖도록 훈련시키고 있다. 양측 모두 육해공군을 총력 편성하기 위한 가장 현실적인 방안으로 징병제도를 유지한다. 양측 모두 방어와 신속한 반격을 위해 조직된 기구와 더불어 기습공격을 위한 준비를 최우선 과제로 삼는 거대한 군사조직을 유지한다.

*

시민의 권리 문제에 관한 한 사회주의 국가들도 자본주의 국가들과 똑같은 압박을 받고 있다. 당국자들은 긴박함의 정도를 결정하고 그에 따라 시민의 권리를 제한한다. 어느 사회에서나 (자본주의 사회나 공산주의 사회나) '언론의 자유'의 정도는 그 사회가 얼마만한 긴장 속에서 돌아가고 있느냐에 따라 달라진다. 긴박한 상황은 긴장을 자아낸다. 화재나 홍수, 지진, 전쟁, 적의 침입 등이 야기하는 불안의 정도는 각기 다르다. 한 지역

안에서 화재가 발생할 경우에는 해당 지역의 교통을 차단해야 할 것이다. 그러나 화재가 크게 번진다면 도시 전체에 계엄령이 발효될 것이다. 사회주의는 새로 생겨난 것이고 상대적으로 경험이 일천한 만큼 사회주의 당국자들은 어떤 상황이 발생할 때마다 이성의 법칙 아래 시민의 권리를 제한하면서 상황에 대처해야 한다.

모든 사회는 이제 막 두각을 나타내기 시작한 인재와 아직 존재를 드러내지 않은 수재들을 다루는 방법을 찾아야 한다. 어떤 사회든—특히 긴급한 상황에서는—지도력을 필요로 하기 때문이기도 하고, 독창력과 창조력이 사회를 교란하는 불온한 힘이기 때문이기도 하다.

사회가 혁명적 변화의 압박과 혁명투쟁의 열정 속에 휩싸여 있을 때는 인재와 수재들이 혁명사업에 흡수된다. 그러나 혁명의 긴장이 늦춰지면서 인재와 수재들이 자신의 능력을 발휘할 기회도 상대적으로 줄어든다. 그리하여 그들은 사회 전방위로 손을 뻗는다. 그들은 능력을 발휘할 마땅한 기회를 찾지 못하면 스스로 채널을 만들어 추종자들을 끌어모은다.

어떤 사회든 이런 문제를 안고 있다. 사회주의 국가들도 예외는 아니다. 사회주의 국가들은 뛰어난 인재들을 활용하기 위한 방안을 치밀하게, 대대적으로 강구해 왔다. 하지만 사회주의 건설 2세대로 들어선 모든 사회주의 국가에서, 그것도 특히 예술 분야에서 '인재'의 문제가 발생하고 있다.

사회주의가 과연 인재들, 특히 젊은 인재들에게 진리와 진실을 모색케 하고 체계화하여 그것을 공표하고, 동료 시민들을 위해 일할 기회를 제공하고 격려했던가? 진리를 추구하고 그것을 체계화하여 구현하는 일이 기성사회가 정해 놓은 한계 안에서 이루어지는 한 진리를 추구하는 사람들은 성원과 보답을 받게 된다. 그러나 한계를 넘어서면 말썽 ─ 이론과 실천 분야에서 ─ 이 빚어진다. 규범을 준수하면 환영받고 보상을 받았다. 그러나 정해진 규범으로부터의 일탈은 문제시되고, 위반자에게는 벌이 내려졌다.

사회주의 건설이 시작된 지 반세기가 지났지만, 반세기라는 시간은 낡은 것을 거부하고 새로운 대안을 제시하는 개혁자들을 기꺼이 끌어안는 방법까지 마련할 수 있을 만큼 긴 세월은 아니었다. 이 문제는 과학 분야에도 그대로 적용된다. 정치학이나 사회학과 인접한 인문, 사회과학 분야에서는 이러한 현상이 특히 두드러지게 나타난다.

1960년대 말까지도 소련의 작가들은 여전히 소련과 소련의 제도, 정책을 비판했다는 이유로 비난당하고 공판에 회부되고 투옥되거나 추방당했다. 중국의 경우, 1965년 이후 모택동을 지지하는 사람은 누구나 환호와 갈채를 받는 반면 모택동이나 그의 사상에 의문을 제기하거나 반대하는 사람은 여지없이 고발당하고 재판에 회부되었다.

로망 롤랑은 말했다. "아기가 세상에 태어날 때마다 사회는 그 아기가 생각을 할지도 모른다는 위험을 감수하게 된다." 아기가 생각을 하게 되면, 기존체제를 위험에 빠뜨릴지도 모른다는 것이다. 교육과 커뮤니케이션이 보편화될수록 사고는 분방해지고 규범에서 벗어나기는 더욱 쉬워진다. 사회주의자들은 그 동안 교육을 강조해 온 만큼 사상에 대한 책임은 그들에게 있다. 따라서 그들은 새로운 사상과 각 세대의 사상가들을 어떻게 다룰지 대책을 마련해야 한다. 이것이 실패할 경우 행정학 성적표에 벌점을 받게 된다.

사회주의와 관련하여 나를 괴롭혀온 문제들 가운데 이미 사회주의 국가들에서 나타나고 있는 것 중 하나는 사회주의를 의식주와 같은 일용품의 수준으로 한정하려는 경향이다. 인간은 이러한 필수품들이 있어야 생존하고 성장하고 발전할 수 있다. 이것이 없으면 인간은 무력해지거나 추해지거나 살아남지 못하게 된다. 필수품은 정상적인 삶의 필요조건이다.

더 많은 물자와 서비스가 육신의 편안함과 사회적 즐거움을 제공해 줄 수는 있다. 그러나 건설적이고 창조적인 삶에 대한 욕구를 충족시켜 주지는 못한다. 잉여물자와 서비스가 날로 증가하는 형편 속에 살면서도 미국 구세대가 보이는 현실도피와 젊은이들이 느끼는 소외감을 보라. 육신의 허기를 메우는 것이 행복한 삶을 향해 나아가는 한 걸음일 수는 있다. 그러나 그것은 기껏해야 시작에 지나지 않는다. 육체의 만족 이상으로 인간에게는 알고 소망하고 참여하고 창조하고자 하는 강렬한 욕구가 있다. 그리고 오직 이런 영역에서만 인간은 큰 만족과 진정한 충족감을 느낄 수 있다.

사회주의 국가들은 모든 시민들에게 일상생활에 필요한 물자를 공급하기 위해 법규정을 채택하고 계획을 세웠다. 사회주의 국가의 정치가들에게는 이 단계에서 만족하고 삶의 다른 부분들은 방임하는 경향이 있었다. 본질적으로 이는 복지국가가 추구하는 생활 수준이다. 사회주의가 인류 문화에 남다른 공헌을 하려면 복지국가의 수준을 넘어 창의와 탐구와 창조라는 새로운 분야로 나아가야 할 것이다. 이 분야에서 선취권을 잡아야만 사회주의적 인간이 부르주아 전임자들과 구별될 것이다.

오늘날 사회주의 운동의 중심부에서는 이 문제를 둘러싼 논쟁이 진행되고 있다. 사회주의가 사회사에서 의미있는 자리를 차지하기 위해서는, 사회주의 사회가 부르주아 사회를 능가하는 진보를 이루어야 하는 것은 물론이고 사회주의적 인간이 부르주아적 인간을 능가하는 진보를 성취해야 한다.

1965년 모택동은 '자기를 잊고 사회를 중심으로 사고하라. 대중의 복지를 먼저 생각하고 대중의 복지가 모든 사회적 관심사에서 으뜸이 되는 협동적인 공산주의 사회를 조직하라'는 슬로건 아래 편협한 개인의 이해를 보편적인 사회의 이해와 융합시키기 위한 운동에 착수했다.

현재 중국 인구는 8억으로 세계 최대의 규모이다. 모택동 주석은 전체 인류의 오 분의 일에 이르는 중국 인민이 자기 중심의 편협성을 억제하고 공동체를 우선시하며 살아가는 법을 배우기를 바라고 있다. 중국이 지역주의에서 보편적 이해로 시야를 확대한 것은 대중의 복지에 대한 보편적인 관심을 자극하고 인류 전체를 더 높은 사회의식의 지평으로 끌어올리며 온 인류의 형제애를 향해 장족을 내딛는 결정적인 조치이다.

빠른 운송과 즉석에서 이루어지는 커뮤니케이션, 인간의 노동을 보충하고 대신하는 기계, 자연 에너지의 대규모 이용과 같은 기술의 발달이 이런 혁명적 변화를 가능하게 했다. 모택동의 사회혁명은 대중의 복지를 먼저 생각하는 사회질서를 확립하는 데 기술의 진보를 활용하려는 시도이다.

*

이것은 나에게 또 다른 의문을 불러일으켰다. 나는 내 자신에게 물었다. 과연 사회주의는 어느 시점에 성취되는 것일까? 스탈린은 사회주의가 한 나라에서 성취될 수 있다고 말했다. 레온 트로츠키는 영구적인 혁명을 제시했다. 트로츠키의 이론에 따르면 한 나라(예를 들어 러시아)에서의 진정한 사회주의 혁명은 종착점이자 동시에 출발점이었다. 전(前)사회주의 사회가 존재하고 그 사회의 혁명적 소수파가 사회주의를 향한 투쟁을 계속하는 한, 그들의 투쟁을 돕는 것이 사회주의자의 권리이자 의무였다. 체 게바라가 쿠바를 떠나 볼리비아의 사회주의 확립을 돕기 위해 볼리비아로 간 것은 바로 이런 논리 때문이었다. 트로츠키·게바라 공식에 따르면, 비사회주의 국가의 사회주의 소수파가 권력을 획득하여 사회주의를 건설하기 위해 투쟁하는 한 혁명은 사회진보라는 의사일정에서 1순위를 차지해야 한다.

1960년대 초, 사회주의 국가들 가운데 인구가 가장 많은 나라이자 지구상에서 가장 큰 공산당이 존재하는 중국에서는 모택동이 이끄는 분파가 쿠데타를 일으켜 공산당 조직과 국가기구를 장악하고, 정식으로 임명되거나 선출된 당 관리들을 중국 인민들에게 흉악한 범죄를 저질렀다는 이유를 들어 축출한 뒤, 모택동과 그의 측근, 추종자들로 새 당과 새 국가기구를 확립했다. 이 쿠데타를 지지한 대중세력은 모택동의 산하조직인 '홍위병'이라는 학생세대에서 나왔다. 정치·군사적 지원은 모택동의 전우이자 후계자인 임표가 지휘하는 인민해방군이 맡았다. 중국의 국가 주석인 류소기가 자본주의의 길을 택한 '수정주의자'이며 마르크스 레닌주의의 배반자라는 모택동의 비난이 쿠데타의 명분을 제공했다.

모택동은 스스로를 사회주의자라 일컫고, 자신이 마르크스 레닌의 사회주의 전통을 따르고 있다고 공언했다. 그는 마르크스·레닌 전통의 이름으로 필요한 경우에는 군사력까지 동원해 권력을 장악하고, 모든 사회주의 국가의 사회주의 투사들과 모든 비사회주의 국가의 사회주의 소수파들에게 지구 전체가 사회주의화될 때까지 자신의 지도를 따르라고 요구했다.

모택동의 권력 장악은 사회주의 운동의 새 시대를 열었다. 그의 지도에 따라, 사회주의를 건설하고 있는 나라의 사회주의자는 누구든 필요한 대중적 지지와 군사적 지지를 얻어 권력을 장악하고 새로운 체제를 발족할 수 있게 되었다. 결국 사회주의는 필요한 지원세력을 동원할 수 있는 야심 찬 지도자들의 권력 장악의 출발점이 되어버린 것이다.

이렇게 분석하다 보면 사회주의와 관련한, 그리고 사회주의가 인간의 행복에 기여할 가능성과 관련한 마지막 의문에 이르게 된다. 사회주의 사회의 본성은 무엇인가? 사회주의 사회는 어떤 공식이나 연장이나 기계처럼 무미 건조하고, 궁극적으로 완성된 것일까? 아니면 사회 패턴의 일부로서 진화하는 것일까? 만약 사회주의 사회가 진화하는 것이라면, 사회주의적 삶은 이미 결정되어 있는 모델을 따라야 하는 것일까, 아니면 사회주의가 건설되고 있는 개별 지역이나 국가나 대륙 등지에서 그때그때마다 새롭게 결정되고 있는 것일까? 분명한 사실 하나는, 저마다 다른 역사적 배경과 자연환경의 양상들이 각각의 사회주의 사회에 그 사회의 필요를 충족시키는 데 가장 만족스러운 사회 패턴을 제공할 것이라는 점이다.

사회주의는 이미 완성되어 있는 하나의 기정 사실이라기보다는 미완의 사건이다. 문화양식의 다른 변화들이 그렇듯 사회주의 역시 몇 세대에 걸친 프로파간다와 반세기에 걸친 행정 경험을 통해 발전해 왔다. 물론 사회주의는 사회주의 건설에 전념하고 있는 사회들에서 더 발전된 양상을 보이고 있다. 그리고 종족주의 및 봉건주의의 잔재와 독점자본주의의 끈질기고 깊은 뿌리가 아직까지 전략적 위치를 차지하고 있는 곳에서는 사회주의 발전이 가장 더디다. 종족주의와 봉건주의, 그리고 독점자본주의는 문화적 '현재완료형'이다. 이것들은 이미 전성기를 지났고 제 역할을 다했다. 지금은 사회주의가 조금씩 이것들을 대신하고 있다. 종족주의와 봉건주의와 자본주의가 유럽에서 확립하는 데 성공한 사회양식에 비견할 만한 전지구적 사회양식을 사회주의는 어느 정도까지 확립할 수 있으며 확립하게 될 것인가?

사회주의는 '완제품'이 아니라 성장하고 변화하고 발전하고 진화하는 사회제도들의 결합체로서, 자본주의가 한 지역에서 미약하게 출발하여 전지구적으로 수용·채택되기까지의 유사한 라이프사이클을 밟고 있다.

어린아이의 성장과정을 보자. 아이는 기는 기술을 완벽하게 습득했다고 해서 갑자기 의자를 붙잡고 일어나 방 안을 뛰어다니지는 않는다. 아이의 다음 과제는 걸음마를 배우는 것이다. 아이는 반드시 이 수업을 받아야 한다. 아무리 어리석고 바보같은 부모라 하더라도 아이가 태어나면서부터 걷기를 기대하지는 않는다. 아이는 시련과 시행착오와 교정과정을 거치면서 한 단계씩 배워나가야 한다. 외부인들은 부모로서, 친구로서, 교사로서 제 역할을 한다. 만약 이들이 무지하다면 아이의 서툰 걸음마를 보고 웃음을 터뜨려 아이를 웃음거리로 만들고 아이의 기를 꺾을 수도 있다. 그러나 그들이 현명하고 다정하다면 자신들도 똑같은 과정을 거쳐왔다는 사실을 늘 염두에 두고 아이를 격려하고, 필요한 경우에는 기꺼이 도움을 줄 것이다.

걸음마 배우기는 좁은 의미에서 사회주의의 시작에 해당한다. 자본주의에 반대하는 사람들은 아직 기는 단계에 있는 아이처럼 18세기와 19세기 내내 새로운 사회양식들을 옹호하고 실험했다. 이들도 아이처럼 한 단계 한 단계 배워나갔다. 러시아 볼셰비키가 첫걸음을 뗐을 때 서구가 조롱하고 야유하고 비난한 것에서도 알 수 있듯이 그들을 지켜보는 세상 사람들은 무지하고 어리석었다. 반대파는 경멸과 조롱을 그치지 않았다. 반대파는 보병과 포병대와 비행기를 동원해 아직 요람에 있는 신생 사회주의공화국의 목을 죄기 위해(처칠이 제안한 대로) 취할 수 있는 모든 조치를 취했다.

사회주의는 지구상에 갓 태어난 신생아와 다름없다. 아직 초기단계에 있는 사회주의는 그때그때의 특수한 상황이 요구하는 것들을 충족시키기 위해 시험과 검토와 교정과 수정과 개조를 계속하고 있다. 3세기 전 역시 초기단계에 있던 자본주의는 반대와 비난의 대상이었다. 그러나 자본주의는 유럽 봉건사회의 관습과 제도를 개조하고 바꾸면서 점차 자신의 길을 터나가, 마침내 확실하고 어엿한 사회생활의 한 형태로 자리잡았다. 초기단계에 있는 사회주의도 이와 유사한 절차를 밟고 있다.

19세기 말에 시작된 전쟁과 사회혁명의 시기를 지나오면서 자본주의자들은 물론이고 사회주의자들마저 테러와 독재, 숙청에 의지했으며 격렬하고 지리한 분파논쟁 — 이 논쟁에서는 인신공격을 장려하고 미화하는 것이 중요한 역할을 했다 — 에 의지해 왔다. 그럼에도 불구하고 부르주아 혁명과 비교할 때 사회주의 혁명은 공업과 농업에 종사하는 대중들에게 분명하게 이익이 되었고, 이들의 지지를 끌어냈으며, 혁명의 지도자들 상당수가 사회에서 혜택받지 못하고 착취만 당하던 사람들 가운데서 배출되었다.

사회주의와 공산주의에 대한 격렬하고 가차없는 반대는 세대가 바뀌면서 정도의 차이는 있으나 계속되어 왔다. 사회주의의 실패는 부풀려 선전되었고, 사회주의의 성공은 선전이 억제되거나 아예 은폐되었다. 신생 사회주의 국가들이 더 나은 삶을 일구기 위해 고군분투할 때 자본주의자들은 그들을 돕기는커녕 방해하고 가로막고 뒤엎고 파괴하기 위해 할 수 있는 모든 일을 다했다.

모든 초심자들이 다 그렇듯, 사회주의를 건설하려고 애쓰는 사람들 역시 끝없는 문제와 난관에 봉착해 왔다. 에디슨은 백열전구를 제대로 만들기까지 6백 번의 시행착오를 겪었다고 한다. 모든 발명가와 실험가들은 같은 운명이다. 문제를 처리하는 방법 중에는 효율적인 방법만 있는 것이 아니다. 비효율적인 방법도 얼마든지 많다. 천재는 실수를 안 하는 사람이 아니라, 바른길을 마음속에 그리며 그것을 발견할 때까지 계속 앞으로 나아가는 사람이다.

*

인류는 편협한 이익이 지배하는 기나긴 세월을 지나왔다. 지역의 이익과 개인의 이익을 강조해 온 이 긴 세월 중에도 대중의 복지에 대해 생각하고 대중의 복지가 무엇보다도 우선시되는 생활양식을 확립하고자 하는 개인들이 많이 있었다. 이들의 꿈과 계획과 창조적인 행위는 20세기를 사는 사람들에게 생존을 보장하고, 산업혁명과 기술혁명에 따른 경제·사회적 변화에 비례하는 사회질서의 발전을 지향했다.

이런 개혁가와 혁명가들의 목표는 대개 조화로운 삶을 가능하게 하는 사회질서 속에서 이루어지는 개인의 행복한 삶이었다. 이들은 무지, 미신, 빈곤, 실업, 그리고 이윤을 노리는 개인이나 기업들이 만인의 면전에 흔들어대는 무절제한 수많은 유혹의 손길을 제거하고자 했다. 한편 이들은 인간의 창조적 능력을 일깨우고 자극할 만한 이상과 희망과 전망과 제도와 본보기를 만들어 유지하고자 하는 동시에 올바른 사회적 삶에 우선순위를 두고 조화로운 삶을 강조하기 시작했다.

소크라테스를 비롯한 그리스 사상가들은 선과 악을 구별할 능력이 있는 인간은 자신의 의지로 선을 택할 것이라고 믿었다. 그렇지만 이런 선택을 하기 위해서는 반드시 네 가지 조건이 갖추어져야 한다. 첫째, 어린 시절에 선과 악의 본질에 대해 교육을 받아야 한다. 물론 교육내용은 아이들이 충분히 공감할 수 있도록 세심하게 짜여져야 한다. 둘째, 올바른 개인적 삶을 사는 기술을 훈련받아야 한다. 셋째, 성인의 문턱에 들어서는 시기에는 올바른 사회적 삶의 길로 인도되어야 한다. 마지막으로, 교사를 포함한 주변의 어른들이 성숙해 가는 젊은이들에게 귀감이 될 만한 올바른 삶의 본보기를 제공해 주어야 한다.

주변의 어른들은 젊은이들에게 악보다는 선을 위해 에너지를 쏟고, 악한 결과보다는 선한 결과를 가져오는 일에 재능을 사용하도록 끊임없이 권고하고 본보기를 보여야 한다. 한마디로, 자신이 올바른 삶의 본을 보이는 동시에 남들이 올바른 삶을 살도록 도와야 한다는 것이다.

이를 위해서는 특히, ① 자연의 광대한 보고를 최대한 이용하되 풍요로운 자연을 보호하여 가능한 한 오염되지 않은 상태로 다음 세대에 물려주고, 회복 가능한 천연자원은 회복시키도록 노력해야 한다. ② 사회제도와 관습에 대해서도 똑같은 노력을 기울여야 한다. ③ 인간의 상상력과 에너지와 재능과 취향과 건설적이고 창조적인 능력을 개발하고 최대한 활용한다. ④ 이것을 개인 차원에서 실행하는 것은 물론이고, 적극적인 교육을 통해 다음 세대 구성원들까지 고무시켜야 한다. 현실적인 의미에서, 교육은 좀더 나은 삶을 영위하기 위한 기술을 가르치는 실천적 노력인 것이다.

시련과 시행착오로 점철된 오랜 세월 동안 인간은 실험하고 시험하고 거부하고 받아들이는 과정을 거쳐 엄청난 양의 소망과 관념과 법칙과 삶의 규범과 제도들 — 이런 것들을 우리는 문화나 사회환경으로 분류한다 — 을 축적했다. 각 세대의 핵심 과제는 올바른 평가와 시험을 거쳐 해로운 것과 유익한 것을 분류하는 일이다. 이렇게 해서 열등한 것은 버리고 우수한 것은 받아들이며, 가능하다면 문화양식의 수준을 높여야 한다. 모든 교육과정의 목표는 각 세대 구성원들을 자극하고 일깨워, 후세대가 그들 이전 세대보다 조금 더 높은 터전을 차지할 수 있도록 문화양식을 개선하는 것이다.

*

생각이 있는 사람이라면 오늘날의 삶을 마주하면서 상황의 급박함을 실감하지 않을 수 없을 것이다. 현재 지구를 휩쓸고 있는 저항과 분열과 파괴의 조류에 대한 우려는 이제 사회적 공감대를 얻어가고 있다. 이러한 상황에 대한 반응은 젊은층에서 훨씬 분명하게 나타난다. 이들은 살아온 날보다 앞으로 살 날이 더 많은 사람들이다. 이전 세대의 구성원인 그들의 부모는 이런 상황에 훨씬 많이 길들여져 있다. 부모세대 입장에서 보면 과거 어느 때보다 지금 상황이 나은지도 모른다.

사회주의자로서 나는 인류가 단호하게 앞으로 나아갈 때가 왔다고 믿어 의심치 않는다. 새로운 여명의 빛을 지나 새날의 눈부신 빛 속으로 신중하게 한 걸음 한 걸음 나아가야 하는 것이다. 이렇게 하기 위해서는 믿음과 희망과 결단과 인내와 용기와 앞으로의 가능성에 대한 넓은 시야가 있어야 할 것이다. 또한 가치에 대한 날카로운 판단력, 비현실적인 것과 현실적인 것을 구별하는 능력, 잘못된 것을 거부하고 옳은 것을 단단히 붙드는 능력도 필요할 것이다. 뿐만 아니라 사회주의 국가들이 복지국가형 자본주의 진영 내의 반대세력을 수적으로 따라잡거나 능가할 능력이 있느냐가 중요한 변수로 작용할 것이다.

사회주의와 사회주의 건설에 대한 평가는 불확실할 수밖에 없다. 아직 사회주의와 사회주의 건설의 경험이 일천하기 때문이다. 사회주의는 인류로 하여금 1895년에서 1917년까지의 혁명적 약진 이후 줄곧 의문과 이의를 제기하게 만든 중대한 딜레마에 대한 하나의 해답이다. 오늘날의 사회주의는 시험중에 있다. 다른 모든 보편적인 문화양식들이 스스로를 입증하기까지 시험을 거쳤듯이 말이다. 사회주의 진영은 역사상 가장 변화가 많은 시기 가운데 하나를 통과하고 있는 세대의 절박한 요구에 답하기 위해 1945년 이후 줄곧 다양한 노력을 기울이고 있다.

나는 독점자본주의를 거부하지만 그렇다고 정통 마르크스주의자는 아니라는 점을 분명히 밝히고 싶다. 나는 마르크스주의의 이론과 실천에 관해, 공산주의와 혁명의 기술에 관해 문제를 제기한다. 나는 평화주의자로서 폭력 사용의 효능이나 정당성을 믿지 않는다. 마르크스주의는 경제발전을 크게 강조해 왔다. 또한 관심을 주로 사회에 한정하고 개인과 우주를 그냥 지나친다. 마르크스주의는 자본주의에서 사회주의로의 이행을 촉진할 목적으로 세워진 주의이다.

우리는 위험을 각오하고 인간 본성이라는 측면과 인간의 경험이라는 단계를 무시한다. 미래의 어느 시점에서든 (우리 인간들이 스스로에게 미래를 허락한다면) 우리는 반드시 개인과 우주의 문제를 다루어, 그것들을 적절한 시각으로 사회와 연관시켜야 한다. 이렇게 인간과 사회와 우주가 하나로 통합되는 큰 질서 속에서 마르크스주의가 새로운 통합 논리로 작용하지는 못할 것이다. 그러나 마르크스주의는 새로운 통합체의 한 부분에 중요한 기여를 하게 될 것이다.

*

나는 이 장을 사회주의가 거짓 여명인가 아니면 인류 역사의 새날을 여는 진정한 여명인가 하는 물음으로 시작했다. 사회주의와 공산주의는 전지구적 상호의존의 시대를 맞아 가장 어려운 시험에 직면하고 있다. 사회주의자들이 단결하여 상당한 기간 동안 함께 일하고 함께 견딜 수 있을까? 자본주의자들은 이 시험을 통과하는 데 실패함으로써 갈등의 세기를 거쳐 세계대전에 이르렀다. 사회주의자들이 한 세대에서 다음 세대로 권력을 나누고 위임하고 이전하지 못한다면, 그들 역시 선조들이 지난 6천 년 동안 20개의 문명을 거치면서 실패했던 것처럼 실패를 면치 못할 것이다.

예언가들과 개혁가들은 사회적으로 이룩한 성취와 개선을 인간의 능력에 합당한 것으로, 다시 말해 인간의 운명 속에 내재해 있는 목표를 향한 인류의 전진에 반드시 필요한 것으로 생각하고 주장해 왔다. 먼 옛날에는, 그리고 미개발 국가들에서는 이 같은 노력 자체가 실현 불가능하게 여겨졌다. 그러나 지금은 이런 일들이 더 이상 실현 불가능한 꿈은 아니게 되었다. 이러한 조치들이 하나둘씩 취해질 때, 그리하여 인류의 앞날이라는 지평이 넓어질 때, 진보는 가능해지고 바람직해지고 불가피해질 것이다.

최우선 과제는 생존이다. 자본주의가 살아남지 못한다면(핵 시대에 생존과 전쟁은 양립할 수 없다), 사회주의는 살아남을 수 있을 것이다.

　미국 소수 독재체제가 일련의 소규모 전쟁(한국전과 베트남전)이나 막강한 파괴력을 지닌 무기(고성능 폭약, 핵무기, 화학무기, 세균)를 총동원하는 대규모 전쟁에서 계속 사회주의와 공산주의를 포위해 말살하려고 시도한다면, 전쟁은 대재앙이 될 것이며 아주 오랜 세월 동안 피임이나 산아제한을 필요없게 만들 것이다.

　소련을 이끄는 사회주의자들이 자신들의 뜻을 관철한다면, 복지국가가 인간사회의 원형이 되는 공존의 시기가 올 것이며, 우주시대가 앞당겨지고 자연환경이 폭넓게 개조될 것이다.

　중국 노선을 따른다면 인간사회는 냉전과 모택동 특유의 지속적 혁명을 둘러싸고 형성된 파당들 간의 갈등으로 급속히 분열할 것이다.

　만약 냉전체제 속에서 모종의 타협이 이루어진다면, 존립 가능한 사회주의 형태가 채택될 것이다. 존립 가능한 사회주의의 형태란 인적, 물적 손실은 가능한 한 줄이면서 사회주의적 인간이 인간사회를 개조하고 자연을 보존하면서도 최대한 활용하는 데 과학과 기술, 그리고 인간의 제6, 제7, 제8, 제9, 제10감을 이용하는 사회를 말한다. 이것은 곧 다원적이고 개방적인 인류 문화의 출현을 의미하게 될 것이다.

　사회주의자들은 무지를 끝내고 지식을 확산시킬 수 있는 길, 빈곤을 끝내고 풍요를 균등하게 누릴 수 있는 길, 되는대로 사는 삶을 끝내고 계획적인 삶을 사는 길, 혼돈을 끝내고 질서를 가져오는 길, 전쟁을 끝내고 평화를 정착시키는 길을 찾고 있다. 사회주의자들은 답을 얻으려 노력하고 있다. 과연 어떻게 해야 사회주의가 인류의 새날을 여는 진정한 여명이 될 수 있을까?

사회주의 건설이 진행된 50년 세월은 여러 가지 문제를 제기하기도 했지만 사회주의를 지지하는 사상가와 정치가들로부터 나오고 있는 판단과 추측과 예측에 대한 논거를 제시해 주기도 했다. 사회주의 건설자들이 독점자본주의 반혁명의 정면공격을 이겨내고, 자유주의 복지국가의 유혹을 피하고, 그날그날의 진보를 꾀하는 공동 프로그램을 채택하고, 혁명적 이상주의를 일상생활의 필수요소로 전환시킬 수 있다면, 사회주의는 인류의 새날을 여는 진정한 여명이 될 것이다.

치열한 싸움

나는 인류를 자신의 운명을 성취하기 위해 애쓰는 존재로 본다. 인간은 명확한 임무를 지니고 있는 복잡한 존재이다. 인간은 그 임무를 수행하는 과정에서 지금 중대한 고비를 맞고 있다. 인간이 지구상에서 살아남을 수 있을까? 인간이 자신의 임무를 수행할 수 있을까?

인류는 인류 문화의 전체 흐름에 이미 동원된 막대한 양의 창조력과 기술에 자신의 창조적 능력과 후천적으로 습득한 기술을 보탬으로써 우주에 크게 기여할 수 있는 발전단계에 이르러 있다. 인류는 분명 그럴 만한 자질을 갖추고 있다. 그런데 인류가 자신의 임무를 수행하는 데 필요한 결의와 결단력도 지니고 있을까?

인류가 우주를 확장하는 데 제몫을 하기 위해서는 지혜롭게 진로를 선택해, 진솔하고 단호하고 창조적으로 행동하고, 지난 2백 년 동안 인류가 이룩한 자연과 사회에 대한 지배력을 효율적으로 이용해야 한다.

이 실험이 성공하면 인류가 우주 발전에 기여할 수 있는 기회는 훨씬 많아질 것이다. 그러나 이 실험에서 실패하면 인류는 무기력과 타성이 지배하는 또 다른 암흑시대에 빠져들거나, 우주 진행과정의 한 요소로서의 완전히 소멸할 것이다.

나는 인류를 우주의 건설적인 세력과 결속시키려는 현재의 시도가 생산적이고 창조적인 결과를 낳을 수 있도록 하는 데 나름대로 온 힘을 쏟고 있다. 따라서 이 장에서는 인류가 의식적으로든 무의식적으로든 연관되어 있는 치열한 싸움에 대해 이야기하려 한다.

우리는 생존과 삶이라고 하는 치열한 싸움에서 승리를, 그것도 당당하게 거둘 수 있다. 개인이나 사회 혹은 집단 차원에서, 그리고 우주 혹은 총체적 차원에서 치열한 싸움을 승리로 이끌 수 있다. 남녀노소를 막론하고 모든 개인이 매일 매시각 승리를 거둘 수 있다. 모든 영역에서 창조하고 건설하는 행위를 통해 질서와 아름다움과 유익을 쟁취할 수 있다.

확인되지 않은 미지의 세계로 들어가는 빛나는 길은 언제나 위험하다. 우리 앞에 놓인 길이 아무도 가보지 않은 미지의 길일 뿐 아니라 우리가 최근의 발견과 발명들이 증폭시켜 놓은 엄청난 사회적 힘의 압박을 받으며 전진하고 있는 탓에, 가보지 않은 미지의 길이 오늘날의 우리 인간들에게는 위험하기 짝이 없다. 지구상의 인구가 이십 년 혹은 삼십 년 단위로 배가되고 있는 상황이라, 인간사의 방향을 잡아가는 일이 갈수록 복잡하고 번거로워지고 있다. 우리가 선택한 방향이 이전 문명의 경험에 비추어보아 자기 파괴의 지점으로 이어지는 위험한 길일 경우에는 더 많은 어려움이 따른다.

역사를 돌이켜보면, 모든 문명은 스스로를 분열시키고 결국은 붕괴시킬 만큼 혹독한 '시련의 시기'를 맞았다. 현재의 서구 문명은 내 눈앞에서 총체적 난관의 시기에 돌입했다. 그런 탓에 나는 그 과정을 빠짐없이 관찰할 수 있었다. 나는 세계적 사건들의 흐름을 과거 문명 속의 유사한 흐름들과 비교·분석하면서 지속적으로 면밀하게 관찰하는 데 만족하지 않고, 말과 글을 통해 내 동료들에게 그들을 둘러싼 위험과 그들 앞에 놓인 위험에 대해 수없이 경고해 왔다.

이러한 위험은 개인, 가족, 국가, 서구 문명, 이 네 가지 차원에 존재한다. 그런데 핵시대가 도래함에 따라, 우리가 지금 걷고 있는 길은 인류의 생존 자체를 위협하고 있다.

*

내가 지금 이 글을 쓰고 있는 순간에도 치열한 싸움은 맹위를 떨치고 있다. 싸움터가 바뀌고 새로운 경기자들이 경기장에 들어왔지만, 싸움은 개별 국가와 제국들에 중대한 영향을 미치며 계속되고 있다.

치열한 싸움은 전지구적 규모이다. 이 싸움은 생명과 재산의 큰 손실을 야기하지만, 많은 이익을 가져온다. 목표가 점점 명확해지고, 그 목표를 향해 나아가는 데 사용할 수 있는 수단이 점점 명확해진다는 것이 이 싸움이 가져오는 큰 이익 가운데 하나이다. 그러나 목적과 수단 둘 다 우리가 스스로 인정하고 규정한 도덕체계에 합당한 것이어야 한다. 목적과 수단을 우리 적수들의 그것에 맞추는 것은 신뢰를 저버리는 처사이다.

좌파에 대한 추방과 박해와 비난으로 점철된 지난 반세기 동안 많은 사람들이 용기를 잃고 싸움에서 물러나 패배를 인정했다. 그들은 '지친 급진주의자'라고 할 수도 없다. 아마 그들은 자유주의자들보다도 덜 자유주의적일 것이다.

언젠가 헬렌과 나는 대륙횡단 강연여행을 하던 중, 서부에 있는 어떤 교외 마을에 와서 저녁식사를 하고 하룻밤 묵어 가라는 초대를 받았다. 우리를 초대한 사람은 오랫동안 노동운동을 하던 유명인사였다. 그런데 언제부터인가 그의 모습이 보이지 않았다. 그러다가 10년이 지난 지금에야 그를 다시 만나게 된 것이다. 나는 그가 노동운동에서 손을 떼고 보석가게를 열어 유복한 생활을 하고 있다는 사실을 모르고 있었다.

우리는 오후 늦게 그의 안락한 집에 도착했다. 저녁식사에 앞서 대화를 나누던 중 그가 면목없다는 투로 말했다.

"나는 정말로 손을 뗐습니다. 싸움은 다른 누군가가 하겠지요. 싸움이라면 넌더리가 납니다. 그래도 선생님이 여전히 이렇게 순회강연을 다니시니 기쁘군요."

저녁식사 자리에는 고등학생인 집주인의 딸을 포함해 열 명 정도가 있었다. 화제는 자연히 불과 몇 주 앞으로 다가온 대통령 선거로 돌아갔다. 집주인이 나에게 물었다. "후보들에 대해 어떻게 생각하십니까?"

보수적인 공화당 후보와 보수적인 민주당 후보 둘 중 하나를 고르는 수밖에 다른 선택의 여지가 없다는 걸 알고 있었기 때문에 나는 이렇게 말했다.

"다 썩은 사과들뿐인데 뭘 고르겠습니까."

"하지만 유권자로서 누군가를 고르기는 골라야 하지 않겠습니까."

집주인이 이의를 제기했다.

"내 평생 미국 대기업이 지명한 후보에게 표를 던진 일은 없었습니다. 그리고 앞으로도 착취와 약탈을 일삼는 자들에게 표를 던지지는 않을 겁니다." 나는 이렇게 대답했다.

한동안 좌중에는 거북한 침묵이 감돌았다. 결국 다른 문제로 얘기가 옮아갔다.

식사 후 집주인이 나를 한쪽으로 데리고 갔다.

"선생님이 이번 선거에 대해 하신 말씀이 제 딸을 당황하게 만들었나 봅니다."

그가 말했다.

"딸아이 말이, 우리 집에서 그런 얘기가 오간다면 자기는 학교 댄스파티나 데이트에 초대받지 못할 거랍니다. 저나 제 아내나 선생님께 이런 말씀을 드리는 게 무척 송구스럽지만, 가정의 평화를 지키기 위해서이니 이 마을에 계시는 동안 다른 곳에 묵으셨으면 합니다."

식사 모임이 끝난 뒤 헬렌과 나는 어떤 모텔로 갔다가 다음 날 아침 일찍 그 마을을 떠났다. 우리를 초대했던 사람이 치열한 싸움을 그만두었으니, 우리가 그 사람 몫까지 싸우려면 지금보다 두 배로 노력해야겠구나 하는 생각이 들었다.

  1950년대와 1960년대를 지나면서 미국의 많은 활동가들이 싸움을 포기했다. 1960년대 말에는 다양한 영역에서 싸움에 뛰어들어 큰 공헌을 하고 있는 젊은 신참자들이 그 빈자리를 메웠다.

  미국 현대사에서 몇 안 되는 빛나는 장 가운데 하나는 베트남전쟁에 반대해 온 젊은이들에 의해 씌어지고 있다. 많은 젊은이들이 무솔리니의 에티오피아 침공만큼이나 파렴치한 전쟁에 나가 미국 소수 독재체제에 봉사하느니 감옥에 가는 편을 택했다. 이 젊은이들은 파렴치한 국가에 맞서 정의로운 입장을 고수하면서 미국 정부에 대해 많은 것을 배웠다. 그들 대부분은 이 교훈을 절대로 잊지 않을 것이며, 그 중 일부는 앞으로도 저항운동을 이어갈 것이다. 그들은 시대에 뒤떨어진 데다 사악하기까지 한 체제를 바꾸기 위해 노력할 것이다.

                        *

  나는 인류가 오랜 세월 몸담아 왔으며, 인류가 몇백 년에 걸친 노력과 분투로 건설한 문화양식을 한순간에 태워버리고도 남을 만큼 열렬한 강도로 진행되고 있는 치열한 싸움을 설명하고자 노력했다. 치열한 싸움은 개인과 사회집단, 국가와 서구문명, 그리고 현재 지구상에 살고 있는 35억 인구 모두에게 지극히 중요한 사안이다.

위험은 실제로 대단하다. 그리고 아주 가까이에 있다. 학자들과 공공 정책을 입안하는 사람들 다수가 어디에나 위험이 도사리고 있다는 사실을 폭넓게 인식하고 있다. 일반대중들도 놀라움과 염려와 경악 속에서 위험을 깨달아가고 있다. 히로시마와 나가사키를 날려버린 소형 원자폭탄의 파괴력이 실증된 1945년 이후 위험은 폭발적으로 증가했다. 그후 수년 간 작은 원자폭탄들은 파괴력이 비교할 수 없이 큰 대형 핵폭탄으로 대체되었다.

전멸을 초래하는 이런 괴물들은 계속 생산되고 시험되고 개량되어 왔다. 미국만 해도 만 개가 넘는 핵무기를 보유하고 있으며, 그 수는 나날이 증가하고 있다. 수상선, 잠수함, 육상 수송기, 유도탄 등이 지구상의 모든 거주 지역들로 원자무기와 핵무기를 실어나르기 위해 대기하고 있다.

수천 년에 걸쳐 수많은 문명들이 생성과 소멸을 되풀이하면서 현재에 이르렀다. 사회진화는 건설하고 또 파괴할 수 있는 인간의 힘을 증대시켰다. 과학기술은 서구 문명의 중심지들에서 급격히 발전하여 빠른 속도로 지구 전체로 퍼져나감으로써 인류 전체를 참여자로든 구경꾼으로든 과학기술과 연관시키고 있다. 1870년부터 1970년까지의 세계대전은 갈수록 조직적 파괴와 대량 살상의 기술에 관심과 행동을 집중해 왔다. 인간의 행복과 가능성과 기회와 생존은 위기에 처해 있다.

위험은 명백하고, 사태는 급박하다. 치열한 싸움은 정점으로 치닫고 있다. 우리에게 남은 것은 결단과 행동이다. 대단히 위험하고 급박한 상황이지만, 나는 이 치열한 싸움에서 인류가 지금, 오늘, 그리고 내일 여러 차원에서 승리로 이끌 수 있다고 믿는다.

우선 문제를 이해하는 개인들, 두려움 없이 당당하게 상황에 맞설 수 있는 개인들, 진부한 과거에 등을 돌리고 아직 확인되지 않은 새로운 미래를 맞이하고자 하는 개인들이 치열한 싸움을 승리로 이끌어야 한다. 오늘날에는 지구상의 크고 작은 모든 나라에 이런 개인들이 얼마든지 있다. 나는 국내든 해외든 여행을 가는 곳마다 이런 사람들과 접촉하고 교류해 왔다. 그들은 전망과 강령과 행동에서 큰 차이를 보이고 있지만, 서구 문명이라는 진부한 도구와 시대에 뒤떨어진 기술을 계속 사용하는 것이 부적절하고 무익하며, 인간사회를 구조면에서나 기능면에서나 현재의 과학·기술·문화 혁명으로 야기되는 변화와 일치시켜야 한다는 점을 공통적으로 인식하고 있다. 그들은 혁명을 수행하기 위해서는 급격한 사회조정이 필요하다고 생각한다. 따라서 낡은 것을 버리고 새로운 것을 기꺼이 시도할 각오가 되어 있다.

이런 사람들은 단순하면서도 논리상 필연적인 질문을 던진다. 지금 우리가 할 수 있는 일이 무엇인가? 대답 역시 단순하고 명쾌하다. 과거에서 벗어나 과거가 주는 교훈을 배우고, 미래의 한 부분으로서 느끼고 생각하고 행동하기 시작하라. 이 대답은 결단을 내리고자 하는 각 개인에게 적용된다. 또한 그 개인이 속한 집단에도 적용된다.

현재 서양에 살고 있는 우리들 대부분은 부르주아(독점자본주의) 사회의 관념에 길들여진 인간들이다. 우리는 부르주아 사회에서 태어나 부르주아 사회의 관습에 길들었다. 문명이 지니고 있는 결함을 우리도 지니고 있다.

모세는 충성스럽고 순종적인 야훼의 종이었으나, 이집트의 지배계급과 접촉하면서 약속의 땅에 들어갈 수 없을 정도로 타락했다. 먼 산 꼭대기에서 약속의 땅을 보는 것이 허용된 것만도 특별한 은혜였다. 우리들 가운데 많은 이들이 정의와 화합과 동정과 공정한 거래와 형제애를 위해 애쓰면서 인생을 보냈다. 우리가 기대할 수 있는 최상의 것은 밝은 미래를 볼 수 있는 기회를 갖는 것이다. 그 이상은 우리의 몫이 아니다. 우리는 열심히 노력하면서 새벽을 기다릴 수는 있다. 그러나 새날의 밝은 빛 속에서 살아갈 준비는 되어 있지 않다.

미래를 건설하는 데 한몫 하고자 한다면, 우리는 현재의 사고방식을 버리고, 현재의 습관과 관습과 제도를 거부하는 부정적인 행위로 새 삶을 시작해야 한다.

이 방향으로 내딛는 첫걸음은 부르주아 소수 독재자들이 발전시키고 통제하는 대중매체를 통해 발표되는 시사 프로파간다를 비판적으로 검토하는 일이다.

다음 걸음은 부르주아 사회가 충실한 봉사에 대한 답례로 제공하는 물질적 보상 — 다양한 위문품과 편의 — 을 거부하는 것이다.

세번째 걸음은 독점자본주의의 정책들을 용인하거나 정책결정에 참여하기를 거부하는 것, 또는 부르주아 정책이 실행되도록 돕는 것을 거부하는 것이다.

문화혁명을 통해 새로운 기회를 열고, 이에 일치하는 삶을 살기 위해 치열한 싸움에 참가해 이기기로 작정하는 사람이라면 기성 부르주아 체제와 심리적·사회적·경제적으로 관계를 끊어야 한다. 이러한 단절을 신속하게 이루어낼 수 있는 사람이 있는가 하면, 어떤 사람들에게는 이러한 관계 단절이 길고 고통스런 싸움이 되기도 한다. 부르주아적 관념과 행동양식으로부터 벗어나고자 하는 사람들은 부단한 노력을 통해서만 낡은 사회와의 관계를 끊고 유능한 새 사회의 건설자로 적극적인 발걸음을 내딛을 수 있다.

이런 이행과정에서 낡은 사회를 거부하고 새로운 사회를 지지하는 사람은 어떤 것이든 접근 가능한 커뮤니케이션 수단을 통해 자신의 소신을 밝힐 수 있다. 이러한 방향전환은 즉각 기성사회의 반발과 보복, 비난과 거부를 야기할 것이다. 사회적 지위나 명성, 직업, 수입, 승진기회를 잃는 등의 처벌도 따를 것이다. '인생역경대학'은 거칠고 험한 곳이다.

낡은 사회를 거부하고 새로운 사회를 지지하는 사람은 말뿐만이 아니라 행동으로 새로운 역할을 담당해야 한다. 그런 사람은 기성사회에 맞서게 될 것이며, 기성사회의 반대자들이 의당 겪게 되는 불이익과 불편을 견딜 각오를 해야 할 것이다. 그런 개인은 반체제집단들과 연대하면 그 동안 인류 문화에 나름대로 기여하며 전성기를 누려왔던 진부한 관념과 제도들을 뒤엎기 위해 적극적이고 효과적으로 활동할 수 있는 입장이 될 것이다.

어떤 사회질서를 거부하고자 하는 사람들은 개인적으로 좀 더 강력하게 그 사회질서에 맞서야 한다. 그렇지만 혁명이 진행될 때는 그 동안 낡은 질서에 맞서 싸워온 개인의 태도를 바꿔, 뚜렷한 목표를 가진 의식있는 사회집단의 자제력있는 구성원으로서 생각하고 행동하는 법을 배워야 한다. 이렇게 태도를 바꾼다는 것은 대단히 고통스러운 일이라, 제대로 되지 않는 경우가 종종 있다. 그리하여 낡은 체제에 맞서 싸우던 사람들이 새로운 사회에서 반혁명론자가 되는 경우도 흔하다.

*

'존'과 '메리'라는 젊은 미국인 부부의 실제 이야기를 예로 들어보겠다. 두 사람 다 노동운동에 종사하고 있었다. 존은 묵묵히 꾸준하게 맡은 일을 해나가는 견실한 사람이었고, 메리는 발랄하고 활기가 넘치는 적극적인 여성이었다. 1920년대 초 이들 부부는 더 나은 미국을 만드는 일에 일조하겠다는 고귀한 소망을 가지고 있었다.

그런데 그후 풍년이 찾아와, 황금송아지를 숭배하는 사람들에게 재물과 권력이 미끼로 제공되었다. 존과 메리는 황금송아지를 섬기는 사람들의 대열에 들어서 출세가도를 달리기 시작했다. 10년도 채 안 되어 그들은 어떤 대기업의 최고위층에 바

싹 다가섰다. 노동운동은 먼 옛날 일로 거의 잊혀졌다. 세상은 그들이 성공해서 유복하게 잘살고 있다고 생각했다.

또다시 10년이라는 세월이 흘렀다. 그들이 몸담고 있던 회사는 다른 대기업과 손을 잡았다. 두 기업이 힘을 합해 군수사업에 뛰어듦으로써 불경기에서 벗어나기 위해서였다. 그 사이에 장성한 존의 맏아들은 입대를 결심하고 공군에 들어갔다. 그리고 유럽으로 파견되어 '적' — 남녀노소, 지위 고하를 막론하고 — 에게 고성능 폭발물을 투하하는 임무를 수행했다. 결국 존의 맏아들은 테러 임무를 수행하다 죽고 말았다.

죽은 비행사의 젊은 아내가 영웅 남편에 관한 그렇고 그런 책 한 권을 썼다. 남편이 무척 좋은 사람이었다, 그는 언제든 기꺼이 비행에 나섰고 동료 폭격수들에게 높이 평가받았다, 그의 생명이 사그라든 게 얼마나 슬픈 일인지 모른다, 는 내용이었다. 필자의 시어머니인 메리가 이 책을 나에게 보내왔다.

나는 책을 잘 받았다고 메리에게 편지를 써 보냈다. 나는 그녀의 아들에 대해 자세히 모르는 터라 대학을 그만두고 공군에 입대해 화려한 경력을 쌓다가 태평양에 추락해 죽은 내 조카 얘기를 들려주었다. 나는 편지에 이렇게 썼다.

'훌륭하고 유능한 젊은이들이 이렇듯 거물들의 부름에 응답해 명령에 따라 파괴와 살인을 실행하는 한, 훌륭한 젊은이들은 인생의 꽃을 피워보지도 못한 채 어머니와 아내들에게 애끓는 슬픔만 남기고 사라질 것이오. 그들에게 명령을 내린 사람이 루스벨트든 히틀러든 다른 어떤 사령관이든 이런 사실에는 변함이 없소. 이 교훈을 깨닫고 조직적인 파괴와 대량 살상에 의존하지 않는 삶의 방식을 찾아 따르는 것은 훌륭한 젊은이들과 그들을 사랑하는 사람들에게 달려 있소'

아들을 잃은 어머니에게 위로가 될 수 있는 편지는 아니었지만, 이것은 엄연한 사실이었다. 내가 구태여 이런 내용을 적어 보낸 것은 존과 메리가 착취와 전쟁을 기반으로 하는 편안하고 안정된 삶에 대해 스스로 책임을 질 때가 되었다고 생각했기 때문이다.

내 편지가 도착했을 때 메리는 집에 없었다. 존이 편지를 뜯어보았다. 존은 메리가 아직도 슬픔에서 헤어나지 못하고 있고 맏아들을 잃은 것을 현실로 받아들이지 못하고 있다며 내가 허락한다면 내 편지를 파기하고 싶다고 답장을 보내왔다. 내 편지가 메리를 다시 한 번 절망스러운 고통 속에 빠뜨리지나 않을까 걱정스럽다는 것이었다. 존은 내가 메리에게 책을 잘 받았다고 따뜻한 말 한마디 적어 보내주면 좋겠다고 덧붙였다.

나는 편지를 없애도 좋다는 뜻을 전했다. 그리고 그 문제는 그냥 그대로 두기로 마음먹었다. 그러나 존은 만족하지 않았다. 존은 다시 편지를 보내왔다.

'메리에게 선생님이 책을 잘 받으셨다는 짤막한 글 한 줄 적어 보내주십시오. 그러지 않으면 메리가 선생님한테서 연락 오기를 계속 기다릴 것 같아서요.'

아무튼 그가 요청해 왔기에 나는 편지를 썼다.

친애하는 존

우리는 도살자와 살인자 들의 사회에 살고 있네. 우리는 먹기 위해, 그리고 재미삼아 동물들을 도살하고 재물과 권력을 위해 같은 인간들을 죽이지. 여러 해 전 자네와 메리는 우리의 사회 시스템을 운영하는 약탈자와 살인자 들을 위해 일하기 시작했지. 그 대가로 자네 부부는 꽤 안락한 생활을 누렸고 어느 정도 인정도 받고 힘도 갖게 되었지. 그런데 그들이 자네 부부의 사랑하는 아들을 죽였어. 그건 자네 부부가 약탈자와 살인자 들이 운영하는 세상에서 살기 위해 치른 대가의 일부였지.

사실을 외면하려 해봐야 소용없다네. 자네들도 나만큼, 아니 나 이상으로 그들을 잘 알고 있을 테니 말일세.

지난번 메리에게 보낸 편지에서는 이렇게까지 심한 표현은 쓰지 않았지만, 메리가 내 얘기의 요점을 이해하고 쓰디쓴 교훈을 깨달아 뭔가 얻을 수 있도록 문제를 충분히 명확하게 설명했었지. 그런데 자네가 그 편지를 없었던 걸로 해달라니, 그렇게 함세.

자넨 나더러 판에 박인 사교적 거짓말을 하라고 하는군. 메리에게 그 책이 좋은 책이고, 책을 보내줘서 고맙다고 하라고? 편지를 없앤다고? 원한다면 그렇게 하게. 아무 말도 하지 않음으로써 문제를 회피하는 것, 그건 소극적인 거짓말이지. 나더러 적당히 사교적인 말을 하라고? 내가 느끼지도 않은 감정을 표현하는 척하란 말인가? 그럴 수는 없네. 그건 적극적인 거짓말이고 나는 그런 거짓말을 하고 싶지 않다네.

자네와 나(그리고 메리)는 나이를 먹을 만큼 먹었네. 그러니 의연하게 비판을 당하는 법도 터득했어야지. 나 같으면 지금 여기에서 비판당하는 편을 택하겠네. 나는 내 생각을 얘기하거나 아무 말 안 하거나 둘 중 하나를 택할 수는 있지만 거짓말을 할 수는 없다네. 나는 우리가 거짓말과 약탈과 도살과 살인 위에 세워진 사회에 살고 있다고 생각하네. 이 엄연한 사실을 피해 갈 길은 없어. 또한 나는 우리가 사실을 직시하고 방향을 바꿔 우리 삶을 고칠 때까지 거짓말과 약탈과 도살과 살인이 계속될 거라 생각하네. 이 또한 부정할 수 없는 사실이지.

그리고 이제는 우리가 일어서서 서로에게 편벽됨 없이 진실을 얘기할 때라고 생각하네……. 이것은 냉혹한 논리이지만, 우리는 어차피 수백만의 젊은 희생자들이 자신의 목숨을 무지와 어리석음과 탐욕과 위선과 방관에 대한 대가로 치르고 있는 냉혹한 세상에 살고 있네. 결국은 메리에게 사실을 말해 주는 편이 현명할 걸세.

나는 이 편지를 존에게 부쳐야 할지 말지 며칠 간 망설였다. 존은 50대 말이었다. 그가 아직 노동운동에 몸담고 있던 25년 전이라면, 아무리 심한 혹평이라도 받아들일 수 있었을 것이다. 지금도 그것이 가능할까? 혹평이 그에게 도움이 될까? 슬픔을 가누지 못하는 메리는 어떨까? 메리가 의연하게 사실을 받아들일 수 있을까, 아니면 냉혹한 사실이 그녀를 더 깊은 수렁에 빠뜨릴까? 25년 전이라면 그녀도 사실을 냉정하게 받아들이고 나름대로의 길을 갔을 것이다. 하지만 25년 간의 안온한 부르주아 생활이, 자신에게 특권을 부여해 온 사회시스템이 함축하고 있는 의미에 대항하지 못하도록 그녀를 변화시켜 놓았을지도 모른다.

그러나 이런 일신상의 조건보다는 사회적 책임이 우선이라는 생각이 들었다. 서양의 지도자들은 전쟁시스템을 영속시키기 위한 조치를 취하고 있었다. 그들은 신문과 라디오에서, 해군사관학교, 육군사관학교, 초등학교, 중고등학교, 대학교의 졸업식에서 자신들의 명령에 따라 파괴와 살인에 나설 젊은이들을 모집하기 위해 전력을 기울였다. 나는 망설임을 떨치고 편지를 부쳤다.

존과 메리는 그저 한 사람의 개인이 아니라 세상 어디에서나 볼 수 있는 전형적 인물이었다. 그들도 젊었을 때는 희망과 믿음과 이상이 있었다. 그런데 원숙기에는 안락과 보장과 부와 권력을 얻었다. 이런 악취 나는 잡동사니들과 이상을 맞바꾼 것이다. 프로파간다가 어찌나 교묘하고, 맥주와 서커스가 어찌나 사람을 마취시키며, 변화가 어찌나 은근하게 진행되는지, 그들은 자신들이 달라지고 있다는 것조차 의식하지 못했다.

1970년의 수많은 존과 메리가 1920년의 존과 메리의 전철을 밟아 무시무시한 싸움을 3차세계대전으로 연장시키고 자기 아들과 손자들의 살아 있는 몸을 제물로 바친다면, 서구 문화는 원자핵 분열과 세균전이 불러일으킬 파괴와 죽음의 회오리바람에 송두리째 뿌리뽑힐 것이다.

지구상에서 살아남기 위한 인간의 치열한 싸움이 승리를 거두려면 우리가 서로 도우며 사는 법을 배우는 길뿐이다. 지구라는 한정된 땅덩어리에 35억 인구가 북적대고 무선통신과 신속한 이동이 보편화한 상태이고 보면, 평화롭고 인도적인 사회 관계가 더욱 절실하게 필요하다. 우리가 지구상에 계속 남아 더 높은 단계로 나아가려면, 우리는 반드시 '함께' 사는 법을 배워야 한다.

치열한 싸움에서의 승리는 말보다 행동에 달려 있다는 믿음이 점점 확고해진다. 이념의 중요성은 갈수록 줄어들고, 지혜롭고 현명한 실천의 비중은 점점 커질 것이다.

중화인민공화국과 소련 사이의 갈등이 (1960년 이후 점점) 심해지는 것을 보고 이런 결론에 이르게 되었다. 지구상에서 가장 거대한 두 사회주의 국가가 미국이 후원하는 반공산주의 세력의 노골적인 적개심 앞에서도 서로를 비난하고 국경 분쟁을 일삼고 있는데, 이는 자신들의 군사적 안녕과 9억7천 인구의 행복을 담보로 전면전의 위험을 초래하는 행위이다.

두 나라 모두 사회주의가 목표라고 단언했다. 두 나라 모두 마르크스, 엥겔스, 레닌의 이론을 받아들였다. 두 나라 모두 지난 20년 동안 인상적인 잔보를 이루었다. 소련은 사회주의 건설에 몰두한 반세기 동안 10월혁명의 단물을 울궈먹었다. 중화인민공화국은 목표를 뚜렷하게 설정하고, 인민들을 단결시키고, 정책을 세우고, 동아시아 사회주의의 지도권 확보를 위한 방침을 계획하는 등 발빠르게 자기 변화를 꾀했다. 두 나라의 대표자들은 세계평화회의의 회의석상에서 연이어 만나, 인류 평화와 행복의 증진을 위해 진지하게 협력했다.

세계 무대는 인류의 사회주의 부문이 성숙을 꾀하고 조직적으로 단결하여 지도부를 배출하게 될 공존의 시대를 위해 설치된 듯 보였다. 심지어는 독점자본주의와 사회주의를 가르는 뚜렷한 차이점들조차 무력에 호소하지 않고도 회의석상에서 논의를 통해 해소될 것 같았다. 나는 지금 적대적인 문화의 지속적인 공존이 가능했다는 얘기를 하고 있는 게 아니다. 그저 가능할 것 같아 보였다는 말일 뿐이다. 나는 사회주의를 건설하고 있는 나라들간의 폭넓은 협력이야말로 지극히 당연하고 바람직하다고 생각했다.

사회주의 진영의 긴밀한 협력은 1960년 이후 중국과 소련의 지도자들이 서로에게 퍼부은 통렬한 비난과 함께 막을 내렸다. 이런 논전에 따른 우호관계의 단절이 사회주의 건설의 판도와 세계사의 흐름을 바꾸어놓는 것 같았다.

중국 공산당과 소련 공산당의 이념 차이는 지극히 미미하여, 당장이라도 교섭을 통해 문제를 해결할 수 있을 것처럼 보였다. 그러나 양자의 대립에서 이념의 문제는 별 게 아니었다. 속내를 들여다보면 이들의 대결은 현학적 논쟁이라는 겉치레로 윤색된 권력싸움이었다.

현재의 세계혁명은 이념에 기초를 둔 것이 아니다. 과학기술의 진보가 혁명의 주된 원동력 가운데 하나이다. 과학과 기술 분야의 성과물들이 세계혁명으로 통하는 문을 열었다. 과학기술의 진보에 힘입어 속박에서 풀려난 혁명세력을 서구 문명이 끌어안고 활용하는 데 실패함으로써, 서구는 지배권을 잃고 세계 권력의 중심이 유럽에서 아시아로 옮아갔다.

이념은 인류 문화에서 확고한 자리를 차지하고 있다. 이념은 긍정적으로 이용될 경우 문화 발전에 꼭 필요한 지침이 될 수 있다. 그러나 부정적으로 이용되면 이념은 본래의 의미를 잃고 분파싸움이라는 모래땅으로 흘러들어갈 수도 있다. 이념은 사회조직에 기여를 할 수도 있지만 사회조직을 분열시키고 파괴할 수도 있다. 그런가 하면 결핍과 무지와 미신에 기초한 낡은 사회질서를 해체하고 새로운 사회를 건설하는 일은 사소한 것에 목숨을 거는 분파주의자들의 몫이 아니라 해체반과 건설대의 몫이다.

역사의 동력이라는 이념의 역할이 심하게 과대평가되고 있다. 부르주아 공리주의 이념들은 유럽 대기업들이 서유럽의 운명결정권자로 자리잡기 전이 아니라 자리잡고 난 후에 확립되었다. 마르크스와 엥겔스가 주장한 이념은 산업혁명으로부터 싹텄다. 그리고 레닌과 모택동의 이념은 과학기술혁명의 산물이다. 어느 경우를 보든 먼저 나타나는 것은 생계수단의 혁명적 변화였다. 새로운 이념들은 새로운 생활 패턴에서 기인했다.

미래를 계획하고 궁리하고자 한다면, 삶의 물질적 조건에서 생기는 변화가 먼저라는 사실을 깨달아야 한다. 자연과학은 황무지를 뚫고, 길을 내고, 고속도로를 건설하고 포장했다. 사회과학은 소심하게 머뭇거리면서 그 뒤를 따랐다. 인간은 몇 세기에 걸쳐 새로운 방식들을 경험해 왔고, 사회혁명론들은 바로 이런 인간의 경험으로부터 형성되었다. 자연과학과 공학은 순식간에 자연의 형태를 바꾸고, 인간사회의 물질적 기반을 재건해 놓고 있다. 이제 사회과학자와 사회공학자들이 사회 분야에서 전면적인 변화를 꾀할 때가 되었다.

*

우리가 치열한 싸움을 전개하는 도덕적, 윤리적 수준을 높이는 데 성공한다면, 출발에서부터 중요한 기득권을 확보하고 들어가는 셈이 될 것이다. 아무리 승산이 없어 보여도 싸움을 지속하는 데 필요한 용기와 단호함과 자제력을 잃지 않는다면, 우리는 두번째 승리를 얻게 될 것이다. 우리가 선택한 수단과 목표에 맞게 계획을 수립하고 일정을 짜고, 힘을 동원하고 전략을 개발한다면, 우리는 새로운 사회질서 건설자로서의 자격을 얻게 될 것이다.

어느 시기든 사회의 윤리적, 도덕적 수준을 결정하는 것은 그 사회의 구성원들이 내세우고 따르는 윤리적, 도덕적 기준이다. 사회조직의 일부 구성원들이 다른 구성원들에 비해 사회의 안녕에 더 큰 기여를 하는 것이 사실이듯이, 숭고한 도덕체계가 사회의 일부 구성원들에 의해 실행에 옮겨질 때 사회관습 전체가 그에 상응하여 숭고해지는 것 또한 사실이다.

한 사회의 윤리·도덕적 건강은 오래 끌어온 중대한 싸움 막바지에 한 분파가 다른 분파에 대해 거두는 최종적인 승리에 의해 결정되지는 않는다. 그것은 그날그날의 싸움 그 자체에 의해 결정된다. 현대인은 서구 문명이라는 그물에 걸려 있다. 현대인은 서구 문명이 가까운 장래에 걷게 될 진로를 결정하기 위한 생사를 건 싸움에 참여하고 있다. 인류의 행복과 발전이 우리가 이루고자 노력하는 중요한 목표라면, 치열한 싸움은 현대인이 도달할 수 있는 최고의 수준에서 수행되어야 한다.

우리는 과연 더 많은 사람이 인류 발전에 기여할 수 있는 기회를 더 많이 제공하게 될 삶의 방식으로의 전환을 관철시키는 데 관심을 가지고 있는가? 만약 그렇다면, 그 숭고한 목표를 염두에 두고 매순간 치열한 싸움을 수행하는 것이 우리의 의무이다. 이 목적을 위해 우리는 세상에 태어났다. 이것이 우리의 운명이다.

승산이 얼마나 되든, 싸움이 얼마나 격렬하든, 도전이 얼마나 힘들든, 우리는 우리의 계획이 현실화되고, 우리의 목표가 성취되고, 우리의 운명이 실현되도록 우리의 몫을(가능하다면 자기 몫 이상을) 다해야 한다.

내 교육의 마지막 학기

나는 이 자서전을 쓰며 나를 충실한 보수주의자에서 확고한 급진주의자로 변화시킨 힘이 무엇인지 알아보고자 했다. 진실은 그 자체로서 말한다.

나는 '인생역경대학'의 마지막 학기에 등록했다. 이제 내 얘기를 끝낼 때가 된 것이다.

학기말에 내가 학생들에게 즐겨 내던 과제물 가운데 이런 게 있었다.

"다음 시간에는 여러분이 이 강의에서 배운 가장 중요한 내용들을 항목별로 정리해 보세요."

나는 마지막 학기의 기말시험 때면 내 자신에게도 똑같은 문제를 내고 있다. 기억이 미치는 80년 세월 동안 내가 배운 것 중에서 가장 중요한 것은 무엇일까?

내가 지난 80여 년 간 살아온 우주는 면밀하게 구상되고 신중하게 계획되고 훌륭하게 조직된 기업체이다. 이 우주는 절대적이지도 않고 변덕스럽지도 않다. 우주의 가장 중요한 측면들 가운데 두 가지는 꾸준하고 성실하게 제기능을 한다는 것과 끊임없는 변화 혹은 표준으로부터의 일탈이다. 우리의 우주는 존재한다. 동시에 우리의 우주는 생성되고 있다.

• 우주의 한 부분인 지구는 다양한 차원의 실험이 광범위하게 벌어지는 실험실이다. 이곳에서 모든 생물과 무생물은 '자연의 균형'이라고 일컫는 안정/불안정의 관계를 끊임없이 실험한다. 이 균형은 우리가 속해 있는 환경을 유지시키기 위해 필연적으로 요구되는 것이다.

• 실험가로서의 나에게 가장 선명하게 남아 있는 고통스러웠던 기억 중의 하나는, 물이 언덕 아래로 흘러내리는 것을 막는 데 거듭 실패한 일이었다. 모리스턴에 있는 우리 집 옆으로 작은 개울이 흐르고 있었다. 폭우가 내리거나 눈이 녹으면 개울은 급류로 변했다. 나는 이 개울에 댐을 쌓기 시작했다. 댐의 기본 골격을 쌓을 돌은 얼마든지 있었다. 돌 틈새를 메울 진흙과 이끼도 있었다. 몇 시간 동안은 댐에 물이 차오르지만, 작은 틈 하나만 있어도 물은 그 구멍을 넓혀 내가 쌓은 시원찮은 장애물을 뚫고 가파른 계곡 아래로 거품을 일으키며 콸콸 쏟아져 내렸다.

나는 자랄수록 더 견고하게 댐을 쌓아, 수영을 하고 뗏목을 띄울 수 있을 만큼 댐이 오래 견뎌주었다. 그러나 가을에 폭풍우가 오거나 봄에 눈 녹은 물이 억수로 쏟아지면 댐은 더 이상 견디지 못하고 물에 돌파당하고 말았다.

그 어린 시절 이후 나는 돌과 진흙과 목재와 철근 콘크리트로 여러 차례 댐을 쌓았다. 메인 농장에서는 콘크리트 골조를 넣은 흙댐과 방수로를 건설했다. 댐이 가득 차면 못의 넓이가 2에이커 정도 된다. 그런데 댐에 물이 가득 차면서부터 물은 콘크리트 방수로 옆인지 아래인지에 작은 물길을 뚫었다. 지난 겨울, 그 구멍으로 물이 새어나가 댐 수위가 낮아졌고, 그 바람에 얼음이 내려앉아 우리는 못에서 스케이트를 탈 수 없게 되었다.

댐 건설이 전문 분야인 한 토목기사가 나를 위로해 주었다. "새지 않는 댐을 원하세요? 그런 생각일랑 아예 버리세요. 여태까지 건설된 모든 댐들도 많든 적든 다 물이 새거든요. 댐을 지속적으로 보수하고 보강하지 않는 한 물은 어떻게든 바다로 흘러들어갈 길을 찾아내고야 맙니다."

인간은 자연의 균형을 깨뜨리고 어지럽힌다. 자연은 균형을 회복하는 것으로 인간에게 대응한다. 어린 시절부터 성인이 되어서까지 우리는 댐과 제방을 쌓는다. 그러나 우리가 채 등을 돌리기도 전에 자연은 침식과 돌파를 시작한다. 물은 다시 언덕 아래로 흐른다. 자연은 지칠 줄을 모르며 끈덕지고 무자비하다.

• 어린 시절 나는 규율이 엄격한 집안에서 자랐다. 우리 가족은 '나의'와 '내 것'이라는 말 대신 '우리'라는 집합대명사를 사용했다. 우리는 '우리 고양이', '우리 집', '우리 장난감', '우

리 댐', '우리 정원'이라고 말했다. 우리는 공동의 삶을 사는 공동체집단이었다.

우리 가족과 이웃 가족들에게는 규칙이 있었다. 부모들은 될 수 있으면 본보기와 설득을 통해, 경우에 따라서는 체벌을 통해 규칙을 집행했다. 우리 집에 놀러 온 이웃 아이들도 우리에게 적용되는 규칙을 똑같이 따라야 했다. 아이들이 그 규칙을 지나치게 자주 어길 경우, 우리 부모님은 아이들을 집으로 돌려보냈다.

우리 가족은 질서정연하고 조직적이며 규율이 잘 잡혀 있는 사회집단이었다. 이 사회집단을 통솔하는 사람은 부모님이었다. 각자의 사회적 임무를 중요하게 여기게 하고, 행동의 한계를 신중하게 정하며, 가정의 규칙과 질서를 유지하는 데 필요한 조치를 취했다. 우리 가족과 우리 이웃들은 자녀들에게 규칙과 질서를 지키도록 설득하고 강요하고, 필요에 따라서는 매질까지 하는 등 인간사회의 축소판이었다.

내가 서른네 살이었던 1917년에 의회에서는 징병법을 통과시켰다. 윌슨 대통령은 "절대로 원치 않는 사람을 징집하지 않는다. 국가의 장래를 생각하는 자원병에 국한한다"라는 말로 이 법을 미화했다. 그러나 '자원'하는 데 실패한 사람들은 끝까지 추적당해 결국은 징역형을 선고받았다. 심지어는 징병을 강요한다는 이유로 워싱턴 정부를 비판하는 사람들조차 기소당해 재판을 받고 장기간 징역살이를 했다. 자원병과 징집된 사람들은 비싼 대가를 치렀다. 1917~1918년의 전쟁기간 동안 5

만 3천4백2명이 죽었고, 1941~1945년의 전쟁기간에는 2십9만 2천1백31명, 1950~1953년의 한국전쟁에서 3만 3천6백29명, 베트남전쟁에서는 지금까지 10만 명 가량이 죽었다. 자연과 마찬가지로 사회도 죽음이라는 현상 앞에서는 무자비한 속성을 지닌다.

사회는 시민들에게 그들 자신의 판단과 의지에 반해, 재산을 파괴하고 자기와 같은 인간들을 죽이도록 강요함으로써 스스로 규칙을 위반하고 있다. 긴 안목으로 보면 사회는 반사회적이다. 사회의 법과 질서는 법과 질서를 거스르는 파괴자들에 의해 강요되고 있다.

· 무자비한 자연과 독단적이고 강압적인 사회조직 외에도 인간을 옭아매는 또 하나의 근본적인 힘이 있다. 변화의 원리가 그것이다. 자연에서처럼 사회에서도 똑같은 두 개의 상황이나 똑같은 날은 존재하지 않는다. 이론상으로 보면 자연과 사회는 영원하다. 그러나 실제로는 자연과 사회도 끊임없는 변화의 희생물이다. 성장과 퇴화, 건설과 파괴, 진화와 소멸을 피할 수 없다는 말이다.

"내가 원하는 대로 하면 안 되나요? 이 나라는 자유국가입니다. 안 그래요?" 미국인들은 신경질적으로 묻는다. 답은 강한 부정이다. 자연의 법칙과 사회의 규칙, 그리고 끊임없는 변화의 원리가 우리의 사고와 행동을 제한한다. 이 엔클로저의 엄격한 한계선 안에서 우리는 우리를 그 안에 가두는 규율과 권위에 얽매인 채 하루하루를 견디며 살아간다.

　인간사회는 조화롭지 않다. 이런 부조화 뒤에는 끊임없는 투쟁 — 현상유지와 변화 간의 투쟁, 사회가 그 사회의 시민과 피지배자들에게 강요하는 통제와 규제에 반대하는 투쟁 — 이 있다. 부와 특권과 권력을 얻기 위한 투쟁이 인간사회의 구석구석을 관류하고 있다.

　• 인간사회는 두려움과 시기와 증오와 분노와 저항과 반항으로 가득 차 있다. 개인과 사회집단들은 자기가 싫어하는 것에 이의를 제기한다. 그리하여 규칙을 바꾸거나 위반할 기회가 생기기만 하면 절대로 놓치는 법이 없다. 인간사회에 의견의 일치란 없으며 우리가 아는 한 있었던 적이 없다. 찬성하는 다수나 드러내놓고 찬성이나 반대를 표명하지 않는 다수가 있을 수는 있다. 따라서 불만을 품은 소수, 다수의 대열에서 이탈한 소수들은 언제나 있기 마련이다. 이들은 이의를 제기하고 비판하고 반대하고, 자결권을 주장한다.

　• 지금까지의 인간사회는 정글이다. 인간사회의 기본 법칙은 가장 빠르고 빈틈없고 무자비하고 억센 자가 살아남고 지배권을 갖는다는 것이다.

　사회적 투쟁의 가장 일반적인 양상은 현상유지와 변화 간의 충돌이다. 부와 특권과 권력을 가진 자들은 그것을 지키려고 애쓴다. '못 가진 자들' 가운데서 투쟁적인 사람들은 일자리와 물자와 서비스의 재분배를 요구한다. 마르크스, 레닌, 모택동의 추종자들은 이를 '계급투쟁'이라 부른다. 본질적으로 이 투쟁은 사회의 전략적 고지에 먼저 도착해 그곳을 점령한 사람들과 아직 고지를 향해 오르고 있는 사람들 간의 싸움이다. '가진 자'들에게 그것은 특권을 유지하고 확대하기 위한 싸움이다. 반면 '못 가진 자'들에게는 어떤 특권이나 특혜도 없는 공정한 싸움터에서 정의와 동등한 기회의 원칙에 입각한 재분배를 쟁취하기 위한 싸움이다. 갓 성년이 된 청년층과 자기 입장이 이미 굳어진 장년층 및 노년층 사이에 끊임없는 갈등이 빚어진다는 것이 이 투쟁의 아주 중요한 양상이다.

이 투쟁의 두번째 단계는 안정된 지위를 확보한 보수주의자들에 의해 유지되는 통제와 규제에 맞서는 선각자와 개척자들의 몫이다. 이들은 과학기술의 전위부대를 구성해 사회적 요새들을 차례로 돌파하여, 인류가 한 차원 높은 사회적 성취의 단계로 나아갈 수 있도록 길을 열어놓는다. 이 전위부대는 현재 진행중인 사회혁명의 기틀을 마련해 온 과학기술의 선구자들로 구성된다.

변화의 힘으로 작용하고 있는 자연적 사회적 동인이 초래하는 또 다른 결과는 서구 문명의 핵심 동인인 부와 특권과 권력을 차지하기 위한 치열한 경쟁이다. 개인 차원에서 부와 권력을 둘러싼 과당 경쟁은 남보다 먼저 성공하고 출세하는 데 자신의 재능과 정력을 바치는 사람들에 의해 수행된다. 이들은 단순히 살아남는 것에 만족하지 않는다. 이들은 남들로부터 인정을 받고 특권을 얻기 위해 애쓴다. 이들이 겉으로 떠들어대는 목표는 안정이다. 그러나 이들의 실제 목표는 권력을 행사하는 것이다. 권력욕이 그들을 생기 있게 만들고, 부패시키고, 결국은 소멸시킨다. 그들은 치열한 경쟁을 주도하고, 그 대가로 명예를 누리며 배를 불린다.

이 과당 경쟁에서 가장 큰 성공을 거두는 지도자들이 부와 특권과 권력을 누리는 소수 독재체제 — 스스로 나서서 정책을 발의하고 착취기구를 지배하는 소수 — 를 구성한다. 이러한 소수 독재자들의 목표는 부와 특권과 권력의 독점권을 확보하고 유지하는 것이며, 이렇게 확보한 특권과 권력을 이용해 물자와 서비스의 독점권까지 손에 넣는 것이다.

소수 독재자들은 부와 권력을 아버지에서 아들로, 한 세대에서 다음 세대로 대물림함으로써 소수 독재체제의 영속화를 꾀한다. 이렇게 해서 하나의 지배집단이 자신들의 부와 권력을 보호하고 확대할 목적으로 구성한 국가기구를 관리하고 운영하는 지배·착취계급으로 전환되는 것이다. 어제의 과당 경쟁이 오늘의 계급독재를 낳았다. 만약 소수 독재가 내일까지 살아남는다면, 그들의 입지는 더욱 견고해질 것이며 폐쇄적인 계급질서가 사회에 깊이 뿌리내릴 것이다. 결국 혜택을 누리고 권력을 휘두르는 사람들의 특권이 영원히 존속할 것이다.

새로운 세대는 태어나면서부터 폐쇄적인 계급구조 내에 이미 정해져 있는 위치로 떠밀려 들어간다. 현재와 같은 사회적 격변기에만 개인의 계급이동이 비교적 수월하다. 사회에서 버림받은 사람들은 오로지 혁명적인 상황에서만 사회적 지위확보나 동등한 기회보장을 기대할 수 있다.

• 세계적 차원 혹은 지구적 차원에서 보면 부와 권력을 차지하기 위한 과당 경쟁은 곧 지역 경계선 너머로 세력을 확장하려는 노력이자 경쟁국을 패배시키고 지배하려는 노력이며, 약소민족을 종속시키고 정복하고 착취하려는 노력이다. 인종주의는 정복과 착취의 과정에 유리하게 사용되는 자산이다. 제국의 지배에 대항하는 반란과 식민지 민족들의 독립투쟁은 제국주의와 식민주의의 본질적인 부분이다.

서구 문명의 구석구석에 끊임없이 투쟁이 끼여든다. 투쟁은 삶에 의미와 맛을 부여하는 중요한 화두이다. 문명 속에는 머리끝에서 발끝까지, 시작부터 끝까지, 모든 참가자들이 남보다 먼저 출세하려고 다투는 엄청난 과당 경쟁이 깃들어 있다.

• 인간의 역사를 연구하다 보면 누차 나타나는 키워드가 '투쟁'이기 때문에 어쩔 수 없이 묻지 않을 수 없다. 무엇을 이용해 어떻게 투쟁해야 하는가? 우리는 이 땅에 살아 있는 한 어떻게든 해결해야 하는 문제에 날마다 부딪친다. 우리의 목표는 분명하다. 우리는 살아남기를 원하고 우리의 운명을 개선하기를 원한다. 문제는 방법이다. 목표는 먼 앞날에 속한 것이다. 오늘 이 시각에 우리는 머나먼 목표를 향해 걸음을 내딛어야 한다. 투쟁이 우리 운명의 중요한 한 측면이라면, 우리가 투쟁

에 사용하는 수단은 우리가 매시간 매일을 어떻게 살아갈지를 결정하는 데 큰 영향을 미친다.

규모가 크고 복잡한 사회에서는 집단행동을 피할 수 없다. 이 점은 인간과 자연의 관계에서도 동일하게 적용된다. 또 인간의 사회적 관계에서도 마찬가지다. 어떤 식으로 개인의 행동을 집단화할 수 있는가? 이 문제는 결국 설득과 강제에 해당하는 문제이다.

다른 사람을 설득하는 방식에는 충고에서부터 우호적 감정을 바탕으로 한 논쟁까지 여러 가지 형태가 있을 수 있다. 우리는 우리의 관점과 행동을 다른 사람들이 받아들일 수 있도록 하기 위해 입장을 내세우고, 논리적으로 조리 있게 그것을 제시한다. 때로는 충성심이나 경제적 압력, 여론을 앞세워 우리의 입장을 강제로 밀어붙이는 경우도 없지 않다.

이러한 압력은 그래도 격식을 따지지 않는 사소한 것일 것이다. 때로는 투표나 규정, 국법을 들먹이며 상대방에게 정치적 압력을 가하는 일도 서슴지 않는다. 정치적 압력은 경찰력을 수반하는 게 일반적이다. 경찰력 뒤에는 군대가 있고, 상황이 더욱 악화되면 민법의 효력이 정지되고, 군법이 선포되는 극단적 형태로까지 발전하기도 한다. 설득의 노력이 무산되고, 입법부와 사법부가 기능을 제대로 하지 못하면, 정부 당국은 여러 차원의 강제적 수단을 취하게 된다. 이런 과정은 공식적으로 군대를 사용하는 결과까지 낳는다. 정부측 입장으로는 가능한 한 설득의 자세를 취하려 할 것이다. 그러나 강제적 수단이 필요하다고 판단되면, 언제든지 그것을 휘두를 수 있는 게 정부의 입장이기도 하다.

설득과 강제란 시, 지방, 국가라는 울타리 안에서 이루어진다. 그 경계선을 넘어선 곳에 다른 시들과 주, 지방, 국가가 존재한다. 국가간의 대립은 외교나 협상, 중재 또는 무력에 의해 조정되는데, 군대에 의지하려는 시도는 결국 국내전이나 국제전을 초래하는 것이 당연한 귀결이다.

모든 국가는 그 체제 내에 전쟁수행조직을 내재적으로 지니고 있다. 이 조직이 지배적인 위치를 점하면, 민간정부는 전시체제로 돌입하게 된다. 전쟁을 수행하는 나라에서는 전쟁에 이기는 것이 국시가 되고, 이런 사태가 벌어지면 그 나라는 전쟁의 화염에 늘 휩싸이게 되는 것이다. 전시체제에 돌입한 국가가 정책을 펼치는 주요 수단으로 대국민 설득 대신에 무력을 앞세우는 것은 어쩌면 필연적인 결과라 할 수 있다.

· 오늘날의 정치가들이 표방하는 목표들 가운데 하나는 시민의 권한을 군대의 권한보다 우위에 두겠다는 것이다. 하지만 현대 문명의 눈에 띄는 특징들 가운데 하나가 무력으로 국가권력을 장악하고 시민의 권한을 군사권력에 종속시키는 군사 쿠데타이다.

· 오늘날 서구 문명은 민간정부가 군사권력에 종속되는 호전적 국가들에 의해 주도되고 있다. 최근 강대국들간의 군비경

쟁은 전면적이고 지구적인 전쟁준비의 한 양상이다.

• 오늘날의 '서구 문명'을 규정하는 지속적인 밥그릇 싸움은 다음과 같은 네 가지 중대한 결과를 낳는다. ① 숲이나 기름진 땅처럼 회복 가능한 천연자원들이 고갈되어 가고, 광물 같은 회복 불가능한 자원들이 소모되어 가고 있다. ② 30년마다 두 배로 증가하는 인구는 생산성 증대에도 불구하고 갈수록 생계를 압박하고, 궁핍과 영양실조의 위협을 가하고 있다. ③ 인간 사회는 여러 문명들을 순차적으로 거치면서 나선형 진행을 계속하고 있다. ④ 인간이 자신의 어리석음과 부적절한 판단과 노골적인 악의 등에도 불구하고 살아남았고, 자신의 독창성과 창조성을 계속 발전시켜가고 있다. 인간은 이러한 능력을 인류 문화로 구체화하여 동력시대로부터 우주시대로 발전해 가는 인류사적 사명을 수행하고 있다.

• 인간은 긴장이 오래 지속되면 버티기 힘든 속성을 지니고 있다. 치열한 투쟁의 시간 뒤에는 반드시 이완과 휴식, 회복의 시간이 따라야 한다. 그런 연후에야 다시 새로운 투쟁을 벌일 수 있는 것이다. 늘 남보다 앞장서서 개척하는 삶은 쉽게 지치는 법이다. 인간은 최면제나 위안, 또는 이도 저도 아니면 남한테 붙어서 기생하는 한이 있더라도 탈출구를 찾는다. 서구 문명 이전의 모든 문명이 다 이러한 양상을 보여왔다. 오늘날의 서구 문명도 이 같은 상태에 처해 있다. 소수의 고삐 풀린 지도

층이 선도하고, 전쟁광들에 의해 모든 정책이 좌지우지되는 현재의 서구 사회는 그 이전의 여러 문명들이 거쳐온 길을 그대로 답습하여 파괴와 살상과 전멸의 길로 접어들고 있는 것처럼 보인다.

• 지금 이 순간 사회 전반에 걸쳐 확대되어 가는 파괴적 세력에 반대하는 운동역량은 상대적으로 열세에 있는 것이 사실이다. 파괴적 세력은 모든 반대세력의 움직임을 묵살하고, 전 인류를 파국의 길로 몰아넣고 있다. 이에 대항할 수 있는 효과적인 대안은 현재로서는 눈에 띄지 않는다.

• 젊은 시절 나는 나 자신이 중요한 인물이라는 다소 허황된 생각에 사로잡혀 있었다. 따라서 나 이외의 다른 사람들, 다시 말해 대중의 복지가 지니는 중요성에 대해서는 상대적으로 과소평가하는 심정이 지배적이었다. 그러나 1917년 이후부터 나는 공공의 복지에 대해 점점 많은 생각을 하게 되었다. 우리는 살아가면서 기정 사실에 의해 지배되는 공동체와 필연적으로 직면한다. 이 같은 조건은 남녀노소를 불문하고 모두 받아들이고 적응할 수밖에 없는 닫힌 상황이라 할 수 있다. 이러한 사회는 개인주의적 성향을 가진 자들이나 비순응주의자, 또는 천성적인 반항아들과는 어울리지 않는다. 개인의 야망이나 의도, 관심과 특권 위에 일반적 복지를 우위에 놓는 자세는 사회 전체적으로 상당한 이익을 가져다준다.

생명의식, 열망, 창조적 노력, 그리고 계획적인 발전방향은 전 우주, 태양계, 그리고 우리가 뿌리를 내리고 사는 지구, 또 개인적·사회적 존재로서의 우리의 삶을 이끄는 중요한 동력이다. 오늘날 걷잡을 수 없이 진행되는 파괴적 경향을 통제하고 좀더 안정적인 문화양식으로 재조정하기 위해서 우리는 이 같은 동력을 적극 활용하지 않으면 안 된다.

한 개인이 누리는 삶이란 무한한 우주적 연장선상에서 본다면 지극히 짧은 찰나에 지나지 않는다. 그 짧은 시간 속에서 인간은 생각하고, 느끼고, 행동하는 것이다. 한 시기가 지나면 또 다른 시기가 시작된다. 오늘이 가면 내일이 오고, 올해가 가면 내년이 오고, 이번 세기가 지나면 또 다음 세기가 온다. 이러한 과정은 오래된 과거에서부터 비롯했고, 무한한 미래로 이어진다. 나, 우리 모두 마찬가지다. 우리가 속한 우주는 확장과 적응, 변형을 반복하는 창조적 동력이 살아 움직이는 세계로, 객관적인 인과의 사슬이 작용하는 무한한 가능성의 공간이다.

한 개인, 한 가족, 그리고 한 마을, 도시, 국가의 구성원들은 인류라 통칭되는 전체의 일부로 살아간다. 인류는 주변의 만물들에 생명을 불어넣으며 거대한 계곡 사이를 흐르는 강물처럼 시간 속을 헤엄쳐 간다. 한 방울의 물이 작은 시내에서 큰 강물로, 그리고 다시 모든 것을 포용하는 드넓은 바다로 합해져 가는 것처럼 개인은 인류라는 커다란 전체로 통합되어 가는 것이다.

• 넓은 의미에서 볼 때, 이 땅의 모든 생명체는 개체로 존재할 수 없다. 지표면의 3분의 2를 차지하는 대양에서 물 한 방울이 그것 자체만으로 존재할 수 없는 것과 같은 의미일 것이다. 개체 또는 개성이란 전체의 일부로 통합될 때 비로소 의미를 갖는다.

인간은 애초 무리를 지어 사는 속성을 지니지만, 개인적 행동을 선호하는 경향도 지니고 있다. 그러나 공공의 관심사를 생각하면, 전체가 부분보다 우선하는 것을 쉽게 깨달을 수 있다. 사회는 개인 또는 개체보다 우선한다.

집단적 삶과 집단적 행동은 날씨처럼 비인격적인 현상이 아니다. 시민 한 사람 한 사람은 커다란 집단의 한 구성요소이다. 그러나 사회적 행동이라는 면을 고려하면, 사회집단은 공공복지의 차원에서 행동한다. 때로는 그 행동이 개인의 삶과 그들이 속한 공동체의 활동을 제한하는 경우가 있다 할지라도 말이다.

• 삶의 투쟁은 멈추지 않고 계속된다. 우리가 좋아하든 싫어하든 상관없이 우리는 그 투쟁에 참여하고 있는 것이다. 이 점에 대해서는 선택의 여지가 없다. 물론 투쟁의 방향과 일상적 과정을 결정하는 데서 일정한 역할을 할 수는 있다. 따라서 우리는 기회의 평등과 경험의 공유가 보장되는 좀더 나은 사회로 인류를 선도하는 것으로써 이 위험천만한 싸움에서 승리를 거두는 데 일조할 수 있다. 이러한 목표를 달성하기 위해 우리는

사회적 패턴을 진보시키는 데 도움이 되는 동력들과 인류를 부단히 일치시키는 노력을 아끼지 말아야 한다.

*

나는 운이 좋아 1883년에 태어나 상류층 문화에서 대중문화로의 변화를 반세기 이상 보고 경험하는 시대를 살았다. 나는 점점 많은 사람들에게 기회의 문이 활짝 열리는 것을 보았다. 사회주의가 이 정도까지 빠르게 확산될 만큼 세상이 급변하리라고는 생각하지 못했다. 나는 이 과정을 그저 지켜보기만 한 것이 아니라 이 엄청난 드라마에 역할을 맡아 직접 참여했다. 실제로 나는 내 자신이 고난의 시대를 기회의 시대로 전환시키기 위해 최선을 다 해야 할 과제를 갖고 태어났다고 생각한다.

매시간, 하나하나의 행동을 할 때마다 검열관이 와서 묻는다. "오늘, 올해, 이 시대를 어떻게 지내고 있나? 어디 자네 기록 좀 한번 살펴보세."

이 자서전은 검열관에게 제출하는 내 보고서의 일부이다. 조만간 본부가 내 보고서를 접수했다는 소식과 함께 나에게 또 하나의 과제를 내주기를 바란다.

나에게 주어진 과제는 명확했다. 배우고 이해하고 보고하고 해석하고, 인류의 무한한 창조적 잠재력을 충분히 이해하는 가운데 지식을 널리 전파하고, 새로운 지식과 발전된 기술을 좀 더 많은 사람들이 향유할 수 있도록 하는 게 나의 임무였다. 이 목적을 위해 나는 기술이 발달한 사회, 광물이 풍부하고 기름진 땅에 태어나 교육받았다.

20세기에 들어서서 미국은 야심만만하고 탐욕적이며 권력에 굶주린 소수의 사람들을 위한 즐거운 사냥터가 되었다. 그러나 시간이 지나면서 북아메리카의 대중문화는 경제적 생산성과 과학기술 문명의 발전에 지대한 공헌을 하게 되었다. 나는 반세기를 학교에 적을 두지 않은 교사이자 불안정하기 짝이 없는 별볼일 없는 '학생' 신분으로 지내왔다. 나는 기술이 발전하고 굉장히 부유한 나라에서 살아왔다. 이 나라를 운영하는 것은 권력에 취한 소수 독재자들로서, 이들은 그들 자신과 그들의 앞잡이와 희생자들을 출구 없는 막다른 길로 몰아넣고 있다. 이들이 존재하는 한, 이들과 그 동료들, 그리고 지구 전체가 황폐하게 되고, 생명력을 잃게 될 것이다.

가르치는 것은 내 직업이다. 가르친다는 것은 넓은 의미에서 진리를 탐구하고, 그것을 알고자 하는 모든 사람들에게 전하는 것이며, 사회생활 속에서 진실을 구현하는 것이다. 진실은 부당하리만큼 많은 세속적 재화를 확보하고 있는 자들과 권력에 굶주린 자들, 그리고 자신의 목적을 실현하기 위해 다수에게 피해를 가하는 자들에게는 불편하고 불쾌한 것이기 쉽다. 그래서 그들은 진실을 외면하고, 은폐하고, 잊으려 애쓴다. 끊임없이 진실을 밝히고, 부와 권력을 쥔 사람들에게 진실의 특성과 의미를 상기시키고, 대중들에게 진실에 관심을 갖게 하는 것이 나처럼 가르치는 것을 평생의 소명으로 삼는 사람이 해야 할 일이다.

*

 나는 진리를 탐구하고, 진리를 가르치고, 진리와 정의를 사회조직 속으로 짜넣는 작업을 도와야 한다는 과제를 안고 태어났다. 사회문제에 적극적으로 개입하면서 보낸 반세기가 넘는 세월 동안 나는 미국이라는 사회가 드넓은 대하에서 작은 지류로, 그리고 마침내는 군중 폭력과 계엄법, 그리고 비상사태와 전쟁의 선포와 같은 것을 통해 황량한 사막으로 점점 퇴화하는 과정을 두 눈으로 직접 지켜보아야 했다.
 가르칠 수 있는 기회는 점점 줄어들었다. 반면 규제와 제한과 금지는 증가했다. 나는 교원단체의 구성원으로서 기회가 있을 때마다 내가 선택한 직분을 충실히 이행하고 있다. 시대는 철저하고 급격하게 바뀌었다. 그러나 사회과학 분야에서 진리를 탐구하고 가르치고 적용한다는 나의 과제는 변함없이 그대로 남아 있다. 나는 여든여덟의 나이에도 스무 살 때 못지 않게 열성적으로 가르치는 일을 하고 있다. 나는 스무 살 시절보다 지금 더욱 가르치는 일에 관심을 가지고 있으며 사회과학에 전념하고 있다.
 가르치는 활동 역시 더욱 필요하다. 사회과학의 영역은 엄청나게 넓어졌다. 자연과학과 기술의 혁명적 진보에 힘입어 사회과학은 전 인류를 위한 기회의 문을 활짝 열었다. 사회과학의 후원 아래 인류는 무지와 미신과 착취와 계급독재와 불안과 두려움과 증오의 좁은 영역에서 벗어나 지식과 이성과 협력과 대중문화와 안전과 확신과 형제애의 넓은 영역으로 들어가 좀더 긴밀하게 연결된 전지구적 공동체를 건설할 수 있을 것이다. 물론 이러한 낙관적 전망의 이면에는 버튼 하나만 잘못 눌러도 전 인류의 생명을 위협하는 전쟁광들의 위험이 도사리고 있는 것도 엄연한 사실이다.

이 같은 위기는 최악의 경우 지구상의 모든 생명체와 인류의 종말을 가져올 수도 있다. 이 점을 잘 이해하고 인류는 방종과 인종주의, 민족주의, 기능주의의 사슬을 끊고 모든 다양한 생명체들이 조화롭게 살아가는 지구 전체적 차원의 공동체를 만들어가는 노력을 기울여야 할 때가 바로 지금인 것이다.

*

치열한 싸움은 계속된다. 삶이 있고, 열정이 있고, 목적과 기능과 경험이 있는 한 진보는 이루어질 것이다. 우리 인간들은 우리가 살고 있는 환경의 일부이다. 살아 있는 한 우리는 이 명백한 사실을 피할 수 없다. 한 개인은 인류 전체의 일부이자 그가 살고 있는 당대 사회적 자연적 환경의 일부인 것이다.

그러므로 좀더 완전한 삶을 살기 위해서 인간은 자신을 넘어서 다른 사람 또는 하나의 이념과 목표를 향해 부단히 나아가지 않으면 안 된다. 자신을 다른 사람, (가족 또는 공동체와 같은) 집단, 또는 특정한 목적·주의·이념과 일치시킴으로써 한 개인의 삶은 폭넓어지고 심화될 수 있다. 그렇다고 "이것 아니면 저것"식으로 양자택일을 할 필요는 없다. 인간은 이 모든 것들을 동시에 선택하고 진행할 수 있다. 중요한 것은 자기 너머에 있는 그 무엇과 일치시키는 것이다. 다시 한 번 말하지만, 각자는 전체의 일부분이다. 이러한 보편적 진리를 먼저 파악하는 것이 급선무이고, 그것에 따라 행동하는 게 그 다음으로 중요한 일이다.

이 같은 과정은 한 개인이 좀더 완벽한 인간으로 성장해 가는 과정의 일부인데, 이것은 개체의 자존심과 존엄을 지키기 위한 일인 동시에 인간이 타인 또는 공동체 그리고 그가 속한 환경의 개선을 위해 부여받은 책임을 실천하는 일이기도 하다.

나는 이 같은 진리를 사람들에게 전파하는 일을 나의 임무로 삼아왔다. 소중한 자연자원의 현명한 활용과 사회의 지속적인 발전을 위한 대대적 개혁운동을 성공적으로 수행하려면 많은 사람들이 이 사실을 인식하고 있어야 한다고 믿었기 때문이다.

나는 다행히도 하나의 사회체제가 소멸해 가고 대안적 사회가 발전하는 초기단계에 살고 있고, 미력이나마 그 변화에 동참할 수 있었다. 나에게 주어진 인생의 몫이 이게 전부라 할지라도 그 나름대로 만족할 만한 삶을 산 셈이다. 이런 기회를 가진 것을 나는 매우 만족스럽게 여기고, 나의 동료들이 모든 가능성을 다 활용해 창조적인 실험과 꾸준한 개선으로 이 힘겨운 싸움을 승리로 이끌기를 바라마지 않는다.

The Good Life Center

스콧 니어링과 부인 헬렌을 기리기 위해 설립된
'굿 라이프 센터'는 메인 주의 숲속 니어링 농장에 위치하고 있다.
일반인들에게 연중내내 개방되어 있으며,
여름에는 매주 월요일 밤마다 강좌가 열려
니어링의 철저한 근본주의 정신을 이어가고 있다.

옮긴이 김라합

1963년생.
서강대학교 독어독문학과 졸업.
현재 전문번역가로 활동 중.
역서로는 『칼 마르크스 전기』, 『유물을 통해 본 세계사』,
『영화로 본 새로운 역사』(공역) 등.

역사인물찾기 11
스콧 니어링 자서전

2000년 5월 15일 초판 1쇄 펴냄
2022년 11월 22일 초판 34쇄 펴냄

지은이   스콧 니어링
옮긴이   김라합
펴낸이   윤한룡
편집   신한선
디자인   윤려하
관리 · 영업   이소연

펴낸곳   (주)실천문학
등록   10-1221호(1995. 10. 26.)
주소   남양주시 퇴계원로 52 405호
전화   02-322-2161~3
팩스   322-2166
홈페이지   www.silcheon.com

ⓒ Scott Nearing, 2000

ISBN 978-89-392-0386-0 03840

이 책 내용의 전부 또는 일부를 재사용하려면
반드시 지은이와 실천문학사 양측의 동의를 받아야 합니다.